北朝鮮人民の生活

脱北者の手記から読み解く実相

伊藤亜人 *Abito Ito*

弘文堂

はじめに

本書は、故郷の社会体制から離脱した移住者（脱北者）たちのもたらす情報に拠って、文化人類学の視点から北朝鮮社会の生活現実に迫ろうとする試みである。

本書に収めた九九篇の手記は、どれも脱北者が自身の経験を思い起こしながらありのまま丹念に綴ったもので、限られた範囲の情報ではあるがいずれも生々しく北朝鮮の社会の断面を伝えてくれる。たとえば、職場の模範として率先して昼も夜も責任感一杯で働き続ける社会主義労働青年同盟員、不足している電力を確保しようと軍や企業が競い合う実態、集団化された農場での生産と副業、誰も異を唱えられない人民軍兵士による盗み、市場での女性たちの生活をかけた商いなど、社会の様々な局面が描き出される。

人類学の視点と関心とは、人間社会の多様な生活像を踏まえつつ、人間生活の一般性・普遍性を展望する点にあり、その基礎作業として具体的な事例の集約的な観察と記述を重視してきた。それぞれの事例の特異性を浮き彫りにするには、自身の生活に対する内省も含めて様々な生活者と比較考察する姿勢が欠かせない。また、人間生活の一般性についての洞察と構想なくしては、比較に耐えられるような観察や厚みのある記述は成り立たない。しかしその一方で、未知の社会や生活に素朴な好奇心を抱くのは自然なことであるし、まして自分の生活経験に照らして明らかに特異に映る社会は、単なる異和感に留まらず新鮮な関心を呼び覚ます。東アジアの中でも韓国社会や社会主義の中国社会に関心を向けてきた人たちにとって、北朝鮮社会は本来ならまさしくそうした関心と研究の対象となるはずである。東アジア文明の大伝統との関連において、また朝鮮の民族社会の伝統との関連においても、あるいは近代化と国家形成のあり方として、また社会主義という理念を掲げた社会の一例としても、北朝鮮社会が提示する特異性と一般性は本来ならもっと真摯な関心を呼んでよい。まして、人間社会に対してリベラルな姿勢を自認してきた人類学は、北朝鮮社会についても本領を発揮することが求められている。東アジアに留まらず国際社会において北朝鮮社会がますます特異な存在感を発揮している今日、資料面ではたとえ制約が多いにせよ、人類学的な手法と洞察によって、この社会で人々が直面してきた生活現実に少しでも迫りたい。

人類学的研究の特色と可能性

人間社会を対象とするのであれば、基本的にはどのような事例でもその位置づけさえ見失わなければ、何らかの点で人間生活の一般性の考察にも寄与できるはずである。つまり事例は何であっても構わないことになる。古典的な事例としてはいわゆる伝統社会における村落などが観察・記述の対象となってきた。筆者自身も一九七〇年代の初頭から韓国の一つの農村でそうした事例調査を試みてきた。こうした伝統的で既存のものを対象に設定する場合でも、観察・記述を通して関心の対象も広がり、研究者の視線も心構えもしだいに熟成してゆくものである。そもそも対象は実体として同定できるものではなく、研究の進展とともに自身の認識も対象の「実態」も絶えず生成されるのであるから、すべて「生成的な事例研究」と心得るべきものだろう。

北朝鮮社会全体を研究対象とする企ては、対象があまりに規模が大きく、集約的な考察と記述の対象となり難いと考えるのはもっともである。そもそも国家という社会機構は為政者やエリートが意図して導入し実体化を図ってきたものであり、それを当該社会の研究においてどのように位置づけるべきかという判断も慎重でなければならない。国家社会を論じるのはもっぱら政治学や経済学の領分のように考えられてきたが、それとて主権国家のもたらす公式の情報は限られ、北朝鮮のように統計資料すらほとんど公表されない社会については経済の実体を把握することも容易ではない。

北朝鮮社会は社会主義の理念を掲げて、その実現のため旧ソ連のスターリン体制を踏襲したばかりでなく、後には独特の主体思想と首領の絶対的な指導性によって、他の社会主義にも増して徹底した中央集権の指導管理体制を築き上げてきた。旧来の朝鮮社会における地域社会や社会文化的な伝統の多くが否定され、まさに党（朝鮮労働党）によって建てられた国家こそが正統な社会体系とされている。農村も職場も学校も家庭も全てが党と国家の理念と原則で貫かれており、すべてが一体化しているといってもよい。その点では国家こそが唯一の社会実体として成立する。したがって公式の社会像に関するかぎり、その規模は大きく複雑に見えても、社会はどの部分や局面を見ても、またどこに焦点を置いても全体像を描くことができるといえる。

しかし同時にこの社会は、国際社会において著しく孤立・閉鎖状況にあるため、このように具体的に対象を定めて観察・記述することが厳しく規制されており、人類学による現地での調査など許されない。つまり、国家と一体化した社会体制そのものを対象とすることは避けられないし、制度論的なアプローチとして有効であるとはいえ、それを従来の人類学のように特定部分や事例に照準をおいて接近することは実現不可能である。

その一方で、北朝鮮の社会主義体制も伝統的な民族文化・民俗的慣習の連続的な展開を経て再編成されてきたと考えることも可能である。社会主義化する前の初期条件ともいうべき伝統社会は、筆者が手掛けてきた韓国社会とも基本的に大きな差は無かったはずである。両社会は半世紀以上に亘って全く異なる展開を経たにせよ、両者の間には何らかの連続性を想定できるものと考える。国家による指導管理体制がいかに精緻かつ徹底したものであれ、人々の生活現実は決して公式の規範や人為的な制度によってのみ規定されることはありえない。まして、公式の社会主義制度が機能不全をきたして、自力更生・自体解決を迫られる状況において人々が採る生活や、さらには食糧難によって生存の危機にまで直面した状況における人々の生活現実は、人間社会における事例として重要な課題を提起していると考えられる。

ここに一見無謀とも思われる「北朝鮮社会の文化人類学的研究」という調査プロジェクトを企画するに至ったのは、今日膨大な数の北朝鮮社会からの離脱者が韓国で生活しており、彼らがもたらす情報がたいへん豊かにして貴重で、また彼らから充分な協力が得られるという感触を得たからである。彼らがもたらす生活情報は、単なる苦難の体験談や政権批判に留まるものではなく、この社会の堅固な社会体制の実態を人々の生活実践をとおして提示している点で、人間社会における普遍性のある課題にも応えるものである。

韓国研究に拠る論点と展望

社会主義化する前の初期条件ともいうべき北朝鮮の社会は、生態学的な条件や植民地期の政策を反映した地方差はあっても、基本的には半島南部社会と大きな差が無かったと考えられる。南北分断後にたどった北朝鮮独自の社会変化を見極める上でも、これまでの韓国社会の研究を通して取り上げてきた特質・論点について検討を要する。筆者なりに主要な論点を挙げておこう。それは、一九七〇年代以来取り組んできた現地調査を通して日本社会との比較によって浮き彫りになってきた論点である。ここでは特に「属人主義」、組織の可塑性、居住の流動性、中央集権的な権威構造、指導性の重視などを取り上げておこう。どれも相互に関連しながら韓国における人々の思考・行動を理解する上で有効と考えられる。

属人主義という用語で取り上げるのは、個人関係が制度や組織より優先される点で、欧米の人類学において地中海社会や中南米社会の事例を通してパーソナリズム（personalism）として論じられてきたものである。個人の主体的・利己的な判断と行動が尊重され、自己を中心とした相互作用（interaction）によって展開する対人関係を基本として、個人の選択と行動による可能性を重視する。制度や組織に対して非人格的（impersonal）な持続性・安定性を求めるのではなく、むしろ個人の判断・裁量による可塑性・改編、個性と能力の発揮による様々な可能性を尊重する点で、社会全体の流動性とダイナミズムを保障するといえる。制度や組織による生活保障や堅実な生活を期待するのは、個人の潜在的な能力による飛躍的発展の可能性を犠牲にすることにもなり、あるいは自身の無能さを認めることにもなる。居住地のみならず職場や職業にもあまり縛られない行動圏の広さと流動性の高さも、基本的には属人主義を反映するものといえる。中央集権的な権威や指導性（leadership）のあり方についても、こうした個人的な対人関係との関連を考えるべきであろう。

こうした特質は、韓国社会における社会の流動性と個人の活力を支え、それぞれの権力体制の下で、人々はこうしたパーソナルな関係性を社会秩序の基本と見なし、人々に課題解決の糸口を保障してきたように思われる。とりわけ、社会全般が国際化と経済発展の途上にあって様々な可能性に満ちていた状況において、こうした行動様式が特に日本人研究者の目を引いたものであったが、韓国のインテリの間では、経済発展により人々の生活が安定すれば組織や制度は非人格的なものとして定着するという発展段階論的な楽観的意見が広く見られた。しかし経済発展と民主化を達成した後も、民族文化の均質性と中央集権的な権力構造は根強いものがあり、これを反映して人々の上昇志向と競争意識の高さは一向に緩和される気配がない。組織内では共同性よりもパーソナルな対人関係が優先される点も基本的に変わらない。組織・制度による保障は不透明で、いつ揺らぐとも限らないし、競争意識と上昇欲に駆られ、新たな可能性が開かれればその流動性に賭けようとする積極性も変わらないように見受ける。

こうした個人のパーソナルな社会関係が具体的な局面でどのように観察されるか、在外韓国人社会にどこまで適用できるかが関心を引いてきたが、北朝鮮社会研究においてもそれは基本的な論点となろう。

北朝鮮社会では、政治理念と原則によって韓国社会とは対照的に制度と組織がきわめて堅固で安定しているといわれるが、その一方でそれは形式にすぎないともいう。こうした公式な制度・組織のもとで属人的な特質はどのような様相となるのかは、当該社会の人々にはさほど自覚されない論点かもしれないし、公式―非公式という準拠枠は韓国人研究者にとっても敢えて強調されることはないかもしれない。こうした公式制度のもとでの非公式領域の実態や、とりわけ公式制度が機能不全に陥った状況で人々が採る行動はどのようなものか、できるだけ具体的な情報が求められる。本書に収めた脱北者の手記は十分にその要請に応えている。いくつかを拾い読みしていただければ納得されるだろう。

経済活動について見れば、王朝社会から近代国家体制および植民地統治下に移行するとともに公式領域が設定される中で、在来の地域社会の生活慣習は非公式領域と看做されるに至った。北朝鮮では社会主義化以前の初期条件ともいえる伝統社会においては、ごく基本的な制度を除けば、本来民衆の日常生活は在来の民俗的慣習などの非公式な領域が大きな比重を占めていたことは明らかで、その実態も韓国社会と大差なかったにちがいない。その後、党の指導のもとに社会主義という公式領域が圧倒的な強制力を帯びるに至ったが、その公式の体制下で非公式経済がどのように存続しうるのか、その実態を解明しようというのが本書の狙いである。

▼▼目次

第1章　住民と社会統合　37

第3章　組織生活　81

第6章　住民に対する供給体系　217

第7章　自力更生と副業活動　259

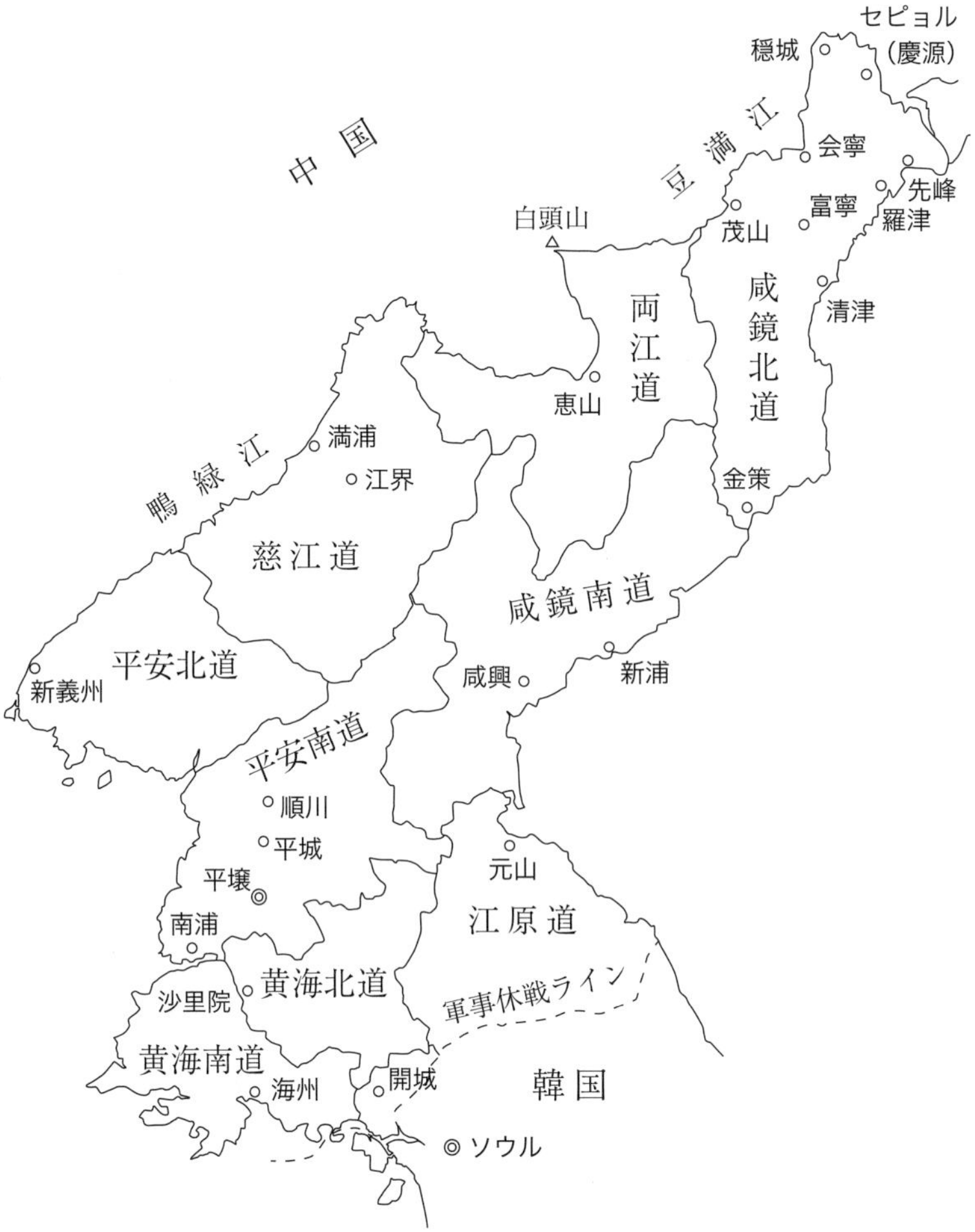
セピョル
(慶源)
穏城
中国
豆満江
会寧
先峰
富寧
羅津
白頭山
茂山
咸鏡北道
両江道
清津
恵山
満浦
江界
鴨緑江
金策
慈江道
咸鏡南道
平安北道
新義州
新浦
咸興
平安南道
順川
平城
平壌
元山
南浦
江原道
黄海北道
沙里院
軍事休戦ライン
黄海南道
開城
海州
韓国
ソウル

北朝鮮全図

序章　北朝鮮研究の視点

一　社会主義体制

社会主義社会として一般に考えられている社会像は、階級闘争と分配の平等という理念を掲げて、革命の遂行による理想社会の実現を目指して、党と国家の主導性が際立った社会であろう。それは、既存の伝統社会からの自然な展開と言うよりは、特異な政治思想を拠りどころにした強力な指導体制の下で社会と人間の人為的な変革まで目指すものであり、過去との断絶を図ると同時に、これを受け入れない者を反革命勢力と見なして闘争を提起する点に特徴がみられる。こうした変革は党の指導性による集団主義の名の下であらゆる分野に亘って展開され、その浸透と再生産のための制度が精緻化される。その中で、個人の主体的な意志や判断、利己的な行動は非社会主義的で反党・反革命的と看做され排除される。こうした社会を実現する基盤として、国家主導に依る計画経済体制が敷かれ、公式の生活像に見合う需要・消費とそのための生産・供給体系が設計される。こうした社会主義の社会像は、それ自体がエリートの主導による観念的な構築物で、理論化され政策モデルとして導入される。東アジアにおいても大陸部の社会にこうした社会形態が導入されたが、その多くは内発的な発展の可能性を閉ざすとともに国際環境への適応性を欠く中で、体制移行ないしは改革開放の道を歩んできたが、その中でも北朝鮮社会は、独自の孤立政策によって今なお世界でも比類ない堅固な体制を維持している。党による指導性の象徴的な存在である首領が三代にわたって世襲している点でも特異な存在である。

今日、我が国と国交のない唯一の国連加盟国がその北朝鮮であり、正式の国名は「조선민주주의인민공화국」(漢字表記すれば「朝鮮民主主義人民共和国」)である。今も韓国(大韓民国)と休戦状態にあるばかりでなく日本との交流もきわめて限られている。北朝鮮に関する情報も、その孤立した政治状況を反映して、北朝鮮政府が公式メディアを通して一方的に発信されるものにほぼ限られている。それも、この社会と人々の生活実態については情報が少なく、断片的にもたらされる情報についても確認のすべがない。

二　日本における関心

これまで北朝鮮社会に対する日本国内の関心および研究といえば、政治・外交史と経済面にほぼ限られてきた。いずれも国家の政策に関わる領分であって、制度論的な接近の中でも国家による公式の情報をほとんど唯一の手掛かりとしたものである。人々の生活や地域社会に向けられることはほとんどなく、またその実態に迫ろうとしてもほとんど不可能であった。

北朝鮮社会をとりまく国際関係の制約のもとで、関心がもっぱら国家の主権と統治に向けられてきたのはやむを得ない。また、この社会や住民の日常生活に関する関心が、特殊な社会における特異なものとして扱われ、あるいは人々の好奇心を満たすに留まっているのも不幸と言わざるを得ない。情報が著しく制約されているため、いずれの情報も断片的なものに留まり、情報を蓄積してこの社会の全体像をえがくにも困難が多い。相互の関連性を欠いた情報をいくら集めても、それらをどのように綜合するかという点では充分な展望があるかといえば、確信を持てる人は少ない。韓国社会の研究蓄積が重要な基礎となることは間違いないと思われるが、それに加えて社会主義社会の研究も重要な枠組みとなろう。しかし、そうした研究展望を模索して論点を整理する作業もまだ始まっているとは言えない。このため、今日なお断片的な情報による否定的なイメージばかりが再生産されてきたことは、東アジア諸社会の中でも極めて異常な情況といえよう。民衆の日常生活の実態を通して北朝鮮社会を捉えなおそうとする試みは、日本ではまだその必要性を実感する段階にも至っていないように思われる。

振り返ってみれば韓国社会についても、国交正常化という決定的な関係改善がなされた後も、なおしばらくの間は国家次元の情報や関心が優越していたし、程度の差こそあれ同様の状況があったように想い起こす。ただし韓国の場合には、様々なルートを通してはるかに多くの情報が得られたし、誰でもその気にさえなれば、いつでも現地を訪問して自分の目で確認することもできた。軍事独裁政権によって戒厳令が敷かれていた中ですらも、いわゆる容共的言動などの政治的行動さえ慎むならば、現地調査をするのにさしたる障害もなかった。筆者自身も幸いに一九七一年から韓国農村に住み込んで文化人類学の現地調査に取り組むことができた。当時は、国交が回復されてまだ何年も経っていなかったため、相互理解や交流を促進するための社会的認識も基盤も充分でなかったし、日本人も韓国人も市民意識と言う点では未熟であった。白紙に近い状況からスタートし、また当然ながら研究交流や協力態勢も脆弱であったため、各自が自分なりの展望と実践によって研究を積み上げて行くより外なかった。しかも様々な側面や分野に目を向けながら展望を探ることが求められ、韓国研究だけに追われて北朝鮮社会に対しては関心を払う余裕もなかったのが実情である。

一方で韓国における北朝鮮研究は、北朝鮮から離脱して来た脱北者のもたらす情報をもとに、政治・経済および人道的な問題を中心として既に膨大な蓄積がある。しかし、北朝鮮社会の実態を人間社会の一つの様態として提示しようとする人類学的視点に立った展望はほとんど見られない。

筆者が採用したのも脱北者に対する面談調査であるが、現地の研究者とは異なり時間的にも身体的にも制約が大きい。その中でも、韓国で数多く行なわれてきた面談調査とは異なる日本的なスタイルで集約的なものを目指そうとすれば、脱北者自身には長期間にわたって当事者として主体的に参与してもらう態勢作りが求められる。そこで、面談による調査だけでなく、自らの生活記録を多少なりとも民族誌風に記述することでより積極的に協力を仰ぐことにした。ここで言う当事者としての主体的な参与とは、人類学における開発研究で提起されて来た参与型研究（Participatory Research）の理念を多少なりとも念頭に置いたものであり、当人たちにも単なる情報提供者に留まらない当事者としての自覚を促すことを心掛けた。

三　東アジアと日本

日本人が東アジアにおける列島以外の地域社会の生活実態に関心が薄いのは、いわゆる島国社会としての自律性と閉鎖性に由来するものといえよう。東アジアという広い地域社会を視野に入れて列島社会の位置付けを考えることは、今も日本人にはあまり実感が伴わないようだ。また、歴史を踏まえて長期的展望を図るということも日本では不得手のように思われる。身の回りの生活の場における経験と実践を重視して持続的な蓄積や洗練に精を出す日本的なスタイルは、ややもすれば長期的な展望を見失うことになりかねない。「今」と「昔」の二つの時間範疇が基本的な時間観となっている日本社会では、「今」に属する身近な経験も記憶が薄れればすべて「昔」のこととして一括され、時系列の前後の関連も軽視されて遠い他人事のようになってしまう。日本社会では、社会の展開を長期的に捉えて軌道を吟味することも不得手なようで、東アジアの過去に対しても淡白である。こうした歴史感覚の希薄さは倫理的な通時性・一貫性についても無頓着さを生んでいるといえる（伊藤亜人　二〇〇七）。

東アジアの隣接社会の生活者や地域社会に対する関心の低さは、近代日本の国家発展において指導的な地位にあったエリート層の政治・経済・技術面での現実重視・実践尊重の姿勢によっても補強されてきたといえる。この点は、今なお主流をなしているように思われる。

また、北朝鮮社会に内在する諸課題が、朝鮮半島のみならず東アジアそして日本に影響を及ぼす可能性についても、最近になってようやく視野に入ってきたにすぎない。

日本では、普遍的な観念や人道の理念を構想するよりも、常に具体的な対応と実践が優先されてきたといえる。その結果、実際に自身が直面して対応を迫られない限り、一般的・普遍的な問題について洞察が疎かになるように思われる。

人道という面では、日本では北朝鮮と言えば日本人拉致の問題ばかりが取り上げられる。日本人拉致は人道的な問題であるが、人道的問題は日本人拉致に留まるものではない。人道という普遍的な価値について洞察するなら、当然ながらもっと様々な問題にも日頃から目を向けなければならない。近代化や社会主義の理想国家建設等の理念を掲げて権力を行使する時、その名目の下に人道が脅かされることは随所に見られる。その点で社会主義に関しては、身近な中国の状況を思い起こせば容易に理解できよう。主だったものを挙げれば、一党独裁による言論の抑圧、集団主義下の個人生活の抑圧、戸籍に依る居住規制、教育内容の規制、出産に対する規制、精神活動である宗教に対する抑圧、少数民族に対する抑圧、社会主義的生産体制にともなう環境劣化など、いずれも人道的な問題に外ならない。これらの中で出産規制と少数民族の抑圧を除けばすべて北朝鮮社会にも当てはまる可能性が高い。

四　ナショナルな観点から生活者の視点へ

地域社会の研究がその地域をめぐる国際政治・国際関係に依って規定されるのは避けられない。地域研究とはまさにそうした社会的脈絡の中で位置づけられ、また研究自体がこうした社会関係の産物そのものでもあるからだ。

日本における関心が国家政策次元の軍事・政治に偏っていることは、戦後の国際環境を反映するものでもあり、今なお休戦体制のもとで軍事的な脅威を誇示している北朝鮮の現状を見ればやむを得ない。国家権力が何よりも優越して国家の公式制度が圧倒的な位置を占めていれば、国家政策・制度を優先する「国家アプローチ」が国際社会における基本的な枠組みとなるのは当然であろう。とりわけ軍事的な脅威論と安全保障の観点が優先されてきたのも、冷戦時代の国家エリートたちの基本的な世界観であったと言ってよい。国家アプローチは国家体制において指導的地位にあるエリートの正統性の拠りどころとなるが、その一方で民衆生活、地域社会や文化伝統に対しては疎いという体質をもたらした。

韓国社会についても日本人の立ち位置は同様であった。一九六〇年代末に韓国社会研究に着手した当時の日韓関係は、国交正常化後まだ程ない時期であり、軍事政権下にあって軍事と政治が何よりも優先されていた。そうした状況の下で、マスコミの報道をはじめ韓国に対する関心はもっぱら国家間の利害に直結する政治・経済に集中し、それらは人々の社会文化的伝統と無縁なもののように扱われていた。国家次元の政治経済関連の研究以外には、文献史料を扱う歴史や言語の研究が主体となっていた。その歴史研究もナショナルな観点が絡みがちで、韓国では日本人による歴史研究に対して疑念が強かった。一方で、人類学や民俗学の研究はこうした利害とは比較的無関係とみなされ、他分野に比べて研究交流も比較的早くから開かれていた。しかしその一方で、身を以って人々と触れ合う現地調査では、他分野の研究にはない緊張に曝されてきた。現地の人々の間にも、研究者個人の人格や研究内容よりも国家間の政治的緊張を念頭においた対応もみられた。実際、あらゆる研究はこうした緊張の中で行なわれていたのである。そうした政治的・心理的緊張を負担と考える人が多かったためか、韓国で現地研究に取り組もうとする人は少なかった。あらゆるテーマがナショナルな感情に足を掬われそうな状況のもとで、国家次元の政治・経済に比べると社会や文化は取るに足らないテーマのように見なされ、生活実態などは軽視されがちであった。その一方で現地の人々の間には、南北の対立関係を意識するあまり、自国農村の貧しい生活実態を記録するのは利敵行為に繋がるとして間諜呼ばわりする人すらいた。

また、文化の相対性という理念を掲げていたはずの研究者自身も、日韓関係がぎくしゃくする度に何かとナショナルな視点や偏見に依る挑発と試練に曝されていたように思う。当時は、今日のような市民的な交流はまだ夢のような状況で、知的な柔軟性や文化的対話の経験も未熟であったからそれも当然といえよう。

今日の韓国では、中国の朝鮮族や北朝鮮からの脱北者に加えて、工場ばかりか農漁村にも外国人妻や外国人労働者が目を引くようになっており、国を挙げて多文化主義が唱えられるまでになった。ふり返って見れば人類学者の現地研究も、かなり特殊な例であったとはいえ、身を以って異文化体験をしてきた点で文化交流・市民交流の一つに外ならなかった。そもそも研究は何らかの形で市民的交流に資するものでなければならず、北朝鮮社会の研究についても、国家アプローチとは異なる生活者の視線からもっと長期的な展望に立って肯定的に取り組むべきであろう。

五　朝鮮半島北部

北朝鮮社会の研究においても、日本人には長期的・歴史的な視点が欠けているように思われる。現体制に移行する前の北朝鮮社会、つまり植民地統治下の朝鮮半島北部に対しては、日本は政治・軍事・経済の各分野で大変積極的に関与し、多くの日本人が現地に滞在していたにも拘わらず、戦後は打って変わってこの地に対して無関心に近い状態にある。むしろ忌避する姿勢さえ顕著である。

しかしふり返って見れば、かつての北朝鮮の鉱工業や電力資源や林産資源にはたいへん多くの関心を払い、投資と開発に力を入れていたにもかかわらず、住民の生活に直結する民俗学・人類学・社会学の知見はきわめて限られ、民族誌的には情報の空白地帯となっていたのである。ひょっとすると、北朝鮮に限らず朝鮮半島社会全般についても果たして日本人がその社会伝統や文化伝統にどれほど関心を寄せていたのだろうか、疑問を抱かざるを得ない。

朝鮮半島北部の歴史についてもう少し遡ると、朝鮮王朝時代には北方の異民族である女真族との交渉や国境警護が大きな関心事となり、国境を越えて半島北部に帰化する女真族のことが文献に頻繁に見える。しかし一九世紀に入ると、逆に朝鮮から国境を超えて清国に越境する困窮民の処遇が問題となり、国家間で協議がなされた。当時の満州は、満州族出郷の「封禁の地」として入植が規制されていたが、その辺境地帯に朝鮮から越境する流民が急増して、その規制と「刷還」（強制送還）が外交課題となっていた点では、今日の脱北者をめぐる中朝間の対応と似た状況がすでに見られたといえる（高承済　一九七三、千寿山　一九九六、伊藤亜人　二〇〇一）。

一方、満州における農業資源・鉱物資源に対する利権拡張を目指した帝国日本にとって、その拠点として北朝鮮は重要性を増していった。それは南下政策を採ってきたロシアにとっても同様であった。日露戦争に際しても、咸鏡北道に進駐していたロシア軍を北方に排除するとともに、この地は軍事戦略的に重要な位置づけがなされた。国境を超えて満州の間島《かんとう》に移住した朝鮮人農民に次いで、日本の国策として推進された開拓農民による満州の農業開発を後方から支えたのも植民地統治下の北朝鮮における軍事・運輸・産業政策であった。

満州方面への物資の中継拠点として清津の港湾建設と鉄道建設が進められ、やがて羅南に軍事的拠点が置かれた。北朝鮮は、植民地経済における鉱工業・重化学工業および電力の供給基地として位置づけられ、その急速な発展は植民地社会の中でも特異なものであった。

社会主義化以前のいわば初期状況とも言うべき終戦（解放）前の北朝鮮社会についても、研究の基礎は脆弱であった。韓国については、一九七〇年代以降でも我々は農村社会での生活・調査を通して、日本統治下の地域社会の状況について社会史的に辿ることが可能であった。しかし半島北部の社会状況については、民族誌的研究の空白・断絶はいかんともし難い。年長の脱北者がもたらす情報ですらも、一九五〇年代の農村の様子となると幼少時の記憶をたどる断片的なものに留まる。

第二次大戦の終戦以後の南北分断、朝鮮戦争、休戦と東西冷戦体制、北朝鮮の国際的な孤立と閉鎖状況など、国際的緊張の中で国家の主権と統治機能が極度に優先される状況の下では、北朝鮮に関する情報も関心もきわめて制約されてきた。それらの情報はどこまでも国家的・公式な性格のものであり、住民生活について報じられる断片的な情報も、特権的な平壌住民の生活にほぼ限られていた。国際状況によってやむを得ない制約があったにせよ、北朝鮮社会の現実について我々はあまりに無知であった。

六　北韓学

一方韓国にとって北朝鮮社会は言うまでもなく国境を接する同胞社会である。未だに休戦という緊張関係にあるとはいえ、将来の南北両社会の統合を視野に入れるなら、北朝鮮社会の困難な現実はいずれ自社会の問題として解決を迫られることになる。つまり、北朝鮮社会がはらむ課題は、韓国にとっては将来ばかりでなく現時点においても、既に国内問題に準ずる課題となっている。

韓国では、北朝鮮社会を対象とする情報と研究は「北韓学」という名で定着しており、この専門課程を置く大学および公的な研究機関も数多い。ソウルの大きな書店には、北韓学専門のコーナーもあり、北朝鮮の政治、経済、社会の概説書や研究報告書のみならず、脱北者をめぐる人権・社会問題を扱った書籍が並んでいる。しかし、そのほとんどはやはり政治外交や経済運営を中心とする国家政策を扱うものである。

北朝鮮に関する情報は、あらゆる面で平壌に関するものが圧倒的に多く、地方都市や農村部における生活の具体的な情報は意外に限られている。首都平壌は国家の政策上も特別な位置づけがされており、地方都市との格差がたいへん大きいことは否定の余地がない。平壌の住民に対しては配給も物資の供給も特別な配慮がなされ、海外からの食料などの支援物資も平壌には優先的に供給されている。映像によって紹介されるように、平壌には近代的な白い高層住宅がそびえているが、それは平壌住民の中でも一部の特権的な人々に居住が許されたものである。平壌に親戚が住んでいる場合でも、訪ねて行くには居住地や職場で手続きを始めてから許可が下りるまで時間と手間がかかる。平壌区域を訪れるには中朝国境地帯や南北軍事境界線地区に踏み入る場合と同様に、一般の通行証明とは異なり斜線が入った特別な許可証を得なければならない。

生活文化に関して我々が入手できる情報も首都平壌に関するものにほぼ限られていた。また、平壌住民の中でも、階層に応じて居住地域や住居形式などをはじめ生活格差が大きく、断片的な生活情報を以って安易に一般化してはならない。

しかし、平壌でも高層ビルの立ち並ぶ地区や国際的なホテルから少し歩いて一般労働者の居住アパート地区に踏み入れば、夕食後には路地裏に多くの住民が溢れている。しかし、人が大勢集まっているにも拘わらず路地には街灯もなくてうす暗い。また音楽のようなものも流れていない。大声をあげる人もなく静かにざわめいている。アセチレンガスを灯した小さな布張りのような売店にはお菓子や飲料水のようなものが並んで人が集まっているが、買っている様子もあまりない。すべて周りのアパートの住民であろうが、アパートの窓にも灯がさほど灯っていない。こうした人々は北朝鮮ではごく普通の住民であろうが、その生活像に直接接することはできない。都市の一隅には、住民が集まって物を商う市場や路地裏があって賑わっていることは以前から耳にしていた。しかし、麻袋を担いで歩いたり自転車に物を積んだりして市場に向かう人たちの姿が旅行者の目に留まることはあっても、市場の実態はなかなか伝わってこなかった。

韓国の年長世代の中には、南北の政治的分断を機に北朝鮮の社会体制を嫌って逃れて来た者も少なくない。失郷民とも呼ばれたこれら北朝鮮出身者は「以北五道道民会」を組織して緊密な連携を維持しながら韓国社会において存在感を発揮してきた。彼らは政治の分野においても大韓民国政府の樹立当時から有力な政治家および軍人を数多く輩出してきた。李承晩（初代大統領、黄海道出身）、李允栄（李承晩政権の初代総理、平壌出身）、李榮徳（ソウル師範大学教授、南北赤十字会談代表、金泳三政権の総理、平安南道出身）、張都暎（国家再建最高会議議長、平安北道出身）、劉彰順（全斗煥政権の国務総理、平安南道出身）、丁一権（朴正熙政権の外相、総理、満軍出身、咸鏡北道慶源出身）、盧信永（全斗煥政権の外相、総理、平安南道出身）、李範錫（全斗煥政権の外相、平壌出身）、申秉鉉（韓国銀行総裁、全斗煥政権の総理代行、黄海道出身）、白斗鎮（李承晩政権および朴正熙政権における国務総理、黄海道出身）、鄭一永（民主党、平安道出身）、白善燁（陸軍大将、平壌出身）、姜英勲（盧泰愚政権の総理、平安北道出身）、言論界でも朝鮮日報（方應謨、平安北道出身）、平和日報（金亨俊、咸鏡北道出身）、韓国日報（張基榮、咸鏡道出身）などの新聞発行人も北朝鮮からの越南者であった。また教育界においても翰林大学（創立者金鐸一、平壌出身）、慶熙大学（趙永植、平壌出身）、建国大学（劉錫昶、咸鏡北道出身）、檀国大学（張某、黄海道出身）、崇實大学（韓景職、平壌出身）、漢陽大学（金亨俊、咸鏡北道出身）、長神大学（平壌神学学校の後身、韓景職、平壌出身）などの大学も北朝鮮出身者の創立に依るものである。キリスト教も同様で、北朝鮮とりわけ平壌は朝鮮におけるキリスト教発展の基盤として知られ、改新教（プロテスタント）の指導的な聖職者を多数輩出してきた。ソウルの永楽教会（韓景職）など主要教会の多くは北朝鮮出身者に依って設立されたものである。日本の植民地統治下における鉱工業をはじめ、言論、政治思想、キリスト教などにおける北朝鮮の先進性は明らかであり、南北分断当時の韓国社会において北朝鮮出身者の果たした功績が大きかったことは、日本であまり知られていない。またこうしたインテリ指導層ばかりでなく、ソウルの商業発展においても、北朝鮮から難を逃れて来た人々、とりわけ女性たちの勤勉さと生活力に負うところが多かった。工業分野においても当時最先端の工業地帯であった咸鏡南道咸興からの技能工の転入者が韓国における工業発展において大きな役割を果たしたと言われる（康仁徳・北韓大学院大学特任教授、元統一部長官の教示による）。

このように北朝鮮出身者が重要な位置を占めていたにもかかわらず、韓国では分断にともない北朝鮮と政治的に鋭く対立して北朝鮮社会との関係は絶たれ、北朝鮮社会の実態について関心を払ったりその制約された情報に接したりすることは、反共を国是とする体制の下で法的にも社会的にも厳しく規制されてきた。例えば、研究のためであっても、北で出版された『金日成著作集』に接しようとすれば然るべき手続きが求められ、事実上制約が多かったのである。

七　長期的・歴史的な展望

北朝鮮社会が歩んできた道、そして今日直面している困難とは、いずれも東アジアあるいは世界規模の構造的な枠組みの中で歴史的に形成されてきたものと言えよう。

社会主義を導入した北朝鮮の初期状況についても確認しておくべき点がある。言うまでもなく朝鮮社会は、部族社会が植民地経験を経て一挙に社会主義の導入を試みた発展途上国社会とは基本的に異なり、集約的な農民社会（Peasant Society）を基盤として長期にわたる民族王朝国家という高度な社会統合の伝統を有する社会である。さらに加えるなら、韓国とは異なり北朝鮮は植民地体制下とはいえ工鉱業と重化学工業を基盤とする植民地近代を経験した点を忘れてはならない。そうした背景と初期条件に加えて、東西冷戦体制の下で、単なる社会理念の違いや対立に拠る南北の分裂に留まらず、両国は熾烈な戦争によって多大な犠牲を蒙った点でも、また、休戦状況に移行した後も六〇年以上に亘って厳しい軍事的緊張関係にある点でも、他の社会主義社会には見られない特異な状況にある。

その後は、日本の敗戦に伴う抗日革命勢力による国家樹立の過程、南北分断以後のソ連による支援・支配による東西冷戦体制への編入と社会主義化の過程、南北の二国がそれぞれ米国と中国を背景として戦った朝鮮戦争、休戦体制下の社会復興と東側社会主義諸国からの支援体制、ソ連・中国の主導権に代わる民族主体体制と唯一指導体制の確立、東欧・ソ連における社会主義体制の崩壊、首領唯一指導体制の強化と国際的孤立など、国際的な政治・軍事環境を踏まえてこの地域における社会変化の過程を長期的に視野に入れておかなければならない。

ソ連に倣って社会主義を採用した国家には、社会主義化の過程とその後の展開に共通の様相が見られた。産業組織の集団化と国営化の過程、国家計画経済、過度期における社会主義の一定の成果、集団主義がはらむ組織や制度の機能不全、それに伴う経済の停滞、主権と安全保障を最優先する政権の独裁化と逆機能、国際社会における適応不全、改革開放あるいは社会主義体制の変質や崩壊、資本主義への体制移行という一連の過程である。北朝鮮の場合にも、細部においては北朝鮮特有の過程が見られるにせよ、基本的には社会主義社会に共通する様相が見られた。独裁的な政治体制として最高指導者に対する忠誠の強調と反抗勢力に対する政治的な粛清も多くの社会主義社会に見られたものであるが、キム・イルソン（金日成）―キム・ジョンイル（金正日）―キム・ジョンウン（金正恩）の三世代にわたる世襲体制は北朝鮮に特異なものである。また職場や地域における網羅的かつ組織的な政治学習の制度も、そのモデルはソ連にあったにせよ、社会主義社会の中で最も徹底したもので、自ら「組織の国」と自認するほどである。

社会主義制度の機能不全の面については初期から課題とされていたが、一九六〇年代後半から一九七〇年代初頭ぐらいまでは衣食住などの人民生活の基本要件は満たされ、過度的ながら社会主義が機能した黄金時代のように追憶されている。しかし、社会主義国家の最も基本的な制度といえる計画経済の中でも、一般国民の日常の生活物資については早くから生産の停滞と供給不足が問題とされ、様々な対応措置が試みられてきた。また農業について見れば、農業を主体としてきた半島南部とは異なり、北朝鮮の中でもとりわけ気候の冷涼な北部地方は、もともと主食である穀物の生産には制約があり、食料事情の改善は長年の懸案となってきた。

北朝鮮では、生活物資と食料の供給体制が破綻に瀕する中でも社会主義の理念と原則が堅持されてきたが、その一方では問題に対処するため様々な規制緩和の措置が採られてきたことは日本で案外知られていない。しかし問題は社会体制そのものの構造的なディレンマに根差すものであって、いずれの対応も十分な効果を上げられないまま今日に至っている。計画経済による制度的な生活保障の中でも、食糧の配給という最も基本的な生活の根拠を脅かされた人々は、自身の生活自衛的な活動に頼らざるを得なくなり、政府は一方では規制しながらも実際にはこれを容認するよりほかなかった。こうして、原理原則とは裏腹に、言わばなし崩し的に社会主義からの逸脱過程を歩んでいることは否定できない。そうした実態に注目するなら、社会主義体制は社会底辺の一般民衆の日常からすでに破綻しつつあると言ってもよい。

八　社会主義体制の疲弊

北朝鮮社会では、すでに一九七〇年代から農業をはじめとする生産停滞が見られ、一九八〇年代には早くも社会主義の基本ともいえる食料配給が滞り始めた。社会主義化の過程におけるソ連からの技術的・経済的支援は、ソ連の政治的指導性と東側経済圏における戦略的な分業体制を前提とした統制を伴うもので、北朝鮮経済の自律的で均衡のとれた発展を阻害する面があった。その後、ソ連・中国との等距離政策と並行して採用され強調されてきたのが「主体思想」であり「唯一指導体制」であった。その結果は、独裁的な政治体制の維持には成功しえたが、社会経済面では基本的な技術、エネルギー、食料などをソ連の支援に依存したまま、政治的にも国際的な孤立を招いて社会変革や発展の可能性を自ら閉ざす道を歩む結果となった。政治的な主体意識と経済の実体基盤との乖離は進み、一九九〇年代に入るとソ連の体制崩壊を契機として経済危機は一挙に現実化するに至った。それまでのソ連との間の友好レートによる取引や現物決済が廃止され、国際市場価格による外貨決済を求められるや、外貨不足による国際経済への不適応は一挙に顕在化した。ロシアからの原油や生産資材の輸入が急激に減少したため、それが広範な生産停滞による生活物資の不足をもたらす悪循環となり、人民生活に直接深刻な困難をもたらすに至った。農業分野でも肥料や農薬や営農物資の供給が滞り、これに水害などの自然災害も重なった結果、一九九〇年代の半ばには農業の不振によって極度の食料不足に陥った。一九九〇年代後半には国民の一〇%に達する大量の餓死者を出すに至り、豆満江・鴨緑江の国境を越えて多くの流民および体制離脱者を出すに至った*。

実は、こうした社会主義制度自体の機能不全による社会の閉塞状況は、すでに一九八〇年代から政権内部でも重大な課題と自覚されており、政府主導の「自力更生」・「自体解決」の名の下に実質的な規制緩和措置が試みられてきた。しかし、冷戦下でのソ連をはじめ東欧社会主義諸国からの友好支援と、帰国者を介した海外同胞からの支援が途絶えてからは、国際的な孤立の中で韓国からの食料・肥料支援をはじめ国際機関や国際ＮＧＯによる人道的支援に依存してきた。しかし食料難および生活物資の生産停滞と供給不全は歴史的に形成された構造的かつ慢性的なもので、一部の特権層や平壌の住民は別として、大多数の住民生活の困難な状況は改善されていない。

その一方で、社会主義思想と党の指導体制は堅持され、首領の唯一指導体制は先軍政治という形を採って強化されてきた。国家主権と政権維持を優先して、核兵器開発を推進する政策は、国際社会への適応性をさらに欠いて孤立を深める結果となり、経済的な閉塞状況から脱皮できない構造的なディレンマも内部で緩和できる兆しがみられない。

社会主義体制からの移行過程には、急変から穏やかなものまで様々な様相が考えられる。住民の生活防衛的な対応能力や既存の社会関係の機能面を肯定的に評価するなら、制御できないような破壊的な事態が生じる可能性については否定的な予測がなされよう。しかし、こうした現状持続の楽観的な予測とは逆に、慢性化した状況に更なる悪条件が重なるなら、現状の維持や復元よりも不可逆的な過程をたどって社会体制が崩壊に向かう展開も予測しておかなければならない。

北朝鮮の社会主義制度と統治体制は、強固な理念と社会統制機構によって支えられており、人民の生活を最小限でも保障していれば、一定の社会秩序を維持する機能が評価されて、肯定的・楽観的な材料ともなりうる。しかしこれとは逆に、既存の公式な社会組織や制度が内包する潜在的な脆弱性に注目するなら、悲観的な予測も充分可能である。個人の主体的・積極的な経済行動についても、公式の否定的な見解は基本的に一貫しており、社会主義・集団主義の原則を脅かす利己的・反革命的なものとして否定されてきた。しかし、制度的な生活保障を失った住民にとっては、自らの状況判断と創意によって生存を図ろうとする積極的なものと評価できる。こうし

＊　一九九〇年代後半の食料難に依って多くの餓死者を出したことは様々な情報によって明らかであるが、北朝鮮では信頼できる人口統計が公表されないため人口推移を把握することは容易ではない。北朝鮮政府に依る公式の情報と見なせるものに、一九九八年の七月に予定されていた第一〇回最高人民会議代議員選挙の準備のために社会安全省が調査した内部報告書を韓国政府が入手し、その内容が公開されている。それに依れば一九九五年から一九九八年三月まで二五〇～三〇〇万人が餓死したとされている。食糧支援に関連する国際機関などの推計や諸外国に依る推計と照らし合わせると、この内部情報はほぼ実態に近いものとされている（ナム・ソンオク　一九九九：二一九―二七二）。

た個人の主体的で積極的かつ流動的な側面は、中長期的には社会に不可逆的な変動を促す要因となり、やがて想定を超えた大量の流民発生につながるという悲観的かつ不吉な予測を生んできた。

九 「急変事態」をめぐって

韓国では、北朝鮮社会内部に潜むこうした構造的な不安定要因が、何らかの契機で急速に顕在化して騒憂状態となって広がり、北朝鮮政府自らの制度では収拾できなくなる「急変事態」が想定されてきた。一九九〇年代後半のいわゆる「苦難の行軍」時期における脱北者の大量発生は、そうした「急変事態」を予感させるものとなった。急変事態を想定することはそれ自体不謹慎ともいえようが、想定上のこととはいえ事態の深刻さを考えると、当該社会のみならず周囲の社会にとっても無視しえない問題でもあり、現実的な対応が求められることになるであろう。

最悪の状況まで視野において提示された極端な予測では、地域的な騒乱が全国に波及し統制を欠いた状態から体制崩壊に向かうという過程であり、無政府状況の混乱の中で生活手段を求めて住民が一挙に流動化するというものである。最悪の場合、国境を超える難民の発生は最大二〇〇万人あるいは四〇〇万人まで想定されているのである（ナム・ソンオク　二〇〇七：九一―一二二）。

こうした悲観的な予測は一部では早くから話題とされてきたものであり、とりわけ東ヨーロッパ諸国において堅固と思われた独裁体制が短時日に崩壊に至ったことが直接の論拠となった。しかし、北朝鮮では予測が現実とはならなかった。社会主義経済が閉塞状況に至った一九九〇年代後半ですら、多くの餓死者を出し住民の流動性が高まり、体制からの離脱者を大量に生んだにもかかわらず、それ以上の急激な体制変動は生じなかったのである。

体制崩壊シナリオは論理的には説得力があるにせよ、現実にその社会に身を置いていた脱北者たちからは必ずしも受け入れられていない。体制が硬直化しているという観測と、その一方で何かを契機に脆くも崩壊する可能性は、東ヨーロッパの例からも充分に考えられる。しかし、公式の原則や制度だけに目を奪われると、観念的に社会の硬直性ばかりが強調されがちとなり、悲観的な予測しか見えなくなるものである。それも、いわば異文化・異体制の社会に対する偏見と言うべきものかもしれない。堅固な体制の下でも、住民の生活実態は必ずしも公式の原則や制度に一方的に縛られるものではないし、公式の原則や制度はむしろ住民の最低限の生活を保障してきたと見ることもできる。社会主義の基礎として強調される集団主義の原則も、既存の人間関係や社会生活と全く無縁に成立するものとは考えられない。「個人は全体のために」という理念がいくら強調されても、社会は個人あってのものである。社会が個人の生活を保障しない状況では、人々の生存を賭けた主体的な営みに目を向けるなら、非公式であるため外部者には見えにくい北朝鮮社会の柔構造の実像が見えてくるにちがいない。集団主義が強調される職場での最小の作業集団は、一方的に個人を拘束するどころか、個人の止むにやまれない非公式行動を見逃したり擁護したり、いざとなれば構成員の生活防衛のために集団ぐるみ非公式な行動をとることもあるようだ。また、これを指導・管理する組織の幹部党員たちも生活苦という点では大同小異で、こうした動きと無縁ではない。

十　格差をめぐって

北朝鮮社会が国際的に孤立する中で、経済をはじめ様々な分野で北朝鮮と周囲社会との間で距離感ないし格差が拡大していることは確かである。こうした格差は東アジアという地域において潜在的な不安定要素となっているように思われる。それはこの地域社会の統合・共存を前提にした将来像にとって大きな不安要因である。情報・物・人の相互交流を深めて統合を高めることで、この地域社会全体の活性化と発展を図ることが目標となろうが、その前提となるのは相互性であって、地域内にあまりに大きな格差があればその前提が脅かされる。政治体制の違いが今なお軍事的な緊張をもたらしている現状では統合など到底おぼつかないが、将来何らかの形で交流が開かれ、社会の再統合が多少なりとも現実味を帯びる場合を想定すると、この格差が阻害要因として急浮上するのである。また、様々な可能性の中で、充分な合意や準備がないまま意図に反してこうした再統合が迫られることも考えられ、その場合には潜在的な課題が一挙に顕在化することが懸念されるのである。

「格差の縮小」という課題は、東西ドイツの統合に際して現実に浮上したものである。これは、長期的に見て地域社会の再統合を図る上で、東西間の社会的・経済的な格差はどの程度まで許容されるかという問題でもあった。

分断された社会の再統合過程といっても、両社会の間に形成されたこれだけ大きな格差をいかに縮小するかという課題は歴史的にも未経験なことと言ってもよい。予測できない潜在的課題が浮上してくる可能性が考えられるとともに、事前に十分な予測を立てることは容易ではない。出来るだけ無理なく社会統合を図るには、実態に即した準備が求められ、そのためにも事前に格差の実像を把握しておかなければならない。この問題の概要を描くためにも、先ず、どのような分野においていかなる格差が想定されるのか、何を基準にその格差を計ることができるかが問われる。

格差を量的に把握するには現状について具体的な情報が前提となるが、北朝鮮では統計的な資料がほとんど公開されていないのが実情である。統計とは、実態に即して政策が立てられる社会において制度として成立しうるが、中央の政策に合わせて実態を改編しようとする社会では不必要であり不可能でもある。北朝鮮ではこれまでも、具体的に実態を把握することもないまま、目先の問題への対応に迫られ、その対応に応じて事態が展開するという過程を歩んできたように見受ける。「上に政策あれば下に対策あり」と言う中国の格言は北朝鮮にも当てはまる。言い換えれば、公式の政策に対して住民はいつも現実的な非公式の道を模索せざるをえないのである。

北朝鮮社会をめぐる周囲の社会との間にみられる格差は、世界史においても稀有な環境と過程によって形成されたものであり、比較や参照できる事例も少ないように思われる。強いて比較対象となるとすれば東西ドイツ再統合の経験である。東西ドイツの再統合に際しては、まだそれなりに統合経費を想定することができたようで、その格差をどれほどの期間内にどの程度まで縮小しなければならないか、その方法と統合経費について論議された。しかし、この唯一といえるドイツの例がはたして朝鮮半島の場合にどれほど参考になるかは分からない。

朝鮮半島ではドイツにはない特殊要因が加わるため、南北の格差ははるかに大きく深刻と言わざるを得ない。朝鮮半島では何より南北両国が熾烈な戦争を経験しており、互いに敵愾心をあらわにしてきた。休戦状況のもとで今なお両社会間の交流はきわめて限られており、国際的な人道支援に対してすら障害が多い。統合を見据えた交流や協調などは未だ白紙に近い状態にあり、そのかぎりでは社会統合は全く非現実的と言わざるをえない。北朝鮮社会がその体制を維持しながら内部の閉塞状況を改善できる可能性も低いと言わざるを得ない。しかしそれにもかかわらず、一九九〇年代後半の北朝鮮社会の危機状況を想起するなら、同様な危機的な事態が再び急展開して、混乱が広がって統制が効かなくなる状況も考えられ、北朝鮮社会が体制崩壊を迎える可能性も皆無とは言えない。つまり政策として統合が意図されないまま、なし崩し的に混乱にともなう緊急対応に迫られ、結果として再統合の道を探らざるを得なくなるということも非現実的とは言えない。先に述べたとおり、こうした可能性を含めて、北朝鮮社会の危機状況と「急変事態」はすでに韓国社会にとって国内問題に準ずる潜在的な課題として現実味を帯びているのである。

ドイツの場合に比べて北朝鮮と韓国の経済格差がはるかに深刻であることは、北側で統計的資料が公表されていないという異常な現状からも明らかである。概況がある程度把握できる産業面（施設、技術、インフラ等）の格差は東西ドイツの場合と比較にならない。北朝鮮では餓死者まで出しているのであるから、農業生産および食料事情における格差がさらに深刻なのは繰り返すまでもない。社会文化的な差については未知数が多くて楽観と悲観が交錯する。これに加えて、人口比は東西ドイツでは一対四であるのに対して、北朝鮮と韓国は一対二であるから、韓国社会にとって北朝鮮急変事態がはらむ潜在的な社会的・財政的負荷はたいへん大きいと言わざるを得ない。

地域社会の安定かつ健全な統合を維持するためには、地域内の格差を一定限度内に抑えることが求められ、それを達成するためにどれだけの時間的猶予と政策と経費が必要となるかが国際的にも課題となる。理念から人的・物的なものまで、緊急支援から中長期に渡る支援まで、統合過程には失敗が許されない。様々な可能性が想定される中で、国際的な協調と広範な市民的参与が不可欠となろう。それは、とりわけこの地域に歴史的に深く関わってきた日本に、選択の余地なく応分の貢献が求められることも意味する。こうしたコストの中でもある程度計量できる分野については、体制崩壊のような急変事態にせよ比較的穏やかな変革の過程をたどるにせよ、つまり政策やシナリオの如何に関わらず、その格差に起因するコストの総量は変わらないともいえる。

このように北朝鮮社会の研究は、現状ばかりでなく将来の緊急対応から社会復興まで視野に入れた現実的課題と結びついており、問題志向的（problem-oriented）で危機対応的な研究姿勢と、将来の国際協調と支援を見据えた実践志向的（practice-oriented）要請とも不可分であるといえよう。

十一　社会の流動性

北朝鮮社会と周囲社会との間のこうした「格差」にともなう人道的課題は、日本では実感することが難しい。あるいは人道的な対応を迫られた経験が乏しく、自身とは関連が薄いと考えられがちである。しかしその現実味について、日本にも経済的費用（コスト）が課せられると説明を受けると無関心では済まされない。それは、この社会的な格差に起因する潜在的課題が「急変事態」として東アジアに広がると、日本も直接的な影響ばかりでなく間接的にもその負の影響から逃れられないからである。また人道的・国際的な協調という観点から、日本社会にもその解決経費が課せられることが想定される。

端的な例を想定するなら、北朝鮮への帰国事業政策によって北朝鮮に帰国した人々とその親族や縁者だけでも相当な数に上る。帰国者以外にも在日朝鮮人・韓国人の親族・縁者も多く、また在日と関係なく日本に入境する流動人口も予想される。そして何よりも人道上の問題は本来国籍や民族とは無関係である。先に述べたとおり、最も厳しい情況として四〇〇万人という規模の流動まで取りざたされているのである。

韓国人社会における流動性の高さは早くから日本人研究者の関心を呼んできたところである。韓国における個人の流動性の高さは、人々の人格に占める場所・地域との関係の希薄さとして観察され、それは一方で人々の主体性と行動の積極性と見ることもできるもので、それを我々は「属人性」という概念によって論じてきた（伊藤亜人　一九九六：六四―六八）。その流動性の高さは国際的にもコリアン・ディアスポラとして注目されてきたように、一般に考えられてきたディアスポラとも異なる。韓国では基本的な生活が脅かされていることもなく、移転しなければならない理由が見当たらないにもかかわらず、韓国人の空間的流動性の高さは際立っているのである。こうした流動性の高さは、韓国朝鮮人社会における属人性と生活空間認識に根差すものであると考えられる。さらにもう一つ追加するなら「普遍的人間像」ともいうものである。これは、人間は誰もが普遍的な人間の資質を具えていて、置かれている境遇さえ変われば本来の可能性を発揮できるはずだという楽観的ともいえる人間観であって、その機会を待ち望む姿勢ともなる。かくして、機会さえあれば機敏で大胆な行動をとることとなり、そこで先ず選ぶのが生活の拠点を変えることである。

　こうした文化社会伝統に根ざした潜在的な流動性が、それとは対極的に人々の生活空間を固定してきた社会主義体制の拘束が解かれるや否や、一挙に顕在化して流動が始まるという予測である。北朝鮮社会の場合には、社会経済の閉塞に伴う生活の劣化と、周囲の社会との格差が顕著ではあるが、こうした人間観・空間観といった文化的要因については余り考慮されていない。

　内戦などの極端な危険情況が起こらなくても、人々が流動を選択できるなら、余りに大きな格差を解消すべく中長期的に見てかなりの人口流動が起きても不自然ではない。それは、中国における朝鮮族の流動を見ても明らかである。中国の改革開放の進展とともにここ三〇年間に中国東北部から韓国をはじめ周辺社会に大量の人口の流動が見られた。朝鮮半島社会においても、今後どのようなシナリオを経るにせよ、社会の再統合が現実味を帯びるや否や、時間をかけて格差が縮小するのを待つよりも、自分の新たな生活の場を選択して移動する方がはるかに主体的かつ合理的・現実的な選択となろう。

以上が北朝鮮のいわゆる体制崩壊を想定した危機論の概要であるが、この危機と言う用語については多少の吟味を要する。この用語は、現状を維持できずに体制が根底から崩壊するという極端な場合を想定したものである。これまでもしばしば北朝鮮社会の崩壊の危機が説かれてきたが、体制が崩壊する気配はなくしっかり維持されている。北朝鮮社会は韓国との戦争状態のもとでも国家存亡の危機に瀕していたし、その後も何か問題が提起される度に国民に対して危機克服のための「戦闘」を呼び掛けてきた。この社会は常に危機と隣り合わせにあり、人々もまた食料不足や配給停止という危機的な情況の中で生活してきたのである。危機とはこの社会に織りこまれた常態と言ってもよく、国民に厳しい生活を強いて体制を維持する上でも危機感を高揚することが欠かせなかったともいえる。生活の中で常態化している危機情況と、その中で人々が生活を維持する姿こそがこの社会の実像というべきかもしれない。つまりこれまでの危機論に欠けていたのは、そうした具体的な情況と過程に対する洞察であろう。さらに言えば、危機は常態化しているばかりでなく今後も持続すると考えられ、また体制崩壊と言ってもこれまで取り沙汰されてきた急変事態ばかりでなく、時間をかけて穏やかな体制移行を辿る場合でも、それによる人の流動化をめぐる潜在的問題の深刻さは長期的には常に危機を孕んでいると見るべきであろう。

東西陣営の構造的な対立が朝鮮半島では南北間の休戦状態のまま今まで続き、国家の主権のもとに七〇年という長期にわたって地域間の格差が蓄積されてきた例は、人類の歴史でもあまり類例がないかもしれない。人類社会における地域社会内の格差は、通常は人の流動や政治体系の再編などによって解消されてきたが、朝鮮半島ではそうした解決の道が封じられたまま現状にまで至ったといえる。韓国統一研究院の研究員である脱北者がシンポジウムの後で歩きながら語った「韓国が無かったならとうの昔に改革開放して問題は解決していたのだ」という言葉は的を射ている。

体制が崩壊して無秩序状態に陥れば、すでに述べたとおりその影響は東アジアの全ての社会と人々に及ぶし、それが既存の国家レベルの安全保障体制に及ぶことも指摘されているとおりである。この東アジア地域社会の当事者は、こうした格差の実態とその潜在的な人道的課題の大きさを知ることになれば、体制崩壊と極端な危機状況だけは避けなければならないという合意を迫られる可能性もある。再統合のシナリオや政策を論じる前に、社会の実像に少しでも近づくことが先決であり、そのために我々は出来ることから始めておかなければならない。

十二　脱北者の存在

北朝鮮において、食料配給の途絶による生活難や、政治的な抑圧などによって生活の危機に瀕した住民のうち、国境を越えて中国などの第三国を経て韓国に入国したいわゆる脱北者は増加の一途をたどってきた。今日その数は、韓国内だけでも三万を越しており、また中国内で違法滞在という身分不安定な中で過酷な生活を強いられている人々は数万とも、それ以上とも言われている。彼らがもたらす北朝鮮社会の情報は、自らの体験を踏まえた具体的なものであり、社会主義体制における経済の閉塞状況のみならず、独裁体制における生活実態を伝える点でも貴重なものである。日本に入国した脱北者も、公表はされていないが二〇〇人に達するといわれる。これら脱北者のもたらす情報によって、公的な政治経済的な面ばかりでなく、北朝鮮民衆の日常生活の様々な様相が徐々に明らかとなってきた。東北アジアの地域研究の中でこれまで空白に近い状態にあった北朝鮮社会についても、情報と資料の面に大きな制約があるとはいえ、北朝鮮社会の全体像を展望しながらこうした情報を活用することが可能となっているのである。

公式の原則と体制からの逸脱行為は様々な程度と形態をとる。その中でも国境警備をかいくぐって命がけで逃れて来た脱北者は、北朝鮮における非公式領域の生きた証人と言ってもよい。

脱北者の出身身分、居住地、公的な地位と職業、年齢などは多様であり、また脱北の状況、直接の動機や経緯なども様々である。彼らの北朝鮮における生活経験ばかりでなく、脱北の過程で経験した苛酷な生活にも個人差が大きい。また韓国社会における新たな生活経験を通した認識、適応のあり方や将来の生活像にも個人差が大きい。

北朝鮮内では社会体制自体が固定的であり、居住地域や身分・地位などが異なれば互いに接する機会が限られ客観情報も不足しており、これを反映して韓国における脱北者どうしの交際も同郷以外は比較的限られていると言われるが、脱北者の社会生活や活動は多岐にわたり、彼らの活動組織も「北韓離脱住民支援財団」（ハナ財団）に登録されている団体だけでも五〇を超す。また脱北の過程でキリスト教による影響が大きいと一般に言われるが、教会との接触を全く持たない者や、脱北後に接触を絶つ者も少なくない。また教会ごとに脱北者への対応にも幅が見られる。

脱北者社会のそうした多彩な状況を踏まえながら、韓国における調査の空間的・時間的な制約の下で、彼らの生活経験をどこまで把握できるかが課題である。

これまでの韓国における脱北者情報を用いた調査研究は、ほとんどが質問票や面談によるものである。また調査研究の目的や課題設定も、当然ながら韓国における社会的要請と関心に沿ったものであり、韓国における南北関係の認識を反映したものである。また、公的な助成によって行なわれる研究プロジェクトは専門分野ごとに明確な課題が設定されており、人類学による研究は脱北以後の韓国における社会的適応をめぐる課題に向けられ、北朝鮮社会そのものを対象とした人類学的な接近はまだほとんど試みられていない*。

脱北者に限らず個人がもたらす情報は、その人の社会性を反映するものである。韓国社会における北朝鮮出身者はかつて「帰順者」とも呼ばれ、南北における厳しい緊張関係と不信感を反映して英雄のように迎えられたが、同時に特殊な関心に曝されてきた。その後、社会主義体制の閉塞状況にともなう越境者に対しては、困難な状況を脱して越境してきた同胞に対する同情や共感が基調となっており、人々の対応もより正常なものとなってきた。しかし、初期における政治的な亡命や帰順者とは異なり、脱北者の体制離脱の背景や動機は多様化している。とりわけ一九九〇年代以後は、食料難のもとで食べ物を求めて中国側に脱出する者が急増している。脱北者の増加と動機の多様化にともない、韓国側における受け入れも変化しており、財政的な負担も増大している。その総数が三万人近くに達する今日では、非人道的な生活から命がけで離脱した同胞に対する共感や配慮も以前ほどではないように見受ける。かつて、鋭く対立してきた南北関係の下で、北朝鮮に対する脅威と不信感が報道や教育を通して再生産されてきた時代には、北朝鮮に対する警戒感や不信感は我々日本人の想像以上のものだったに違いない。そうした政治状況の下で幼少期から過ごしてきた人々は、たとえ体制から離脱してきたとはいえ相手が北朝鮮出身者と知れば、どこか不自然な空気が漂い、話題も途絶えるのだという。自然な関係の中で余裕を持って接することができないのは、程度はあれ研究者も同様のようだ。その点では、日本の研究者の方がむしろ自然な関係を築くことができるかもしれない。また脱北者の中でも在日帰国脱北者、つまり在日から「祖国」に帰国し、再び北朝鮮を離脱した脱北者は、日本、北朝鮮、韓国のいずれにおいても現地住民から一定の距離を保って生活してきたことから、これら三つの社会のいずれについてもより客観的に見ることができる点で特異な存在である。北朝鮮では、在日同胞の帰国者は日本でひどい差別を受けて貧困にあえぐ乞食同然の人々と伝えられ、多くの人がそのように思い込んでいたという。ところが目の前に現れた同胞たちの服装から振る舞いまで、明らかに自分たちとは異なり裕福そうで洗練された姿を見た朝鮮の人々は大きな衝撃を受けたという。一方、帰国者たちが目にした北朝鮮の現実は、地上の天国のように聞かされていた「祖国」の姿とはかけ離れたものだった。政府の政策によって帰国者は社会主義社会の中でも特殊な位置づけがなされたばかりでなく、社会生活においても「原住民」社会には馴染むことのできない存在であった。それと同時に、帰国者も自身たちがいかに日本の社会文化の影響を受けてきたか自覚することになったという。帰国脱北者は、日本的な感性と観点の持ち主でもあり、彼らが観察と経験を踏まえてもたらす情報は大変貴重なものである。

十三　インタビューと手記

いずれの社会でも、既存の制度を手掛かりとする制度論的アプローチがそれなりに有効であり、特に部外者にとって有効な枠組みとなる。しかし、その制度論的なアプローチとは、制度が文字通り機能する状況を想定するものであって、制度化が進んでいない情況や制度が動揺している状況では必ずしも有効とはいえない。また、公

＊　人類学者による著作として次の書があるが、基本的に欧米の読者を念頭におき、北朝鮮社会の歴史と政治体系を紹介することに主眼が置かれている。民族誌的空白を反映して住民の具体的な生活と社会については描かれておらず、国家と党による民衆統治に焦点を置いた内容となっている。経済については、後社会主義社会に対するモラル・エコノミー（moral economy）論の有効性を取り上げているが、抗日パルチザン以来の首領のカリスマ的指導性と家族国家論によって国民に窮乏を強いる政治経済論（political economy）の域を超えるには、食糧難に陥った情況のもとで生存のため人々が採る行動実態に迫る記述こそ優先されるべきであろう。
Heonik Kwon and Byung-Ho Chung　1912　*North Korea: Beyond Charismatic Politics*, Rowman & Littlefield Publishers, Inc., Lanham・Boulder・New York・Toronto・Plymouth, UK.

式の制度が大変強固に整備されている一方で、現実の生活が個人的かつ非公式の関係を通して、その時々の状況に相応しい判断と対応が求められるような社会では、制度を踏まえつつも非制度論的なアプローチを併用しなければ実態に迫ることはできない。北朝鮮社会の現状はむしろこうした事例にあたる。非人格的な制度や組織よりも、人格的な関係が重視されるのは、韓国社会の研究においても我々日本人研究者が実感してきたところである。北朝鮮社会においても、一方では堅固な制度と原則が強調される中で、個人が具体的に問題解決に臨む過程では、制度に拠らない個々の状況と対応を把握することが重要である。何よりも人々の生きる様、特に社会主義が制度的に保障してきた日常生活の実際について、生活者の視点から具体的な経験に基づく情報を得るためにはインタビュー調査が欠かせない。

その一方で、韓国における北朝鮮情報に対するアクセスは、何らかの点で韓国社会の社会的政治的文脈のもとで行なわれており、このことは誰よりもインタビューを受ける脱北者たちが敏感に察しているところである。脈絡や実際の状況にまで深入りしないインタビューであれば、脱北者が聴き手の期待に上手く応えることによって情報提供者としての価値と地位を高めようとする意識が働くのは当然であろう。

初対面の人に対するインタビュー調査とは、未知の人物に対する手探りの状態から始まるので、時間をかけて繰り返し行なわないかぎり充分なものとはなりえない。また同一の話者であっても、何度も繰り返し会う機会を設けて、時間をかけて話を聞くような関係になれば、自ずと話す内容にも幅ができるし、同じ話題についても様々な角度から情況を描くことができるようになる。一方、そうした時間的なゆとりと柔軟な姿勢に欠ける場合には、話す内容は北朝鮮社会に関する抽象的で一般的な情報に留まることになりかねない。

インタビュー調査を採用しながらも、統計的な情報処理を目指してインタビューの件数を増やすことになると、調査票による調査とあまり変わらず、深みのないものとなりかねない。本来インタビュー調査は、予め用意された調査票による調査とは異なり、対話を通して話者の背景や状況に柔軟に応じて、質を重視する情報収集を目指すものである。生活の実態に迫るためには、話者が置かれた様々な社会的背景を掘り起こしながら、その生活現実に迫る姿勢が求められる。

韓国における北朝鮮研究では、研究成果を評価する基準としてインタビューの件数や何時間分インタビューをしたかということがしばしば話題になる。北朝鮮研究は多かれ少なかれ国家的なプロジェクトとみて差し支えない。国家的な助成を受けてインタビューに対して代価を支払うことが慣例となっており、研究を助成する側も内容よりも量で評価することになるのかもしれない。

脱北者も、定着先の韓国社会で置かれている状況は様々であって、調査者との出会いと対話のあり方にも個人差があろう。筆者は、若い世代よりも年長世代を優先するほうが望ましいと判断した。若い世代は、社会経験が短く狭いばかりでなく、韓国社会で置かれた状況による制約も大きく、精神的にも余裕もないことが挙げられる。そうでなくとも競争の厳しい韓国社会で、ハンディを克服しながら適応して自分の将来を切り開かなければならないのである。また若い世代は過去の事よりも現在および将来と向かい合っており、経済的な収入も切実である。時間的な制約は面談の双方に共通する制約でもある。年長世代として六〇歳代末から七〇歳代前半の人々は、自分の生活経験と北朝鮮社会が歩んできた経過をある程度客観的かつ冷静にふり返ることができる余裕がある。当然ながら見聞も広い。

面談調査の質を高めようとすれば、様々な関連を追って脈絡を掘り下げてゆく必要があり、そのためには生活に対する洞察力と柔軟かつ忍耐強い思考が求められる。また話者に対しても、一般のインタビュー調査とは違って、北朝鮮社会の様々な側面にわたって深い調査を目指していることを理解してもらい、そのためにも時間をかけて何度も面談に応じてもらうことを要請した。できるだけ具体的な事例を挙げてもらい、自分自身の経験に即

寄せられた手記の束

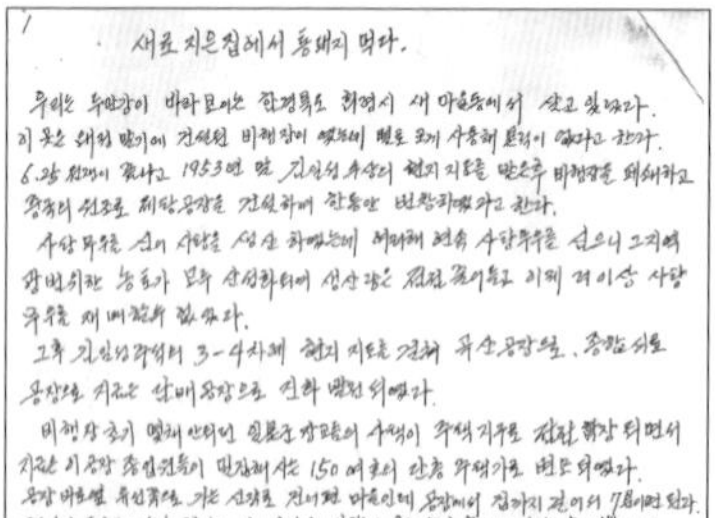

カン・ミンジュの手記の一部

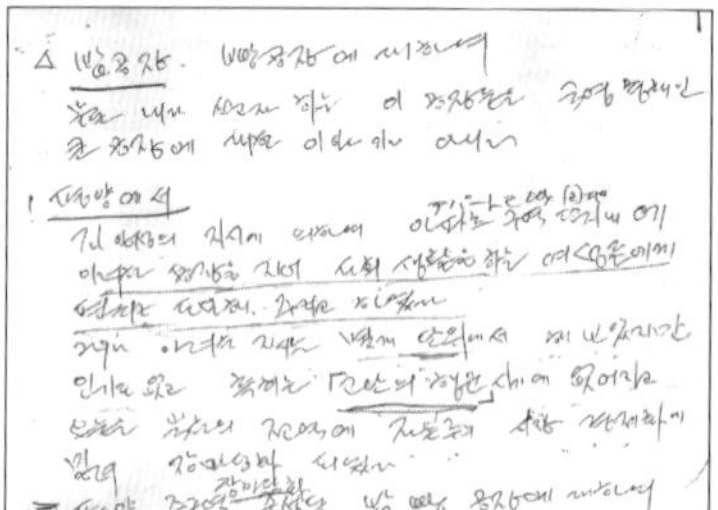

チョ・インシルの手記の一部

して話すように誘導することも必要となる。しかしそれでも時間の制約は何ともし難い。そこで、インタビューとは別に話者本人が自分の生活記録を書きとめるという方法を併用することにした。ただし、どこまでも具体的な記録でなければならないことを繰り返し強調し、具体的とはどういうことなのか指導に時間を割いた。そのためには、筆者が一九七一年当時から電気も無く藁葺き屋根ばかりだった韓国農村で住み込み調査をした当時の経験を[*]、写真も見せながら韓国農村の具体的情況について説明した。そして、調査地の村を初めて訪ねた時の出来事について書いた民族誌的な文章と、日常生活を具体的に記述するためのマニュアル風の手引きを作って配布した。テーマ、文章の分量、文体、表現などは一切自由とし、手書きを歓迎した。当然のことながら、こうした文章を書きなれない人もあったため、文章や方言の判読に苦労することも少なくなかった。内容は多少重複しても構わなく、後からの追加や補充も歓迎した。それでも初めのうちは、一般的な解説風の内容や抽象的な内容、あるいは文学作品風なものも少なくなかった。そうした文章については、資料として価値がないとまで酷評して却下したりしてその理由を説明した。こうした準備期間を経てから、文部科学省の科学研究費助成[**]をうけた三年間と、その後も半年は毎月一回のペースで面談と民族誌的な手記の提出を受けた。

手記の内容は回を追うごとに充実し、自分の生活をふり返って記す生活手記が、調査資料としてばかりでなく、

＊　かつて我々日本人研究者が韓国の地方に滞在すれば、最寄りの警察から情報課の担当者が尋ねてきて聴取を受けるのが通例となっていた。名目は、外国人の身辺の安全を図るためと言いながら、日本における北朝鮮関係者との縁故関係をただすため、遠回りに北朝鮮の現状について我々の知識や認識を探ろうとするのだった。旅館などには宿泊客の動静報告が義務づけられ、農村などに滞在する場合には、里長は定期的に派出所に報告を義務づけられていた。

＊＊　文部科学省科学研究費助成金（一般C）研究課題名「北朝鮮社会における民衆の生活実態に関する文化人類学的研究―脱北者情報の分析を通して―」（平成一一年―一三年度、代表：伊藤亜人）

自分の人生を振り返る上でも大きな意義があることに気づくようだった。ただし、三年間にわたって各人が二〇篇以上もの多くの手記を執筆すると、内容に多少の食い違いや、トーンの違いが生じることも避けられない。北朝鮮社会における社会的、経済的な困難な状況についても記述には幅が見られ、厳しい生活難の中でも人々の思いやりや助け合う情感も伝わって来る。また手書きの図を添えるばかりでなく、依頼もしないのに自分の故郷の町や村について地図を作製してくれた者もあり、この社会を支える公的な統治機関や協同農場や産業組織の実態を知る上で参考になった（ホン・ナムシク　二〇一四・一・二四、ホン・ナムシク　二〇一四・二・二五、ホン・ナムシク　二〇一四・六・七、リュー・インドク　二〇一三・一二・一八）。こうして寄せられた手記は、長短や出来不出来のばらつきはあるが合計三八〇編に達し、これ以外にも研究の趣旨を踏まえて個人的に提供されたイ・スンシルの手記を合わせると四五〇編ほどに達して、筆者一人では資料整理が追い付かない事態となった。*

手記のほとんどは仮名で記されており、中には二、三通りの名を用いる人もある。本名が知られることにより、北朝鮮に残してきた家族や親族に政治的な不利益が及ぶことを避けるためである。このため、脱北者に対しては本名を糺すことも避け、すべて本人の意向に沿うことにしていた。本名として知らされた名も、実は仮名であることが多い。

脱北者がもたらす情報は北朝鮮に残された身内の人々にとっても重要な意味をもつことも分かってきた。脱北者当人たちは積極的に語ろうとはしないが、彼らの韓国社会での経験と生活ぶりは北朝鮮にも伝えられ、その反応が間接的にもたらされることもある。韓国では定着支援の一環として住宅などの基本的な生活条件について配慮されている半面、脱北者が韓国で経験する精神的な不安や日常生活における不適応で苦労する様子も北朝鮮に伝えられている。北朝鮮では、「どうせ苦労するなら日本に行く方がよさそうだ」とか、「日本でならどんな辛い思いをしても堪えられるが、韓国では堪えられない」という声まであるという（パク・コニョンの教示）。

手記

ホン・ナムシク　二〇一四・一・二四「セピョル郡地図」
ホン・ナムシク　二〇一四・二・二五「セピョル邑地図」
ホン・ナムシク　二〇一四・六・七「農圃里地図」
リュー・インドク　二〇一三・一二・一八「咸鏡北道恩徳郡恩徳邑地図」
リュー・インドク　二〇一一・九・四「탈북수기（脱北手記）」

文献

伊藤亜人　一九九六『アジア読本　韓国』河出書房新社
伊藤亜人　二〇〇一「延辺朝鮮族における周縁性とエスニシティ」佐々木衛・方鎮珠編『中国朝鮮族の移住家族・エスニシティ』一九―四一頁

＊　これらの手記のうち、軍隊生活に関するもの（ク・ヨンガプ　二〇一二・五・二六、ホン・ナムシク　二〇一二・一〇・一六、ユ・サングン　二〇一三・七・二二（一～四）、二〇一三・一〇・二、キム・ジョンファ　二〇一二・七・二、二〇一三・一二・一八など九篇）、管理所（強制収容所）での体験（ユ・サルグン　二〇一二・一二・一八、ハン・ヨンニム　二〇一三・七・二二、ユン・ジョンチョル　二〇一二・九・二四、二〇一三・一・二八、イ・ヨンスク　二〇一三・一・二八、二〇一三・一〇・二二などの六篇）、追放に関するもの（チュ・グムシル　二〇一三・一・二八、チョ・インシル　二〇一三・四・二三、イ・ジョンチョル　二〇一三・一〇・二二などの三篇）や脱北過程に関するもの（チョ・インシル　二〇一二・一・二八、キム・ファサン　二〇一三・三・四、二〇一三・一・二八、ユ・サングン　二〇一二・一・二八、イ・ヨンスク　二〇一三・三・四、リュー・インドク　二〇一一・九・四、パク・ソクチョン　二〇一一・七・二六などの六篇）は本書では採りあげることができなかった。自身の脱北に関する手記の中には手書きで三二〇頁に達するもの（リュー・インドク）も含まれ、また依頼した手記が筆者より先に他人に渡って出版されたものもある（トン・ギョンソン　二〇一一）。

伊藤亜人　二〇〇七『文化人類学で読む　日本の民俗社会』有斐閣
高承済　一九七三『韓国移民史研究』章文閣
千寿山　一九九六「清朝시기朝鮮族의 移住」金鐘国他1996『中国朝鮮族史研究』ソウル大学校出版部、四九―七九頁
トン・ギョンソン（동경성）二〇一一『운명의 주인은 하나님（私の運命の主人はハナニム）』코람데오
ナム・ソンオク（남성욱　南成旭）二〇〇七「한반도 급변사태와 우리의 효율적인 대응방안：경제분야를 중심으로（韓半島　急変事態と我々の効率的対応方案）」박관용 외 지음『북한의 급변사태와 우리의 대응（北韓の急変事態と我々の対応）』한울、九一―一二二頁

第1章 住民と社会統合

一 少数者

東アジア大陸部の東部に突き出た半島部に位置する朝鮮社会は、その地政的な条件のもとで大陸内部と島嶼部の間にあって、大陸部の流動的な一面と半島という緩衝地帯の性格を併せ持つ。絶えず外部社会との緊張に曝されてきた不安定性が強調されてきたが、その一方では、諸民族・諸勢力が絶えず交流ないしは対立を繰り返して流動性が避けられなかった大陸部に対して、朝鮮社会のように半島という一つの地域にこれだけ長きに亘って民族社会として社会統合を維持してきた例は他に見られない。つまり不安定要因が強調される中で、民族社会の統合を維持することが至上の課題とされ、むしろ類稀な安定社会を築いてきたといえる。とりわけ中国の王朝社会との関係においては、漢文明の大伝統である漢文を基調とした儒教、佛教などを積極的に受容して、世界観・社会理念の共有を計り、王朝も中国王朝との冊封関係*によって安全保障を維持してきた。しかしその一方で、言語をはじめ民族文化を基調として、中央集権体制によって王朝社会としての統合を維持してきた点に朝鮮社会の特徴が見られる。民族としての社会的・政治的統合を至上課題として、外部勢力による支配が及んだ時期はあっても、それは一時的なものに留まり、千年以上に亘って今日に至るまでその領域内に少数民族とよべる存在が見られない社会は、アジアばかりでなく世界的に見ても類例がない。歴史的な連続性を強調して民族社会の主体性・正統性を強調する社会は多いが、朝鮮社会のように民族が観念に留まらず実体化してきた例は少ない。異民族の移住といえるものに、北方においては朝鮮王朝時代に女真族の移住・帰化が文献に頻繁に登場し、また南方では、元の支配が及んだ当時に済州島で馬の牧畜に携わった元の遺民たちの存在が知られていた。後者は、同化が進んで朝鮮王朝のある時期以降は痕跡をたどれない。一方、女真は、儒教を公式に奉じて佛教を抑圧してきた朝鮮王朝社会において、特異な佛教徒集団として咸鏡北道の山間部で寺院を中心に小さな集落をなして生活してきたことから、文献上に「在家僧」の名でその存在が知られていた**。

それ以外の少数者としては先ず在朝華僑の存在が知られる。彼らは一九世紀の仁川開港後に港湾労働に従事するため対岸の山東省から移住した人々の子孫で、港湾労働に続いて野菜栽培および商業に従事したのに始まる。北朝鮮においては鴨緑江を超えて新義州との間で商業に従事した人々もあったかと思われる。在朝華僑は旧満州をめぐる日中関係の悪化を背景として一時期大きな排斥を受けたことがあるが、北朝鮮では今日に至るまで中朝間の交易で重要な役割を占めてきた。次いで敢えて特異な少数者を挙げるなら、在日同胞帰国者である。それは同胞であると同時に資本主義社会の生活文化と行動様式を身につけた人々であり、社会主義社会への適応性に欠けた存在でもあった。在日同胞帰国者が配定された職場や地域では、「在胞」と呼ばれた彼らと「原住民」との間に新たな社会境界が生まれた。

植民統治に関わった日本人が撤収した後は、全体として見ればこうしたきわめて少数の例を除けば、民族的な均質性がこの社会の大きな特質であるが、その均質性のもとで中央集権構造を反映した政治的・社会的な派閥対立もこの社会の特質でもある。王朝時代には政治の主導権をめぐって派閥抗争の度に功臣と逆臣を生み粛清と流刑が繰り返され、とりわけ南部内陸地方では在地士族の派閥が中央政府との政治的な人脈を通して地方社会において両班《ヤンバン》の名で支配勢力となっていた。派閥抗争は党が支配する北朝鮮においても同様で、反党分子の粛清ばかりでなく、党の方針に反する言動がきっかけとなる「追放」も基本的に流配（「定配」）と変わらない。つまり中央の権力との忠誠関係によって決まる政治的地位は、この社会における基本的な身分秩序となっている構造は変わらないといえる。また、儒教を国教としていた王朝社会において、祖先の位牌祭祀を否定したカトリック教徒（天主教徒）は、王朝社会の基本秩序に反するとして厳しく弾圧されたが、北朝鮮においては宗教そのものを否定しており、中でもキリスト教徒は党の権威に対抗するものとして厳しい弾圧を受けた点でも基本的に王朝時代

＊　東アジアにおいて中国の王朝から国号と王位の認定を受け、中国皇帝と君臣関係を結ぶことで王朝の正統性と安定を図った外交政策。宗主国である中国王朝の元号を用い朝貢を行なった。

＊＊　在家僧の実態については北朝鮮の科学院考古学民俗学研究所によって一九五六年から一九五八年にかけて咸鏡北道北部（富寧郡、鍾城郡、隠城郡、慶源郡、慶興郡などの山間部で調査が行なわれ、『문화유산（文化遺産）』のほか、民俗学研究所から報告書が刊行されている（黄哲山『咸鏡北道北部山間部落〈在家僧〉部落の文化と風習』民俗学研究叢書第三輯、一九六〇年）。しかし、その後の北朝鮮における状況については知るすべがなかった。咸鏡北道セピョル郡（旧慶源郡）からの脱北者情報に拠れば、彼らは「女真」と呼ばれて、高、王、韓の姓で知られ、寺院を中心に宗教的な小集落をなしていたが、政府による宗教弾圧により寺院は撤去されたという。因みに慶源郡（セピョル郡）で「女真」が居住していた寺院として城内里近郊の月明寺、龍堂里の龍堂寺が報告されている（ホン・ナムシク　二〇一四・一・二四）。

と変わらない。

二　「人民」と「主体」

北朝鮮社会では国号にも掲げるように「人民」をこの社会の基本的主体としている。そこで先ず、「人民」という概念と範疇がいかなるものなのか、いかなる主体によってどのように定義され、また人民の生活と権利がどのように規定され保障されているかを確認する必要があろう。

人民という概念はこの社会の住民が自動的にその資格を付与されるものではない。先ず、抗日闘争と階級闘争そして米帝国主義との闘争を掲げて成立したこの社会において、人民とはこれら闘争の主体であることが前提とされている。また、党と首領の特権の正統性もこうした闘争における指導性に置かれている。つまり、この社会における主体はこうした政治的・歴史的な枠組みによって規定されており、求心的な権力構造を反映した身分制をなしているといってよい。ソ連を盟主とした国際共産主義を背景に、人民を領導してこうした闘争と革命の遂行を掲げて、その指導性に拠って正統性を維持してきた党および為政者による独裁体制にとって、今日では抗日闘争と民族解放の標的ももはや色あせたといえる。米帝国主義についても今日では対北朝鮮経済制裁が闘争の標的と化している。独裁体制を正統化することは、この社会の求心的・身分的な権威構造を維持する上で欠かせない。その一方で、国内においても住民の間には潜在的な闘争対象が設定されており、この体制における「主体」の内実を明らかにすることが、この社会を理解する上で欠かせない要点である。

ここで敢えて社会構成員の主体（subjectivity）について取り上げるのも、この主体を問うてきたこの社会独特の状況を踏まえたものである。しかし、もともと東アジア文明圏において王朝国家という高度な社会統合を達成していたこの社会は、いわゆる複雑社会（complex society）と位置づけられ、これを構成する多彩な主体による分業や階層性そして社会統合の機構を視野に入れることが求められている。また、今日の市民社会と民主主義の理念を踏まえれば、社会における行為者（actor）間の関与・介入と相互作用、それに伴う意識や行動の変容に照準を合わせて、社会を具体的かつ動態的に把握しようとする姿勢が求められる。そうした接近は、広義の開発研究（development studies）において、開発の名による介入や参与をめぐる基本的な論点となっており、全ての関与者が自身を含めて多様な「主体」を見極めることが求められる。その際に、周縁化された弱者や少数者への配慮が欠かせないが、そうした周縁者ばかりでなく、当該社会の国家エリートは勿論のこと、外部から関与する国際機関や各国政府あるいは国際NGOや研究者も含めて、広い意味で当事者として関わる多様な行為者の主体についても、その属性を見極めることが求められている。これは、問題の同定において主体の同定が先行されなければならないことを意味する。要するに、主体によって関心のあり方や認識の枠組みが異なり、それに応じて見えてくる問題の輪郭も異なってくるのである。言い換えれば、主体の同定なくして問題を同定することも建設的な議論も合意もありえない（伊藤　二〇〇〇：一九―四一）。

これまでの北朝鮮に関する情報は、国家行政を独裁的に担ってきた党（朝鮮労働党）の指導性と社会統制のもとで発信される公式の情報が圧倒的な比重を占めており、首領を頂点とする国家エリートが唯一の主体であったといってもよい。したがって、その情報に頼らざるを得ない報道や研究においても、国家エリート以外の主体がほとんど姿を現さない。あるいは、国家レベルの政治経済を優先する研究者の関心と視野そのものも国家アプローチともいえるものであり、もともと国家の公的制度や主体以外の非公式領域に対して真摯な関心が欠けることになりがちであった。一方で、国家主権の域を超えた普遍的な人道上の問題において最優先されるべき主体は、国家エリートとはむしろ対極にあって、国家制度において周縁化された大多数の一般人民である。当然ながら国家エリートという範疇の中にも、社会的・歴史的展開に応じて派閥を異にする主体があったことは、北朝鮮においても政権の正統性をめぐる熾烈な権力抗争をみれば明らかである。北朝鮮研究においても、革命路線をめぐる国家エリート内部の対立抗争が取り上げられてきたが、実際には国家エリートや党幹部の地位や権限も多様である。首領とその後継者は唯一別格の存在とされるが、その親族およびキム・イルソン（金日成）と共に闘った抗日バルチサンの同志であった革命英雄戦士とその家族子弟たちも、抗日闘争と革命の歴史に裏付けられた特権的存在である。また、党の中央幹部ばかりでなく地方の末端にいたるまで、党の有給幹部（イルクン）たちの政治的地位と生活実態も一様ではなく、その政治的評価いかんでは地位を失う不安が常にある。彼らとて自身の地位が危うくなれば、最終的には保身のため体制からの離脱を決断しなくてはならなくなる。彼ら党幹部が享受する生活上の恵沢および特権を介した一般人民との相互関係について、つまりこの体制を維持し再生産する機構についても、体制離脱者つまり脱北者がもたらす情報は単なる噂や一般情報ではなく、経験に基づく具体的なものである。

その一方で、この国の秩序を支える社会統制の根拠とされるのが個々人の政治的地位である。それが職業と居住、日常生活における食料をはじめ生活物資の供給など、生活の一切を規定するといってもよい。

三　成分と三大階級

革命の遂行を目標として掲げ、それを国家の正統性の根幹としてきた北朝鮮では、社会秩序の基礎を住民の政治的地位においてきた。政治的地位とは革命遂行のための個人の基本的な資格と役割を規定するもので、「出身成分が良い」とか「出身成分が悪い」という風に「成分」と言う用語が用いられており、その点では中国と同様である。このように個人の出身階級的な背景を指す用語として一般に用いられているのとは異なり、北朝鮮で公式に用いられる成分という用語は、公式の行政制度においては住民の属性に基づく住民登録上の用語である。それは一九五八年八月に社会主義建設のため全住民の労働者化を目標として、住民を出身成分別に区分する作業を開始したのに始まり、その後も何度かにわたって成分調査事業は推進され、調査員を山間僻地にまで送って住民の出身成分と社会成分の厳格な区分を行なってきた。

住民には住民登録が義務づけられており、その「家系票」には成分の記入欄として「出身成分」と「社会成分」の二つの欄が設けられている。「出身成分」覧には父親の労務関係の区分（労働者、農民、事務、軍人、学生など）を記入し、母親の成分は記入されない。一方、社会成分欄には自分の職業区分を記入する。この区分は個人が属していた職業的な範疇であって、個人の政治的な行動や思想的な経歴を直接反映するものではない。あくまでも労務関係の区分に応じたもので、配給などの行政の基礎となる。事務には教師や技術者なども含まれる。家系票の原本は住民登録局に保管されている。

一方、個人の政治的な地位として階級および部類という概念が用いられる。これら政治的地位は行政による住民登録とは異なり、革命の遂行を掲げる党がその政治的な過程において規定し判別するものである。革命遂行の過程とは、基本的に革命の主体である「動力」と打倒すべき革命の対象との間の闘争をいう。その闘争は「路線」と表現され、大きく「階級路線」と「群衆路線」に分けられる。「階級路線」は革命の「動力」である「核心階層」を確認すると同時に、革命対象である「敵対階層」をあぶり出して打倒し、その中間にある「動揺階層」を明らかにする工作を指す。

成分としては事務員であっても、「革命の動力」と見なされる場合もあれば「革命対象」とされる場合もある。

また、帰国商工人のようにもともとは革命対象とされていたものが核心階層に変更された例もある。

「群衆路線」とは、この中間勢力である「動揺階層」に分類される農民、商工人などのいわゆる小ブルジョワジーを対象として、これを核心階層に導くための工作を指しており、その活動は統一戦線部に属する。これら三つの階層内部の分類は党の組織指導部の担当で、基準は道ごとに戦線地帯が有るか無いか等の政治・軍事条件によって異なるが、一般に五一の部類と言われるものである。路線の更新にともない部類にも変更が加えられた。

例えば、外国からの帰還者や越北者に対する政策変更に伴い一三の部類が追加され、一方では動揺階層と敵対階層の一部に分類されていた民族資本家や地主などの経歴は現在では廃止されたと言われる。また一九八〇年代中盤に成分緩和政策がとられて、当時不必要なまま残されていた部類が廃止あるいは統合されるなど、時期別に追加や削除がなされている。例えば二〇〇〇年には「帰国者」という部類はなくなり党の文書から消えたという。このため、部類を正確に把握することは現地住民にも容易でないという。三つの階層と五一の部類としてたびたび言及されるが、それがどのように公式に提示されているのかも確認できない。

三大階層のうち核心階層は、北朝鮮社会の体制を維持する統治階層であって全人口の約三〇%を占めるとされ、その中でもキム・イルソン、キム・ジョンイル、キム・ジョンウンとその家族・親族および約二〇万と推算される高級幹部たちが全人口の一%を占めるという。残りの二八〜二九%に革命遺家族（反日闘争犠牲者の遺家族）、愛国烈士遺家族（朝鮮戦争時の非戦闘員犠牲者の遺家族）、革命インテリ（日本の植民地支配からの独立後に北朝鮮で養成されたインテリ）、朝鮮戦争当時の犠牲者家族、朝鮮戦争の戦死者家族、栄誉家族（朝鮮戦争時の傷痍軍人）、後方家族（人民軍現役幹部将兵の家族）、そして労働者・苦農・貧農出身の党員で党および行政機関の中下級幹部などがこれに属すといわれる。

核心階級は大部分が平壌をはじめとする大都市に住み、党や軍の幹部登用において優先される特恵があるほか、進学、昇進、配給、居住、医療などの各種分野で特権的な世襲身分を形成している。例えば教育面では、子女のため各種の特殊学校と万景台革命遺子女学院、康盤石革命遺子女学院などが設けられている。

動揺階層は北朝鮮社会の基本階層に該当し、党員でない一般労働者、技術者、農民、事務員、教員およびその家族たちを中心として全体人口の約五割を占めており、下級幹部も一部含まれる。その部類としては、中小商人、手工業者、小工場主、下層接客業者、中上層接客業者、無所属、南朝鮮出身者家族（第一部類）、中農、民族資本家、越南者家族（第一部類）、越南者家族（第二部類）、越南者家族（第三部類）、中国帰還民、八・一五（日本の敗戦）以前のインテリ、安逸・附和・放蕩とされる者、接待婦、迷信崇拝者、留学者および地方有志、経済事犯などの経歴を有する者が含まれる。その大部分が地方の中小都市や農村に居住しており、特別な許可がなければ平壌に旅行することはできない。

これに対して敵対階層は、階級的な敵対者と民族的敵対者で構成され、いわゆる不純分子、反動分子と烙印を押された者たちで、総人口の約二〇％を占める。植民地時代の中小企業家、富農、商工業者から転落した労働者、地主、親日・親米行為者、反動官僚輩、入北者、基督教信者、佛教信者、天主教信者、出党者、絶職者、敵機関服務者、逮捕・投獄者家族、間諜関係者、反党・反革命宗派分子、処断者家族、政治犯・政治犯出所者、経済事犯、個人財産を没収された資本家などの経歴を持つ者が該当し、大学進学、入党、軍の将校への昇進資格が原則として剥奪されている。これらはさらに「独裁対象」、「孤立対象」、「包摂対象」および「教養対象」に分けられている。

独裁対象とは、現在の北朝鮮社会の体制を転覆させると見なされた部類であり、一般住民から分離して、いわゆる「安全地帯」と呼ばれる山間高地や炭鉱などの特殊地域に強制的に移住させられ、隔離または収容の対象となる。孤立対象は、一旦有事の際には南朝鮮つまり韓国に同調する可能性があると判断された人々で、一般群衆に公開されその動静が常時集団監視下に置かれる。包摂対象および教養対象には、社会からの逸脱程度が軽微であるため、体制の理念に再び順応できると判断された流動的部類である。集中的な「教養」つまり思想教育を施せば転向して体制に順応する可能性があると見なされている。(以上、パク・コニョン、ソン・ギソンの教示、ユ・サングン　二〇一二・九・二四a)

なおナム・ソンウクによれば、三つの階層の総人口に占める比率は、核心階層二八%、動揺階層四五%、敵対階級二七%という(ナム・ソンウク　一九九九:二六三)。

こうした階層区分の基礎となるのが一般に言われるところの成分であり、その判定のため個人の社会的・政治的背景の調査が随時行なわれるほか、職場および地域生活において情報収集と審査が行なわれる。

四　宗教

また、宗教に対する規定も社会主義社会に広く見られたようにきわめて否定的である。宗教を人間の普遍的・基本的な精神生活としては認めず、政府による公式の社会理念や人間像から逸脱したものと見なして、不必要かつ反社会的で有害なものとして否定してきた。国連にも加盟している今日では、国際的な基準を意識して憲法でも文言の上では信教の自由を認めている。しかし、脱北者の情報を以ってしても、占い師の存在は明らかであるが宗教全般の実態については把握できない。

キリスト教(プロテスタント)信者、佛教信者、天主教(カトリック)信者が敵対階層に含められているのは、かつての階級社会において宗教は支配階級の搾取を擁護する道具であったと説かれているからである。したがって無階級社会である北朝鮮で、宗教には存在意義がないとみるのが党の基本的認識である。朝鮮戦争直前と戦争中に多くの宗教人が処刑され、あるいは行方不明となった。宗教人たちは反民族的、反革命的な敵対者と看做され、特にキリスト教は帝国主義の精神的道具と看做された。また佛教では四〇〇余の寺刹のうち六〇余の寺刹を除いて消滅し、一六〇〇余名の僧侶と三万五〇〇〇余名の信徒が姿を消した。キリスト教の場合、一五〇〇余の教会と三〇余万の信徒が姿を消し、天主教の場合には、三個教区と五万余名の信徒が姿を消した。キリスト教、天主教の執事以上の地位にあった者は全て裁判にかけて処断し、一般信徒は改心すれば仕事を与え、改心しなければ収容所に送られたという。（ユ・サングン　二〇一一・九・二四ａ）

また佛教寺院は、全国的によく知られた名刹以外にも、かつては農村部でも各地の小高い山などに存在したことが古い地図に記されていたが、撤去されてその後の地図には見えない。しかし咸鏡北道のセピョル郡（旧慶源郡）出身の脱北者が筆者の求めに応じて描いた地図には寺院跡と記され、以前女真族の人々（かつて文献に「在家僧」として記載）が住んでいたことも記憶されている。

これらの階層と部類は、国家による公式の規定に拠る政治的地位区分であり、公的な活動はもとよりあらゆる社会生活においてこの地位が個人の基本的資格とみなされてきた。その中でも核心階層こそが体制の正統な主体を構成し、これとは対照的に敵対階層は文字通り体制から排除されてきたといえる。また動揺階層は基本階層とされながらも、核心階層から一線を画される点では政治的にインフォーマル・セクターに該当すると言ってよい。政治的に正統な地位にある核心階層は公式の経済運営においても主導権を有するが、実際の生産活動を担うのは基本階層であり、鉱山労働などの重労働に従事するのは政治的にさらに低い階層や部類である。しかしそれと同時に、公式の計画経済体系の周辺あるいは背後にあって非公式な経済領域を拡大させてきたのもこれらの政治的なインフォーマル・セクターである。

五　身分と教育

教育制度は社会体制を維持・再生産する上で重視される。成分や部類の重要性は、第3章で取り上げるように、学生の時分から学級内の少年団や社会主義労働青年同盟の委員選挙などの機会に実感することになり、上級学校への進学では身を以って経験し、その時初めて自分の成分の限界を知って大きな挫折感を味わうことにもなる。大学進学に関する以下の内容は一般的・常識的なことらしい。

手記❶

教育機会と成分

北朝鮮での一九七三年から実施している「一一年制無料義務教育制」や一九七七年に制定された「社会主義教育に関するテーゼ」は、教育の目的を社会主義的世界観の確立、労働党が課する任務を遂行するのに必要な知識と技術の所有、および労働党の理念を実現するのに必要な体力を函養することに置いている。

こうした政策の下で、教育上の恵沢も政治的身分に応じて付与される。例えば大学進学において、学生当事者の志望や実力とはほとんど関係なく進学先が一方的に定められることも少なくない。中央党部長、政務院部長などの首領の側近やいわゆる幹部子女には無試験特別入学が許される。高位幹部たちの子女は、キム・イルソンやキム・ジョンイルの指示で「教示を受けた学生」、あるいは「お言葉を受けた学生」などとして入学が優先的に決まる。

一方、大学入学予定者の中で金日成綜合大学や金策工業大学などについては主要直系尊卑属四寸（四親等）までの成分調査も行われ、一般師範大学の場合には直系尊卑属成分の調査を受ける。成分調査の過程で小さな欠点でも発見されれば入学は取り消され、男子は軍隊に入隊して七―一〇年間服務しなければならない。女学生は大多数が生産企業所に配置される。

大学入学予定人員の配定先にも成分による差別があり、成分が良ければ幹部が多い平壌に配定される。郡および区域の行政委員会の大学生募集課は、郡党および区域党の指示に沿って幹部たちの子女を指名推薦し、最近では、外貨を多く保有している北送僑胞（帰国事業で北朝鮮に渡った在日朝鮮人）の子女も含まれたりする。北送僑胞は子女の大学入学のため、一流大学の場合にはカラーテレビを何台も寄贈する。出身成分が良くない階層に属する学生たちは、実際に入学試験を通ったとしても、精密な身元調査を無事に通過しなければ入学が許されない。（ユ・サングン　二〇一二・九・二四a）

こうした制度化された身分的状況は、韓国や日本とは大きく異なるばかりでなく、改革開放前の中国と比べても一層徹底したものといえる。いずれの社会でも住民は様々な主体によって複雑に構成されているものであるが、社会主義体制においても、革命闘争を基準に身分が厳しく判別され、主体ごとに体制への参与と活動資格が規定されている。このため人民の間でも社会の現状や課題に対する認識に幅が有るとされている。「人民」という範疇や「集団主義」という表現についても、安易に単純化してはならない。ちなみに集団主義という用語は、資本主義の基礎とされる利己的な個人主義を厳しく規制する文脈で用いられるが、日常の職場生活においては、こうした一般的な観念よりも、職場の小規模な「組」が、非公式な利害を含めて生活防衛的な単位として実質的に共同的な性格をもっているという。

北朝鮮社会は、党（朝鮮労働党）の指導性を大原則としてきたことから、党員と非党員の差別が最も基本的な秩序でもある。全ての人民は党員と非党員に分けられ、特権的な身分背景を持たない一般人にとっては、子供の段階から党の指導を受け入れて、成人して党員になることが特権的な地位に出世する第一歩である。党員に対しては、行政単位に応じた中央党、道党、郡・市党、里党という階層序列の外に、機関や企業内でも組織規模と部門に応じて、党員内部に上位から最小単位の細胞に至る党秘書が置かれ、「党生活」と呼ばれる指導管理体制が存在する。

一方、党員、非党員に関係なく、全ての人民は、何らかの公的な組織に籍を置き、その組織生活を通して中央政府の政治統制下に置かれる。職場に籍を置かない家庭婦人あるいは街頭婦人と一括される女性たちは、地域組織である人民班に所属する。人民班は行政の末端である洞事務所および警察機関である保安署の末端である分駐所と緊密な関係にあり、同時に党の傘下団体である女性連盟とも連携する。

六　職業と居住

職業および居住地は、基本的に国家の計画経済体制の中で、労働力の配定に基づいて指定され、選択の余地は狭い。居住地の中でも平壌は特権的な地であり、配給の面でも他の都市や地方住民とは異なる特別の配慮がなされている。しかし、その特権についても何らか問題が提起されると随時審査が行なわれ、地方への追放や労働力配置の名で集団的な強制的移住が行なわれる。次いで南浦、元山、清津、咸興等の大都市が格付けられ、次いで地方の市、郡、里という序列になる。これら地方行政の単位でも、機関や企業の労働者や事務職が居住するのは、実質的な都市部に当る「地区」、「労働者区」と区画され、一方農業従事者は里を単位とする協同農場に居住する。

平壌とは対極に位置づけられるのが、山間部に設けられた管理所（収容所）であり、次いで重労働を必要とする炭鉱などの鉱山や山間僻地の農場である。「階級路線」と「群衆路線」に基づいて何か問題が提起されれば、出身成分や不穏な動静について報告を基に随時審査が行なわれ、非があると認められれば、「追放」とか「定配」と呼ばれる地方の鉱山や農場への強制移住が行なわれる。あるいは、鉱山や僻地の農場で労働力が不足して、その補充要請が中央に上がってくると、人口削減が課題となっている平壌の当局では、「人口調節」とか「労働力配置」という名の下に集団的な強制移住が行なわれる。農村（農場）出身者は、就学や結婚を契機として都市部への移住を試みるが、年に一回、住民調査（農村縁故者調査）が行なわれ、違法な都市居住者の出身地への送還が行なわれる。農村の女性が都市の男性に嫁いでいるのが分かれば、夫婦一緒に農村に移住させられる。工場で技師として勤務していても検閲にかかれば無条件で農村に戻される。このほか身体障害者に対する居住規制も報告されている。

居住地ばかりでなく、配定される住宅の規模や形態についても具体的な規定がある。また、住民に対する物資の供給や便宜面でも身分的に区別され、平壌の住民は配給面でも他の都市や地方住民とは異なる特別の配慮がなされ、それは一種の身分的特権となっている。

また労働者、農民などの職業区分も世襲が原則とされ固定化されている点では身分的な性格を帯びている。

七　障害者の扱い

こうした特権とは対極にあるのは党の指導性の下で行なわれる政治的な抑圧と疎外である。それは、社会の様々な面に潜在し、しばしば顕在化する。その、端的なものが政治的な追放であり、管理という名による隔離である。政治的な追放とは、王朝時代に為政者に依って常套手段として行なわれていた流配や流刑と本質的に変わらない。脱北者の中には身を以ってこうした経験を有する者が少なくない。筆者の要請に応じて大部の手記を寄せた者もあるが、管理所（収容所）における生活は、日常生活の実態に焦点を置く本書では取り上げないことにする。

また平壌市内に居住する聾唖や身体障害者および精神病者に対しても、原則として家族たちも含めて地方に強制移住させる政策が採られ、事実上低い身分として扱われている。外国人が訪ねる可能性がある平安南道南浦、京畿道開城、咸鏡北道清津などでも障害者は山間奥地や離島や特殊地域に追放されたと言われる。

ここでは障害者の処遇について紹介することにしたい。

手記❷

障害者がいると家族全員地方に追放

北朝鮮の中でもとりわけ平壌は特別な空間とされ、キム・イルソンは「平壌は国の顔だ、人々はその人の顔を見て評価する。我が国を訪問する人は平壌を見て我が国を評価するから、平嬢には精神的にも肉体的にも元気な人だけが住むようにしなければならない」と言った。この趣旨が繰り返し強調されたため、平壌市内には障害者が住むことができなくなり、家族の中に一人でも障害者がいれば原則として家族全員が地方に追放されることになった。平壌の周辺部に位置する勝湖区域の城梨川里にも障害者が集団的に住む村がある。平壌市内に住む身内の者がここを訪ねることはできても、本人は市内に踏み入ることができない。（チョ・インシル　二〇一三・五・二六）。

脱北者の手記によって具体的にいくつかの実例を紹介しよう。

手記③

家族から引き離されて平壌から追放された女性

平壌市勝湖区域には、勝湖里セメント工場がある。私の友人の弟は、妻が死亡すると息子二人を連れてこの工場で苦労しながら暮らしていた。その村には障害のある人々が平壌から追い出されて集団的に住んでいた。障害を負った一人の女性は、人柄が本当に良くて心優しいことで噂になっていた。女性の兄弟たちは平壌でとても成功していて、中央党、内閣事務局、社会安全部など重要機関の高い幹部であったが、障害者であるとして一緒に暮らすことができず、その女性だけをこの村に送って生活させていた。

ところがその女性が私の友人の弟を密かに愛することになった。彼女はその男が職場に出て行っている間にその家に行って、子供たちを見てあげ、色々な食べ物も作ってあげて親しくなった。その男は、初めのうちは距離をおいていたが、日がたつにつれ彼女の優しい心にほだされ、子供たちもその女性をとても好んだため、結婚することになった。

そうなるや、女性の兄さんたちは彼を妹の救世主のように見て、あらゆる支援を惜しまなかった。女性の兄さんたちは、党で副食物を供給する高い職位にいる人々であった。毎週のように兄さんたちは食料品を乗用車にのせて運んでくれた。その友人は、障害者の妻のおかげで後にセメント工場の責任技士にも昇進し、子供たちも大学生になった。しかし、その女性は兄さんたちが住んでいる平壌市の中心にはただ一度も訪ねて行くことができなかった。（チョ・インシル　二〇一三・五・二六）。

手記 4

平壌に住むことが許された足の不自由な日本人女性

平壌市東大門区域の新興一棟に帰国者とともに一人の日本人女性が住んでいた。彼女は、解放前に夫が日本に留学して学費に困っていた時、彼を助けて大学を卒業させたという。彼女の長男は大学の物理の先生で、その弟は私が勤めていた平壌都市計画設計事業者の建築技士だった。この女性は、画家として党の中央からも最高の評価を受けていたにもかかわらず、足が少し不自由だったため、平壌市の人口調節名簿に載せられ地方に追放された。在日総連の親族が政府に送金して圧力をかけると、例外的な措置として平壌の隅に当たる東大院区域の江安洞に住むことが許された。しかし、垣根の外に一歩も出ないことが条件とされた。このため息子たちが子供を連れて尋ねて来ることはできても、本人は子供たちの家を訪ねることができなかった。また、自分の展覧会の会場にも出かけられなかった（チョ・インシル　二〇一三・五・二六）。

手記 5

障害で平壌から追放された女性を追って結婚した男性

私が勤務していた設計事業所には、「絶世の美人」と言われ最高の名筆家であったキム・チョヒャンという女性がいた。キム父子の誕生日や名節日に、キム父子に差し上げる忠誠の「祝電」などはこの女性が直筆で書いていた。ところがその女性は、六・二五戦争（朝鮮戦争）の際に避難する馬車から落ちた事故で腰が後に膨らんで曲がるという障害を負っていた。このため、平壌市で人口調節の時ごとに真っ先にその名前が上がった。心がとても優しく仕事をよくこなしたので、その度に企業所の幹部たちが連帯保証となって、何とか追放から免除されて企業所近所の平屋に住んでいた。何度も人口調節名簿に上がり、その度に彼女は自身の身の振り方を嘆き、大きな不安の中で過ごしていた。

一九八五年頃に遂に追放されることになった時、キム・チョヒャンは三〇代半ばだった。慈江道の厚昌に行くことになったが、同じ設計室にいた七〜八歳年下だったキム・チョルジンという青年が自ら進んで一緒に行き、そこで夫婦になったという。

キム・チョルジンの両親は初めのうちとても反対したが、時が過ぎるにつれチョヒャンの気立てや人間味に同情して、自分たちの家族として受け入れた。慈江道厚昌の側でも非常に貴重な「宝」が自分たちの所に来たと歓迎したのだった。

チョヒャン夫婦は、この地で非常に高い待遇を受け幸せに暮らしていた。キム・チョルジンの両親たちも息子夫婦を訪ねて平壌から厚昌に行った。その地に出張で行った我が企業所の友人たちがその家を訪問したところ、本人が言うには、平壌では毎日薄氷を踏むような心情だったが、ここに来ると身体も心もとても楽だといって、元気に暮らしていたという。（チョ・インシル　二〇一三・五・二六）。

強制移住は政治犯や体制不満者に対する処罰として行なわれる。とりわけ、一九九二年一〇月の「非社会主義の要素を無くせ」という指示により、平壌市では職場・地域単位ごとに社会安全部員、国家安全保衛部、模範勤労者などで構成される「非社会主義除去グルッパ」を組織して、党指示違反者、党政策不平不満者、勤務怠慢者を集中析出して地方に追放する方策を採った。これは平壌の特権的な消費人口を削減する一方で、慈江道や両江道などに新設された工業地帯や炭鉱地帯の労働力不足を解消するという点で人口調節としての一面も有する。また、労働力の不足する農村（協同農場）に「集団進出」という名で行なわれる集団移住も、本人たちの意思を無視して行なわれる点では強制移住と大差ない。

また労働者、農民などの職業区分も原則的に世代を超えて世襲とされ、いずれも、社会体制の中でそれぞれ別個の社会的主体をなしているのである。それ以外の住民の中では、帰国者の範疇として、「在胞」と呼ばれる在日同胞帰国者、中国から政治的な難を逃れて入国した人々も居住が固定化されている点では身分的な性格を帯びている。こうした身分的な区分に応じて、居住と職位、教育や給与や生活物資の供給、食料の配給量などの経済的待遇にまで差が制度的に設けられている。日本以外の地からの帰国同胞としては、数は少ないがソ連等からの帰国者が特別な地位におかれてきたが、その多くは外国出身者という背景によって不利な生活を強いられてきた。

八　等級制度

こうした身分的・階層的な秩序のもとで、北朝鮮ではおそらく世界のどこにも存在しない緻密な等級制度が数十年間にわたって持続されてきた。それは、住民、社会組織と機関、地域行政の単位をはじめ、ほとんどあらゆる分野にわたって、全てが国家の統制下に置かれており、国家の政策上の位置づけが等級で区分されているといってよい。人民経済の分野では、工場企業所、生活必需品製造業者、農場と鉱山、林産、水産、果樹園など、すべての生産単位とその生産物にまで等級を決めて、その生産体制と量・質、その販路を厳格に監督統制している。そのうち、機関や企業の等級は、その規模、人員数、財産、重要度に応じて、特級、一級から六級まで格付けがなされている。全ての職場に級数を設けることで、高位幹部をはじめ上級者の生活を保障すると同時に、政権の基礎を固める制度であると言ってもよい。

また、個々の所属機関の内部でも個人の経歴と技能に応じた地位が級数で示され、資格や権限ばかりでなく食住衣の配給をはじめ実生活に具体的に反映されている。例えば大学教授は一級を最高に六級まで試験に依って格付けられ、労働者は逆に一級から最高八級まで分けられ、それに応じて子女の教育や給与、食料や生活物資の供給・配給などの待遇にも差が設けられる。級は上昇するだけでなく下がる場合もある。級数が一定の級数まで上ると、規定（内閣命令一〇号）により一般配給の外に所属する職場から「機関配給」がプラスされるほか、休養券（休養所を利用できる券）や汽車票（ベッドや席に差がある）の発給を受けるなどの特典がある。

この等級制度は、その本質においてキム・イルソン、キム・ジョンイルを頂点とする権力に基づく政治的秩序を反映するものである。政権の最高位側近たちが特権的に専有できる消費財についても地位に応じて号数で区別されており、一般人民もその生産地においても身近に実感できるものである。その代表的な号が九号、八号、三号、三九号、四三号などであり、その他にも何種類かある。中でも広く知られているのが九号、八号、三号である。

手記❻

人にも物品にも定められる等級

世の中で一番上等な生産品はキム・イルソンとその一族に捧げられ、それらを「九号製品」という。同様に護衛総局（護衛司令部ともいう）の管理対象である総理をはじめとする中央指導幹部に捧げるものが「八号製品」であり、「三号製品」はその次に位置づけられる政務員級、外交官級に捧げる物である。

三九号は党の財政経理部の外貨管理室の番号に由来するものであり、四三号は党幹部に対する配給（機関配給）を定めた「内閣四三号令」に依るものである。どちらも該当する幹部に配給される製品に付けられる。こうした等級を定められた単位と生産業者は全国に数えきれない程多く、そこで仕事をする人はそれこそ厳選された人たちで、光栄で誇らしく考えている。九号農場であれば、保衛部・安全部の監視統制が厳しくなり、そこに配定される者は出身成分・健康検査も厳しく、護衛部の人が現場を定期的に巡回する。肥料供給や技術指導なども特別な待遇を受け、計画も緩くて条件が良いため、ここに入るのは競争も激しく難しい。条件が良い点としては、従業員へのカード割り当てなどがある。例えば病院の診察カード、列車の寝台車カードなどがある。また一般配給とは別に機関別に供給される機関保護物資の配分がある。一般の配給が滞ってもこれらは供給が続くため、人々はこうした良い職場に就きたがるのである。そして何よりも、その生産物に依るうま味が多く、横領や談合を通して個人的に稼げる機会が多い。地方（郡）は、郡内にこうした号農場や号工場を増やそうとして様々な機会や人を通して中央に働き掛ける。

私たちが住んでいた咸鏡北道会寧市も同様である。展開農村里と直属単位のほとんどに号のつく単位が必ずあると言ってもよい。

咸鏡北道会寧邑の協同農場には、農産八号作業班（農産作業班とは品目を特定しない作業班）といくつかの八号圃田（圃田とは作業班の下位単位である分組が担当する田畑を指す）、大徳里協同農場に九号青野菜作業班、五峰里協同農場に九号白杏子作業班、徳興里協同農場に八号野菜作業班、九号蚕（養蚕）作業班、彰孝里協同農場に八号圃田、彰孝里貯水池に淡水養魚八号班、仁渓里協同農場に餅米九号圃田、元山里協同農場に八号野菜作業班、トウモロコシ八号圃田、豊山里協同農場に八号果物圃田、永綏里協同農場に八号野菜作業班、碧城里協同農場に八号豚舎作業班、新興里協同農場に八号林産作業所、防垣里協同農場に八号果物作業班、徳也里協同農場に八号林産作業班、南山里協同農場と鴻山里協同農場に八号タバコ作業班など、全てを数え挙げることはできない。

野菜作業班の場合には、分組別に専門栽培方式をとり、大根、白菜、茄子、キュウリ、トマト、ジャガイモ、キャベツ、ホウレンソウ、ニラ、サンチュなど専門品種栽培が基本だ。穀類も品種別に専門生産を保障する作業班と分組が多い。これらの内、九号・八号の指定を受けた生産単位では、化学肥料、殺虫剤、殺草剤を絶対に使わず、純粋な堆肥と腐植土を使って徹底した無公害有機農製品を生産する。

会寧市の細川洞と仲峯洞には巨大な四二五号タバコ農場があり、北青郡には有名な九号リンゴ農場がある。北朝鮮は、地理的に大陸性気候と海洋性気候の交差地域である。全国どこへ行っても高く低く山々が連なり、質の良い松茸がたくさん採れる。その中でも最も無公害清浄地域の白頭大幹と七宝山と咸鏡南北道で採れる松茸は、生産量も多く質も良いことで知られ、毎年八号・九号需要を充当させた上で、大量の松茸が三九号（外貨管理室）によって全て輸出用に徴収されて行く。

食料工場企業所にも等級がつく単位がたいへん多い。会寧の穀産工場だけでも、会寧地方の良質の地下水と名品の餅米で作った八号酒職場と三号タバコ職場、四三号作業班がある。八号酒は「平壌酒」、「会寧酒」の商標で毎月多量の高級酒が平壌に上がって行く。八号職場長の権力はすごい。まず厳選された人に限られ、生産物の量と原価や出荷量などについて地方の行政筋では誰も統制することができない。

咸鏡南道の新浦市は東海岸の最も繁栄した漁港都市だ。ここには、大小いくつかの水産事業所と養殖業者、北朝鮮最大の缶詰工場と二万トン級の冷凍工場がある。当然ここにも八号職場と九号作業班がいくつかある。

一度、私たちの地方で生産される食用アルコール（九八％酒精度）を持って八号作業班で仕事する友人たちを訪ねて行ったことがある。昔も今も北朝鮮は酒が貴重な国で、元々海辺の人々とりわけ船に乗って漁に出る人々は酒をとても楽しみにしていた。漁労作業のつらい一日を終えれば、酒を思うともう我慢できないほどだ。そこに五リットルものアルコールを持って行くと、友人たちはとても喜んだ。九号作業班で仕事をする友人たちと高級魚族を肴にして旧交を温めることにした。

この九号作業班の友人四人は、一日に大きなタコを三～四匹捕まえて捧げることが生産課題だった。初めのうちは作業課題が一日七～八匹であった。キム・イルソン主席に捧げる九号製品として、陸地に近い汚染地域を抜け出て、遠く清浄な海で捕まえた無公害の純粋なタコでなければならないが、遠くで捕って来ようとすれば作業量が少しかさむ。計画課題を果たさなければ生活総和で批判を逃れることができず、月給も配給票も貰って生計を維持しなければならないので、事業所幹部たちが見ていない隙間に近い海で捕って納めたりした。後にこれがばれて厳しく批判を受け、責任者と主謀者は他地に追い出された。その後は遠く清浄な海に出て行って一日三匹だけ捕えて納めることになった。それも毎日なので容易ではなかった。再び近海地域で捕って納めると、今度は清浄で汚染されていない海域で捕ったものを一日一匹だけ納めるように、生産課題が下方修正された。

私が酒を持って行くと友人たちは張りきった。四人が一つの作業組だ。小さな伝馬船（櫓漕ぎ船）に乗って、新浦の港から直ぐ前に見える三つの島から成る馬養島の裏側に行った。馬養島は北朝鮮最大の天恵の海軍基地だ。ここでは、中国軍の権威ある専門家や技術者たちと協力して潜水艦と魚雷、各種先端海軍兵器と装備を製造している。保安上とても厳しい地域だ。他の人たちはこの地域に接近できないが、この友人たちは九号作業班の証明書があるので、馬養島裏側の清浄な海で大きな王タコ三匹を捕まえて、一匹だけ納めて二匹をこっそりと持ち帰った。その晩のパーティーは派手なものだった。

その後も時々友人たちを訪ねて行って、一般の人は金を払っても買うことが難しい水産物を手に入れることができた。北朝鮮の東海岸、西海岸、大きな川と湖で捕って納める水産物に対する話は、数ヶ月費やしても尽きないほど話題が多い。

咸鏡北道会寧市五鳳里に行けば、一〇〇里青春果園という有名な白杏子果樹園がある。会寧の白杏子は、はるか昔から半島全域でも有名な特産物である。色がとても美しくて香りが良く、味も他の杏子と比較にならないほど優れている。早春に他の果物より早く花が咲き、花盛りには花房が白い雲のようでとても美しくうっとりさせる。

七月上旬には、拳ぐらいの見事な白杏子で枝が折れるほどだ。念入りに天地換えしたり調節したりしなければ枝が折れることもしばしばだ。早く熟してしまって七月中旬には収穫が終わる。この頃になると、全国津々浦々から白杏子を味わいに来る人々で混み合う。何日かですぐ熟してしまうから、平壌に送るには、劣悪な交通事情のため会寧から平壌まで普通七～一〇日、はなはだしくは半月もかかってしまう。よく熟したものを送れば途中でみな腐ってしまう。だから完全に熟さない丈夫なものだけ送れば、消費地に着く頃に完全に熟する。それでも味と香りは素晴らしい。時には現地でよく熟した白杏子を収穫して直送する飛行機で運んだりもする。

会寧市外郭の五鳳里を中心に低い山々がつらなり、昔から有名な「青春白杏子スリプ一〇〇里果樹園」が広がっている。そして五峰里を中心にほぼ果樹園の中間地域に九号圃田がある。九号圃田は、毎年キム・イルソン主席に捧げて送る最高品質の白杏子を生産する白杏子研究栽培センターでもある。ここでは、白杏子の木を年齢別・年代別に区分して栽培し管理する。白杏子の数十株を中心に周辺を高い塀で囲んで保護しており、鉄条網と電気鉄条網を重ねて張り巡らし、現役軍人一個小隊が武装して夜昼歩哨に立つ。その周辺の何百メートル区域には、人も犬もネズミも近寄れない。

花が咲く季節には、垣根の外の白杏子の木々から花粉が風に乗ってきたり、蜜蜂が花粉を運んできたりして自然受粉することが多い。これは当然の自然の摂理であろう。ところがこうした花粉が特別管理養育する九号樹に自然受粉されれば、九号製品の品位と質が損なわれるというのだ。そこである年突然、周辺の一〇〇里果園の長い伝統ある数多くの白杏子の木々を全て切ってしまった。今では山腹から頂上に至るまで、一〇〇里共同墓地が出来ていて、その周辺を通ったり遠く汽車から見ても寂しいことこの上ない。

咸鏡南道端川市の北大川の上流に位置する金骨洞大興の奥に行けば、北朝鮮最大のアヘン生産農場がある。白頭大幹の海抜九〇〇～一〇〇〇メートル地域に一望無際に繰り広がった無人の境に途方もなく大規模なケシ農場がある。白、薄紅色、濃い桃色の花が咲く季節はまさに佳観だ。
アヘン採取の季節には、手作業のためたいへん多くの人手が必要で、全国の大学生、高校生、軍隊を総動員する。私たちも何度か動員されてアヘン採取をしたが、各種薬品が稀少な北朝鮮で、この時ばかりは強い統制の中でもアヘン仁をこっそりと隠し持って来て、色々な病気治療や民間処方に使う。私たちも黒い塊りを何度か隠し持ってきて、とても大切に使ったりした。（キム・ヨンジュン　二〇一三・三・四）

かつて咸鏡北道のある郡では、味噌にも政治的な地位に応じて特号から四号まで区分があったという。特号と一号味噌は郡党の責任秘書同志と郡の保衛部長、郡の安全部長、検察所長、郡党組織秘書、宣伝秘書に順に、二、三号味噌はその他幹部たちに供給され、四号味噌は労働者たちが食べる味噌だったという（イ・ヨンスク　二〇一三・五・二六ａ）。

こうした消費物資以外の物についても等級が付けられることがある。例えば、国家の公的な行事や事業に関わって党から表彰されたり記念品が与えられたりすれば、表彰状や記念品がその人の政治的な地位を示すものともなるので、部屋に掲げられる。これらにも格付けが級数で示される。キム・イルソンと同席して撮影された記念写真の中にも一級写真、二級写真などの区別があるという。

九　知識・情報

公式の原則、体制における生活像、経験、知識、情報とは如何なるものであろうか。

住民の知識や情報は、生活経験を通して社会的に共有されたものであるが、原則が重視されるとはいえ、主体性に応じて様々である。また日常生活において言葉で語られるほか、文字を媒体として表記され読まれることによっても共有されている。首領を頂点とする社会の一体性が、言語に依る知識や標語などを通して堅持されている様相は、社会主義社会では広く顕著に見られたとおりである。スローガン等の文字媒体のほか職場の政治活動につきものの朝の「読報」や歌など、日常生活に装置として組み込まれている。知識・情報共有のあり方も制度化されている。党から政綱として職場に下される指針は、政治学習や定期的な総括集会「総和」を通して一般民衆の間でも共有される。首領の言葉をはじめ党が発する公式のテキストと記念碑、そして儀礼を機会として公的・原則的な知識は共有される。一方で、幹部の間でのみ伝達される情報や知識・情報や住民統制の機関である保衛部や安全部の専有する情報は、一般人民が共有できるものではないが、それは住民の生活を規制し言動を拘束するものである。技術職の人々が、一般の人が立ち入れない場所や他地方に出張した機会に知り得る専門的な知識もあろう。

公式の情報や知識以外の情報・知識は非公式のものとされ、口外することは職場や地域生活において厳しく規制されていることなど、脱北者の証言からも明らかである。はたして、私的かつ非公式の情報や知識は、日常生活においてどのように活かすことができるのだろうか。公的な食糧配給制度が破綻に瀕した状況のもと、公的な生活保障を失った人々にとって、非公式の情報や知識こそ危機を生き抜くために不可欠なものとなっているのが現実である。

社会主義制度が理想どおり機能する状況では、食料などの物資の供給は一定の生活像を保障するものである。集団主義のもとで、個人的利己的な行動は反社会主義と看做されてきたので、人々の情報も知識も自ずからそうした生活像を反映したものとなろう。公式の社会像と生活像が強い規範性をもつこの社会で、集団主義的な人民生活の枠内で、知識や情報が公権力によって制約されていること、厳しい情報管理体制の下で個人の生活経験や意見を不用意に語ることは危険をはらむこと、個人の生活について公的な場で語るのは、職場の組織生活における「生活総和」（総括）の際に自己批判の罪状として語るのに限られること、一方で、特権的な幹部から非公式的な情報を得たり協力を得たりするには相応の非公式の接触と物品の献納が欠かせないこと等、こうした知識・情報の社会的なあり様は、多くの脱北者が回顧するように、人々の生活においてたいへん重要な位置を占めている。一方、脱北者が表明する知識や情報は、彼らが現在生活の場とする韓国社会において、韓国の聴き手に対するものであり、その社会的な状況と不可分なものであることも見て取れる。北朝鮮社会とは打って変わって基本的に自由な環境にあるとはいえ、韓国社会においても政治的な制約が無いわけではない。それは北朝鮮と対峙してきた韓国社会の公的な政治環境、その中で身についてきた韓国人の常識や偏見による束縛や疎外感ばかりではない。もっと個人的な心理的葛藤などを背景として、自己の正統性と存在を肯定的に表出しようとする姿勢など、個人の置かれた微視的な状況を反映するものでもある。北朝鮮社会においてはごく自然に身に着けていた公式と非公式領域の組み合わさった状況を、その体制から離脱して時間を経るとともに、第三者に整理して語ることができるようになることは、彼らの精神衛生および社会的安定にも結びつくように思われる。

社会に関する説明は多くの場合制度や原則を手掛かりとして一般化して語られがちである。北朝鮮社会では、こうした制度や原則は教育（教養事業）を通して住民に徹底しており、これに対して公然と異を唱えることはできない。しかし、それが実際にどのように機能し、人々の現実生活を規定しているのかという判断は慎重を要する。そもそも理念や原則とは人々の生活現実に照らして強調されるものであろう。北朝鮮社会においても、公的で制度的な枠組みの下でも、人々の実際の行動に目を向ける必要がある。理念・原則が強調されればされるほど、非公式の領域は隠ぺいされながらしたたかに広がっていることが予想される。この点でも、個人の置かれた状況に即した聞き取り調査が求められてきた。

詳しくは他の章、特に第7章で取り上げるが、公式の制度による生活保障がなくなると、日常のルティン化した行動や方針が成り立たなくなり、予測できない状況への対応に追われる。限られた資源をめぐって、他人を気遣う余裕がなくなり、自分の食べ物を確保することに追われる。本当に生活に窮すれば、人々は生活防衛どころか人を頼ることもできないし、日々の食の解決のために自ら行動を起こさなければ何も解決できない。家の中でじっとしていては餓死するよりほかない。予測も見通しも立たない中で、その時々の的確な状況判断が求められ、不安やリスクを恐れてもいられない。どんな規制を掻い潜ってでも食べるためには大胆さと積極さが求められるのである。切羽詰まった状況では見栄も外聞もなく、見よう見まねで切り開くしかない。試行錯誤・暗中模索の生活、様々な試みと遍歴、危険と勇気、悔しい思い（オグラム）、ささやかな成功とやり甲斐がすべてである。

その中でも食べ物商売は、利益は少ないが経験がなくても誰でも始められ、その日その日の食事を解決しながら持続できるという利点がある。商才に目覚めた人は、わずかずつの蓄えを元手に他の商品に広げてゆく可能性も開けてくる。

こうした個人個人の生活記録は、制度や既存の枠組みでは捉えにくいこの社会の多彩な姿を、様々な角度から描く上でどれも貴重なものである。

手記

イ・ヨンスク　二〇一三・五・二六a「함경북도、자강도 무역방법과 그 실태（咸鏡北道、慈江道の貿易方法とその実態）」
キム・ヨンジュン　二〇一三・三・四「사람도 물품도 등급이 정해진 세상（人も物品も等級が定められた世の中）」

チョ・インシル　二〇一三・五・二六「장애인들의 처우에 대하여（障害者たちの処遇について）」
ホン・ナムシク　二〇一四・一・二四「セピョル郡地図」
ユ・サングン　二〇一二・九・二四ａ「성분차별 정책에 의한 인권침해（成分差別政策による人権侵害）」

文献

伊藤亜人　一九九六『アジア読本　韓国』河出書房新社
伊藤亜人　二〇〇〇「開発の人類学・人類学の開発」青柳真智子編『開発の文化人類学』古今書院、一九―四一頁
伊藤亜人　二〇〇一「延辺朝鮮族における周縁性とエスニシティ」佐々木衞・方鎮珠編『中国朝鮮族の移住・家族・エスニシティ』東方書店、一九―四一頁
伊藤亜人　二〇〇七『文化人類学で読む日本の民俗社会』有斐閣
高承済　一九七三『韓国移民史研究』章文閣
千寿山　一九九六「清朝시기朝鮮族의 移住」金鐘国他『中国朝鮮族史研究』ソウル大学校出版部、四九―七九頁
ナム・ソンウク（남성욱）一九九九「북한의 식료난과 인구변화 추이 一九六一～一九九九」（ナム・ソンウク「北韓の食料難と人口変化推移一九六一～一九九九」）慶南大学校北韓大学院大学『現代北韓研究』二巻一号
ナム・ソンウク（남성욱）二〇〇七「한반도 급변사태와 우리의 효율적인 대응방안:경제분야를 중심으로（韓半島急変事態と我々の効率的対応方案）」박관용 외 지음『북한의 급변사태와 우리의 대응（北韓の急変事態と我々の対応）』한울
Heonik Kwon and Byung-Ho Chung 2012 *North Korea: Beyond Charismatic Politics*, Rowman & Littlefield Publishers, Inc., Lanham, Boulder, New York, Toronto, Plymouth, UK.

第2章 社会主義化

一　社会主義化という過程

国家という社会体制は、人間社会の中でも高度な社会統合の形態に属するもので、社会の統合と秩序確立のために公式の制度を導入し拡充することによって体制の確立が図られ、それが提示する生活の実現を保障することで、体制の正統性が主張されてきた。その中でも、社会主義という理念・理想を掲げて国家の主権と権力を正統化してきた社会では、その観念的な社会像に基づく公式の制度が人為的・政治的に導入されてきた。公式領域が導入され確立される過程で、その一方では既存の社会文化的伝統の多くが非公式領域と看做され、抑圧されることとなった。公式領域の再編は社会生活全般に及び、その理念に基づく新たな社会秩序（社会像）をもたらすと同時に、その提示する生活像を保障するものでもあった。社会主義化の過程とは、権力主体によって社会主義の理念を実体化する過程であり、公式領域の導入と拡充によって社会を改編する過程である。観念を実体化することは実態を軽視することを意味し、その過程そのものがきわめて実験的なものとならざるを得ない。社会主義社会とは一定の社会形態と看做すよりは、あくまで理念の実体化を目指す思考錯誤の過程と見るべきであり、社会主義化はつねに非社会主義化の可能性と緊張を内包するもので、改革開放ばかりでなく後社会主義への体制移行をも視野に入れた社会過程と見るべきものであろう。北朝鮮社会についても、発足当時から今日に到るまで、その長期にわたる社会過程を視野に置く必要があるが、先ずは公式な視点から社会主義化の変革過程を追うことにする。

1　鉱工業の国有化と農業の協同所有化

北朝鮮は、生産手段に対する社会主義的改造を一九四六年に着手して一九五八年に成し遂げたとされる。先ず、一九四六年二月に組織された北朝鮮臨時人民委員会は同年三月五日に「土地改革に関する法令」を発表して、無償没収、無償分配の原則により土地改革を実施した。次いで八月一〇日には主要産業の国有化法令を発表して工場、鉱山、鉄道、逓信、銀行などの主要産業を国有化した。これら鉱工業部門の大企業をはじめ公益的な企業は、全て経営主体が日本人であったため、これを労働者、技術者、事務職から成る人民委員会に移行させることでいち早く国有化され、全人民的所有形態による経営となった。一方、都市における手工業部門も、当初は協同所有形態に再編されて「生産協同組合」に加入が義務付けられ、生産計画と労務面では国家計画体制の管理下に置かれていたが、同様に国家経営に移行し「生産協同組合」は今日では公的機関である「地方産業総局」に改編されている。

これに対して農業部門では当初から協同所有化に対する農民の抵抗が強く、個人農の農地や家畜や農機具などの所有財産の取り扱いをめぐって調整に時間を要した。一九四七年からは産業の国有化部門をさらに拡大する方針の下で、農業部門でも農村の「社会主義的改造」が進められ、個人農経営から在来の村を単位とした農業協同組合の段階を経て、一九五八年に到って地方行政の里を単位とした協同農場形態にすべて移行した。一方で、国営農場と国営牧場も主として北方辺境の山間部に新たに設置された。国営農場としては、両江道の蓋馬高原（当時は咸鏡南道）の「白頭5号農場」をはじめ、高原地帯に新たに開墾された農場が知られており、ジャガイモ生産を主体としてソ連のソフォーズ形式をそのまま取り入れたものである。しかし、工業部門や商業部門は国有による「全人民的所有」の形態に全て移行したのに対して、農業部門の国営農場は全体農地面積の一〇％水準に留まり、社会主義の過渡的所有形態とされる「協同的所有」形態が主体となってきた。

農業も当初は同様の過程を辿って全人民的所有形態の国営農場に移行することが構想されていたが、それは実現しなかった。その後の展開は、当初の構想にむしろ逆行せざるを得ない状況にある。すなわち政治理念の完遂よりも、農業生産の向上のために農民のインセンティヴを高めることが課題となり、協同農場における下位単位を成すかつての村落を単位とした「作業班」から、さらに下位の実質的な農作業単位である「分組」に経営の自主権を認める方向にある。生産性を重視して分組を単位とする圃田担当制に移行させる案は、早い段階から提起され一部の模範農場で試験的に試みられていたが、近年ようやく実施に移されつつあり、分組の小規模化も計られているという。分組による圃場分担は農民と農地の関係の緊密化と集約化を促し、実質的に農民世帯の責任と自律性を高めることになると考えられる。協同農場出身の脱北者によれば、食料問題の解決を図るには個人農の体制に戻るよりほかないし、個人農に戻れば充分な穀物生産を確保できると断言する。

2　商業分野その他の協同組合化

社会主義体制における商業分野は、商品の供給、収買（政府による買い上げ）、社会給糧（食糧供給）、便宜奉仕（サーヴィス業分野）、商品の保管管理、運輸などに分けられる。このうち商品供給は、国家計画機関・中央機関・地方機関の指導の下で、生産機関から都売（卸し売り）事業機関、小売商業機関を通して供給することを指し、収買事業は協同経理や住民による農産物や副業活動による消費品を国家が買い上げる事業を指す。社会給糧は食糧を住民に供給する部門である。商品の保管管理は商品に応じた倉庫業を指す。また、小規模の在来商業者や都市の小商人も、手工業者と同様に協同所有形態の組合を経て国営化が進められ、現在では公的機関の「地方商業総局」に改編されている。

一方、商業の中でも便宜奉仕部門は、個人の技能に頼る手仕事をはじめ、住民生活に欠かせない便宜（サーヴィス）を提供する部門で、服の仕立て・修繕、靴修理、洗濯、理髪、美容、修理業、宿泊、飲食店、荷物運搬、写真館、鍵作り、印鑑作りなどのサーヴィス業が含まれる。*

いずれも都市部における個人経営ないし零細な職能者や商業者で、市・郡の地区を単位に組織された「便宜施設事業所（便宜生産協同組合）」という名の協同組合形態に編成されていた。その対象は、いずれも工場生産や協同所有にもなじまない個人の専門的・経験的な技能によるもので、従来いかなる組織にも属せずに街角で顧客との対面によって営業する人々であった。元々個人の手仕事であるから生産手段の点でも協同所有とは無縁のものであったが、社会主義計画経済というよりは政治統制の必要から協同組合に編成されたものである。個別の仕事場は従来どおり都市区域の道路辺に許され、これを地区別に「便宜班」に登録して、政府が班長などの管理人員を配定して掌握し、都市の人民生活の需要に応えるとともに、零細な職能者と一部障害者の生活を保障する一面を有するものでもあった。その運営に当たっては、従事者についても「基本労力対象」と看做して食料供給など全ての労働待遇を保障している。

工業部門でも、公的機関の傘下に入ってその名義を借りる形式を採ることで、事実上の個人経営の業態が容認されており、業種も食品の家内工業から従業員を数十人抱える炭鉱経営にまで広がっている。商業部門も同様で、公式機関の計画の傘下で商店経営やサーヴィス業から運輸や貿易業にまで様々な事業が広がっているのである。つまり、所有形態においても全人民所有が社会主義の最終的な目標と言われながらも、実際には公式の制度の下で非公式な個人所有が容認され、両者が共存ないしは相互に結合しているともいえる。

3 主婦たちの副業

一方、専業主婦たちの家庭内での手芸などの手作業は、当初は身内や知人の要請にこたえる程度の個人的なものであったが、生活物資の品不足を補填する需要を背景として、また家計を補う必要に迫られて副業として広がると、これも経済活動として同様に社会主義体制の管理下に位置づけられることになった。

こうした主婦たちの家庭内の副業は「家内班」と呼ばれ、従来のサーヴィス業とは異なるものの、服の仕立てと同様な手作業が主体であったため、この「便宜施設事業所（便宜生産協同組合）」の管理下におかれた。しかし、

＊ これらのサーヴィス業の中には、かつて日本人が行なっていたものが少なくない。日本人が引き揚げてからは一時その技能が途絶えていたが、在日同胞の帰国者の中に大阪などでテーラーや靴屋などをしていた人たちがオーダーメードを始めると、党幹部たちの人気を得て一挙に広がった。日本食の料理でも、帰国者の中に本格的な板前がいたため、韓国の日本食よりも水準が高かったという。（パク・コニョンの教示）

国家による公的な待遇の対象外とされていたが、職場を統括する政治活動である「総和」や政治学習や動員などの「組織生活」に束縛されることなく、自分の家庭で自由に仕事できる点が魅力であった。班長は管轄区域内のこれら主婦たちの家内副業についても仕事ぶりを随時見て回り、製品を「収買所」に収めた売り上げの中から二〇〜三〇%を月末に徴収していた。

「便宜施設事業所」の管理下では、当初は主として国営商店に付設された収買所を窓口として、作業手袋などの標準的な商品の製造を担うものであったが、その後、製品の多様化と発展に応じて、地区ごとに置かれた「計画遂行管理所」の管理下に移行し、生産計画化と管理化がさらに図られた。「計画遂行管理所」は毎月生産計画を立てる際に、収買商店の窓口を通して顧客から注文を受けたりして多彩な需要に応え、より高度な製品や好みに応じた洗練された製品も扱うようになった。登録された家庭主婦には会員証が与えられ、会員は自分で値段をつけて生産額の三〇%を国家に納めた。その点では顧客、需要、注文、価格といった商品性・市場性をはらむようになり、家庭主婦の副業活動はさらに制度化されて社会主義計画経済の統制下に組み入れられると同時に、最も周縁に位置する非公式セクターの間で市場経済的な感覚が芽生えたともいえる。（ホ・スクヒ　二〇一三・一一・一二）

一方、食糧不足が深刻化していた一九九〇年代の中ごろ、「農民市場（チャンマダン）」では主婦たちによる様々な食品販売が非公式な副業として蔓延し、これを規制する「究察隊」との間で紛糾が絶えなかった。規制を回避する個人運営の食堂として、給糧管理所の名義を借りて管理所の一角で食堂を運営したり、商業管理所に籍を置いて自家で食堂を運営したりする例も現れた。籍を置いたり名義を借りたりすることは、いずれもそれ自体が非公式な方法で、そのためには違法な賄賂などの手法が欠かせない。こうした例は、社会主義の原則が食堂というサーヴィス部門にも波及したと見ることもできるが、逆に実質的な個人経営が公式の社会主義計画経済を蝕む過程と見ることもできよう。

また、市場の一隅を食堂のように囲って主婦たちが白い衛生服を着てパン、麺、豆腐、酒などを売る店も次々と現れた。「……協同食堂」といった看板を掲げて協同所有経営の方式で行政の指導と公認を得たものである。いずれも郡行政委員会社会給糧課の傘下で認可を受け、見返りとして収益の一部を国に献納し、残りを主婦たちで分配するという方式であった。主婦たちが手にするのは個人の商売と大差なく日々の食事を解決する程度のものだったが、協同組合形式ということで取り締まりを避けることができ、「主婦たちも国家計画遂行に一役果たした」とか、「主婦が社会主義労働者に変貌した」などと評されたという。（チョ・インシル 二〇一三・一一・二三a）。協同所有という原則によるものだが、後に市場を総合市場として整備して個人の商活動を公認する見返りとして導入された「場税」の前身と言うべきものであり、「非社会主義」を取り締まる名目の「究察隊」によって巻き上げられる賄賂に代わって納める実質上の税であった。

二　計画経済化

北朝鮮で実施された計画経済制度は、ソ連で一九三〇年代中盤頃に成立して以来三〇年間余り維持されてきたもので、第二次世界大戦後は東ヨーロッパの国々や共産化した中国でもそのまま機械的に適用されてきた。その特徴は、唯一の指揮にしたがって徹底的に中央集権化された経済である。計画策定に関わるすべての経済的意志決定とこれに必要な経済情報の流れが中央当局に集中しており、細部にわたる中央計画を作成した後、これを多数の義務的計画指標に分解して、中央機関から企業に到るピラミッド型の膨大な計画管理機構を通じて命令を下す方式である。これら指標を根拠として作成された企業計画の忠実な遂行を義務的に企業に課すもので、下部組織は中央の命令に絶対服従しなければならない。この制度では、企業にも一定の業務管理権が付与され、企業自体の収入で必要な支出ができるといういわゆる「経済計算制」が認められてはいたが、それはきわめて形式的なものに過ぎなかった。こうした正統的・古典的な「中央集権的指令経済体制」を守る社会は、今日では北朝鮮とキューバ以外には見られないという。それは、この体制自体の構造的矛盾と経済の規模拡大にともない経済運用の複雑化が避けられなくなり、中央集権的な経済管理が技術的に限界に達したためだという。

計画の過程では、先ず政務院の国家計画委員会が経済全分野にわたって労働党の政策を計画化し、執行を監督する役割をする。政務院の各部や委員会はそれぞれ計画部署を持っていて、これら全ての部署から出された計画数値は、国家計画委員会に集結されて統制と調整を受ける。これを「計画の一元化」という。例えば、品目別に上位機関から下位機関まで需要にうまく応えるように、靴なら男女別、用途別、色彩などまで統一的に作られる。次いで「計画の細部化」というのは、産業部門間、単位企業所間の計画が細部まで相互にかみ合うようにするためのもので、一元化と細部化が計画の原則的体系となっている。

一方、計画作成過程は通常四段階を経てなされる。

第一段階は「予備数字」の作成段階で、下部生産単位から上向けに作成提出された計画数字を地区計画委員会および中央政務院の各委員会と部でこれを統合し、国家計画委員会に提出する過程である。

第二段階は、報告された予備数字を労働党中央委員会が別に提示した政策目標および方向を基礎に「統制数字」に作成する過程だ。ここでいう統制数字とは、計画作成の基準となる予備数字とは異なり、党の指令としてほとんど法的義務性を帯びる。統制数字は党の批准を受けるようになっている。

第三段階では、批准された統制数字が国家計画委員会を通じて再び下部単位機関に示達される。この統制数字を根拠として該当する計画部署で計画草案を作って上向きに報告し、国家計画委員会はこれを土台に総合的な計画草案を作成する。

第四段階は、国家計画委員会が提出したこの計画草案を政務院全員会議や労働党中央委員会で最終的に検討し、確定する仕上げの過程である。ここで提示された「展望計画」は、形式上最高人民会議の承認を受けた後に確定する。確定した計画の遂行は法的義務となる（キム・クムジュ　二〇一二・三・一二）。

こうした国家計画は、社会主義経済圏のもとで国家が生産から流通、消費まで経済全般を実質的に管理できる条件のもとで精緻化された制度であったが、工業生産の基礎である原料・生産資材と動力について国家の供給体制が不順になると、生産・流通も不調をきたした。その結果、中央が統括する国家計画によらない企業単位の計画が求められ、あるいは「自力更生」とか「自体解決」という名の現実的な対応が許容されるに至った。社会主義社会における計画経済とは、国家全体の社会主義国家のための計画であったのに対して、企業単位の計画とは従来「計画外」とされたものに外ならず、地方の要請や企業の存続のための計画であり、さらに経営の自主性が許容されると社会主義の計画経済からかけ離れたものとなりかねない。

社会主義陣営による政治的連帯や友好支援に依存して、その条件の下で行われてきた国家計画はその基盤を失い、地域社会の現実に対応した経済運営が求められるに至ったが、党と国家の指導性と権力体制には変化が見られない。今日、地方や企業による計画が国家による計画のもとでどのように調整され統括されているのか、その実態は不明である。

農業生産の計画も、詳しくは第5章で述べるように、農場の現場で分組が行なう予備収穫高判定から始まり、分組長から作業班長を経て、協同農場管理委員会から郡の協同農場経営委員会へ、これが郡党委員会の責任秘書に出される。その上で、国家から郡党を経て下された計画との大きな差を縮小させるため、分組の現場での収穫高判定のやり直しを命じ、調整が繰り返される。結局は国家の計画に近づけた数量で計画が確定し、実際の収穫高は及ばないが責任は追及されずに、確定した生産高に基づいた国庫への納入分と生産経費分および軍糧米を差し引いた分が残り、これが農民への分配に充てられる。つまり、国家の当初の計画も、調整の末確定した収穫高報告も最終的に確保された現物とはかけ離れたままである。しかも、こうした過程以前に圃場や脱穀場で稲穂のまま盗まれる量がかなりあり、また分組と作業班および管理委員会の各段階で違法必要経費として非公式に留保される分量は文書に一切現れない。つまり農業における国家計画は文書上の数量に過ぎず虚構であるというのが協同農場出身の脱北者の証言である（ホン・ナムシク 二〇一三・九・二）。経理操作によって公式の書面上の経理計画と現物生産とが食い違うことは、自力更生の一環として容認された企業家たちによる「額上計画」とも共通するもので、北朝鮮における計画経済の実態を反映したものと言える。

三　所有制度

北朝鮮経済において社会主義的所有形態には全人民的所有と協同的所有がある。全人民的所有というものは国家所有という形態をとり、一方、協同組合による協同的所有は、資本主義から社会主義体制に移行する過渡期にある社会主義所有の一形態と位置づけられる。土地や生産設備などの生産手段およびそれから生産される生産物は、ほとんどが社会主義的生産関係の基礎として社会化すなわち集団化されており、個人的に所有したり処分したりすることができない。

しかし、伝統や慣習が人々の生活を支え充足させている社会において所有の実態を把握するのは容易でないように、社会主義化を徹底させたといわれる北朝鮮社会でも、所有の実態は、個人の身体能力と国家が課す労働力、その生産物、個人や家庭の生活活動、その成果物、交換、献納、徴収、強奪（軍隊など）、配給、追加的恵沢、贈物、褒美などの全てが、物の管理・支配と複雑に関連しており、所有という概念を明確にすることは容易ではない。北朝鮮社会においても社会主義的所有という規定で全てを説明できるものではない。社会主義の原則を適用できない一部の領域では個人所有を認めており、これを限定つきで「社会主義での個人所有」と呼んでいる。こうした個人所有の主な対象は、勤労者たちが受け取る賃金や労働の質と量に応じて受ける分配と、それによって購入した消費品とされるが、それだけではない。社会主義化以前の所有観念は非公式のまま存続しており、情況に応じてそれが特例（特権）とされたり、容認されたり公然化したりするのである。

先ず、きわめて部分的ではあるが社会主義化以前からの既存の個人財産の所有を認めている。すなわち、解放前に自分の手で建てた家屋は既存の個人所有として追認されてきたが、改修などの手を入れると、社会主義下の国の生産が用いられたとして国家所有と看做される。補修のないまま個人所有として残っている家屋は極めて少数である。こうした個人財産については、裁判所の公証を受けて利用許可書を提出して所有権を更新しなければならない。しかし、こうした原則は非公式な手法でしだいに骨抜きにされ、九〇年代後半には、実質上個人財産のように取引されるようになった。ある脱北者は、国家から住宅の配定を得られなかったため、築後数十年の古い民家を購入して自分で大改修したと言う。

このほか、個人の技能と切り離せない職人たちの使い慣れた道具類（ツルハシ、壁塗り職人のコテ、裁縫用ミシン、料理人の包丁など）や、帰国者が持ち帰った自家用車や、運動選手が国際競技で獲得したメダル類、在朝鮮華僑たちの財産、あるいは外交官などの個人財産も一部が認められている（パク・コニョンの教示）。

これらの中でも、帰国者が持ち帰った物はすべて社会主義以外の産物であり、例外的な所有物とされた。その後も日本の親族から送り続けられた物品は、社会主義的所有の原則に反するものであった。帰国者は、社会全体からすればごく少数で当時の人口の二〇〇分の一程度であろうが、そのもたらした財物は大変大きな比率を占めた。不労所得であるばかりでなく、その物資が流通し消費される過程は、市場での闇売買をはじめ献納や贈物など全て非公式・非社会主義的なものであった。セイコーの腕時計一個あれば一年間暮らせたと言い、また、薄く透けるようなスカーフを段ボール箱に五千枚も詰めて送ると、一枚が一か月分の給料の値段で飛ぶように売れたと言う。在日帰国者が国外から持ち込んだ財力は北朝鮮経済にとってきわめて大きな資金となったと同時に、社会主義計画経済をむしばむ非公式経済の温床ともなったのである（パク・コニョンの教示）。

このほか住民が所有できるものに、国家および社会から追加的に与えられる恵沢と一定制限内の自家用の菜園（トッパッ 텃밭）から採れる農産物がある。家畜のうち牛は全人民的所有（国有）とされるが、牛以外の家庭で育てられる鶏、豚、山羊、兎、犬などの小家畜は個人の財産とされる。しかし実際には、国家によるさまざまな統制や法的規制が及ぶため、自身の努力で取得した利益すらも個人財産として保障されているとは言い難い（ユ・サングン　二〇一二・九・二四b）。

具体的には、「収買事業」、「人民軍に対する支援事業」、「軍による公然の盗み」等について後述するように、こうした家畜の肉や毛皮についても、国家に対する忠誠を表す「課題の遂行」として所属機関や軍への献納や支援を求められれば、これを拒むことはできない。あるいは、子供たちが山野で採取した山菜や薬草や焚き木さえも、学校や軍に対する支援物資として献納を求められ、子供が課題を遂行できなければ両親に課題が課せられることになる。無償労働の動員は国家や党に対する忠誠の証として身体に課せられるものであるが、労働の成果である物の献納を強いるのは、実質的に個人の所有に対する侵害といえる。

忠誠と献納

政府が唯一の雇用主として賃金と物価を規定しており、住民たちの労働から生じる利潤や余剰生産物は全てが国家のものとみなされ、生産した物の大部分は国家に納めなければならない。税金のない国家といわれるが、税が制度化する以前の国家主権による全人民所有というものに他ならない。

国家が個人に提供する物品の中にも、実際にはその扱いについて国家による規制が伴うため、どこまで個人のものといえるか明確でない物がある。学生・労働者に提供する団体服などがこれに該当する。特にキム・イルソン、キム・ジョンイルが功労者に贈り物として与えるテレビ、洗濯機、録音機などの家庭製品は、個人が誤って損傷したりすれば、金父子に対する忠誠心の不足として問題提起されると処罰対象となりかねない。このためむやみに使用することができないという。純然たる個人の所有物というよりは、国家が長期間貸与したものとも考えられる。贈り物というものは、首領による人民への配慮・恩恵と人民の首領に対する感謝と忠誠を更新するものとして慣例化しているものであるが、元を糾せばすべて国民の労働で生産された物に外ならない。

私有財産に対する国家の独裁的な侵害といえるものもしばしば見受けられる。例えば、平壌に建てられたキム・イルソン記念銅像に鍍金《メッキ》するのに五八〇キロの金が必要になるや、当局は住民たちに一定量の金を供出するように指示し、平壌と各地域の女性同盟に所属する家庭に強制的に割り当てがされた。公式には、住民たちが金の指輪などの金製品を自発的に献納したと宣伝されたが、これは、国家が個人の財産を強制的に取り上げたのと変わらない。

在日総連から北送された家族・親族のために日本の親族から送られる金や物も、その相当部分は公式・非公式の名目で当局の半強制的な求めに応じて納めさせられた。とりわけ、総連との合作で設立された合営会社の内二〜三の企業は、北朝鮮当局により献納という名のもとに事実上没収されたという。

国家所有のため住民が蒙る不利益は、住宅に対する国家の統制と管理に関しても見て取れる。慢性的な住宅不足に加えて、国家から配定された住宅は住宅部の統制下に在るため、指示があれば何時でも明け渡さなければならない。住宅の修理や補修は当然国家が責任を持たなければならないはずだが、実際は決してそうではない。補修しようとすれば、必要な資材（材木、ペンキ、砂等）を自分で準備した上で住宅補修事業所に技術支援を要請することで補修が可能となる。（ユ・サングン　二〇一二・九・二四b）

献納によって事実上個人の所有物が取り上げられて全人民的所有となるのだが、実際はそれが再び国家幹部の個人所有に姿を変える可能性もあろう。一方、国家が提供する住宅は原則として個人所有とはなりえないが、実際はほぼ所有物のように居住権の売買が行なわれ、また全人民的所有のアパートへの入居が特権と化して事実上分譲される。

手記

キム・クムジュ　二〇一二・三・一一「사회주의 소유제도（社会主義所有制度）」
チョ・インシル　二〇一三・一一・二三a「협동농장에 대하여（協同食堂について）」
ホ・スクヒ　二〇一三・一一・二三「부업반（副業班）」
ホン・ナムシク　二〇一三・九・二「협동농장마을（協同農場マウル）」
ユ・サングン　二〇一二・九・二四b「북한사람들의 개인제산에 대한 문제（北韓の人々の個人財産についての問題）」

第3章 組織生活

一　私的な生活空間

北朝鮮社会では社会主義の理念と原則があらゆる面で人々の思考・行動の基本とされ、活動の時間・空間的な枠組みとなっている。基本的に全ての住民が党による指導を無条件受け入れて、社会主義の公式な規範に沿ってこれを実践することを厳格に求められるため、それが生活像そのものと言ってよい。全ての住民は社会主義国家建設のための生産あるいは管理組織に所属することと規定され、どの組織にも帰属しない者は食料などの公的な供給をはじめ国家による生活保障の対象とならないばかりでなく、国家の社会体制を受け入れない反党・反革命的な不純分子として厳しい監視対象とされる。所属する組織において規定される「組織生活」は人々の生活の中で圧倒的な比重を占め、個人の私的な生活領分は時間・空間的に著しく制約されている。個人の任意による組織といえるものはきわめて限られ、家族関係による世帯以外に持続性のある組織は成立し難い。社会組織として持続性と定型性の弱いものに敢えて目を向け、任意結社（voluntary association）ないしは行動組（action-set）に該当すると思われるものに留意しても、「タノモシ」の相互扶助や「テノリ」という娯楽の集まりが視野に入るにすぎない。

1　家庭生活

生活の中で最も私的な領域とされる家庭生活も、当然ながら、社会主義の理念に基づく公式の社会規範と無縁ではありえない。家庭生活も社会主義の原則の下で容認されるもので、時間的にも公式の労務制度を優先するため、家庭の私的生活も大きく制約される。

人生の最も大きな節目である結婚も、かつては儒教や親族の規範に縛られていたと言われるが、北朝鮮ではそれに代わって党の政治理念や階級・地位が大きな規制要因となっており、配偶者を選ぶ際にも相手の政治的な地位が重要な判断基準とならざるを得ない。それは、かつて儒教を国教とした朝鮮王朝社会で、儒教規範に基づく地域社会における威信や公的地位が評価の基準となっていたのと同様である。

手記 8

結婚

北朝鮮では家庭を「社会主義革命理論の実習場であり生産の最低単位」といって、子供たちは両親の愛の中で育つのではなく、「党と首領の暖かい懐の中で育った」と教えている。結婚は「赤い革命家庭の誕生」とさえといわれる。また、法的には男性は一八歳以上、女性は一七歳以上ならば誰でも結婚できるとされているが、一九七一年にキム・イルソン主席が「仕事に熱中できる年齢に結婚をすれば革命課題の遂行に支障をきたすことになる。男は三〇歳、女は二八歳になってから結婚した方が良い」と発言して以来、遅く結婚することが慣習になった。

北朝鮮では大部分の結婚式は職場の会議室、または、新郎や新婦の家で挙げる。礼服として新郎は平素着ている洋服や作業服、新婦は薄紅色のチマチョゴリを身につけ、胸に赤い造花や生花をつける。祝賀客のうち職場の上司や親戚が新郎新婦を紹介して、「キム・ジョンイル将軍様の暖かい配慮で夫婦として結合することになったので、新郎新婦は忠誠を尽くせ」と伝えることで結婚式は終わる。（キム・オクヒ　二〇一三・六・一）

縁談では愛情よりも党の規定する政治的な基準が優先されることは、多くの脱北者が自らも経験している。相手の成分は、極端な場合には本人ばかりでなく生まれてくる子供や周囲の親族の生活にも政治的な影響を及ぼす可能性がある。このように正式な結婚が公式の政治的規範による規制を受ける一方で、個人的な愛情関係は非公式な形態をとる場合が少なくないことも報告されている。経済において公式の規範に縛られるエリート層の間で闇取引や非公式の仲介者が重要な位置を占めるのと同様に、社会関係においても非公式な性的関係が重要な位置を占めているという。

原則として全ての住民が、国家による物的な供給と政治思想的な指導・管理下に置かれており、家庭生活の具体的な条件である居住についても、個人が選択できる余地が少ない。職場の配定とともに、住居も国家から規格に基づいて配定される。ごく一部の最高幹部でない限りは、自由な私的空間を確保することは難しい。そればかりか、住宅不足のため職場から住宅の配定を受けられない場合は、当分の間他人の家庭に同居を強いられる。しかし、こうした公式の規範や原則ばかりが強調される情報に接していると、人々の情愛や個人関係などの人間的な生活面はほとんど伺い知ることができない。結婚式が社会人としての公式の通過儀礼としての側面が顕著であるのに対して、公式な社会規範にあまり縛られない娯楽の機会があるとすれば、それは「テノリ」と呼ばれる気心の知れた友人たちの集まりであろう。また、後に述べる「タノモシ」の相互扶助であろう。

テノリ

昔から伝わるテノリは集まって遊ぶ風習だ。知り合いやトンネーの人たちが食べ物やお金を適当に持ち寄って、皆で一緒に野遊びに行く。例えば、米一キロとかお金一〇〇ウォンなどと決めて、皆で楽しく餅を搗いたりチョンを作ったりして、指定された場所に行って踊って歌って楽しむ。このような時の歌は、将軍様万歳の歌を歌わなくても構わない。制定された踊りもなく、ただ楽しむのだ。一時はこの遊びも革命性が弛むと言って排除しようとしたことがあった。

このテノリは、昔から代々風習として伝わってきたものだ。海が身近かな清津では、海辺の砂浜の奥深い静かなところを探して「野遊会」の名で出かける。紫貝が多い所だと、鍋と米を持って行って紫貝のお粥を作るのだが、それこそ格別の味だ。車の便がないため名節の時にしかできないが、人々は気が合う人どうし集まってテノリをする。

このテノリは取り締まりもなく組織的な枠もなく、民族の風習だとして統制もできない。遊びを楽しむ民族なのでこの風習だけは防ぐことができない。テノリ形式の遊びは特に咸鏡南道北青を中心に有名だが、北朝鮮では「食堂文化」ではなく家庭の友愛と近隣の深い友愛を重んじる古典的な「チバン文化」が基本で、すべての行事が家庭（チプ）で成り立っている。北青の女性たちは、テノリをしながら「トントラリ」の歌とリズムで踊って楽しむ。

中学校三学年になれば、学生たちどうしテノリを組織して、放課後に静かな家に集まり、餅も作りチョンも作っておいて夜を明かして遊ぶ。テノリと言えば父母たちも統制しない。

このようにテノリは、食堂文化がない北朝鮮では、今でも色彩を帯びた生活の楽しみとして伝えられている。交通の自由がなく統制が激しい条件のもとで、人々は人間の属性である踊りと歌をこうした伝統文化を通じて成し遂げようとする。伝統的なテノリは今も花が咲いている。（ハン・ヨンニム 二〇一二・一二・一八a）

この報告は、これまでほとんど伝えられなかった仲間同士の娯楽の伝統が今も根強いことを示しており、偽りがないと思われる。文献ではあまり取り上げられることがない領域と言ってよかろう。

因みにトンネーとは、北朝鮮では主として都市部において日常的に交友のある近隣地域の生活単位を指して頻繁に用いられるが、公的な制度である行政の洞や人民班とどのように関連するか明確ではない。チョンは韓国でもパジョンなどでなじみの食べ物である。北朝鮮における名節は伝統的な民俗としては、旧正月（ソル 설）、寒食（四月五日）、端午、秋夕（陰暦八月一五日）などで、一九六七年に封建残滓として廃止されたが、一九八八年に秋夕、一九八九年には旧正月、端午、寒食が復活され休業日となった。その後、一九九二年に寒食は中国の習俗であるという理由で休業日から排除された。伝統的な民俗以外に社会主義社会の名節としてキム・イルソンの誕生日（四月一六日）、キム・ジョンイルの誕生日（二月一六日）、建国記念日（九月九日）、朝鮮労働党の創建日（一〇月一〇日）が公休日となっている。チバンとは、チプ（家）とアン（内部）の組み合わさった語で、家を単位とした日常的な付き合いの範囲を指す。

2　公式制度に組み込まれた生活

一方、公的な生活領域とは、原則と規範によって規定されるもので、それは農村（農場）においても都市や企業所の労働者・勤労者においても同様である。林業や漁業を行なう人々も、都市で個人の技能に依存する手工業者でも、社会主義の公式制度の中に位置づけられている。

国民はこの体制の下では一人残らず何らかの公的組織への所属が求められており、機関・企業所に所属しない「扶養」と呼ばれる家庭婦人（専業主婦）も地域的な組織である「人民班」に一人残らず所属する。どの公的組織にも所属しない者には「無頼」という範疇が適用され、潜在的に不穏で反社会的な存在と見なされる。こうした公的制度・組織における党の指導・管理下の生活を「組織生活」と呼ぶ。

組織生活は、党の指導性の確立とともに制度化・体制化され、住民の生活における最も基本的なもので、この組織生活こそ北朝鮮では公式の住民生活そのもの、また今日に至るまで北朝鮮社会の体制と秩序を維持してきたものである。組織生活から逸脱したと見なされれば、党と首領に対する背反者、逆賊であり反動という恐ろしい政治的な汚名を着せられかねない。

二　党組織

1　党と党員

公的な制度・組織としては、党（朝鮮労働党）およびその傘下の外郭団体、生産組織および行政的な管理組織、住民の職場以外の活動を指導管理する地域行政の末端組織として人民班がある。このほか一般住民とは別に住民統制の機関として治安と警察を担う安全部と、政治的情報と監視機関として国家保衛部がある。また軍事組織として人民軍と、その除隊軍人に依る赤衛隊があり、教育制度としての各種学校がある。

これらの中でも党は圧倒的な位置づけがされ、生産、管理、行政全ての面で社会全般を指導し管理する。党はあくまでも任意団体ではあるが、この社会を指導、統制、管理している点で唯一の公式な制度であり組織である。この社会において党員であることは指導管理する階層に属することであり、非党員は指導管理される階層といえる。党員になることは公式な地位に就くための一歩で、同時に何らかの権限に関わることを意味し、非公式な機会や手法によって有利な立場に立ちうることを意味する。生活物資の公的な供給が途絶える状況において何とか生活を維持しようとすれば、まずは党員になることを目指したという。党員の資格は一般にはいくつかの段階を経て、本人の成分をはじめ家族の政治的背景と職場での職務と言動について厳格な審査を経て認定される。

党員については、中央党から行政上の地方党（道党、郡党、市党、里党・洞党）の末端に至るまで、位階的な指導統制体制が確立している。また、機関や企業所などの生産・管理組織にも全て党委員会が設置され、組織の級

少年団の集団登校（著者撮影：2004年、平壌）

数規模と職務区分に応じて内部で各級別に党員が組織され、党秘書と党副秘書が任命される。組織全体を統括する責任秘書を頂点に、末端の細胞と呼ばれる単位には「細胞秘書」がおかれ、組織の規模に応じていくつもの細胞が分散する場合にはこれら細胞を統括する「部門党秘書」や「職場党秘書」が置かれる。これら組織の職務に就いている者には有給党員以外に、職務を兼任する無給党員があり、さらに職務に就いていない党員もいる。これらすべてが組織内の各級別の党員会議に出席する。

党員として党の政治理念に忠誠を尽くし党の政治的指導性を実践する生活を「党生活」と表現する。党生活は、所属する職場組織とは別に行政区域別の党委員会の指導統制を受け、定期的に党生活の総活（「総和」）が行なわれる。

実質的な党生活は、党員になる前の「社労青（社会主義労働青年同盟）」の団員当時から始まり、さらにその前の少年団の時分から前倒しして指導を受ける。党の指導と党員の地位が如何なるものかは、小学校高学年になって入団する「少年団」の段階から、クラスごとに社労青から派遣される指導教員のもとで、子供なりに権力を実感しながら身につける。中等高等学校の五学年になると義務的に「社労青」に入会して組織生活を積み、職場に配定されてからは職場の社労青の一員として忠誠と献身的な労働に全力を捧げる。三〇歳に達すると社労青を脱会して職盟や農勤盟や女盟などの団体に加入する。党員になるためには、社労青やこれら団体での組織生活の評価と推薦を受けてから入党願書を提出し、一年間を候補党員として組織生活を送り、その間に成分も含めて厳しい審査を経て正式に入党が許される。これが正規の入党であるのに対して、党の事業に特別の功労があった者や政治的な優遇措置として入党する場合がある。

党員の数は一九四九年に朝鮮労働党が創建された当時すでに三五万名に達していた。当時の北朝鮮人口の五%以上に当たる。その後も党員数は増え続け一九九〇年代には三〇〇万名以上、人口の一五%が党員となっていたことになる。つまり、党員はごく少数の特権層というよりは、社会の中堅層の中で特に認定を受けた者で、自ら進んで党の理念と指導性を体現する模範的な行動が活動求められる。党員という地位は、それ自体が物的な面で何か特別な恩恵が伴うものではなく、これを資格として機関や企業の幹部職に就くことで、その権限を通して非公式な権益に浴する道が開かれるといってよい。

党員は職場や地域ごとに細胞（党員数五名～三〇名）を最小単位として、規模に応じて部門党や初級党などに組織され、上級党からの指示に従う党組織生活を送ることが義務づけられる。組織単位ごとに秘書および副秘書が党の政治的「信任」と「配慮」によって任命され、首領の指示と命令を徹底し貫徹するための事業を行ない、党員と勤労者をはじめ全人民を組織し動員する役割を担う。党秘書には首領と党の代弁人としての役割が求められ、その信任と配慮に応えられなければ厳しい処罰の対象ともなる。

2 党書記

党書記および副書記の具体的な職務の実態を見てみよう。報告者は、咸鏡南道高原郡の一級炭鉱（支配人および技師長は中央党の批准対象）の工務職場に勤務して、青春期の全てをキム・イルソンとキム・ジョンイルに対する忠誠に捧げ、党学校の社労青軍事班を卒業して、職場の社労青委員長を務めながら熱情、知恵、能力の全てを発揮して昼夜を問わず献身奮闘したという。各級の党秘書は党中央委員会組織指導部の唯一的指導ラインによって指導統制を受けて事業をする体制となっていた。党組織と党秘書がこのように強い権限を持つことになると、党副書記や党組織部指導員の中には、工場企業所の支配人や技師長や職場長など行政職の幹部を軽んじて越権行為をするなど傍若無人に振る舞う者も現れるという。当時の高原炭鉱における細胞秘書、部門党副秘書の事業を、思い出すまま列挙すれば次の通りだという。全てが党の指導理念および権威を背景として、用語自体が規範性を帯びた堅い文章であるが引用しておこう。

手記10

党事業

党の事業とは「人との事業」であり、それは「幹部との事業」（幹部事業）、「党員との事業」（党員事業）、「群衆との事業」（群衆事業）に分けられる。

部門党秘書と副秘書の基本任務は、傘下党員と勤労者たちに党の唯一思想体系と党の唯一指導体系を立てるため、党事業の基本である「人との事業」を首領の指示どおりに行ない、党の「十大原則」を徹底して貫徹しなければならない。

一般党員に対する「党生活指導」では、党員に対する集体的教養と一般的教養を様々な方法で行う。特に副秘書は思想宣伝事業を中心に担当するため、キム・イルソン革命歴史研究室学習、党組織別講演会、群衆講演会、現地教示映画文献学習、指定映画（革命映画）学習、録音講演会、図録解説、各種方式生活学習、講師学習、抗日遊撃隊式・問答式学習競演、集中学習（一週間以上）、肖像画検閲、出版物検閲、録音機カセットおよびラジオ検閲、外国旅行者掌握、学習総和（六カ月に一回）、直管宣伝、職場芸術サークル（宣伝隊）、動員組織の各種会議報告書、生活資料、党費受納、各種会議文件・記録の整理、社会安全部住民登録と併せた従業員の住民成分規定事業、幹部推薦登録文件や入党対象者名簿の作成などを党秘書と一緒に行ない、実務的文件処理を適宜こなす。

党秘書は党への入党および出党させる権限をもつ。ただし入党については、形式上は末端の細胞総会が決裁権をもち、市・郡党委員会の執行委員会で最終的に批准した後に決定することになっている。出党は道党委員会の批准が必要である。党秘書は傘下の幹部に対する事業として党総会、分期別の党生活総和、年間の党生活総和、事業総和なども担当する。事業総和では報告書、討論、決定書、あるいは分工計画書が採択された後、党秘書が指導を受ける上級幹部による評価がある。各討論者は部門党委員会に対して意見を出し批判することができ、また自己批判と相互批判をいささかも宥和することなく、鋭い思想闘争の雰囲気で行なわれなければならない。

また部門党秘書は、主に部門別の党組織事業と総和事業を行ない、党員たちの党性鍛錬のために生活指導、行政経済指導、部門内の幹部事業と勤労団体の指導に当たる。このほか、民間武力として「教導隊」、「赤衛隊」、「青年近衛隊」があり、そのうち主に赤衛隊訓練と民航空訓練（退避、発令信号の準備対策、職場の燈火管制、特別警備）を担当し、有事の際の戦時態勢準備に責任を持つ。行政経済事業としては、月間・分期間・年間生産計画、工程計画、生活総和、労働行政規律などを指導参与する。行政幹部推薦の事業もする。党の内部事業としては、幹部事業、群衆評価、表彰綬勲推薦、上級党の機密指示の保管業務、監視台帳と統制対象了解カードの作成、入党問題など、内部的な重要な事項を取り扱う。これ以外にも党事業は内容が多くて果てしない。

一方、党員以外の群衆に対する事業としては、職場における勤労者、協同農場、都市や労働者区などにおける人民班等が対象となる。これらに対する党の指導・管理は、組織内の党組織の外に党の傘下にある各種勤労団体を通して行なわれる。

まず職場の組織内では、毎週曜日ごとに定められている様々な学習（「教養」）や総活集会（「総和」）があり、社会主義制度のため命をかけて闘争すべきことを学習させる（「教養する」）。

また、党の指導の下で政治学習が実施されるあらゆる職場や協同農場には、キム・イルソン革命歴史研究室が設置されている。この研究室では、キム・イルソン、キム・ジョンイル、キム・ジョンスクの家庭内歴と抗日革命歴史を解説した図録を壁に掲げているほか、党の唯一思想体系と唯一指導体系は教示、お言葉、労作などを通して、信条化、盟誓・宣誓、絶対化、主体年号、太陽節、キム・イルソン民族、将軍様食卒、社会主義大家族、八〇〇万総爆弾、自爆精神などの用語と表現によって提示されている。

こうした日常的な機会に、観念的・思想的な指導とともに重視されているのが首領の権威を象徴する物品である。すなわちキム・イルソン首領の肖像徽章、肖像画精誠事業、首領を形象した美術作品、銅像、石膏像、キム・イルソン革命歴史研究室、現地教示板、お言葉、党の基本スローガン、党中央の指示文、首領の肖像を載せた出版物等々の保管管理と護衛を指導しなければならない。党員たちと勤労者たちに首領と領導者の教示と言葉を浸透させ、その革命課業と実生活を具現するよう指導事業をしなければならない。このため、党員と同盟員（社労青、職盟、農勤盟、女盟）の組織生活について党的原則に基づく思想闘争の方法をしっかり指導しなければならない。すなわち、各組織員が本身任務遂行、基本分工と臨時分工、教示お言葉執行情況、党中央の指示、および党政策、上級党決定指示、党中央の赤い手紙、新年辞学習貫徹などを責任を以って行なわなければならない。

「群衆評価事業」としては、住民登録基礎文件に基づく個人の成分規定作業があって、大きく「基本階級成分（核心基本群衆）」と「非基本階級成分（複雑な群衆）」に二分して成分を規定する。

基本核心階級出身成分としては、抗日パルチザン参加者およびその遺家族と親戚、戦死者、殉職者、（苦農、貧農民）労働者、軍人、勤労インテリなどの政治的生活の経緯が清潔な人々で、この基準に合格した人々が各種幹部登用と、入党、一般大学・政治大学など上級学校への推薦等について批准を受けられる信任と配慮がある。

非基本階級（複雑な群衆）としては、地主、資本家、高利貸し業者、商人、宗教人、仏教人、親日派、軍需警察、日本軍将校、親日団体、面書記以上を含む治安隊・自治会、学徒護国団、婦女会、党員殴打・虐殺・拘禁者、反党学生デモ参加者など、日帝時期と六・二五戦争（朝鮮戦争）の時期に敵の機関に加担した者、六・二五戦争時期の越南者、国軍捕虜、帰還兵、共和国政府に被害を与えた者たち、現行政治犯罪を犯した者として唯一思想と唯一的指導体系に反した者、反党反革命分子（反動）、首領を冒涜したり首領の教示・党政策を歪曲執行したりして反対し策動した者、南朝鮮間諜の疑いのある者、一般犯罪者としては、殺人強盗、国家財産横領、個人窃盗、人権蹂躙殴打、麻薬密輸、売淫、詐欺、非法越境、流言飛語流布者、国家秘密流説者、南朝鮮放送聴取者、法的文件偽造者、キリスト教、佛教徒などが該当する。

この部類に属する者はさらに「教養対象」、「包摂対象」、「監視対象」と「独裁対象」に分けられ、「独裁対象」は現在すでに処罰を受けている者をいう。

党秘書と党組織は基本群衆を基準目標として複雑な群衆を教養改造する役割を担う。社会安全部と国家保衛部の「独裁対象」に対しては、所属する組織の党秘書の承認があれば逮捕し拘禁することができる。刑罰に処すには郡党の責任秘書の批准が必要である。全ての組織には党による統制監視網が張り巡らされており、人民班、学校、病院、郵便局、鉄道についても例外なく党の指導下に安全員と保衛員が担当し、群衆の中には情報員と通報員（「安全小組」）が配置されて秘密裏に情報活動を行ない、必要なら地位と功労に関係なく誰でも監視尾行の対象となる。

炭鉱の党委員会が要求する従業員の出勤実態を直接自分で調査して掌握した上で、行政事務室の統計資料員に出勤台帳を持って行った。一九九〇年代には食料事情が悪かったため従業員の出勤率が五〇％に満たない有様だったが、副秘書などに就けば診断書を貰って休暇を取ることもできず、家庭生活のやりくりが忙しくても三六五日間満勤出勤しなければならなかった。朝鮮王朝時や日帝時期の端境期でもこれほどひどいことはなかったという。（ユ・サングン　二〇一二・一・二八）

因みに、直管宣伝とは、職場の従業員の中から選ばれて直管員を兼職する人が、初級党秘書の指示の下で行なう広報・扇動活動で、党の政策やスローガンを張り紙や看板に掲示したり、模範労働者を讃える文章を掲げたりする。（キム・ジョンファ　二〇一三・一・二八、キム・スヨン　二〇一二・九・二四）。

職場の思想学習

群衆を対象とする職場組織で行なわれる学習教養体系としては、毎朝勤務前に行なわれる読報、月曜学習浸透、水曜講演会、週総和学習がある。

月曜学習浸透は通常月曜の夕方におこなわれ、等級別学習によって「主体思想の要求」、マルクス主義に関する学習が行なわれる。水曜講演会は水曜の夕方に行なわれ、国家政策、国際問題を取り上げて自由主義的形態の取り締まりの機会となる。週総和学習は土曜の午後に、讃揚歌、労作学習、自我批判などが礼拝のような形式で行なわれる。朝の読報会は、職場別に毎朝の勤務時間前に三〇分間行なわれ、扇動員一名が主管して労作（キム・イルソンの著作）または労働新聞の読報などが行なわれる。

労働者たちは普通朝八時に出勤して午後六時に基本日課を終え、その後で一日二時間ずつ思想学習を行なう。思想学習は職場別、作業班別、団体組織別にそれぞれ実施され、少年団から始まって六〇歳まで一人残らず行なわれ、毎週、毎月、毎分期、毎年度の生活総和が課せられている。

政治行事や行政組織会議がない日はない。集中する時期には、週に二〜三回の組織別講演、学習会、生活総和、映画文献学習、実効闘争、研究室解説講演、群衆講演会、従業員会議、宣誓モイム（集会）、思考審議総会、問答式学習競演、技術学習などがある。このほかに、安全部犯罪講演や保衛部の反間諜闘争会議、生産文化および設備点検総和などが重なる。

これらの学習と課題・総和は、協同農場においても大差がない。そしてこれら以外にもさらに党傘下の勤労者団体別の学習と課題があり、また家庭に戻ると地域に組織された人民班による人民班学習と課題、総和がある。

（イ・ヨンスク　二〇一二・一・六）

三　社会主義労働青年同盟（社労青）

1　党傘下の四団体

党の傘下に職場の勤労者を対象として組織された団体として、社会主義労働青年同盟（社労青）、朝鮮民主女性同盟（女盟）、朝鮮職業同盟（職盟）、朝鮮農業勤労者同盟（農勤盟）の四つの外郭団体があり、全国に総計一〇〇〇万を超す会員を擁する。これら団体のすべてが党の事業および運動を実践して直接推進する役を担っている。

社会主義労働青年同盟（社労青）は、一九四六年に全国の青年の内、労働者、農民、学生、軍人を対象に「キム・イルソン社会主義青年同盟」として創立され、一九四六年に「北朝鮮民主青年同盟」に統合され、一九五一年に「南北朝鮮民主青年同盟」に統合され、一九六四年には「朝鮮社会主義労働青年同盟」に、一九九六年以後は「キム・イルソン社会主義青年同盟」に改称されている。

中等高等学校の五学年である一四歳時に男女全員が加入して、三〇歳までの学生、勤労者、農場員、軍人を網羅している。組織は行政単位および生産単位に対応して編成され、市・郡、工場、企業所、各級学校、軍単位別に細分化されており、団員数は全国で総計五〇〇万に達する。本部の中央社労青委員会の中には組織部、宣伝扇動部、国際部、教育部が置かれている。

社会主義労働青年同盟（社労青）は、その規約の総則で六つの課業を提示しており、第一業に「青年を党の唯一思想体系で武装させ、党を命で守り、党の政策を無条件貫徹する」と提示するとおり、党組織を支える活動組織であり党員養成団体と位置づけられる。

社会主義労働青年同盟を三一歳で脱退した後は、女性は朝鮮民主女性同盟（女盟、三一歳～六〇歳）、事務員および労働者は朝鮮職業同盟（職盟、三一歳～六五歳）、協同農場員は朝鮮農業勤労者同盟（農勤盟、三一～六五歳）に所属する。

これら各種団体による学習活動と課題遂行が同時並行して推進され、これらへの参加を通して、組織生活を強化し自己批判と相互批判（「互相批判」という）を深化させ、首領の思想体系で武装させ、一人の落後者や不純分子も出ないように、社会全体が社会統制機構となっていると言える。その定期的な総活集会として党員には党の生活総和があるほか、職盟員には職盟生活総和、女盟員には女盟生活総和、農勤盟には農勤盟生活総和が、党の指導下に週に一回開かれ出席が義務づけられている。

2　社労青の活動

これら団体の中でも、学生をはじめとして若い世代で構成される社労青は、党に対する忠誠度、政治行動力の点で最も重要な役割を担っており、党の前衛隊・決死隊ともいうべきもので、この社会における政治統制と体制維持の中核的な実動勢力でもある。

社労青に入団する前段階として入団が義務づけられているのが少年団で、少年団活動を経て高等中学校二学年の一四歳に社労青に入団することになる。

社労青には学校および卒業後の所属単位ごとに初級団体が置かれ、それぞれ初級団体委員と委員長・副委員長がいわゆる「自由選挙」によって選出される。学校（高等中学校）の場合には、クラスが初級団体の単位となり、初級団体委員長、副委員長、委員が選出される。学校には党員組織としての学校党委員会に学校党秘書がおかれ、学生の指導のため社労青指導員（専門的な政治教員）が配置されている。学校における学級単位の初級団体の選挙はこの社労青指導員の司会によって次のように行われる。

手記⑫　初級団体の「自由選挙」

先ず選挙に対する同盟の規約細則を読んで候補者の推薦に移る。初めに指導員が、「どのような方法で候補者を推薦すればよいか」学生に尋ねると、学生の中から予め準備させておいた一人が立って「司会側に腹案があれば発表してください」と発言する。こうした選挙慣行は、青年同盟は言うまでもなく職業同盟、農業勤労者同盟、労働党組織細胞秘書や部門党秘書や初級党秘書の選挙もすべて同じである。ただし党中央委員会秘書局の批准対象者の場合に限って、最高権力者が派遣した人として初めから選挙もなしに自動的に留任になる。こうして予め上級で準備した名簿に従って、挙手によって一〇〇%賛成で選挙は終わるのが余りにも当然な慣習となっている。ここで少しでも異なる意見や行動を見せれば、それは必ず問題になる。場合によっては途方もない法的追及まで伴うことを知っているから、誰もここでは別行動を取ることはないという。学校における選挙では親の政治的地位に基づいて推薦されるという。(チャン・ギソン　二〇一三・三・一一)

選挙も総和集会や会議と同様に、こうした政治的体制をしっかりと認識する学習と儀礼の機会であるといえる。

手記⑬

「青年近衛隊」の訓練

高等中学校四学年になれば党組織の傘下にある社労青に入団することになる。この時からは赤いネクタイを解いて学校に配置されている社労青指導員(社労青学校を出た人)の指導の下で、学生たちの社労青幹部を中心として社労青の組織生活が始まる。そして五学年になれば、「青年近衛隊」といって訓練所に二週間入所する。本来は一カ月であったものが食料事情が悪くなってから二週間訓練に変わった。

訓練所に入所する時には家で服を用意しなければならず、赤衛隊の訓練に着る軍服を学生たちが手に入れて行く。多くの学生は自分のものがないので借りて行く。訓練は、主に射撃訓練、武器の分解組み立て、武器清掃などである。訓練所では朝の起床から就寝まで厳格な規律を適用する。未来の軍事イルクン(職員)として国を守らなければならないという使命感を認識させ、特に将軍様のために生命を捧げるというスローガンは入所初日から毎日強調される。

訓練所の教官は各地域の赤緯隊隊長（除隊軍官）たちで、一切の宥和や容赦も許容しない。家で食べて寝て学校に通っていた学生たちが、強力な訓練を受けて睡眠も充分とれないため、射撃訓練をしてうつ伏せになっていると眠さをこらえられない。

訓練所に入る時には配給票を持って入らなければならず、一食二〇〇グラムの食糧が提供される。食事の質はひどいもので、トウモロコシご飯に無塩汁に大根、白菜が入っているだけだ。間食というものもなく、一日三食の食事が全てで、軍事訓練が辛いから腹が空いて耐えられない。周辺の農場や個人菜園に植えたキュウリを盗み食いする。

梅雨の蒸し暑くて湿っぽい気候に訓練を受けると、服は濡れても乾かす時がなく、二週間が一カ月のように感じられる。こうして訓練を経ると、いよいよ最終日には生涯初めて三発の銃を撃つことになる。目標に命中した弾丸の個数により優、良、可の等級を受ける。こうしたつらい二週間の訓練が終われば、万歳を叫んでなつかしい家に帰ることになる。（キム・ジョンファ　二〇一三・三・二a）

職場における社労青の様子について一人の報告を紹介しよう。

手記14

社労青員は職場の模範

労働者たちは毎週月曜日には技術学習、火曜日は屑鉄集会、水曜日は党生活総和、木曜日は木曜点検、金曜日は社労青学習、そして土曜日には生活総和をする。特に未婚男女の社労青員たちは、八時間の勤務を終えてから学習をした後、家に少しの間立ち寄って夕飯を食べ、服を着替えてまた出勤する。子供を持つ母親たちが、交代勤務に入って来なければならないのに、未供給のためご飯をまともに食べられず、一～二時間も子供を背負って歩いて来たりできなければ、その持ち場を社労青員たちが補填しなければならない。だからといって月給を多くくれることもない。母親たちは出勤扱いになり、代役を務めた人は良いことしたと称賛されるだけだ。特に家が職場に近くて技術が高い社労青員であれば、夜も昼も職場で生活するようになる。食糧の未供給が甚だしかった時、私は一人で二交代をこなすことも頻繁にあった。

こうして一〇年間仕事をした甲斐があって私は高級技能工となり、機械設備もてきぱき一人で直すようになったが、苦難の行軍の前から私の組ではほぼ全員が飢えて、二時間歩いて工場まで来ては横になっていた。顔が黄色に膨らんでいる弟のような同僚を見ると痛ましくて責任感から一人で仕事をした。なぜなら、私は社労青の初級団体委員長だったので自分で率先して銃を担いだのです。

未供給が一九九四年に激しくなると、毎週の生活総和と社労青学習を深化させ、形式主義が人々をさらに苦しめた。女子たちが寒い冬にもスカートを着て出勤しなければならなくなった。社労青員として工場を守らなければならなかったし、休暇をすべて捧げて前夜勤と後夜勤を繰り返しても、職場から月給袋をもらったことがない。いつもマイナス領収書なので、母親から金を受け取って職場に出さなければならなかった。なぜならば、高速道路工事支援、春ならば農場への堆肥支援、平壌速度戦突撃隊支援、ファンソン（屑鉄）収集、同僚の死亡や結婚などの際の慶弔費まで全部月給から差し引かれた。こうして十年一日のように仕事をしても、たった一度だけ工場から洋服の生地をもらったにすぎない。それも作業班に一着だけ来たのを私がもらったのである。

社労青員ならば重労働の苦しい仕事を先に立ってしなければならないと毎日学習させ、詩の朗唱の集いやのど自慢まで組織した。食料配給が未供給のため生活に追われて工場に出て来られなかった社労青員たちは、数多くの社労青員たちの前に立たされて批判対象となり、頭を上げられないほど批判を浴びた。資本主義思想に染まったと責め立てて烙印をおされ、「苦難の行軍」が終われば処罰が下るだろうと見えすいた脅しまでされた。

八時間の仕事が終われば、溶鉱炉の保守工事場やコンベア修理建設場にまで社労青員たちが走って行った。夜には工場で昼間は保守工事場で、何も食べることができずに仕事をした。社労青員たちの中でも社労青の幹部イルクンたちが先に死んで行った。

こうして一〇年間仕事をして見ると、母は「家は合宿(寄宿舎)なのか」と問うた。家では寝るだけでご飯を食べて出て行くと、家庭には何の役にも立たず、ただ工場で暮らすのも同然となる。

そうはいっても工場の幹部たちは当然のことと思って、自分たちも社労青生活をそのようにしてきたので君たちもそれが当然だといった。その時は苦しいとも考えなかった。

時間単位で詰まった生活の中で新年辞の暗唱や技術試験の準備のため、社労青学習課題を準備するため図書館から本を借りて勉強もしなければならなかった。「一つは全体のために、全体は一つのためだ!」という党のスローガンの下で、小説本も映画も党の方針と路線を敬って社労青員たちが先に立つという内容のものしかなかったので、いつも責任感一杯で過ごした。

工場の中には職盟組織と女盟組織そして党組織もあるが、社労青組織が一番強くて重労働の苦しい仕事を任されたが、年若い社労青員たちは不平を一度も言えず、党が指示する仕事に出かけなければならなかった。(ソン・クムヒ　二〇一三・一・二八)

四　少年団

一九四六年に金日成社会主義青年同盟が創立された時にその傘下に少年団も創立された。人民学校の高学年満七歳から高等中学校の中等生の満一三歳までを登録し、団員は全国で一九九八年当時三五〇万人という。

社会主義労働青年同盟に加入する前の予備組織として、人民学校の高学年（普通九歳）になると少年団に入団することになっているが、全員が同時に自動的に入団するのではなく、審査を経て成績や学校の事業と生活において優れた子供から入団が決まるため少し遅れる者もいる。

子供であるにもかかわらず社会主義労働青年同盟の指導下の公式団体に相応しい公的な入団式が年一度、キム・イルソン主席、キム・ジョンイル委員長の誕生日または小年団創立記念日（六月六日）に行なわれる。入団式には全校学生が集まり、入団する学生二〇〜三〇人と父兄を前に、主席団には郡社労青委員会の少年団指導課課長と学校長、教務部長が並ぶ。「キム・イルソン将軍の歌」を斉唱し、次に「朝鮮少年団入団宣誓」を指導員先生が一行ずつ読むのに従って入団生が読む。次いで学校長、教務主任、派遣されて来た郡社労青少年団指導課の先生たちが、一人ひとりに赤いネクタイを首に掛け、少年団徽章を胸につけてあげると入団式は終わる（キム・スヨン　二〇一二・七・二）。

少年団は学校を単位として組織され、学校単位の学校少年団に委員長一名と副委員長一名、委員六名がいる。各学年別には分団があり分団委員長一名と分団委員数名、また、各学級別に班長一名と副班長一名、そして班は一〇〜一五人の分組に分かれ、分組長一名が社労青の場合と同様に生徒たちの「自由選挙」で選ばれることになっている。幹部少年団員は、右腕に白地の腕章に赤い帯で役職に応じた標示が付けられる。学校分団委員長は三本、学校分団委員は二本半、学年の分団委員長は二本、分団委員は一本半、学級班の班長は一本となっている。

少年団では、「共産主義の後備隊となるため常に準備しよう」という趣旨の下、キム父子への様々な忠誠事業や農村への動員のほか、「良いことをする運動」、再活用収挙事業、兎の飼育、ひまわり・蓖麻《ひまし》子育てなどの活動が提唱された。（キム・スヨン　二〇一二・七・二）。

少年団員の生活

少年団に入団すると赤いネクタイを締めて、七時半に学級別に決まった場所に集合して、隊列を組んで党や首領をたたえる歌を歌いながら登校するなど集団生活が始まる。学校に着くと校門前に立っている規察隊から服装検査を受けて教室に入る。教室で読報会をした後に授業が始まる。読報会では政治思想に関する文章や新聞の社説などを学生の一人が立って五分程度読む。中等班は四五分授業に一五分休み、高等班は五〇分授業に一〇分休息で、正規の授業は午後三～四時に終わる。授業が終わればその日の総和の時間を持つのだが、総和は先生指導の下に学級の幹部学生（学級班長）が、遅刻したり、騒いだり、宿題をしなかった学生などを指摘する時間だ。指摘された学生は罰として便所清掃や廊下掃除、庭掃除、花壇への水やり、その他の作業をすることになる。お昼は弁当を包んで行くか家に帰って食べた。午後四時からは、社労青活動員が指導する課外活動に参加しなければならない。課外活動としては農繁期の農作業などの野外作業のほか、平壌では外国客の訪問時などに歓迎のため空港から平壌まで沿道に動員される。少年団行事や社労青行事、土曜日ならば学校行事（査閲行進）もある。こうした行事の毎に、団委員長は少年団指導先生に学年・学級別参加人員を報告して、全体の学生を軍隊式に整列させて学級別に行進を始める。

また、偉大な首領様の教示という名目で社労青を通して少年団員たちに「コマ計画課題」が下達されると、党と首領に対する忠誠の証として率先して行動することが求められる。「コマ計画課題」としては、学校で必要な物資の収買課題や兎の飼育などが代表的なものである。かくして全国の学生たちは午前に勉強をして午後の放課後は兎の飼育事業に取り組み、学校ごとに兎舎を作って兎の子を産ませ繁殖させ、兎肉と兎皮生産の課題を遂行するため苦労する。

学期ごとに学校団の総和が開かれ、団委員長はその間の、学校行事や少年団の組織生活や学業への参加情況や学校事業について団員たちの前で総括し報告する。その次は、学級分団委員長たちが各々討論文を使って班別に総和を行なう。また、全国少年団連合団体大会、全国少年団大会などの機会に、その活動が特に優れていれば少年団栄誉賞や模範分団学級などの指定を受ける。（イ・オンニョ　二〇一二・六・一）

人民学校の生活

人民学校の学校生活について話そうとすれば、やはり組織生活すなわち朝鮮労働党の基礎になる少年団生活について書かざるをえない。二年生になれば自動的に少年団に入団するが、この時そのまま入団するのではなく、キム・イルソン、キム・ジョンイルに対する思想教育資料を勉強して、学校に配置されている少年団指導員（大学卒）の面接を受けて入団する。学級を三段階に分けて模範生をまず入団させてから次の段階の学生たちを入団させる。学級全員が少年団の象徴である赤いネクタイを締めることから少年団組織生活が始まる。この時から学級で選出された分団委員長の指導の下で勉強とともに毎週生活総括をし、朝には思想教育を中心とする読報活動にも参加しなければならない。読報活動は学級の幹部格である思想副委員長が指導する。このように少年団の組織生活は思想教育によってなされる。

また人民学校の学生は少年団の組織生活のほか、学校の作業にも参加しなければならない。入学した瞬間から、毎年冬には教室の焚き木を集めなければならず、学生たちがまだ幼いので親たちを動員して燃料を用意する。幼い子供でも自分の家の焚き木のほか、学校の燃料も集めなければならないのだ。これでも学校で薪が足りなければ各自の家から薪を持ってくるように言う。毎朝、頭上に薪を一束ずつ載せて登校する光景はこれ以上情けないことはない。のみならず春になれば、畑から生える野蒜（タレー）を掘って人民軍を支援する課題も出されるので、週末には弁当を包んで遠く農村の畑を歩き回って、まだ溶けてもいない地面から野蒜を掘って納めなければならない。毎年春になれば必ず出される課題だ。

朝鮮人民軍創建日になれば人民軍を支援するため、生活必需品を各自一つずつ持って行って軍を支援する。家からどんなものであれ持っていかなければならない。ないものは絞り出してでも捧げなければならないのが学生たちの役割だ。また、春になれば農村支援もしなければならない。学生たちを智・徳・体を具えたイルクンとして育てるためにも労働をさせなければならないというキム・ジョンイルのお言葉に基づいて、幼い年齢でも農作業をするのだ。党の方針だから幼くても農村動員に出て行かなければならない。主にトウモロコシ栄養タンジといって、トウモロコシの種を肥料と腐植土を一定比率で混ぜてかもした筒状のものに植えて育てたものを畑に移植する作業をする。初春に土と水で手足がこごえても、子供たちは衣服もみすぼらしいし、顔や手に塗るクリーム一つない。まだ幼いので、高等中学校の学生のように荷物を持って一、二カ月間農村に常駐することはないが、半日ずつ出て仕事をするのである。小学校四学年になれば草取りにも動員される。金剛山観光に行った方は、多分北朝鮮で子供たちが農作業をする姿を目撃したにちがいない。学生たちは勉強をするだけではなく社会労働や学校運営のため何でもしなければならない。夏休みにも、トンネーの学生たちで班を作って、班長と副班長を学校が選出して毎朝の読報活動、生活総括、集団運動、夏休みの宿題など、学校から日課を受けて遂行しなければならない。冬ならば、休みでも雪が降れば雪掻きの道具を持って行って半日ずつ運動場の雪を片づけなければならない。（キム・ジョンファ　二〇一二・三・二a）

このように人民学校の段階から学校では課題の連続で、子供たちも大人に負けず組織生活を経験することになる。しかし首領の言葉どおり、そもそも学校教育とは社会教育であり党の政策完遂のための組織生活でもある。それは幼児教育に始まるともいう。

幼稚園

六歳になれば両親の手を握って幼稚園に行く。ハングルを学び学習の第一歩を踏む子供たちに対して先生はまず初めに、キム・イルソン、キム・ジョンイルの肖像画に向かって「キム・イルソン大元帥様ありがとうございます。キム・ジョンイル将軍様ありがとうございます」と挨拶する方法を教える。その次は二月一六日、四月一五日がキム父子の誕生日であること、万景台と白頭山密林の野営地故郷の家をキム父子が誕生した所だと教えてやる。幼児であっても遊びを通した教育よりも思想教育が優先されるのだ。

幼稚園に配置される先生（「教養員」）も教員大学で教養員学科を専攻した人でなければならないが、地方では高等学校卒業の女性たちを選んで配置している。

幼稚園にはキム・イルソン、キム・ジョンイルの故郷として万景台と白頭山密営の故郷の家をはじめとしキム・イルソン、キム・ジョンイルの幼い時のいわゆる業績を展示した教室を別に作っておいて教養時間を運営する。教養室に入る時には最大限服をきれいにして丁重な態度を保たなければならない。写真を示す時も指で指すのは絶対に避けて両手を支えて示すように習う。また、歌も全てキム父子を偶像化する歌だけを学び、自然に覚える歌といえば偶像化の歌しかない。ふだんふんふんと歌う歌さえ偶像化の歌だ。

このように幼稚園に通う時から画像や歌を通して教育を受けるため、キム・イルソン、キム・ジョンイル以外には考えることもなく、思想教育が生活の一部分として自然に受け入れられるようになる。キム父子はオボイ（お父さん）、労働党はお母さん党だと幼い子供たちに教える。

こうして、字を覚え始める時分から金父子を神のように感じることになり、キム父子のためにならば個人の命は何でもないと思うことになるのだ。新聞や小冊子（回想記など）に出てくるキム・イルソン、キム・ジョンイルの肖像画を破るなどとんでもないことで、紙をたたむ時も避けてたたまなければならない。もしも写真を破ったりして、これが外部に知らされることになれば両親に至るまで処罰が及ぶのであり、軽くても反省文を書き、甚だしければ三カ月間労働鍛練隊に行かなければならない。（キム・ジョンファ　二〇一二・三・二a）

五　女性同盟（女盟）

三〇才を過ぎると職場に出ない女性たちも女性同盟に加入を義務づけられ、キム・イルソン主席に対する忠誠の証として課される課題を遂行しなければならない。一週間に一度ずつめぐってくる女盟の生活総和には出席が義務づけられており、参加できなければ問題視された。社会主義社会で暮らすというが、実際には封建儒教思想の残滓ともいうべき生活慣習で縛られていたという。女盟は党の傘下で人民班とも連携して様々な事業に動員されるが、具体的な活動として清津市の例を紹介しよう。

女盟員

忠誠の課題として、キム・イルソン主席の誕生六〇年の還暦を迎えた時、地方にある良い物を上部に奉ることになった。女盟員たちもキム・イルソン主席に対する忠誠を発揮するため、党中央に座布団を差し上げることになった。女性の手芸創作家たちの指導の下に女盟一同で手芸を施すことに決め、昼も夜も一緒に真心を込めて手芸を施した。解放前は女性の手芸活動は活発ではなかったが、北朝鮮では一九四七年に専門手芸集団として平壌手芸研究所を設置し、万壽台創作者手芸創作団や開城手芸品工場をはじめ全国各地で手芸品工場、被服工場や「八・三家内班」などを運営して、女盟を通して女性たちの手芸を広く普及させる機関となった。こうして一〇〇余種の手芸の技法が創造された。

もう一例挙げると、咸鏡北道清津市松平区域のアン・ギル同志の銅像の前で、都市の美化のため毎日朝には女盟員たちが動員されて清掃した。これも党に対する忠誠心の発揮として市を挙げて行なわれた。アパートの窓から目の前にアン・ギルの銅像が見えた。女性たちは子供を育てる母性愛があるためなのか、感覚の無い銅像に対しても風が吹いて木の葉や紙などが積もっているのを放置できない。

そんなある日、金策製鉄所連合企業所にキム・イルソン同志が現地教示に来るという消息が伝わった。その消息が伝えられた日から三日目には、朝五時になると人民班長が鐘を鳴らし、女性たちは出勤する前に、庭箒、部屋の箒、雑巾、熊手などを持ってきて、班別に道路に出て分担区間の清掃をしなければならなかった。自動車用の道路面は「一号行事」として毎日水で清掃しなければならず、冬ならば雪を払わなければならず、大々的な美化事業が繰り広げられた。父親が出られなければ息子あるいは娘が出て、世帯別に人員を出さなければならない。

党所属の初級団体では報酬もなしに社会動員を沢山強いられる。例えば、原料基地を造成するという課題が女盟にも降りてくると、原料基地のトウモロコシ畑や大豆畑の草取りに動員され、食品工場などでも何の報酬もなく仕事をさせられた。今になって考えるととんでもないことだ。唯一体系で武装されなければ生き残ることができなかったため無条件に応じたのだ。自発的に参加しない女盟員たちにはいつも尾行がついた。他の人に気づかないように安全部は「安全小組」を組織して初級団体に派遣し、保衛部では「保衛部小組」を組織して内部に浸透させているが、誰が彼らのスパイなのか分からなかった。（ハン・クムボク　二〇一三・七・二二）

このように子供の時分から組織活動の経験を通して、国民の誰もがこの社会における党と首領の指導体制を実感し、体制に忠実かつ相応しい行動様式を身に付けてゆくという。しかもこうした学習は人民学校に入学する前の幼児教育の段階から歌などを通して始まっている。

六　人民班

都市部の勤労者の居住地区、あるいは炭鉱などの労働者区でも、地域末端の行政単位である洞ごとに、洞人民委員会と洞党の指導下に住民の所属組織として人民班が組織されている。つまり、職場組織や勤労者団体とは別に、居住を単位としたものが人民班である。人民班は党の指導のもとに住民を統制管理する単位であると同時に、食料をはじめ生活資材を供給する制度的な単位でもあり、また国家や党が掲げる課題を遂行するために住民を動員する制度ともなっている。農村地域で人民班に対応するものとしては、協同農場の作業班を構成する実質的な農作業単位の「分組」があり、ここでは市場の立つ前日の夕方に学習が行なわれ、主婦、老人を対象として生活情報交換、キム・イルソン主席の労作学習が行なわれている。

人民班については、政治的な統制や人民の強制動員といった面が強調されがちであるが、その実態については、初めに実際に人民班長を経験した女性の報告をみてみよう。報告者は咸興市の勤労者居住地区の洞に住み、人民班長として一九九〇年代後半の「苦難の行軍」時期を過ごした。

人民班長（1）

私は平屋の家屋を得て引っ越した後、家内班の班長と同時に人民班長の仕事を任された。私に人民班長を任せて毎日保衛部に出入りするようにして私を統制圏において見守るつもりのようだった。

私のような人生も北朝鮮で珍しかった。夫側の親戚が中国にいたため保衛部が追跡しなければならない監視対象であった。私は人民班長をしながら北朝鮮社会の統制体系を詳細に知ることになった。人民班長は最も下部の末端にある細胞組織であり強力な統制手段でもあった。

咸興市は他の地域に比べて住民たちの反政府性向が強く、保衛部と保安署の統制が非常に激しかった。咸興市雲興洞は咸興市の中心市街地に位置する道党の近くの洞で、咸興市や咸鏡南道の幹部たちが一、二班に集まっており、その周辺に水道局と教員大学もあった。私が住んだ人民班は二五世帯から成り、住民は約八〇人程度であった。人民班長の任務は、二五世帯の住民の一挙手一投足と正体不明な人々の往来と投宿を監視・把握し、保衛部と保安署に随時報告することだった。一方、党の指示内容を迅速かつ正確に住民たちに知らせることも人民班長の重要な役割で、北朝鮮の住民は党と行政組織と人民班によって三重に統制を受けている。人民班に課される課題遂行のため、班員を取り締まり教養（指導）することが人民班長の任務だ。人民班長が賢ければ班員たちも気持ちが落ち着き、逆の場合は何かある毎に騒々しくて大変だった。

私は人民班長をしながらも、時には不法居住者を宿泊させたりするなど寛大に対処したのが、後に息子に幸運をもたらした。人民班の人々とよく気を合わせながら寛大な心ある班長として仕事をしてきた。私たちの人民班に属する二五世帯は、私をお母さんのように慕って、偽りなく真剣に対してくれた。私たちの班には、「越南者家族」（北朝鮮の体制を嫌って南の韓国に遁れた者を越南者といい、その家族をさす）の一世帯が追放されてきて、帰国同胞の女性と一緒に住んでいた。彼らを日本から親戚が訪ねて来た後、その家の長男が外貨稼ぎを始めた。

人民班長たちは、所属する洞事務所から一カ月に三〇ウォンの報酬を貰って仕事をした。人民班長たちは毎朝九時までに洞事務所に集まり、キム・イルソンとキム・ジョンイルの教示と方針と指示を受け、その執行と貫徹のため人民班の世帯に課される課題について議論したりした。課題とは、「班にごろつきがいないか」、「収買計画は遂行したのか」、農村支援の「人糞課題は遂行したのか」、「人民軍支援物資はみな遂行したのか」、「外貨稼ぎ課題はすべてしたのか」などである。

人民班長は人民班の使い走りであると同時に、行政的には洞事務所に所属して洞党の指示を受け、住民統制機関である安全部と保衛部の監視哨所長の役も果たす。また、社労青から脱退して職場に籍を置いていない女性は女盟員として女性同盟委員長の指示も受けなければならず、党員ならば職場の党秘書の指示も受けなければならない。人民班には、保衛部指導員がこっそりと手なずけた人民班長を監視する者が必ずいた。とても平凡で眼に触れることもなく核心分子でもない人で、それが誰なのか分からないように人民班長のことを保衛部に随時報告するのである。

人民班の会議は一〇日に一度、総和は一カ月に一度開かれた。人民班に課せられる課題には、「社会労働」と呼ばれる無償の労働動員と、廃品などの「収買課題」、軍への支援物資の献納、農村への肥料提供などがある。

労働動員としては、田植や刈入などの農村動員、道路などの建設、鉄道の復旧作業、河川の堤防工事、溝さらい、植樹や清掃作業などである。植樹の時は、洞事務所ごとに二千株から三千株ずつ植樹が課せられ、人民班別に一〇〇ないし二〇〇株ずつ課題が降りて来る。一平方メートル余りの土地を耕して苗木を植えた後、水遣りして木が育つ段階まで責任を負わされた。

都市環境課題まで次々と課題が続いて考える余裕もなかった。仮に洞が一五〇メートル程度の道路舗装を請け負ったとすれば、各世帯が分割して処理しなければならない。砂や砂利を入手して敷き、溝を掘るなどして一世帯当り何メートルかずつ分担するのである。どんな方法であれ砂を手に入れ、砂利を城川江から採取して、引き受けた工事を終えなければならなかった。住民たちの生活は時計の目盛りのように休む暇なく刻まれていた。

どの家庭も食料事情が悪くて暮らすのが大変で、苦しい家族の身代わりをすることもあった。家族全員が逃げたり死んでしまったりする家庭があると、残った世帯がその分を引き受けなければならず、それも人民班長の責任とされた。朝の早期清掃も真夜中に一人で出て行って予め片づけをしたりした。「収買課題」というのは、各世帯に屑鉄、ビニール、古紙、歯ブラシ、ボールペン、割れた瓶、空瓶、薬瓶、古布、布切れ、ドングリ、蚕の繭などの物資を収買所に供出する義務を課すもので、その達成量を予め定めて毎月その成果を検討する「総和事業」（総活）を行なう。収買課題として兎の革や犬の革も年の上半期、下半期に各一枚ずつ出さなければならなかった。

「糞土課題」は、都市住民が農村を支援するという名目で、都市の人々が農村に動員された分だけ人糞を乾燥させて堆肥に作って農村に供給するもので、世帯当たり年間一トン以上を農村に供給しなければならなかった。作った糞土（堆肥）は、まともな交通手段一つないため人力で峠を越えて農村の分組長に捧げ、領収書を受けなければならなかった。そして世帯ごとに屑鉄などの収買計画、糞土計画、組織生活などをグラフに記録する。

毎週火曜日には洞のキム・イルソン革命思想研究室での学習、水曜日には水曜講演会、金曜日には金曜労働(農村動員)、土曜には土曜学習、日曜日には生活総括など、その度に人民班長には仕事が多かった。これ以外に私は女盟に加入していたので女盟の学習会もあった。

誰もが所属する組織ごとに組織生活の中でそれぞれの課題が提起され、その成果を評価する生活総和から逃れることはできなかった。職場に勤務しない「無所属」でも、人民班の集りや生活総括から抜けることは許されない。生活総和では、自己批判だけでなく相互批判をしなければ生活総和への参加資格を認めなかった。生活総括では、党員たちは「十大原則」に言及し、職場同盟と女盟員たちは、キム・イルソンの教示に言及して、例えば「利己主義を無くすことについて」あるいは「組織生活を強化することについて」という類の主題を掲げて、問いを投げてから自己批判と相互批判を始めなければならない。こうした組織生活に追われるため、北朝鮮の住民たちは自身のために暮らす時間がない。私の場合は社会的な課題として女盟課題、党的課題、人民班課題があり、これ以外にも世帯の負担で建設される道路工事などがあった。

咸興市は行政上六、七個の区域に分かれ、それぞれの区域に人民委員会、労働部、社会動員部、労働赤衛隊などが置かれている。これらが各々課題を指示すれば、それが区域内の行政単位である洞事務所を経て人民班長たちに下達される。人民班長は毎朝洞事務所でその日の課題を指示され、班員たちの家を歩き回って動員に駆り立てなければならない。班員たちは、人民班長がまた何を受け取りに来たのか、何を伝達しに来たのかと思って、家を訪問するのを嫌った。例えば、軍隊に送る援護物資、速度戦突撃隊に使う援護物資、肩・背もたれを一つずつ作って納めるなどといった指示だ。

ゴミ回収も各洞内で人民班が一週間ずつ順番に引き受ける。当番の人民班の班員はゴミ運搬車が来れば出て行かなければならない。手押し車が無いので盥にゴミを入れて頭上に載せて運んで運搬車に注ぐのだが、外側に捨てたりこぼれたりしないように班長は監督しなければならない。人々の性格も様々で、一瞬目をそらしている間に外に捨てて行ったりすれば、人民班長が掻き集めなければならない。いちいち班員たちを動員させたくないので私が代わって捨てたりもした。顔もゴミで黒くなったまま、臭いのする姿で家に帰ったりした。

こうした環境でも、私は人民班長として班員たちに苦渋を与えずに、私たちの人民班を「赤旗人民班」に仕立てて、気がおかしくなるほど走り回らなければならなかった。

(中略)

苦難の行軍時期には、誰もが市場で商いをしなければ暮らすことができなかった。市場に出て商いをしようとすれば、宿泊者があっても昼間は分駐所(派出所)に出て行けない。このため、代わりに人民班長が手元にある宿泊登録簿に宿泊人の名を記入し、公民証を分駐所に持って行って登録して承認の印を貰ってこなければならなかった。本来はこうして水一滴も漏らさない監視システムが構築されていたが、その頃の北朝鮮では、生きる道を求めて外地に行き来する者が多かったため、統制もできない状況だった。人民班長の私も上に報告せずに通行証を出すこともあった。

分駐所や洞事務所で酒を密造する家を調査することもあったが、その場合には酒を作る人に前もって耳打ちしてやった。仕事をせず家で遊んでいるごろつきがいても上に報告もせず、調査がある時は予めその家に行って、災いを避けるように、通報されないように、上手く処身するように知らせてあげた。党から見れば悪い人民班長だったが、その頃は生存が懸った時期だったので、人としてそうするより外なかった。

咸興は東海と咸州沃野に恵まれ、大きな工場が密集して以前は暮らし易いところだった。工場地域なので、大部分の住民が配給に依存していた。遅れた配給でも何とか受け取ろうと待ちこがれる住民たちも騒然となっていた。一九九五年からは配給が完全に途絶えた。遅れても配給だけは受け取れるだろうと思っていた住民たちの期待は絶望に変わった。人民班長だった私は、食糧難のため多くの人々がどのように死んでいったのか知ることになった。

私たちの人民班二五世帯の中で、トウモロコシご飯でも食べられたのは五世帯に過ぎず、草根木皮でも三食ずっと食べられた家が一〇世帯、二食やっと粥を食べる家が五世帯、残りは死ぬ日を待つだけだった。私たちの人民班はそれでも何とか暮らせるトンネーだったため犠牲が少ない方だったが、当時の沙浦区域と龍城区域のように一般労働者が密接する地域では多くの人々が飢え死んだ。城川江区域の三日市場、會上区域の坪数市場、沙浦区域の沙浦市場、東興山区域の咸州市場など、咸興市内の市場はどこも人の波であふれかえった。市場に行けば何とか食べ物も得ることができた。*（イ・ヨンスク　二〇一三・一〇・二二）

別の報告者は一般住民の立場から人民班長について次のように報告している。

手記 20

人民班長（2）

人民班長が何をする人なのか北朝鮮の人しか分からない。北朝鮮では人民班長を冷遇しては無難に生活することができないほど、人民班長は人々の生活に密接な存在だ。韓国では人民班長という役職ばかりかそれに似た役職もない。人民班長は政治・経済・文化の産物であって、北朝鮮の体制の下にのみ存在しうる特異な形態

＊　咸興市の労働者密集地区は一九六〇年当時から六〜七の「区域」に編成されていたが、二〇〇一年に「区域」という行政単位は廃止され、一区五六洞一四里に再編されている。この新たな区（래일로동자구）は海抜五〇〇メートル以上の飛び地に位置する牧場と養蚕農場が設置された区であり、工場労働者の密集する一般の労働者区とは異なる（『조선향토대백과（朝鮮郷土大百科）』平和問題研究所編、二〇〇五年）。

の末端権力執行者だ。

北朝鮮の行政体系では人民班は形式上洞事務所の下単位となっており、人民班長はすなわち人民班員の責任を負う文字どおりの班長だ。人民班は概略二〇～三〇世帯に定めて管理運営されるもので、人民班長は自分が担当する世帯構成員を掌握して統制し、上部機関と連結する言わば橋渡し役であり組織者だ。人民班長は洞事務所の指示を受け、洞事務所は区域党と区域人民委員会の指示を受け、洞、市・郡、道、中央という式に順次上からの指示を受けて仕事をする。その中で人民班長はもっとも末端にありながら大変重要な位置だ。しかし国家が月給を与えたり公式の管理職として登用したりしたものではない。ただし、平壌ではあまりにも行事が多く、人民班の役割が多いため給与をいくらか与えることもある。とにかく家庭主婦の中でリーダーとなりうる幹部夫人や成分が良い女性や説得力がある女性から人民班長を選んで政策執行の下手人の役割をさせている。人民班ではまた世帯主班長と衛生班長を別に出して人民班長を物心両面で助ける。結局、人民班は色々な社会団体と同じように、住民を無償で動員するための手段であり、住民の掌握と統制の手段として利用されるものだ。韓国の洞事務所のように住民の便利と生活を世話するために組織された公務機関ではなく、党の指示を無条件貫徹させるために作られた単位が人民班であり人民班長である。

人民班長の役割は非常に多様だ。まず、洞事務所と密接な連携の下で随時提起される党の方針を人民班会議を通じて人民班員に伝達して「総和」する。その方針の具体的な実践方法を模索して班員たちを責め立てる。人民班を通じて実に多くのことが実現されるのを見れば、その威力のすごさが分かる。人民班長は、数十世帯を手の平にのせて生活一部始終を把握して思いのままにし、上の機関や保衛部や保安署（警察署）の指示を受けて、班構成員の一挙一動を統制し通知して申告することもある恐ろしい存在だ。しかしその反面、指示どおりにできなければ、いや事実どおりに実直にしなかったり知らない間に事件が起きたりした場合、上で知って逆に追及が入ってくると大変な非難を受ける。

生活を苦しめられる班員たちの抗議と反抗も無視出来ないため、人民班長も頭が痛いにちがいない。それで、人民班長をしようとしない人々が増えるや、近頃は人民班長を選ぶのが大変だという。自分も暮らしが苦しいのに、上部機関の使い走りとなって人々に嫌味を言うのを誰が好むだろうか。よっぽどでなければ「私たちの人民班長」などという映画まで作るはずがない。

人民班長は保衛部の指示を受けて、住民が何か不健全な言動をしないか時々刻々担当保衛部員に報告しなければならない。保安員に対しては、どんな人が頻繁に出入りするのか、どこへ行くのか、流動人員の一挙一動を世帯ごとに随時把握して報告しなければならない末端秘密要員ともなるのだ。人々は人民班長を保衛部・保安署の「ひも」だとか「犬」だとか罵っている。

韓国では私生活は法的に保護されることになっているのに対して、北朝鮮では組織と集団の生活総和の場では個人の私生活や思想、理念、感情さえもすべて打ち明けなければならず、すべて公開すべきものと要求する。また、収入に対する支出を問い詰め、誰がどんな所で不法に行動して公的な金や収入を持ってくるのか、非社会的な手段で物や収入を持ってくるのかを人民班長を通じて調べる。厳重な場合には洞党の傘下の組織された「非社会主義グルッパ」というものが来て集中的に検閲して処罰も加える。

病院は、人民班長を通じて人民班会議を開くように指示を下して、衛生宣伝と講義を通して村と道路を清潔に保つように指示する。人民班長は毎日当番別に住民を呼び出して、各家の廊下と階段周辺の空き地や通りまで掃いたり拭いたりして整理清掃し管理するよう班員たちに強制する。予防接種の際にも、担当診療所の医師や看護師が人民班にやって来て注射をしたりする。

これ以外にも人民班にはありとあらゆる課題が下されてくる。外貨稼ぎ課題のための収集品として屑鉄、屑銅、パウン（屑銀）、屑紙、古紙、着なくなった服などをはじめ、毎月いくらかでも出せと督促し、また労力動員として道を均す仕事、山羊牧場の造成とか、田植えの季節ならば堆肥を生産するといって共同便所から人糞を汲みだす作業、田植えや草取りなど、さらには鉄道の枕木資源の供出、史跡地建設支援、砂利生産とか、どんなことであれ地域に必要なら何でも人民班員たちを思想動員して指示して解決しようとする。したがって、人民班長は家で遊んでいる人を最大限動員して、課せられた仕事を解決しなければ人民班長の義務を果たすことにならない。

それだけではない。食料配給として一九九〇年までは穀物を一人分七〇〇グラムの配給を与えるようになっていたが、それも半月のうち二日分を無条件義務的に差し引くようになり、その上さらに人民班を通じて繰返し食糧節約を強圧的に迫ってきた。苦難の行軍と言われた一九九〇年代半ばからは食糧もまともに配給できなくなった。

このように国家には何の予算がなくても、首領がどこかの都市や工場や建設場に行って、一言でも「必ずしなければならない」という言葉が口からこぼれれば、下の人たちは教示とお言葉どおり方針を立て、党機関や行政人員（イルクン）に伝達し、それをさらに下機関に指示すると、そのまま各工場や企業所や末端の人民班長に下達され、人民班会議を開いて人々にくどくどと強要することになる。やらなければ気がすまないほど思想がらみで揺すぶるので、人民班長たちはどうすることもできず、ない金を集めて買ってでも供出しなければならない。誰もが二重三重の血の通わない統制と監視の中で暮らさなければならない。

社会団体には誰もが網羅的に加入する。党員たちは党組織、勤労者は職業同盟、農民は農民勤労者同盟、青年たちは社労青同盟、学生は少年団、家庭主婦は女性同盟など、誰もが義務的に組織生活に服して組織が与える課題と任務を忠実に果たさなければならない。そして一週間に一度は「生活総和」を組織の前でしなければならない。つまり、自身が勤務する工場、企業所の課題に加えて、仕事が終われば各自網羅的に加入している団体で提起される課題を遂行しなければならず、家に帰って来れば人民班長から提起された任務と課題と責任があって、二重三重に統制と監視の網に閉じ込められているわけだ。

人民班長に覚えが良くなければならない。そうでなければ多くの不利益を受けるため、人民班長に難点があっても何とか良い関係を維持しようと努力する。一挙一動やあることないことまで全て報告され制裁されるので、充分気をつけて人間関係を上手く保たなければならない。

近頃は暮らすのが難しいため、商売や不法に中国と売買することが多くなり、また脱北者が増えて韓国の知人や姻戚から金を貰って使う人が多くなっており、隠れて秘密のブローカー役をする人も多くなったため、人民班長でも手が足りず通報班長というものまであるという。

北朝鮮人民にとって人民班長は醜い存在だが、考えてみれば最も苦労し、両側から悪口を一番多く受けながら暮らすのが人民班長だ。（イ・クムチュン　二〇一三・七・二a）

一九九〇年代の平壌市内の人民班長については次のような報告もされている。

平壌の人民班長

平壌では、平壌市楽園通りの二〇階高層アパートでもいくつかの班に分けて人民班が構成されており、人民班長には月給三〇ウォン（一般勤労者の平均月給が七〇ウォン当時）と石炭六〇〇グラムが配給されていた。またアパート全体の女性党員の中で、専業主婦、病気で職場から社会保障を受けている人、扶養家族などで構成された党細胞を一人の細胞秘書が指導管理しており、その秘書は一つの人民班の班長も兼ねていた。

個人的に親密であった細胞秘書兼人民班長が自ら語ったところでは、人民班長は安全部の分駐所から派遣された秘密要員でもあって、家には分駐所と通じる電話が設置されていて、人民班で提起されたことは些細なことも安全部に報告しなければならないという。世帯別に共同清掃への参加の有無、各種の支援物資を納めた状況、子女たちの学校生活など、班員の生活全般を把握して必要時に資料を提出するという。

幹部昇進・表彰の際には、予め対象者の家庭生活と人民班生活の情況を照会してきたりする。このため、職場でいくら高い認定を受けていても、人民班長の覚えが悪ければ昇進や表彰は難しくなるという。人民班長の権限が大変大きいため賄賂を随時に贈って関係を良く保つ必要があり、班長が必要な物を予め知っておいて贈物をするのだ。

私自身も安全部から一挙一動を監視されていることを、人民班長が密かに教えてくれた。このため保衛部から呼び出されて追放される前に、人民班長が予め安全部を通して追放先を調べて知らせてくれた。それが、追放されるのを覚悟して準備する上で精神的にも大変助けになった。しかし人民班長も様々で、住民生活の動態を意のままに解釈して安全部に報告して、不本意な不利益を与える班長もいるのだ。

平壌では、生活必需品のほとんどが配定票で販売される。靴、石鹸、各種衣類などの生活品は人民班を単位として供給される。世帯ごとに工業品のカードがあり、一年分、分期別、月別に準備される数量は家族数に応じて定められている。この供給カードを持って区域内の指定された商店に行き、配定票と一緒に販売員に納めれば物を購入できることになっていた。しかし、分期別に靴を一人当たり一足と供給カードにはあっても、品不足のため実際には年に一足も受け取るのが難しい。人民班長の権限によって二、三足ずつ受け取ることも出来、一足も受け取れないこともある。その基準は、共同清掃や警備にどれほどよく出動したか、人民軍隊や突撃隊をはじめ、各種の支援物資をどれくらい良く納めたかに従って規定されるが、人民班長の心で左右される。（チ

一方この報告者は、追放された最北端の国境の地である咸鏡北道穏城の穏城炭鉱労働者区の人民班については次のように報告している。

（ヨ・インシル　二〇一三・一一・二三b）

手記㉒

咸鏡北道穏城の人民班長

私が住んだ穏城炭鉱労働者区には、一〇〜一五箇の人民班を併せて「地区」として、ここに地域長がおり、党の細胞と女盟初級団体があった。地域長が党の細胞副秘書を必ず兼ねることになっていた。私が属した人民班の班長が地区の地域長でもあった。その夫は穏城郡に唯一の専門学校である穏城鉱山機械専門学校の教員で、私と同甲の一九四一年生だった。

国境地帯に位置するため、人民班生活も統制と監視が厳しく、地域長と人民班長の権限と任務も高くて平壌市の人民班長と同じ待遇がされていた。国境地域のため内陸地方からここに来る時には、旅行証に青の対角線が入った、承認番号の刻まれた証明書が必要だった。平壌に出入りするには同様に赤い線の入った証明書で、三八度線近辺も同様だった。（中略）

一九九〇年代半ばに、各人民班に警備哨所が設けられた。二メートル四方の警備哨所を建てて、人民班員が交代で歩哨に立った。腕章をつけて人民班内を巡察して、少しでも怪しい者が居れば人民班長を通して分駐所に通告する制度だった。一〜二年は何とか続いたが、一九九六年から配給と月給が途絶えて背嚢商人が増えるや、しだいにその機能を果たさなくなり、警備哨所はトンネーの子供たちが隠れてタバコを吸って悪さをする場所になった。（中略）

人民班員の家に外地から客が来れば、その客を連れて人民班長の所で宿泊登録簿に記載し、班長のサインを受け、分駐所に行って承認を受けなければならなかった。しかし、これも食料事情が悪化した後は有名無実となった。

一九六〇年代に「赤い宣動員」制度が現れると、各人民班から五世帯ごとに一人ずつ宣動員を出させて、住民に対する党の政策宣伝を担当させ、党の周りに人々を集結させようとした。これは「五戸担当制」といい、初期の発足時の趣旨とは異なり、しだいに五戸ずつ互いに監視するようになった。

一九九〇年代半ばの「苦難の行軍」の時期に脱北者が増えると、五家族の中から一家族でも居なくなると残り四家族で共同責任を負うようになった。その後は「三戸担当制」も現れたというがこれも効果がなかった。夜中に一、二世帯がまとまって家を捨てて、生きる道を求めて川を超えて中国に渡ったり、少しでもましな親戚の家を尋ねて出かけたり、子供たちが老母を残して、あるいは親が幼子を残して家を出てゆく例も一、二度ではなかった。

脱北しても中国で捕まって北送されれば政治犯収容所、政治犯監獄所、労働鍛錬隊などに送られる。ここには地域長や地域細胞秘書をしていた人が送られて来る例も多い。党員として保衛部や安全部から信任を得ていた人たちが、まず脱北隊列に馳せ参じたのだ。昔の俗談に「盗人一人を十人でも捕まえられない」という。（チヨ・インシル 二〇一三・一一・二三b）

組織生活の中でも労働力動員は「社会労働」と言う名で課せられるが、いずれの場合もほとんど無償で義務的なものである。平安南道の鉱山労働者区の場合も、男性が職場での組織生活に追われる一方で家庭の婦人たちは人民班を通して動員が課せられた点では同様である。

鉱山村の人民班と社会労働

北朝鮮で「社会労働」といえば無報酬でかつ義務的に課せられるものを指す。平安南道のある金鉱山の村の生活を実例として挙げよう。

この村は一九九〇年代以後に労働者区に指定されたところだ。およそ一〇〇〇世帯余りが住んでいて、ほとんどの世帯主はこの地域の鉱山で働き、女性たちは主婦として家庭の暮らしを担う。とはいえ、主婦たちは家事だけをするのではない。夫たちは職場で働いて組織生活をするが、主婦たちは労働者区に所属する事務所（都市の洞事務所に対応するもの）の統制を受け、政治思想的に武装している。事務所は、主婦以外にも「社会保障者」（仕事をできない患者）たちの生活を支援するとされている。

すべての世帯はこの事務所の統制下にある人民班に所属しており、一つの人民班はおおむね二〇〜三〇世帯程度からなり、人民班長が統率して女性同盟初級団体委員長の指導の下、部門別学習（思想学習）と生活総和を毎週一回行なう。また、人民班内には衛生班長がいて主に住宅周辺の衛生状態を管理し、班長が不在の時にはその任務も代行する。

人民班長は、班内構成員の旅行と商売行為などを掌握して事務所に報告し、他地域から人民班内の親戚や親友の家に来て宿泊する者を宿泊登録冊に登録し、名前を記入した記録簿を該当地域の分駐所（派出所）に提出して承認を受け、分駐所の党職勤務員のサインを受ける。こうして外部からの人々の出入を漏れなく記録して統制するのである。

人民班で提起される課題のうち一番重要なものが社会労働である。農村が一番忙しい春季になれば、軍人、学生、労働者は北朝鮮で言うところの「農村戦闘」に動員される。これに例外なく主婦たちも参加することになる。もちろんこうした社会労働は無報酬だ。

主婦は、朝七時には世帯主と子供たちに食事をさせて職場と学校に送り出し、八時三〇分からその日一日の作業任務を人民班長から受ける。人民班長は事務所から「農村戦闘」に何人を動員しろと言われれば、家々を歩き回って人数を確保する。主婦の中には病気で動員できない人もおり、また子供たちが病気ならその世話のため出られない。その場合は、具体的に理由を尋ねて事務所に報告しなければならない。

全ての動員事業は朝九時前に始まり、九時になれば農村に行かなければならない。農村で昼食が提供されれば一日分の農作業をし、昼食が提供されなければ午後一時まで仕事をする。昼食はせいぜいトウモロコシ麺だ。農場の作業班長の中でも能力ある者は、秋にトウモロコシを倉庫に納める時に、水分を〇・五％多めに記帳して若干の余裕分を残し、これを春の農村戦闘支援者たちの昼食に充てたり、またある班長は作業班の豚舎の飼料から都合して昼食を用意したりする。*

農村の家庭主婦たちの暮らしは、労働者たちの家庭主婦よりはるかに苦しく疲れる。朝には夫と同じ時刻に農場に出勤しなければならず、夕方だけはご飯を炊くように少し早く家に帰してくれる。昼休みに家に帰って来ても、ご飯だけ食べて家事をし、少しも休みなく働く。農村作業の特性上、毎日着る服を洗濯しなければならないが、洗濯機もなく電気もないから、小川のほとりに出て行って手洗いをするほかない。石鹸も無いからクヌギの木の幼いのを切って、焼いて灰を採って水を注いだ上澄みで洗濯するのだ。このように家の中でも外でも農村の女たちの暮らしはとても大変でつらい。

労働者の主婦たちも年中忙しいのは同じだ。冬には、農村に送る堆肥を集めなければならず、家の焚き木も集めなければならない。男たちは配給を呉れても呉れなくても職場に出て行かなければならないので、家事は女が引き受けるほかない。配給が無ければ、家の周辺に菜園を作って食糧を少しでも解決しなければならない。しかし、政治学習、生活総和をはじめ、周辺の道路整理、雪が降れば道路の除雪もしなければならず、梅雨期になって道路が流失すれば道路の復旧作業もしなければならない。また、小学生の幼い子供をもつ親なら、学校で冬に焚く薪を集める作業にも参加しなければならない。一人ずつ課題を課されるから抜けてもいられない。その他にも朝鮮人民軍創建日や名節の時になれば、軍人たちに対する支援物資も学生、職場人、主婦たちにまで例外なく割り当てられる。（キム・ジョンファ　二〇一二・三・二b）

北朝鮮では住居選択と旅行の自由が保障されておらず、許可が必要である。中央人民委員会決定第五六号に、「居住地を離れて他の地域で九〇日以上滞留しようとする者は、社会安全部から許可を受けなければならない」とあり、また、第五七条には「全ての人民は、家族でない一時的な客や旅行者を宿泊させようとすれば、社会安全部から許可を受けなければならない」と規定している。この制度は、住民の基本的生活を生活空間と行動領域面で規制し固定化するものであって、許可なく居住地を移せば公民証を受けられず、就職と食料供給が認められない。また、旅行者が留宿地を離れる時、主人は彼に留宿した証明書を発給し、旅行者は家に帰ればこの証明書を公安当局と自身の雇用主に提出するように規定している。旅行は労働力の喪失と見なされ、また情報交換により政府に対する批判の契機になるとされている。したがって、個人的な理由による旅行は、特別な場合を除けば不可能に近い。

公務旅行の場合でも公民証、身分証、信任状、出張証が必要で、旅行範囲も制限されている。こうして、食料

＊　こうした穀物の内部留保は、必要な物資の購入や上部機関や他機関との直接交渉の経費などに充てるため、分組長や作業班長や協同農場管理委員長の判断によって計画的・組織的に行なわれている。しかし、こうした留保分について政府は正確に把握することが難しい。（ホン・ナムシク　二〇一三・一・二八）

など生活物資の配給によって消費面から人民生活を規定するとともに、時間空間的にも公式の生活像からの逸脱に対して規制が及んでいる。組織生活は住民の就労・居住のみならず移動・旅行の規制とも密接に結びついており、公式の用務以外の移動・旅行についても次のように複雑な手続きが求められる。

旅行証明書制度

住民の公務以外の移動については、一九六〇年代から道・市・郡の行政委員会のなかに証明書を発給する部署として第二課が置かれ、道から道に往来する者と道内の他郡に行く者には、住民統制のため七日間から最高一四日間までの期間を設けて、住民の移動を規制している。

平壌は地方在住者にとって行くことが難しい所で、平壌に家族や親戚が一人もいなければ死ぬまで平壌には行けない者が多い。その一方、キム・イルソン主席に対する忠誠度が特に認められた者と、工場で二〇〇〜三〇〇%働いた労働者や事務員たちに対して平壌見物を組織することがある。

一般の勤労者が他道に移動するため証明書を得るには、まず勤務先の工場の作業班長の手票が必要である。そのためには、一定の期間職場を離れることなく、毎月の出勤(「月稼働」)をきちんとこなし、休暇をとることもなく、診断書を何度も出して家で休むこともなく、労働者の忠誠度を良く把握している作業班長の評価が求められる。作業班長の手票を受け取れば、次に職場長の手票を受けなければならず、次いで工場の労働課の課長の手票を受ける。これは本人が休暇を取れる休暇対象に当たるか、模範労働者かどうか確認する手続きである。その次には、工場の技師長と支配人の手票が必要で、その上でようやく証明書発給を申請できる。これに合格すれば、安全部の分駐所(派出所)の担当警察官の手票を受けなければならないが、本人に悪癖があるとか品行が良くないと判断されれば否決となる。こうして派出所の担当警察の手票を受ければ、工場ごとに一日に五〜

七名が申請できるという規定があり、一〇日ごとに申請順に道市郡行政委員会の第二課に文件が提出される。ここでも問題が多く提起される。道ごとに旅行証明書を出せる人数が一日に何名と規定されており、規定内に入るのが並大抵ではない。このため第二課の職員の家には証明書を頼みに来て取り入ろうとする人が後を絶たない。これを防ぐため第二課の担当指導員を頻繁に交代させるが、いくら交代して住民の不満を抑えようとしても、労働党の政権が定めた証明書制度が無くならない限りおさまらない。特に一九九〇年代には一挙に申請が増えて、これによる騒動は収まる気配が無かった。証明書の有効期間は七～一〇日である。（イ・ヨンスク二〇一二・一一・二）

住民に対するこうした規制以外にも、国家の鉄道管理局が汽車票の数を駅ごとに配定を制限しており、駅や列車内でも列車警察が旅行証明を検閲し、また道路では機動警察隊の検閲があって、私的商業の旅行を規制している。その上、電気事情による列車の延着、ジーゼル油不足により自動車も走らなくなれば延々と歩くよりほかない。

以上に見てきたように、組織生活とは家庭における私生活を除いたほとんどすべての生活を指し、党の方針を徹底させ社会主義体制を堅持するための規制と管理を重視する生活である。どこまでも集団主義が優先され、個人の意志や行動は利己主義であり非社会主義として批判される。その中でも毎週のように開かれる生活総和は、中央の党からの政綱を確認徹底する機会であり、何かテーマを決めて一週間の生活をふり返って自己批判が義務づけられ、同時に相互批判も求められる。そこでは個人の私生活を人前で洗いざらい語ることが求められる。しかもそうした総和が毎週行なわれるのである。総和の場において問題が提起されると、時には単なる批判では済まず、深刻な処分が下されるような事態に発展することもあるという。しかし、その実態はどうであろうか。容易に予想が付くように、批判はマンネリ化し甘くなることもあるようだ。するとその場で、もっと真剣に自己批判するように指導を受けるという。自己批判すべきことが無くても何かしら大声で神妙に演技しなければならなく、そのため無いことまで話を作って自己批判するのだという。その場でその独特な情況におかれていた時は余り自覚することもなかったが、体制から離脱してから想い起こすとおかしな総和だったという。批判は本来党の方針からの逸脱行為に対して行われるもので、その基準となるのが「十大原則」である。自己批判はその一節を取り上げて自分の行動をふり返るという形を採るという。しかし、自己批判が形式化することは避けられないようで、内容が余り深刻であってもいけないが批判・反省に足る内容でなければならないという。そうして良くできた批判は拍手で迎えられる。さらに賢い人は、自分の不心得を上手く言い訳する機会に総和を利用したり、あるいは初めから上手く総和をすれば済むことを見越して行動したりすることもあるのだという。例えば、「松茸を沢山採って国家に納めて党の社会主義理念貫徹のため貢献したい」と尤もらしい目的を提起して、実際は同僚と上手く仕事をさぼって山でキャンプを楽しんだりするのだという。しかし形式に流れた総和でも、実のある尤もらしい総和をしたことにしなければ、総和の指導者も責任を問われることになる。こうした総和が毎週行なわれ、日常の職場生活の一コマとなっていることは、批判の内容の是非よりもこれが組織員の集団主義を演出し、その理念を共有する儀礼的な場となっているようである。また、公式の理念・原則と日常生活の実際との間に生じる微妙なずれを最小限におさめて、深刻な乖離として表面化させないための調整機構の役割を果たしていると言えよう。総和に立ち会って司会・指導役を果たす党の幹部はそうした調整役でもあるようだ。

手記

イ・オクスン　二〇一三・六・一「북한의 배급제（北韓の配給制）」
イ・オンニョ　二〇一二・六・一「북한의 교육제도（北韓の教育制度）」
イ・クムチュン　二〇一三・七・二a「인민반장（人民班長）」
イ・ヨンスク　二〇一二・一・六「식량고생과 조직생활에 시달리는 북한사람들（食糧苦労と組織生活に追われる北韓の人々）」
イ・ヨンスク　二〇一三・一〇・二二「북한의 인민반장（北韓の人民班長）」
イ・ヨンスク　二〇一二・三・四「내가 살던 북한주민들의 현생활（私が暮らした北韓住民たちの現生活）」
イ・ヨンスク　二〇一二・一一・二「죽한주민들의 증명서제도와 교통（北韓住民の証明書制度と交通）」
キム・オクヒ　二〇一三・六・一「북한사람들의 생활모습（北韓の人々の生活の姿）」
キム・ジョンファ　二〇一二・三・二a「북한에서 무상교육（北韓での無償教育（補））」
キム・ジョンファ　二〇一二・三・二b「북한의 사회노동（北韓で社会労働）」
キム・ジョンファ　二〇一三・一・二八「직장 직관원（職場直管員）」
キム・スヨン　二〇一二・七・二「내 학창시절（私の学窓時代）」
キム・スヨン　二〇一二・九・二四「나의 직관선전원 생활（私の直管宣伝員生活）」
ソン・クムヒ　二〇一三・一・二八「사노청원（社労青員（社会主義青年同盟員））」
チャン・ギソン　二〇一三・三・一一「자유선거（自由選挙）」
チョ・インシル　二〇一三・一一・二三b「지역장과 인민방장에 대하여（地域長と人民班長について）」
ハン・クムボク　二〇一三・七・二二「여맹생활과 여설들의 역할（女盟組織生活と女性たちの役割）」
ハン・ヨンニム　二〇一二・一二・一八a「되놀이（テノリ）」
ホン・ナムシク　二〇一三・一・二八「협동농장 년말 결산분배（協同農場の年末決算分配）」
ユ・サングン　二〇一二・一・二八「북한 노동당조직과 당 비서들의 사업내용에 대하여（北韓労働党組織と党秘書

たちの事業内容について）」
ユ・サングン　二〇一二・九・二四「이동과 여행에 대하여（移動と旅行について）」
ユ・サングン　二〇一三・三・四「북한에서 중산층에 속하는 우리 집 생활（北韓で中産層に属した我が家の生活）」
ユ・サングン　二〇一三・三・四「북조선 함경남도 고원탄광 실태와 주민생활（北朝鮮咸鏡南道高原炭鉱の実態と住民生活）」

文献

ソウル大学校平和問題研究所編　二〇〇五『조선향토대백과（朝鮮郷土大百科）』

第4章 産業政策

一 重工業と軽工業

1 終戦後の混乱

植民地期には朝鮮の工業企業数の四分の三が北朝鮮に集中し、総工業生産額の七〇%を占めていた。特に黒色・有色金属工業、化学工業、鉱工業が著しく北朝鮮に集中し、電力は総生産の九〇%以上を供給していた。その一方で、軽工業と食料工業は原料を大きく南朝鮮に依存していた（チョン・ヒョンス 一九九九）。

北朝鮮は植民地期の重化学工業を受け継いだが、一九四五年の終戦にともない生産資材・動力の供給途絶、人員の離脱などによる混乱と、ソ連が戦利品として製品・半製品・生産施設を撤去・搬出したこともあって生産が麻痺状態に陥った。*

石炭生産は一九四五年八月に無煙炭の炭鉱が一九カ所であったものが、終戦後再開したのは五炭鉱で、採炭量は一〇～一五％水準に減少した。褐炭は二二カ所の炭鉱が終戦後操業できたのは八カ所であった。その他の炭鉱も多くは坑木、爆破材、燃料、電力不足及び従業員の帰郷や離脱のため操業中断に陥り、あるいは水没した。労働者不足は特に炭鉱で著しく、労働者の多くが帰郷した。石炭全体の生産は一九四五年一〇月には終戦の八月時点に比べて四三％に減少した。製鉄部門では、一九四四年当時の銑鉄生産は六〇万トン、鋼鉄生産は四〇～五〇万トン、年平均の圧延能力は一二・五万トンであったが、もともと満州からの輸入（毎年一六〇万トン）に頼っていたコークス用の石炭が途絶えたため、溶鉱炉は一九四五年の秋に麻痺状態に陥った。

肥料、硫酸、アンモニア関連の化学工業は、原料の硫黄や生産に必須の半製品および関連設備を日本に依存していたため生産が中断した。セメントも石膏と高品質石炭以外は自給できるが、操業を中断した（チョン・ヒョンス　一九九九）。

一九四五年九月一四日にソ連軍司令部政治部員クロチコが発表した「独立朝鮮の人民政府樹立要綱」では、日本人所有の工場は労働者と技術者が管理し、民族的中小企業は人民委員会の監視下に自由経営を許容するという産業政策方針が発表された（チョン・ヒョンス　一九九九）。

その後の朝鮮戦争による被害と復旧を経た後も、南北分断状況の下で、東側とりわけソ連の技術支援を背景として、北朝鮮は一貫して軍需と重工業を優先する経済開発政策を推進してきた。特に、一九六六年一〇月の労働党代表者会議において、「経済全体の均衡ある発展を妨げてでも軍事力を強化しなければならない」と公式に決議し、それまでは予算の中で軍事費が占める比重が一〇％程度に過ぎなかったものが、一九六七～一九七一年には三〇％以上に大幅増額された。

一九七〇年代初めに入って、東西和解と南北対話が始まるにともない、北朝鮮は韓国の経済発展を意識した経済政策として、西側諸国との貿易拡大と資金・技術導入を積極的に推進し、発電、重機械、鉱業、化学工業などのプラントが導入された。[**] しかし、その稼動は必ずしも順調ではなく、対外負債となって財政を圧迫してきた。

＊ 一九四五年、ソ連は駐屯とほぼ同時に工場・企業所の設備と建設機械を撤去し始め、これをソ連に搬出した経過記録（ロシア対外政策文書保管所の文書群、ロシア国防省文書保管所文書群、駐北朝鮮ソ連民政庁文書）が確認されている。それによれば、搬出されたのは金属加工工作機械、発電設備、アオジ人造燃料工場の検査測定器、機械製作設備、元山石油精錬工場の溶接機と検査測定器、清津機関車修理工場の設備である。また、一九四六年一月三一日現在、一〇〇〇台の車両に工業設備が積み込まれ、二月二八日現在では一〇〇〇台が搬出に使用され、さらに戦利品搬出のため四〇〇〇台の車輌が使用された。一九四五年秋には、水豊ダムの発電機三基を撤去し搬出した。そして一九四五年一一月には、工業製品をソ連に搬出するため重工業の復旧と再稼動に着手している。また一九四六年五月一日までに三四六〇点の戦利品金属類を搬出した。（チョン・ヒョンス　一九九九）

＊＊ パク・コニョンの教示によれば、その多くは在日総連の誘致・仲介によるもので、商社としては伊藤忠など日本の商社が関わった。主要なものを挙げると次のとおりである。

・発電では両江道の豆満江支流西頭水の水を東海側に落とす地下発電所建設で、電気施設はシーメンス、機械はオーストリアのホイッツ、土木を北朝鮮が担当した。管の溶接などの施工不良による水漏れ・破裂・洪水などの問題を克服しながら現在も稼動している。大同江上流北倉の金星ダムと水力発電所（二台）およびソ連による北倉火力発電（地元の石炭を利用）も老朽化しているが今も稼動中である。

・化学プラントとしては安州南興における精油、アニソン繊維（毛布用）、尿素肥料、プラスチック、尿素繊維などの総合コンビナートがフランスの資本と技術により、現総理のパク・ボンジュの指揮によって建設され、今もほぼ正常に稼動中である。

・順川セメント工場はデンマークによるもので、日本企業がコントローラーを担当し、稼動中である。
・江原道川内里のセメント工場も稼働中である。
・大安重機械（プラント生産）、興南の龍城重機械（鉱山用コンプレッサー、ボーリング採掘機械）は、稼動可能であるが国内の需要がないため休業中である。
・新義州重機、楽園機械工場（咸鏡南道楽園、建設機械）は製品の技術的な精度不足のため失敗といえる。
・端川マグネシア・クリンカー（耐火レンガ材料）工場はデンマークと日本の技術によるものだが、コントローラーが高価なため財政的に頓挫して完全に失敗した例である。
・原油採掘船の建造はルーマニアの技術による。

軍需を優先した重化学工業重視の政策のもとで、北朝鮮経済は産業部門間に構造的な不均衡が累積され有機的関連を欠いてきたため、住民の生活に直結する軽工業および農業・漁業などの分野が遅れをとった。部門間のこうした不均衡な状況はすでに一九五〇年代末から政策課題とされてきた。経済政策全般の推移を脱北者（ユ・インチョル）は次のように概観している。

手記 25

軽工業

北朝鮮は、自立的民族経済建設という目標の下、限定された資源を重点的に投資して、国防と重工業の優先的発展を保障しながら、軽工業と農業の同時発展を追求するという経済戦略を掲げてきた。しかし、鉱工業部門と農業部門などに比べて軽工業の発展は阻害され、人民生活を支える製造業が脆弱となった。

こうした産業の不均衡を是正するため、一九五八年六月の党中央委員会全員会議の決定では、「工業をすべての地域に満遍なく配置させて地域間の均衡を保ち、輸送費用を節減することができ、地方の潜在力を動員することによって、自体の消費材生産を増やして地方工業基地を強化し、落伍した地方経済を発展させる」としている。

北朝鮮の地方工業は大規模中央工業に比べて副次的な位置にあるが、大規模中央工業が充足させることのできない部門、特に軽工業分野の消費財を自給自足することを基本としている。言い換えると、住民生活を均衡的に向上させることを原則に据えて、地方住民が必要とするすべての生活必需品の供給を保障するため、郡を単位として地方の原料源泉と潜在力を動員した軽工業の発展と、細分化された計画経済による生産流通体制を目指してきたといえる。

一九五八年六月の全員会議を契機に、全国一丸となって地方ごとに人民消費品生産のための軽工業建設が推進され、食料工場、靴工場、化粧品工場、被服工場、鉄物製品、日用品工場など、各市・道に平均二五の地方産業工場が建設され、翌一九五九年までに総計二〇〇〇カ所に達した。その後、一九七〇年代にはさらに一七〇〇余の地方産業工場が建設された。

しかし一九八〇年代に入ると、継続的な経済沈滞によるマイナス成長から抜け出せず、その後も引き続き重工業中心の経済戦略を前面に立て、軽工業分野と地方工業に対する投資を忌避した結果、これら工場の生産設備ははなはだ後れている。一九九〇年代以降は、原材料不足と電力不足および劣悪な輸送施設などのため、全工場の五〇％以上がほぼ稼動中断状態にある。

このため北朝鮮は、現在の軽工業および地方産業工場はもちろん、大規模な中央工業工場と重工業分野の工場までも正常に稼動することができないのが実情である。こうした現実は、北朝鮮で実質上の失業状況を増加させており、食糧の配給中断と生活必需品の不足による住民たちの苦痛を緩和するため、自力更生・自体解決が呼び掛けられてきたが、それに伴いまた新たな社会的な問題が顕在化してきた。（ユ・インチョル　二〇一三・

一九・二a）

2　重工業重視と先軍政治

一九八〇年代に入ると、北朝鮮は内資動員による経済開発が限界に達して、対外貿易および経済協力の重要性を認識し始めた。一九八四年九月に制定された「合弁法」を根幹として外資誘致に注力しており、特に一九九二年一二月には「経済特区」設置に対する従来の否定的な姿勢から転換して、「羅津―先鋒自由経済貿易地帯」の開発構想を公式に発表した。対外経済関係ではその間、閉鎖的姿勢は順次緩和される趨勢にあった。

また、一九八〇年代の末には、重工業のための重工業ばかりでなく、軽工業の発展を効果的に後押しできる重工業の発展に注力することを強調した時期もあった。それが、一九八九年に発表された「軽工業発展三ヶ年計画」（一九八九～一九九一年）であり、一九八九年度を「軽工業の年」と設定した。また、一九九〇年代に入って「第三次七ヶ年計画」の緩衝期（一九九四～一九九六年）には、重点課題として農業第一主義、軽工業第一主義、貿易第一主義の「三大第一主義」の方針を提示した。

しかし、一九九一年のソ連の体制崩壊が北朝鮮経済に及ぼした影響は甚大で、とりわけ原油をはじめとする輸入物資の激減は産業の全分野にわたって深刻な事態を招いた。そして、「三大第一主義」の方針を提示して間もない一九九八年からは、「先軍思想」を前面に出すとともに再び重工業優先主義を強調して、構造的な経済沈滞により甚大な打撃を受けていた電力、石炭、金属などのいわゆる「先行部門」の正常化を優先させる方針を採った。基本的には、相変わらず重工業部門の比重が圧倒的に高く、政策的な関心も軽工業部門より重工業部門に重点を置いてきたといえる。

こうした経済運営は、ソ連方式による伝統的な「供給経済」を基礎としてきたものであり、経済規模と経済構造も比較的単純であり、国内においてもまた国際的にも経済発展について明確な展望が得られないまま、状況は悪化の道をたどってきたといえる。そして経済成長率の低下、技術の停滞、不良製品の滞貨、食料難および生活物資の供給不全など、国民生活全般にわたる停滞は一九九〇年代半ばには危機的な段階にまで達した。旧来の公式な計画経済制度は状況の変化に対する適応力を欠いており、住民は生産・消費の両面で非公式な経済活動によって生存の道を探るよりない状況に直面した（ユ・インチョル　二〇一三・九・二一a）。

二　中央企業と地方企業

北朝鮮の企業は大きく中央企業と地方企業に二分される。前者は、中央機関の管理下にある企業で、特定地方に立地してはいても事務所は平壌に置かれ、主に重化学工業、鉱業、電力、繊維、靴など全国の需要に応える生産を担う。国家規模の需要に応える国家計画のもとで基本的な製品・半製品を供給する機関であり、工場は地方にある場合でも管理上は中央企業であることに変わりない。ただし、地方に立地する場合には、党による指導・組織生活は各道の党委員会の統括下に置かれている。

後者は、中央の地方産業総局の統制下に、道・市・郡による道営・市営・郡営の企業であり、部門別に内閣の軽工業省が総括し、道の人民委員会地方工業総局の下で、市・郡の人民委員会地方工業部が指導監督する。その多くは一九五八年から一九五九年に設立され、地方の郡ごとに地方住民の需要に応えて生活消費品を生産するもので、中央企業に比べて規模もはるかに小さく、従業員数がほぼ一〇〇人以下である。その業種はどこの郡も同様で、食料品（醤、酒、飴、菓子、油など）、繊維・衣類、紙製品、日用品（鉄製日用台所用品、電器用品、家庭用工具、石鹸などの軽工業品）、建材などの生活必需品である。以前は中央が基本的な原料を供給していたが、これがしだいに滞ると、原料基地における自力生産あるいは収買事業による廃棄物や再生原料を活用した自力更生が奨励された。地方工業にも重化学工業が皆無ではないが大変少ない。『北韓総覧』（一九八三年、北韓研究所）によれば、地方産業は一九八〇年の時点で三三〇五工場が確認され、その業種別内訳は日用品三一・七％、繊維・衣類一九・六％、食料一六・二％、その他三二・〇％であった（ヤン・ムンス　二〇一〇：三八三）。

一方、国営の大企業で生活消費品を生産する工場としては、例えば吉州パルプ工場、平壌紡織工場、咸興毛紡織工場、平壌穀産食糧品工場、平壌麦酒工場、新義州靴工場などが名高い。咸鏡北道清津市にある清津化学繊維工場の場合を見てみよう。

手記㉖

清津化学繊維工場

北朝鮮内閣には軽工業省があって、その中に紡織工業総局がある。紡織工業総局の傘下に紡織工場があり織物工場（絹織工場）がある。紡績工場としては平壌総合紡織工場、新義州紡織工場、亀城紡織工場などがあり、絹織工場としては平安北道では寧辺絹織工場と博川絹織工場がある。それ以外にも紡織工業総局の傘下には、多くの製糸工場と紡糸工場、繊維工場、紡織機械工場および紡織機械修理工場などが分布している。

これらのうち繊維工場の一例として清津市の清津化学繊維工場の行政体系をみると、工場企業運営を総括する一人の支配人と三人の副支配人がいて、支配人の下には生産実務の責任をとり指揮する技師長と三人の副技師長を置いている。事務室には労働行政課、簿記課、経理課、資材課、設備課、動力課、紀要課、養成課、生産課など一〇個余り部署がある。

工場運営において政治権力を備えた党委員会が主導権を掌握していて、ここには数十人の党幹部がいる。党委員会宣伝部はキム・イルソン思想研究室を持っていて、工場傘下の各単位にも有給党幹部たちが含まれている。この外、工場は自治的な人民保安署を置いて工場の治安責任をとり、また職員を監視する国家保衛部所属の保衛指導員と秘密情報部員たちがいる。

また、一個連隊編成の労働赤衛隊が退役従業員によって組織されているほか、人民軍地方軍部隊も配置されている。その一個大隊は高射砲部隊だ。これら地方軍の軍人として工場に配属された男性労働者たちは、平常時には正常な生産労働をしながらも、各自が軍事階級を持って自分の戦闘装備に能通しており、地方軍命令が通達されれば直ちに自分の軍事命令を遂行する態勢にある。

繊維工場の生産設備は、基本的に旧ソ連製、旧東ドイツ製、北朝鮮製、日本製などである。清津化学繊維工場は、吉州パルプ工場から原料を持って来て、パルプを溶解して紡糸工程でノズルから糸を引いて工程処理して、人絹糸を絹織工場に送る。次の工程では、絹織工場で布を織って、人民生活必需品の製造に使われる。

生産品の販売と流通体系は、工場の販売課で支配人の決済を直接受けて商業部門に譲り渡すか、紡織工業総局の計画の下で指示に従って需要地に供給する。最近では生産システムが全て止まったも同然のため、生産物がきわめて不足していると見なければならない。

工場自体で生きていくために、国定価格による正常な流通の供給体系に従わずに、工場運営と従業員生活に必要な物資との物々交換式に充てるため製品が流出しており、また製品の大部分が交渉の賄賂用に使われる。それと同時に、個人の生活を支えるための生計型の横領が蔓延しているため、正常な商業網や流通過程で清津繊維工場の商品を見かけることは難しくなった。

工場の文化厚生施設としては、清津化学繊維工場構内に託児所と幼稚園が設けられている。一時は、全国で最も立派な施設と認定され、各機関、企業所、団体長や関係者が視察に訪れることもあった。

清津化学繊維工場は、女性職員が全体従業員の多数を占めているから、女性たちの便宜を考慮して、工場内に食糧配給所と食料品を定期的に供給する商店があり、理髪所と美容院、沐浴湯などの便宜奉仕施設が備わっている。また、健康状態が良くない勤労者たちが、一日四～六時間の軽い労働をできる軽労働職場を特別に持っており、また、職員たちのための総合病院も設置されている。

これ以外に、工場には職員たちの文化生活空間である文化会館があって、芸術宣伝隊があり、従業員に副食物を供給できる補給基地がある。従業員に対する厚生支援のために、山羊、兎、豚などを育てる小規模の牧畜業作業班と、国家から供給される野菜では不足する野菜を自力で保障するための「副業農場」がある。また清津水産事業所があって海産物を補給している。

女性勤労者の月給は男と同等に、各自の労働量に応じて達成目標を設定する「度級制」を実施して支給される。男子は主に修理工と整備工の作業をして、女性労働者よりむしろ易しい仕事をする。だから清津化学繊維工場は、男性労働者の月給は女性労働者に比べて特に高くない。女性勤労者の方が一日の労働がきつい。最近では劣悪な経済事情により、女性たちの健康状態が全般的に良くなく、病気にかかっても薬が供給されず、まともに治療を受けられずにいる。

教育環境を見るならば、基本的に高等学校以上の学歴を持っている。大学を卒業した従業員は総人員の一五%程度で、専門学校出身が二〇%だ。工場には夜間工業大学があり、支配人はこの大学の学長であり工場党委員会に属している。（ク・ヨンガプ　二〇一二・四・三）

生活消費品の中でも靴下については、地方でも「一級郡所在地」には中央企業による靴下工場が置かれているが、それ以下の小さい郡には中央工場が配置されていない場合が多い。靴下以外の被服、食料、建材などの製品

については、自給自足的な地方工場が配置されている。「一級郡」とは農業分野でよく用いる用語で、穀物生産額による等級として年間一〇万トン以上を生産する郡を指し、中央から肥料などの集中的供給を受ける。

また、政府が運営する中央工場の中でも鶏工場（養鶏場）、豚牧場（養豚場）は、平壌などの大都市住民に供給するもので、地方住民にはその恩恵が及ばない。地方では肉類の需要は職場に設けられた「畜産作業班」や住民の「家内班」でまかなわれ、国家計画とは関係なく非公式に取引される。

国家による全国規模の供給体制が機能不全に陥ってからは、もっぱら地方工場の自力更生努力が求められ、中央に物資を期待していた時期はすでに過ぎ去り、今では全ての生活物資を自体で作って食べて着て暮らすとまで言う。驚くことに、織物工場の稼働が低下するにともない昔のように機で布を織る家庭も増えているという。また、製薬工場で製造する医薬品よりも病院で薬草から作る薬や、工場周辺の労働者たちによる自家製の薬の方が質が良く効能も高いという（ハン・ヨンニム　二〇一三・一二・一七）。

地方企業は基本的に地方住民に供給する生活用品を生産するもので、生産に必要な資材と原料の中、国家が中央企業を通して計画的に供給するものを除けば、基本的に地方で自給できる原料と資材、設備と労働力で生産する体制である。

国家全体の経済が停滞して国家に依る供給が滞り始めた一九八〇年代から、主として地方の軽工業を対象として「自力更生」、「自体解決」が重要な課題として提起されてきた。社会主義のもとでは、本来住民の生活は国家の計画経済体制に依って保障されていなければならない。これに対して、自身の生活を自身で解決するということは、少なくとも現地の状況に即した自由な生産と物資の流通、つまり当事者の判断と選択に依る自由な経済活動を一部容認することに外ならない。公式には計画経済の原則を堅持しながらも、実質的には規制緩和以外に的確な方策がなかったと言えよう。生活物資の公的な供給が不調になり、物資不足が深刻になったのは、計画経済が機能不全に陥ったことに外ならない。住民自身の手によって自力更生・自体解決を図るよりほかない状況にまで追い詰められ、非公式ながら私的な商活動にも道が開かれたといえる。

「自力更生」という用語は、日本統治下の一九三〇年代に農村振興運動の中で採用された用語であり、農村の自助精神高揚と不可分の標語であった。かつての企業経営では、国家計画に反する資材の柔軟な活用などによる自体解決は、党の知るところとなれば重大な反党的・反革命的行為と見なされかねず、企業の幹部らが失脚し追放される口実ともされたのである。また、自力更生が個人に適用されれば、集団主義に反する利己的な行動としても批判されることになりかねない。言い換えれば、「自力更生」、「自体解決」によって、党の基本方針に抵触する可能性のある個人的な経済活動が部分的に容認される道が開かれたものと言える。

手記 27

地方産業工場

地方経済運営の基本原則は自力更正である。地方住民たちの生活に必要な相当数の消費品の生産および供給を、中央に依存せずに地方で自ら解決しろということだ。こうした傾向は、一九九〇年代に入って一層明確となった。

地方工業は、国家の産業管理体制のもとで中央工業と対比され、地方の各級行政経済機関によって管理運営される。地方の中小規模の企業所は、慢性的に不足している日用消費財を、地方資源によって生産することを目的として設立されたものであり、食品、衣類などの生活必需品を主な生産物としている。その他にも一部には、軽工業に原材料を供給するための中小化学、機械工業なども道営、市営、郡営の地方工業として配置されている。

地方工業の生産品は、だいたい日用品三二%、食品加工一六%、繊維および衣服二〇%の比重で構成されている。重要視される地方工場としては、食料工場、醤工場、紙工場、日用品工場、陶磁器工場、紡織物工場、衣服工場、建材（レンガ）工場などがある。こうした地方工業が現在の北朝鮮で占める比重は決して無視することはできない水準にあった。

一九九〇年までは約四〇〇〇個もの地方産業工場が存在していたが、一九九〇年中盤からは深刻な食糧難により、国家から受ける支援が少ないため、自主的な原材料に基づく生産増強が強調されてきた。地方の軽工業発展が強調されているのは、地方の原料資材と労働力によって、国家による大きな投資なしに短期間に生産施設を建設でき、生産施設を原料産地および消費地に近接させることで、製品単価を低く維持できるためである。

地方経済を活性化させた初期の代表的な事例として平安南道新陽郡の例を挙げることができる。新陽郡には一九六四年までは織物工場、醤工場などいくつかの工場しかなく、それも大部分が手工業的な生産による古い工場設備であった。しかし一九九三年一二月に採択され、一九九四年から実践に入った「三大第一主義」、すなわち農業・軽工業・貿易重視策の一環として、新陽郡は紡織と靴工業を現代化して、日用品生産量の増大と種類の多様化を通じて地方消費のみならず輸出市場開拓をも追求してきた。当時、新陽郡は「地方経済の総合的発展方針が、すべての地域経済を同時に発展させて人民生活を均等に向上させる科学的な方針であることを立証した」と宣伝されるほどの代表的模範に選ばれた。

北朝鮮では、消費品の生産に対する原資材を供給する重工業体系が経済危機によって麻痺するや、経済管理運営における党組織と行政機関の自律性が相対的に高くなった。一方、地方産業工場では、地方の自体原料を拡張して製品を生産してきたが、正常に生産する工場はほとんどない。時折生産できる部門は日用品工場、紙工場、食料工場、醤工場などであるが、その製品も完全品ばかりではない。（ユ・インチョル　二〇一三・五・一二）

ここで言う自体原料の拡張とは、後に述べるように廃棄物資や遊休余剰物資や中古品などの収買による供給、食料工場の場合には原料基地（農場）の開墾・拡充を指している。こうして原料が準備できた時に工場が稼働できるが、一部の工程が部品不足などで稼動できなければ半製品状態の生産に留まらざるを得ない。後には、こうした半製品が工場周辺の労働者区に流出して、家内手工業によって製品化され市場など非公式な形で取引されることになった。

北朝鮮の地方の産業工場は住民の生活必需品（「生必品」、「一次消費品」）を生産し、それに必要な原料や資材を自力で解決するのが原則である。必要物資としては、まず製品生産に必ず必要な原材料があり、次にはエネルギー源である燃料、そして工場設備を稼動させるのに必要な付属品や消耗品など生産物資がある。経済難によるこうした物資の供給不足のため、地方産業工場は稼動率が大きく落ち込んでいる。部門によってかなり差があるが、全体として稼動率は三〇％程度であると言われる。

地方によって自給できる原料は異なり、またエネルギーの不足分や工場設備の維持に要する物資の自給の在り方も異なる。他地方や他企業から入手する場合には、それに充てる交換物資や交渉のための運営資金を準備する必要もある。その手法も様々だが、一つの郡の実態を見れば地方工場の一般状況をおおむね知ることができる。ここでは咸鏡北道穏城郡における地方工場として、食料工場、醤工場、紙工場、石鹸工場、織物工場、陶磁器工場、建材工場の事情を見よう。

手記28 咸鏡北道穏城郡の地方工場

食料工場

穏城総合食料工場は従業員数一三〇名で、事務の構成は、支配人、党秘書、技師長、生産指導員、簿記長などである。生産現場は酒作業班（蒸留酒が主だがビールも製造する）、飴班、菓子班、工務作業班、ボイラー作業班、建設班、原料基地作業班で構成されている。

この工場が生産する品目は、飴、菓子、酒（ビールを含む）、食用油などである。これら製品のうち、飴、菓子などの糖果類は、北朝鮮で名節とされるキム・イルソンの誕生日（四月一五日）とキム・ジョンイルの誕生日（二月一六日）に、全国の幼稚園、託児所、人民学校学生たちに一人当たり一律に贈物として給付される慣行が今まで続いている。このほか、新年の正月給付に際しても少量生産される。酒、食用油なども同様に正月名節などの機会に配布される。

工務作業班は七人で構成され、工場にある全ての機械の運転に責任を持ち、順調に稼動させる任務のため、休む暇なく仕事に追われる。機械の補修と溶接作業を専門とし、機械が老朽化して故障が多いため、溶接などの補修が大変重要である。

ボイラー作業班はボイラーの運転管理と補修を担当する。冬が長い北朝鮮では、ボイラーは工場の生命線であり、ボイラーを休めることができない。全ての生産工程にボイラーから送られる蒸気が不可欠で、ボイラーが故障したり配管が凍って壊れたりすれば全ての工程が中断される。

建設班は建物の修理保守、工場の拡張工事などを担当する。工場の建物は常に腐食され、建設資材自体も質量ともに不足している。

食料工場の多くは、その原料を自給するために「工場原料基地」と呼ばれる農場を五〇町歩保有しており、原料基地作業班に四〇人が配属されている。しかし、農作業には肥料や農薬が不可欠であるが、国からの供給が途絶えているためまともに収穫できない。それでも上級党の決定には逆らえないが、実際に農作業ができるのは一〇町歩である。これとは別に、従業員の食生活を補填するための副業地も所有しており、自力更生の名の下に新たに開墾・拡充が行なわれてきた。従業員は夏季の間はもっぱらこの工場原料基地で農作業に従事して、トウモロコシ、大豆、麦、エゴマ、ホンサム（紅参）などを栽培して生産用原材料を確保している。

飴、菓子班の任務役割はほぼ似ている。率直に言えば、北朝鮮の飴と菓子の生産は一年に二度あるいは三度だ。新年一月一日の正月供給のために少し生産し、小麦粉にサッカリンを入れて作っておけば、これが北朝鮮で言うところのレンガ菓子だ。

穏城総合食料工場の最も忙しいシーズンは一年に二回で、当時はキム・イルソン誕生日とキム・ジョンイルの誕生日だった。生産される商品の種類は、飴、菓子、ゼリー、豆飴などで、一袋に一キロずつ包装して赤ん坊から小学校（人民学校）の学生にまで全国一律に供給される。労働者もこの誕生日記念生産を指折り数えて待っている。この生産期間の間は思う存分腹いっぱいに食べることができるためだ。食べるなと統制するが、統制する人も盗み食いする人も同様に腹が空いているため、お互いに目をつぶるのが現実だ。

この時に生産する贈物用の糖果類（飴、豆飴など）のため、農場で収穫する主原料に加えて、ふだん見かけないバターと水飴、白砂糖に高級小麦粉も入ってくる。これらは「秋夕物資」と言われて、キム・イルソンの指示（命令）で党資金によって郡が中国などから輸入して供給するものだから誰も邪魔してはならないし、無条件に確保しなければならない。これを備蓄しておき、初冬の一時期だけ生産態勢に入る。これ以外にも、原料さえ入れば九～一〇月の党創建記念日に合わせて一時稼動することがあるにすぎない。

原料供給基地は企業所ごとに運用されていたが、自力更生の名の下に全国で原料基地や副業地の開墾・拡充が進むとともに、本来の目的から逸脱して実態が不明確となったため、やがて郡ごとに地方産業課の管理統制を受けるようになった。

この工場で原料基地から年間に収穫する原料は、トウモロコシ一〇トン、豆二トン、麦二～二・五トン、紅参〇・五トンと若干のエゴマなどである。工場の年間生産能力は、酒三〇〇トン、飴七〇～八〇トン、菓子三〇〇トンであるが、実際には全ての機械を稼動して生産することはほとんどない。

このように主として一月~四月だけ稼動するが、生産時期であっても送電が時かまわず中断されるので、機械で生産するというより手工業で生産するという方が正確な表現である。

一回の贈り物生産で、郡内一万五千人の子供に一キロずつ糖菓類を作って供給し、生産量は年間に飴と菓子七~八トン、豆飴一・五トン、タンムック（ゼリー）七〇〇キロ、米カンジョン（羌飣）一五〇キロである。

生産用ボイラーは、郡内の隣接する炭鉱から石炭を運んで稼動させていた。炭鉱から受ける石炭供給量は、郡の人民委員会地方工業管理部から割当てを受けるが、その供給量ではいつも不足するため、不足分は工場で生産された製品と石炭を交換する方式で解決していた。こうした交渉役は資材受け入れを担当する資材指導員が引き受ける。こうした方式は一次消費品を生産する工場でほぼ一般化している。

醤工場

穏城醤工場にも同様に原料基地が三〇町歩以上あり、ここで耕作したトウモロコシと豆類、小麦などによって正月名節用の酒を生産する。正月名節の供給分として住民に世帯当たり酒一本ずつを供給するため、この時期に合わせて郡人民委員会地方工業管理部から生産量を割り当てられ、冬のこの時期だけ生産する。生産品目は、酒の外に味噌・醤油程度である。一九九〇年以前には、毎月三〇~四〇トン程度の醤油と味噌を生産して、世帯当たり二キログラムずつ供給する態勢にあったが、一九九〇年代に入って供給体系が失われてからは少量を生産するにすぎない。二〇〇〇年以降の年間生産量は概略味噌五トン未満、醤油一〇トン未満で、以前に比べて生産が著しく減少している。今日、こうして生産した味噌や醤油は主に軍部に供給されている。工場が稼働しない夏季には、従業員全員が他の建設現場などに社会動員（労働力動員）されるか、もしくは工場原料基地や副業地でひたすら農作業に従事する。一年の中で生産できる時期は正月名節を前にした冬季にすぎない。

紙工場

穏城紙工場は穏城邑から五〇キロメートル離れた三峰労働地区に位置する地方工場で、企業級数は六級、従業員数は五〇～六〇人である。この紙工場の管理職員（イルクン）としては、支配人、経理と指導員、生産指導員、資材指導員兼倉庫長、販売指導員兼党細胞秘書がおかれ、生産現場は準備班（別名資材班）、生産班、製冊班、副業班などに分かれている。紙工場は郡の一次消費品の生産品目の中で最も重要な位置を占めているため生産正常化のために努力している。他の工場は冬には稼動を止めて、春季から秋まで郡人民委員会地方工業管理部から原料の割当を受けて生産に入るのが一般的であるが、穏城の紙工場は延べ建坪八〇〇～九〇〇平方キロメートルの原料基地（農地）を持っていて、原料にトウモロコシの外皮を用いて年間一五〇トンの紙を生産する。在来式の設備で地方の原料によって紙を作り、その紙で学習帳を作っている点で、この工場は全国の紙工場の実態を知る一つの例となる。

豆満江を挟んで中国の吉林省龍井市開山屯区の大きな製紙工場と向き合っている。ここは吉林省最大の製紙工場で最高級紙とパルプなどを生産し規模もたいへん大きい。今はほとんど廃業状態であるが、原因は中国工業の内部問題なのでよく分からない。この工場から出る生産廃水によって豆満江はたいへん汚染され、この一帯の川魚が死に絶えた。

ここ三峰の紙工場は、生産設備や生産物の全てが開山屯の紙工場とは比較にならないほど劣悪で、原料として地域の山から出るムルプレの木（물푸레 나무：ドロヤナギあるいはトネリコ）のパルプ五〇％、オサリ（トウモロコシの外皮）を微生物処理して作ったパルプ二〇％、リサイクル廃紙三〇％を混ぜて紙を作る。ムルプレの木はこの地方ではどの山にも有るが、輸送手段と燃料問題のためこの木から紙を生産することは難しかった。このため原料は古紙（別名「トンマ紙」）とオサリが基本で、紙質と美白度が良くないため文字を書くのにも困

るほどである。それでも古紙やオサリがまともに入って来れば幸いだが、その原材料すら不足して電気もまともに来ないとなると、生産は需要に遠く及ばない。このため、この紙さえも学生たちにはたいへん不足しているのが実情である。学校などに配分された学習帳は学校長や担任先生たちの権限で学生たちに分けられる。

一年の生産計画では年間七〇～八〇トン、一カ月当たり約七トンが割り当てられている。しかし実際には電気供給難のため月産三トン程度に満たないが、それでも生産がうまくいった方だと見ている。

こうした原料不足のもとで、工場ではオサリを持って来れば紙と交換する方式で原料の補填を行なっている。オサリ何キログラムに紙何枚を与えたかは思い出せない。また、紙工場の生産班の班員は、生産された紙を盗んで住民たちの酒と換えて飲む場合がたいへん多い。

結局、オサリを工場で紙に換え、紙は学生をもつ両親たちが家で作った密酒と換えられ、密酒は市場に出されて現金化したり食料と交換されたりする。あるいは、その酒を羅津─先鋒市に持って行って水産物に換えたりして、それを市場で現金またはトウモロコシなどの食糧に換えて生活をやりくりしてゆく。

ひとまず紙が生産されても、学習帳になるまでは幾つもの工程を経なければならない。そこで、工場内に「八・三作業班」を設けて、本の表紙を謄写して紙とともに作業班員たちに分けて、各自が家に持ち帰り、針で糸を通して紙を綴じ、規格に合わせて手作業で切断して学習帳を作るという方式を採用した。しかし、この作業班とは別に、紙を工場から持ち出して闇で学習帳を作る者もあって、工場における生産はますます低減すると言う悪循環が生まれた。

私と息子は同じ作業班の友達たちと組んで、生産された紙を密かに家に持ってきて家で学習帳を作って売っていた。これが不法であることは知りながらも、食べ物を少しでも解決するためにはやむを得なかった。我が家は、穏城邑から穏城炭鉱地区への入り口に位置していて、紙工場とは一番近い距離にあった。それで我が家は、紙工場生産班の人々が工場の物件を盗んで隠し置くのに一番都合よいところだった。

工場では、冬には暖房事情が悪いため生産が全くできず、生産できるのは三月～一一月中旬までで、年間生産量は概略二〇トン余りとなる。その中、学習帳生産用としては一〇トン程度の紙しか使うことができず、これで一〇万冊程度の学習帳を生産している。これは当郡の高等中学校と人民学校三万五〇〇〇人の学生に平均三冊ずつの量である。

生産は主に三月と九月の新学期に合わせて二月と八月に本格的に行なわれる。工場を稼動させるのに必要な燃料として毎月一〇〇トン以上の石炭を要するが、郡から供給される量以外の不足分は、石炭取り引き単位と製品交換の方法で解決する。それだけでなく、設備保守や技術更新などのため、溶接棒や鉄板や綿糸など多くの資材が必要であるが、これも全て工場自体の力で解決しなければならない。

石鹸工場

一次消費品の品目として最初に挙げられるのが石鹸だ。石鹸の生産は、郡の糧政事業所から供給された米糠から油を絞って、これに苛性ソーダを添付して生産するもので、生産量は年間一〇トン未満だ。生産された石鹸は、名節になると洗顔石鹸、洗濯石鹸として世帯当たり一個ずつ供給される。

織物工場

紡織工場・被服工場は小型の機械数台を置いて古布をほぐして棉に戻し、糸につむいで布「再生布」を織り作業服、作業手袋などを作る。製品は企業所の労働保護課で引き受け、年に一着の作業服を供給していた。化学繊維やスフ布も織って供給していた。しかし郡の織物工場は、郡自らの力では必要な原資材を確保することができず、二〇〇〇年直後に設備を閉鎖整理した。

陶磁器工場

やはり国内原料が枯渇したため生産を完全中止し、労働者を別の所に動員している。自力更生といっても、国家の支援なしに郡単位で自力生産を継続するには多くの制約がある。一次消費品工場の中でも、特に重視された生産工場数カ所だけが「苦難の行軍」期に生き残り、自体原料に依存した純粋国内産製品を作っているのが実情である。

建材工場

石炭の灰とセメントを配合して住宅用のブロック（三〇×二〇×四〇センチメートル）を作る。また木製の机や椅子も生産する。なお建設事業には郡内の工場や機関に配定するための二、三階建ての家屋を作る住宅建設事業所があり、農村の家屋は農村文化住宅建設事業所が担当する。ただし、水道や電気工事については中央工業に所属する水道事業所・電気事業所が担当する。（ユ・インチョル　二〇一三・五・一二）

窯業工場

咸鏡南道咸興市から三〇里離れたフンサン里に北朝鮮最大の窯業工場がある。建設資材のレンガをつくる工場で、六・二五戦争の後に東ドイツが支援して建設した現代工場だ。レンガ製造に適した粘土の埋蔵量が豊富な地に位置しており、主にレンガ、青瓦、土管と、少量の石綿も生産する。

一〇〇〇人余りの従業員を持った二級企業所で、支配人、副支配人、後方副支配人を置き、技術部と、生産部、後方部に分かれ、生産部は土管職場、青年職場、一・三職場に分かれている。後方部は労働者たちの衣食住の責任を負う。

東ドイツの進んだ技術で建設された工場だが、生産速度を競い合う「速度戦」によってレンガを焼けば、四〇％程度がひびが入ったり割れたりした粗悪なレンガとなる。石炭を上から投じて火力をジグザグ型に供給して一二〇〇度Cの高い熱を出さなければならないが、温度が高すぎるとレンガが溶けて大きな塊りになり、あるいは温度が低いと白くてもろいレンガが大部分となる。しかし、検査員は目をとじて印鑑を押して建設場に送る。

こうして計画を達成しなければ責任幹部たちは上の組織から責任を追及されるから、互いに目をつぶってそのレンガで平壌市や咸興市を建設してきた。手押し車にレンガを四〇〇個ずつ積んで、ベアリングが甘くて車輪が回らずギーギー音を立てて二人でかろうじて押して行く。粘土を水と混合して一～二日間熟成室で熟成させた後、整形機でレンガ型に切って乾燥炉に入れて乾燥するのだが、乾燥時に多くのレンガが割れる。乾いたレンガを手押し車に積んで焼成炉内に運んでジグザグ式に積む。一つの焼成炉に一二〇〇枚のレンガを積んで門を閉じる。円形になっている焼成炉は円状に回りながら焼成する。

労働者は三交代で八時間仕事をし、仕事が終われば次の交代に引き継いで、別の仕事を探してさらに三～四時間働いて終える。総和をしてさらに組織壁学習をする。ドイツ式共同浴場があってシャワーもある。

主に工場周辺の人々が仕事をするので寄宿舎は小さいのが一つだけある。仕事は重労働だが月給は三〇～四〇ウォンであった。米は配給を受け、醤油、味噌、靴、服も購買票の限度内で買うことができる。労働服は無償で一年に一着支給され、労働靴は六カ月に一足支給される。

大量生産を一〇年間したため多くの農耕地が消えるや、食糧が不足する北朝鮮ではレンガ生産を中止してタバコ工場、ガラス工場、繊維工場となった。タバコは主に「溶鉱炉」、「黄金の光」などの庶民用のタバコを作り、それもタバコに入る糖分用の砂糖がないため規定どおりにはできなかった。

ガラス繊維は北朝鮮のある技術集団が協力したもので、屑ガラスから糸を紡ぐので「ガラス繊維」といった。それも屑ガラス不足のため生産が正常化できず、労働者たちは主に農村動員や建設動員に参加することになり、別名「動員職場」ともいわれた。

しかし出勤さえすれば国家が配給は与えるので、遊んでいても職場に出て行けばよい。したがって北朝鮮は失業者がないという。企業所は止まって不渡りを出しても、労働者は空地であっても雑草を採り庭を掃除したり雑務をしたりしていれば、工場の体制はそのまま続き、政治組織も動いて、行政も事務室の仕事を守っていれば、国からは月給も配給もそのまま支給される。この制度は現在も維持されている。これがすなわち人々が社会主義を守ろうとする根源だ。（ハン・ヨンニム　二〇一二・五・一六）

三　電力事情

地方工場の稼働率低下の最大の要因は電力供給不足と言われる。電力の供給実態については次のように報告されている。

手記30

電力供給の実態

北朝鮮で電力事情は非常に深刻である。北朝鮮で電力生産と使用を管理する体系は、中央に電力工業部、各道と直轄市に道送配電部、市・郡には市配電部・郡配電部がある。労働者区と行政末端の里には、三個または五個里に一カ所ずつ出張所または作業班を置いて、電力供給を管理する。電力供給職場には別途に支配人と技師長を置いて電力供給を指揮している。

電力はほぼ一二万ボルトで主要地域に供給され、この電力を変電所で六万ボルトに下げて現場の企業所に供給する。北朝鮮では、市・郡の全ての生産企業所から電力を受けて住民の電気に使う。結局、現場支配人や技師長は企業の生産を優先するため、住民たちの照明には関心がなく、ただ引き受けた生産課題のために電気を使おうとする。すべての電気は、企業所の変電所から送られ、変電所勤務員は企業所支配人および党委員長の指示に無条件従わなければならない。

電力が不足すると、電力工業部で生産される電力をまず「第二経済委員会」(軍需工場)に送り、次に残りの電力を各道に送るので、道ごとに電力量は決められている。

実例を挙げれば、平安南道は五〇〇キロワットを使えといえば遵守しなければならず、もしこれを守らなければスイッチを切ってしまう。そうなると、再び電力供給を復活させるには、超過使用分の電力量と超過の原因が何であるか提示しなければ復活されない。このため道の送配電部では、電力超過を防ぐために過負荷遮断機を設置して、許容電力量を超過すれば自動的にスイッチが開放されるようにしておく。

市と郡に配分された電力量を「ニミドゥ(リミット)」という。ニミドゥが多ければ市と郡または企業所で電力使用は円満であるが、そのようにできなければ、住民用の照明ばかりでなく企業所も生産できなくなる。このため、月末または分期末になると、道単位は中央に、市・郡単位は道に、賄賂作戦によってより多いニミドゥを受けようと競い合う。電力量をたくさん受けようと戦争ならぬ戦争をするのだ。

それのみでない。北朝鮮は軍事第一主義なので、軍人たちは引き受けた生産課題を遂行しようと、市や郡を通さずに将軍たちはためらうことなく賄賂を持って道の配電部あるいは電力工業部に上って行き、ニミドゥをたくさん受けるための工作を行なう。そして、市・郡配電部に電気が来れば、自らが受けたニミドゥ分を使うという。

だが、下部末端にはそれなりに困難がある。電力を地方に送ろうとすれば、電気線を通じなければならないが、日帝時代に配線したものがほとんどで、解放後に敷設した電線はそれほど多くない。その上、軍人たちは鉄線を電線として使うため事故が頻繁に起きる。電気事故は大部分が人命被害を伴うから深刻な問題とならざるをえない。

北朝鮮では、全般的に電力量の途中損失が一五％水準である。基本はアルミニウム線であり、鉄線に銅を被せて作った線があるが、曲げたり伸ばしたり繰り返せば銅はむけて鉄線だけ残る。結局、中央から五〇〇キロワットの電気を与えても、地方には四〜五キロの電力量しか到達しない。だから、ニミドゥを受けたといって、その電力量が全て供給されることはない。このため、一日に何度も停電が起き、炭鉱、鉱山の地下坑道は水に浸って生産が中断されるのが常だ。

電力事情が緊迫すると市・郡は電力監督員を配置して、ニミドゥどおり電力を使っているか検閲する。道・直轄市も同じように電力監督員を置いて統制するが、使う人は多く、与えられる電力は少ないので賄賂攻勢を受ける。互いに自分たちが多く使おうとするためだ。人民軍も後方総局に電力監督員（中佐）を一〇余人ずつ置いている。

生産単位に電気がなく仕事が滞れば人海戦術に頼るしかない。多くの人員を動員して坑内から石炭を背嚢で運ぶ。一度想像してみなさい。果たしてこれで生産できるか疑問を抱くにちがいない。

そこで北朝鮮ではすでに一九六〇年代から交差生産を実施してきた。交差生産というのは、変電所からある企業所に四時間の間電気を与え、次は遮断機を開いて他の企業所に四時間を与えるという方式だ。工場、企業所などで電力を超過使用したり交差生産の規定に反したりすれば、事故調書を書かされ罰金を払う。

電力事情が悪いから、市・郡が自力で電力を生産するための水力発電所を建設するが、水力発電所を建設しようとしても電気が必要なので、全て人手で行なわなければならず、数年かかっても小型発電所一つ建設するのが難しい。職場では選抜した青年たちで突撃隊を作って発電所を建設するのだが、食べ物、運搬車輛も全て不足しているので、本当に一から十まで人力で行なうのである。直接体験してみなければその現実を想像することさえ難しい。

このような電力不足のため最も困るのは住民たちの照明だ。電気が不足して一日に電気が二時間しか来ない状況では、何かしようとしてもとうてい不可能だ。夕方ご飯を食べる時もロウソクの明かりでご飯を食べるのが日常となっているほどである。住民用の照明には割り当てニミドゥが最初からない。したがって、企業所から与えられれば幸いで、与えられなくても訴えるところがない。労働者たちの家庭ではたいてい照明が二つあり、台所に一つ、部屋に一つだ。それを一つだけ使えといって、もう一つには封印して印鑑を押す。農村の住宅には部屋が二間あるが、やはり照明は一つしか認めてくれない。そして、電気監督員や電力部門に勤務する職員がいつも歩き回って、照明を二つ使っているのが発見されれば調書を書かされる。罰金は次のように適用され、使った時間に応じて金額は一定しない。たとえば、二つの電灯を二時間使ったとすれば、電灯一個の料金が時間当たり三ウォンであって、罰金はその一〇倍を課す。したがって罰金は六〇ウォンになる。電気アイロンはあっても使うこともできない。仮に電気釜や冷蔵庫があったとしても使用契約をしてくれない。ただし幹部たちだけは例外であって電気検閲を受けないから自由に使っている。

家庭毎に電気計器が設置されていないため、料金の賦課にも多くの問題が生じるのは当然だ。電気が来る時間よりも停電になる時間がはるかに多いので、電力量を計って料金を賦課するのではなく世帯ごとに一律に料金を賦課する。

他の産業部門に劣らず農村でも多くの電気が使われる。春と夏には畑に水を充たすため揚水機を回さなければならず、秋には脱穀と精米をしなければならない。揚水機を回す時期を逃してはならないが、秋になるとほとんど電気が来ない。このため、稲が腐ってしまうといって大騒ぎになり、市長や郡守が企業の電気を農村に少しだけ回そうとして企業所の職員と合意して、ようやく脱穀だけ済ますことができた。

オサリ（トウモロコシの外皮）を剥がす作業は学生たちを動員して行ない、農場員たちは夜にトウモロコシの粒を手で落とす。学生たちは午前に勉強を終え、午後には農場に出て行ってオサリを剥ぐ仕事をする。北朝鮮ではいくら作業量が多くても、全て人の手でしなければならない。そこで遂に手動の稲脱穀機が再登場した。電気がないから人の力で脱穀をするよりほかない。

実情がこうだから電力監督員の目を避けるのは難しく、少しでも電気を多く使うためには賄賂攻勢が行なわれる。

概して協同農場では、豚の飼料用のトウモロコシ（辺境の地で生産されたトウモロコシ）を豚に少し食べさせ、電力監督員に賄賂として四〇～五〇キロ与える。これも無ければ、トウモロコシの収穫の時に水分を〇・五％分だけ偽って留保した分を電力担当管理者と監督に与えることになる。

北朝鮮で賄賂行為は上級単位から始まり、今ではあまりに一般化している。木を伐採して取り締まりに遭えば、山林保護員にタバコや高級酒一本出せば、たちまち解放され調書すら書かなくて済む。高級酒一本ならば平壌～清津行き急行列車も止めることができ、実際にそうした例が稀にある。このように電気はもちろん、全てのものがみな不足した状態で久しい歳月を送っていると、国民たちは悪習ばかり身について道徳や礼儀などは眼中にもない。いつ来るか分からない電気のため、出発時間も知らずにひたすら何時間でも待つことになる。

軍事優先の社会体制のもとでは、当然ながら電力供給の面でも軍隊は特別な存在だ。産業や民間の配電とは違って、軍隊の電力使用を統制することは難しい。軍人たちの幕舎（テント）に必要だと言えば、住民たちの照明を消してでも優先して軍人たちに電気を供給せざるをえない。軍人たちが使う電気は、北朝鮮のどの機関でも統制することができず、制裁を加えることもできない。電力量が不足して送電できないといっても、旅団長が出て来て頑として直ちに電気を送れと言うと大騒ぎになる。（キム・ジョンファ　二〇一二・七・二a）

地方工場への電力割り当て

地方工場への電力供給は、毎月初めに郡人民委員会の地方工業管理部が割り当てる電気リミットに応じて、郡の配電部から各工場に配電される。電気リミットを定めるのは、国家が決める電気量の範囲内で稼動しろという趣旨だが、実質的には何も意味がない。なぜなら、工場当たり配分する三〜一〇リミット程度の電気量では、非同期電動機（五キロワット、七キロワット、一六キロワット）を二、三台同時に回すと一〜二時間しか稼働できない。

そこで電気交差利用と称して、地域別・工場別に時間と電力量を配分する電気交差票に基づいて工場を稼動させる方法が採られている。電力交差利用は、全国で休業日を順番に定め、次いで地域内での交差利用、さらに工場内でも作業現場ごとに実施する。しかし実際に電気が入って来ると電動機一〇〜一五台を同時に稼動させるから、電気を予定量よりはるかに多く使ってしまう。そこで道の配電部では、定めた電気を不法に使ったことに対して検閲したりする。しかし検閲事業は、実態を確認した上で様々な方法で説得することで終わる。

「苦難の行軍」の最中でも特に困難だった一九九〇年代末には、電気が工場に供給される時間が半日にも満たない状況となり、生産を全くできなくなった。その後二〇〇〇年からは一交代当たり四時間程度の電気が入ってくるようになったが、それも主に夜間の〇時から朝八時までで、夜間生産で実績を上げなければならないことが多かった。生産途中で電気が突然中断されれば、原料の準備や手作業でできる仕事をしながら電気が来るのを待った。

電気が予告なしに来たり止まったりするので、労働者は一日二四時間工場に出てきて待機しなければならない。三交代で夜昼を問わず工場を守って、電気が入ってくれば直ちに生産を始めた。電気さえ来れば手段と方法を問わずに生産した。工場にとって電気は喉から手の出る泉であり糧食のようなものだ。電力事情がこうだから、原料不足や他の要因によって生産を中断することはほとんどなく、ただひたすら電気が来るのを待ち、一旦電気が入ってくれば最大限の生産態勢に入るのである。（ユ・インチョル　二〇一三・九・二b）

地方工場の稼動実態

工場の稼働率が低下すると、地方産業工場は労働者を遊ばせないように、稼働できない期間は労働者を大規模建設の現場などに動員し、動員に際しては割当てられた以上の人員を送り出そうとする。そして春の田植の時期には全員が農村支援に動員される。工場が生産する時には一日三交代で二四時間稼動し、交代時間は甲番が〇時～八時、乙番が八時～一六時、丙番が一六時～二四時までである。

北朝鮮の労働法は一日八時間労働制と規定しているが、甲番と丙番を除いた乙番の出勤は七時三〇分で退勤時間は六時あるいは定まっていない場合が一般的だ。その場合、普通一二～一三時間勤めるようなことになる。乙班は朝七時三〇分に出勤して八時まで「読報」をして作業は朝八時から始まる。そして午後四時に丙番に引き継いだ後に作業総和と正規学習、さらに新たな課題について総和をするのが一般的な流れである。土曜日と日曜日はもちろん、休息日と定められた水曜日まで生産する場合がたびたびある。

電力を使う製造業では、工場の休息日が電力の配分に応じて道別に規定され、また随時変更される。例えば、私が働いていた平壌市の特殊食料工場では日曜日が休息だが、咸鏡北道では水曜日を休息日に定めていた。

平日には朝七時三〇分まで出勤して読報を行なう。読報は党が最近提示した方針とか全国的に喧伝されている美風に見習って進められる。

新年の正月名節には、党報、郡報、青年報など三つの新聞に共同社説が掲載されるが、この時には群衆大会や決起大会が何日間か相次いで開かれ、職場、作業班別に「主体思想哲学の学習」、「主体思想体制確立の十大原則」などの暗記競演も行なわれる。

また、工場の自主計画により、週に一回ずつ機械や生産工程を把握するための技術学習を行なったりする。時には、朝時間に従業員総出で工場建物周辺の草取りとか庭の清掃など、冬には雪が降れば除雪などの作業を行なったりする。そして朝八時になれば作業に着手する。毎交代順に八時間ずつ稼動することになっているが、実際には平壌市を除いた地方工場の稼動時間は、ほとんどが一日四～五時間程度であった。その原因はすでに一九八〇年代から赤信号が灯っていた電気不足によるものだ。一九八〇年度の北朝鮮は比較的うまく行った時であったにもかかわらず、その当時すでに、生産稼動中に電気が突然中断すると機械が止まり生産を継続できない状況にあった。（ユ・インチョル　二〇一三・九・二b）

製造現場の稼動低下は、直接には電力の供給不足によるものであるが、原材料の供給不規則や製造機械の部品の不足などに加えて、原資材の品質の不揃いも生産ラインの稼動低下につながると言う。例えば咸鏡南道新浦市の缶詰工場に勤務していた話者は、製缶過程に最新の自動化機械を設置していても、東欧から供給される鉄板が厚みや強度の点で品質に微妙なばらつきがあると自動化装置が止まってしまい、その度に鉄板を計測して機械の設定を調整しなければならないという。そうした品質のばらつきは加熱殺菌後の封入溶接作業にも反映して歩留まりの低下を招いた。そのため缶詰を山積みにして一定期間様子を見て、缶詰の山が崩れれば膨張して変形した不良品を取り除くよりほかなかったという（キム・ヨンジュン　二〇一三・五・一六a）。

同様のことは筆者自身も二〇〇四年に平壌の縫製工場で職長から直接耳にしたことがある。国産や東欧などから供給される生地は規格にばらつきがあって、それが縫製作業にも微妙に影響して完成品の歩留まりにも響くのだと言う。その点で日本の生地は完璧で職工たちも仕事がやりやすく効率も上がるのだという。

手記

キム・ジョンファ　二〇一二・七・二a「전력생산이 얼마나 심각한가（電力生産がどれほど深刻なのか）」
キム・ヨンジュン　二〇一三・五・二六a「북한의 통졸임공업을 돌이켜 본다（北韓の缶詰工業をめぐって）」
ク・ヨンガプ　二〇一二・四・三「북한 방직산업:청진섬유공장을 중심으로（北韓紡織産業：清津繊維工場を中心に）」
ハン・ヨンニム　二〇一二・五・一六「요업공장（窯業工場）」
ハン・ヨンニム　二〇一三・一二・一七「지방산업（地方産業）」
ユ・インチョル　二〇一三・五・一二「지방산업공장（地方産業工場）」
ユ・インチョル　二〇一三・九・二a「1경공업（1軽工業）」
ユ・インチョル　二〇一三・九・二b「지방산업공장 가동실태（地方産業工場の稼動実態）」

文献

チョン・ヒョンス（전현수）　一九九九「산업의 국유화와 인민경제의 계획화: 공업을 중심으로（産業の国有化と人民経済の計画化：工業を中心に）」『現代北韓学研究』二巻一号、六三—一一九頁
ヤン・ムンス（양문수）　二〇一〇「북한경제의 시장화: 양태、성격、메카니즘、함의（北韓経済の市場化：様態、性格、メカニズム、含意）」ハヌル

第5章 協同農場

一　農業の協同化

一九四五年一〇月、ソ連の軍政下に北朝鮮臨時人民委員会が発足し、権力基盤の確立、農業生産と食糧、軍事工業の民営化、金融財政の改革、地方行政機構の改編、土地改革、産業の国有化などが課題となった。その中で、一九四六年三月に臨時人民委員会が土地改革に着手し、地主所有の小作地の無償没収と耕作者への無償分配が断行され、各郡・面・里人民委員会は共産党の指導の下、一九四六年六月には現物税として三〇％程度の現物を国家に納付することになった。多くの工業部門を擁してきた都市の労働者や事務職に対する糧穀を確保するには現物税による糧穀では不十分と見て、対価を払って穀物を買い上げる収買事業や無償で土地を得た農民が国家に

「愛国米」を納めることも奨励された。土地改革の後も、一九四九年までは個人農が圧倒的な多数を占めて、旧来の農村社会の伝統が持続していたと考えられる。しかし、一九五〇年に始まる南北間の内戦（六・二五戦争）を経て、一九五三年七月の休戦後は党の政策方針が農村社会にも大きな変革を及ぼした。

朝鮮戦争の停戦直後の一九五三年からキム・イルソンの指示を契機として、所有と経営の協同化の呼びかけが始まり、一九五四年一一月の全員会議で公式に集団化（協同化）の方針が出され、協同組合の組織化が始まった。

その動きは一九五五年から加速され、個人農による共同作業形態から、土地と家畜・農機具の供託による協同化や、旧来の近隣関係や部落を単位とする協同組合の段階を経て、一九五八年には「農業協同組合」が全国に一般化した。次いで協同規模が行政上の里単位への規模拡大と統合が進められて協同農場に編成され、一九六二年には全農村の里協同農場化が完了した。在来の協同の単位であった部落は里協同農場を構成する下位単位の作業班に再編成され、それまでの行政機関であった里人民委員会の実質的な機能も里協同農場の管理委員会に移管された。さらに、里単位の農業協同農場は、郡単位の党の指導の下で郡協同農場経営委員会によって統括され、実質的に郡が農業経営において重要な地位を占めるに至った。つまり、農業経営の集団化が部落単位から里単位に規模拡大化され、中央の農業委員会の管括下に各道に農村経理委員会、各郡に協同農場経営委員会、各里に里協同農場管理委員会が置かれ、協同農場内部においては作業班と最末端の分組に到るまで、国家から各農家に到るまで中央集権的な指導・管理体制が整備された。また、地方の農村社会は生産組織面で国家規模の新体制に再編成されると同時に、社会主義政策の基本となる国家計画に拠る食糧供給体制が整えられた（ホン・ナムシク　二〇一二・二・四、ソン・ギスン　二〇一二・九・二四、チョ・インシル　二〇一三・一〇・二a）。

こうして農業生産の計画化と経営管理の国家統制が図られたが、もう一つ重要な点は、農業技術の面においてもソ連に倣った社会主義的近代農業が政治主導によって推進された点である。それは一九六四年二月二五日の朝鮮労働党中央委員会（第四期八次全員会議）で公表された「社会主義農村問題に関するテーゼ」に示され、農村問題・農業問題の解決の基本原則として掲げられたのが技術革命と文化革命と思想革命である。その中でも、技術革命として「水利化」、「機械化」、「化学化」、「電気化」を重点課題として掲げている。このソ連式ともいうべき社会主義的近代農業は、軍事・重工業優先政策における人口動態と労働力配分とも関連が深い。

戦争による甚大な人命被害によって人口減少と年齢・性別の不均衡、休戦体制における軍事部門への人員の配置、国家の中央集権的体制と重工業優先政策に伴う都市人口の増加と農村人口の減少などが重なった結果、農業分野の労働力不足は今日に至るまで深刻な状況にある。とくに農村部の成人男性の人口不足と男女人口の不均衡は、農業部門における労働のあり方、さらには農業のあり方も大きく規定してきた。労働力不足の緩和と生産増強を計る上で、農業の集団化（協同経営化）とともに採用されたのが機械化・科学化である。トウモロコシの「栄養タンジ方式」に代表されるように、同時に労働力の動員を前提とした労働集約的な糧穀増産の手法でもあった。水田耕作における田植などの農繁期の作業すらも農村だけでは労働力を充足できない情況となり、それに加えて主体農法によるトウモロコシの移植作業も地方社会の労働力にとって大きな負荷となった。以下では農業部門の地域的な実態について、主としてホン・ナムシクとの面談および手記によって具体的な情報が得られた咸鏡北道セピョル郡の概略と協同農場の事例を紹介する。

二　咸鏡北道セピョル郡

1　郡の概況

咸鏡北道セピョル郡は北朝鮮最北部に位置し、豆満江に面して対岸は中国吉林省の琿春市である。北を穏城郡と南を恩徳郡（旧慶興郡）に、南西を会寧市に接しており、一九六〇年度から歴史的な地名である慶源郡がセピョル郡に改名された。郡は一邑（セピョル邑）、三労働者区（下面炭鉱労働者区、古乾原炭鉱労働者区、龍北炭鉱労働者区）および二一個里からなり、人口一〇万人のうち約半数の五万人が三つの労働者区に集中している。

郡内の北部地区はセピョル邑を中心に、下面炭鉱労働者区と一一個里、南部地区は古乾原炭鉱労働者区、龍北炭鉱労働者区と一〇個里からなる。北部地区はかつての慶源邑に当たる城内里が内陸部に位置してトウモロコシの畑作を主とするのを除けば、それ以外の里は豆満江沿岸に広がる「百里ポル」と呼ばれる二〇〇〇町歩近い水田で水稲耕作を主とする。一方、南部地区では労働者区以外の里はトウモロコシを主体とし、いくつかの里では特産品としてタバコ耕作が行なわれるが、稲作は限られている。*

手記33

セピョル邑

セピョル郡の中心であるセピョル邑には政治経済の重要な機関・企業所が集中している。郡内の機関・企業所、郡内権力機関を統轄する郡党委員会（二階建て）を中心に、キム・イルソン革命歴史研究室（邑の中心の小高い所に位置し五階建て）、郡史蹟館（柳多島史蹟地の研修施設）、郡党傘下の諸団体（郡職業連盟、郡農業勤労者同盟、郡女性同盟、郡社会主義青年同盟）、権力機関として郡検察所、国家政治保衛部（三階建て）、郡保安署と邑分駐所、郡行政委員会と邑事務所、国境警備連隊指揮部（セピョル、穏城、恩徳の三郡を管轄）、九軍教導連隊（三郡の統括本部）、豆満江事業所（河川堤防工事など）、学校としてはセピョル中学校、高等農学校（セピョル、穏城、恩徳、羅津の四郡を対象とする）、復興中学校など、少年会館、郡文化会館、郡収買事業所、便宜奉仕事業所、セピョル商店、食糧商店、郵逓局、郡病院、郡旅館、幼稚園、農業関係では郡内の協同農場を運営管理指導する郡協同農場経営委員会、邑の協同農場管理委員会とその傘下施設（一作業班宣伝室、二作業班宣伝室、青年作業班宣伝室、トラクター作業班、畜産作業班、家畜人工授種所、養蚕農場、種子管理場など）、郡糧政事業所と糧庁倉庫、セピョル被服工場（動力と原料難によりほとんど稼働せず）、セピョル靴下工場（同上）、都市建設事業所、農機具工場、タイヤ工場、自動車作業所、農民市場（綜合市場）、農村資材供給所、修理基地（トラックや車輛の修理）などが配置されている（ホン・ナムシク　二〇一二・三・四、二〇一四・二・二五）。

セピョル郡内の里の概況は次のとおりである。地名は人名と同様に通常はハングル表記されるが、歴史的な連続性に鑑みて判明するものについては漢字表記を採用する。（ホン・ナムシク　二〇一二・三・四）

＊　明治三九年の臨時測量部・陸地測量部・参謀本部作成による二万分一地形図（羅津要塞近傍三十六号）によれば、今日の城内里に当たる慶源は城壁に囲まれた邑城の形態を留めており、今日のセピョル邑に当たる地には幾つかの地名は記されているが、民家が散在する景観を見て取ることができる。豆満江の沿岸は湿地帯をなしていて水田は見られず、農業は畑作が主体であったことがわかる。

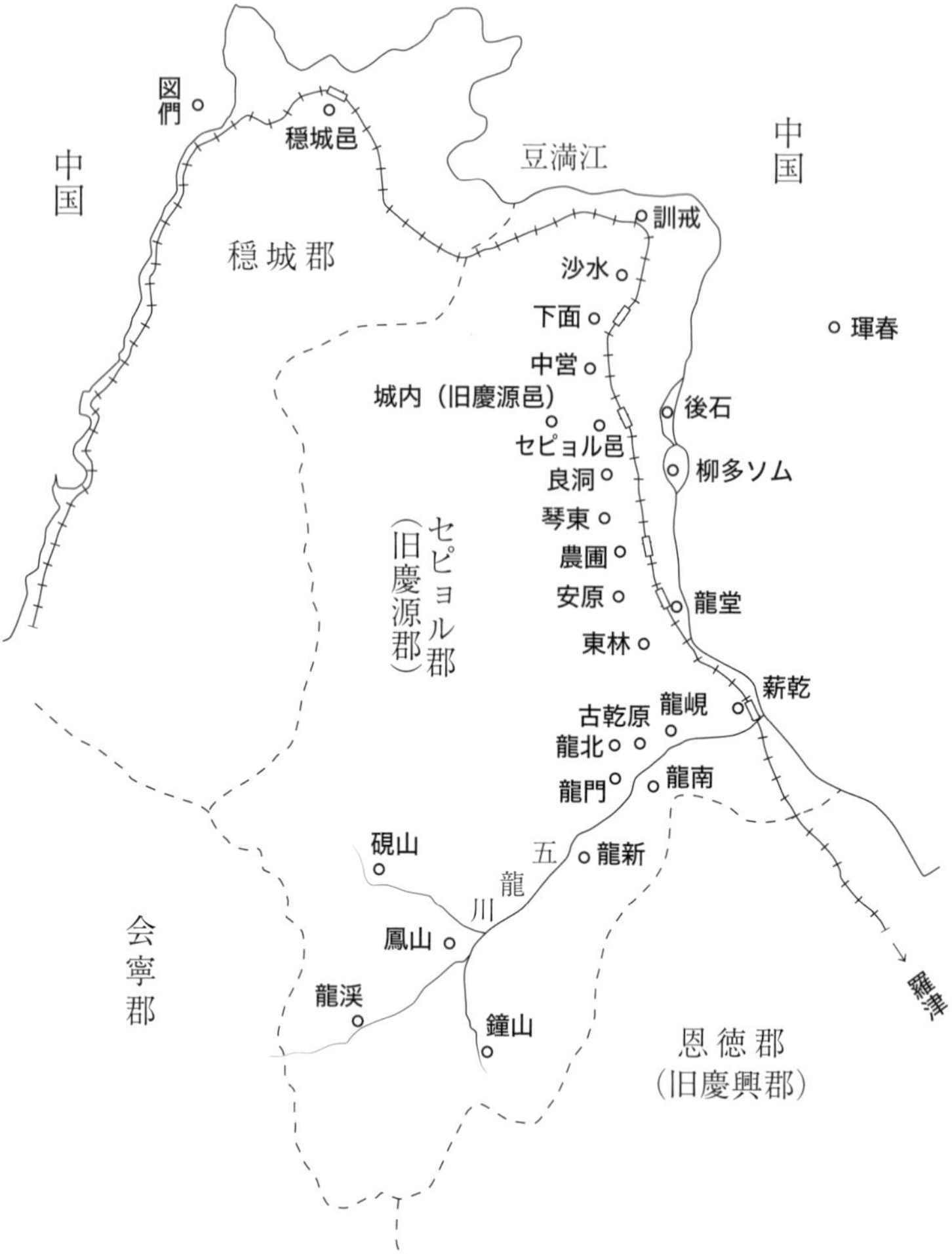

図 5-1　セピョル郡地図
（ホン・ナムシク　2014・1・24を基に作図）

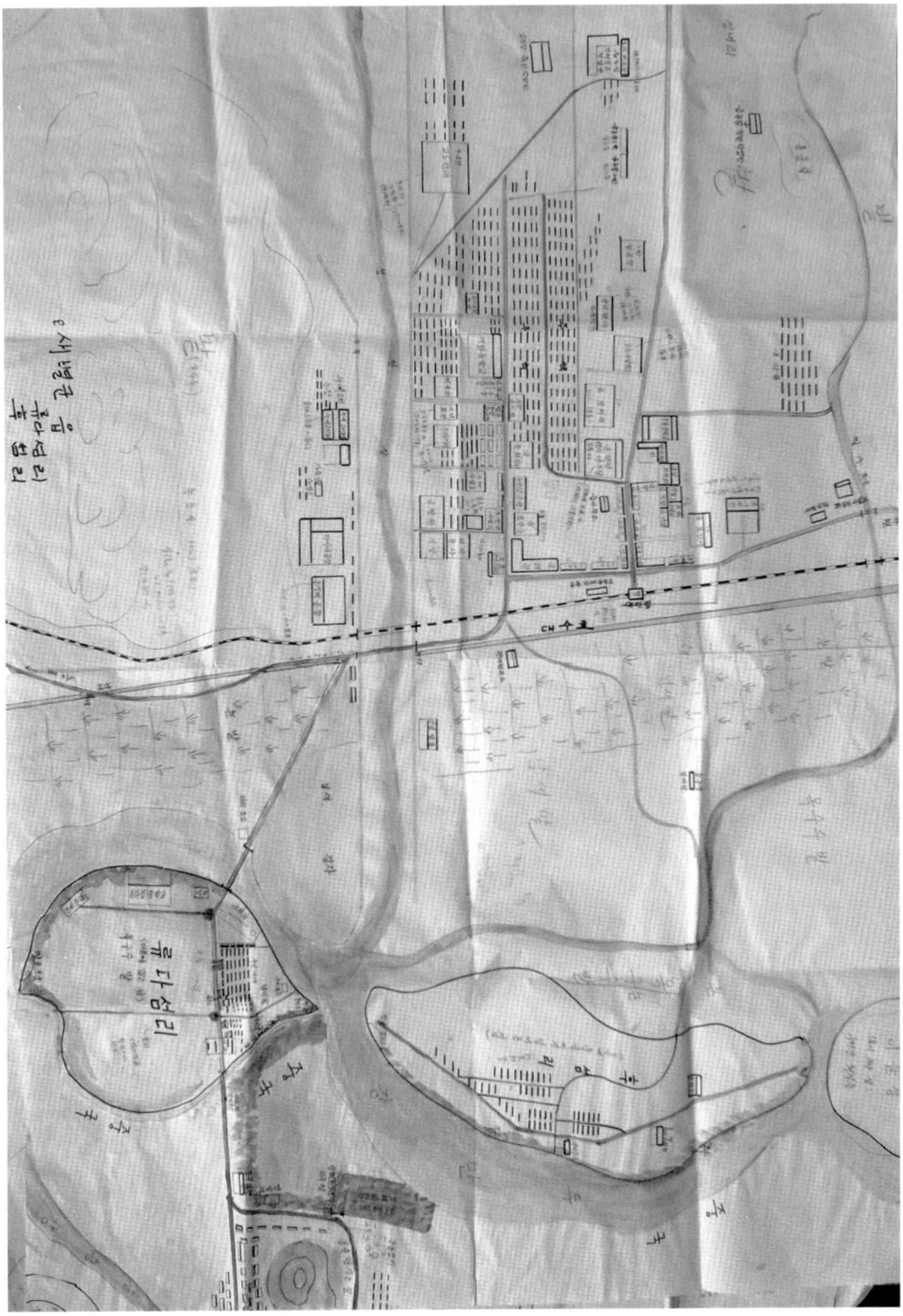

図 5-2　セピョル邑と豆満江の島（後石里と柳多ソム里）
（ホン・ナムシク　2014・2・25）

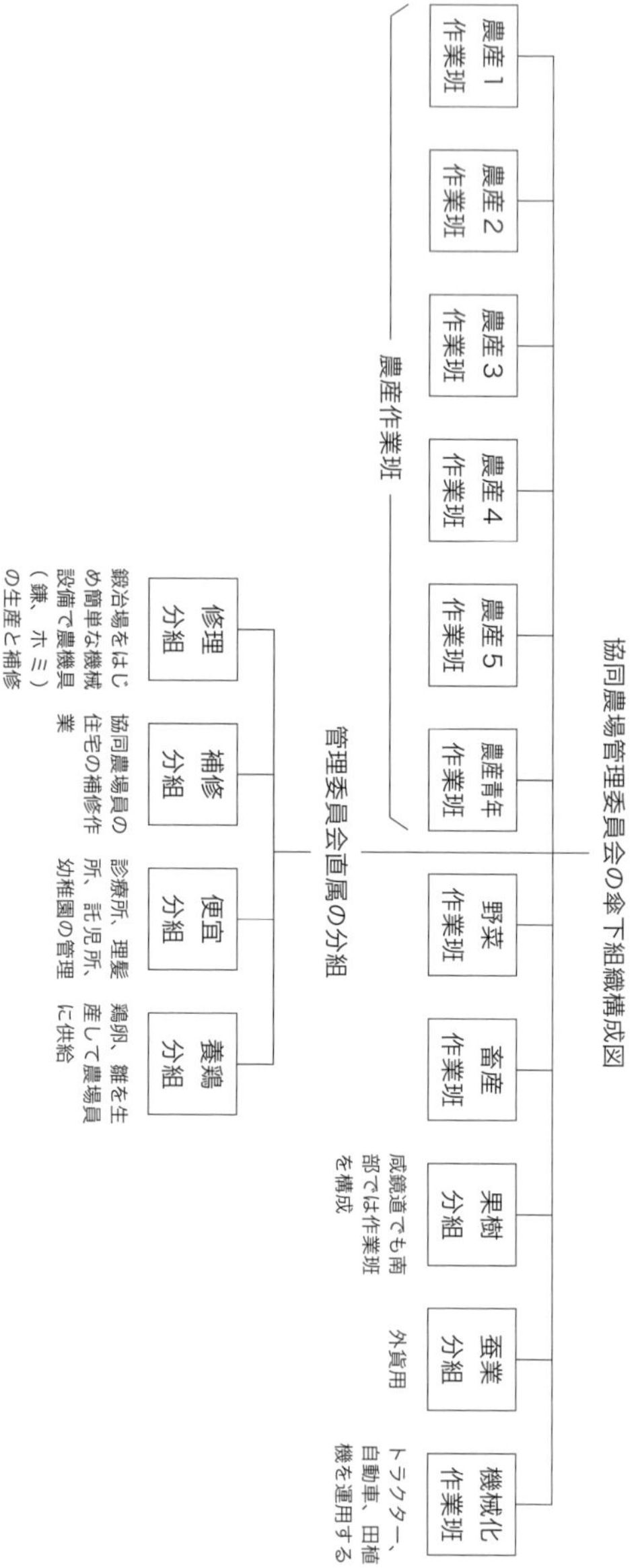

図5-3　農圃里協同農場管理委員会の傘下および直属組織の構成（ホン・ナムシク　2013・10・22を基に作図）

セピョル郡の集落概況

【北部地区】（一邑、一労働者区、一一個里）

・訓戎里：協同農場は稲作のみ。地下探査隊があり郡内の石炭資源の探査を担う。かつては対岸中国との間に鉄道橋（東満州鉄道株式会社　一九三四〜一九三五年に完工）と送電線が存在したが終戦直前に爆破されたまま復旧されていない。
・沙水里：協同農場は稲作が主体、豆満江のイドル島（이돌섬）に垂直坑がある。
・下面炭鉱労働者区：下面炭鉱（三級、低熱炭）、下面選炭工業倉庫を有する。下面労働者区協同農場は水稲主体。
・中営里：協同農場は水稲とトウモロコシを栽培し、谷間にキム・ジョンイルが直接管轄していた特殊糧穀倉庫（糧穀二号倉庫）があり、基本目的の配給用および有時の軍糧米用であったが、今は荒廃している。
・セピョル邑（旧慶源邑）：前述。
・城内里：協同農場はトウモロコシ主体。北朝鮮最大の羊種畜牧場があり、近隣の里に三つの分場を有する。
・柳多ソム里：協同農場はトウモロコシと野菜を主とする。豆満江の島に位置し、中国琿春市側との間に架橋と税関および国境警備隊が設けられており、中朝国境に現存する約一〇カ所の交易の関門の一つとなっている。キム・イルソンが祖国進軍の第一歩を踏んだ地として革命史蹟地とされている。その夜明けの空に明けの明星（セピョル）が輝いていたことから、後に郡名をセピョル郡と改名した。
・後石里（別名サトジャ　사토자）：豆満江の島で中国領から移譲された。協同農場は水稲主体。
・琴東里：協同農場では水稲のほかトウモロコシとタバコ栽培を行なう。
・良洞里：協同農場では水稲のほかトウモロコシとタバコ栽培を行なう。
・農圃里：協同農場は水稲が主。生産規模が大きく、一九八〇年代まで農圃里協同農場管理委員長は最高人民委員会代議員に任命されていた。キム・イルソンが八・一五解放後に農圃乳牛牧場と農圃里を視察した記念として革命戦蹟地に指定された。農圃乳牛牧場は牛乳とバターを生産してきたが飼料難のため停滞している。
・龍堂里：協同農場は水稲が主体。龍堂渡し場革命史蹟地は、一九三〇年代に遊撃隊員の一人が豆満江を渡って派出所を襲撃した故事に由来する。龍堂山に龍堂寺跡あり。

・薪乾里：水稲による協同農場。

【南部地区】（二労働者区、一〇個里）

・安原里：協同農場はトウモロコシとタバコ栽培が主体。セビョル郡セメント工場および消石灰工場があるが電力事情により生産が低下している。

・東林里：協同農場はトウモロコシ畑作が基本で若干の稲作も行なう。古乾原炭鉱独立垂直坑が位置するも電気事情により稼動できない。

・古乾原炭鉱労働者区（古乾原窟洞地区）：古乾原炭鉱は龍北青年炭鉱とともに良質の高熱炭の炭鉱として知られ、清津の金策製鉄所に供給されている。政府の集中的支援を受け、労力不足を解消するため一九六〇年代初には韓国の国軍捕虜約二〇〇〇名を古乾原・龍北両炭鉱に配置した。三つの斜坑（三坑、五坑、六坑）と独立垂直坑を有するが、一九八〇年代から電力不足により生産は停滞している。食料工場、陶磁器工場、鉄製日用品工場、衣類工場、ガラス工場、家具工場、および協同農場が置かれている。

・龍北炭鉱労働者区（龍北窟洞地区）：龍北青年炭鉱、食料工場、薬草農場と鹿農場が置かれ、葉タバコと阿片（政府系の外貨稼ぎ用）が栽培されている。

・龍峴里：協同農場は炭鉱労働者向けの白菜など野菜を主とし、現金収入の多い農場である。豆満江支流の五龍川堤防を管理する治山治水事業所および養鶏場が置かれている。

・龍南里：協同農場。

・龍門里：協同農場はトウモロコシ栽培とタバコ栽培を主とし若干の稲作を行なう。山羊牧場は一九七〇年に労働者・農民を動員して建設されたが、穀類飼料難に加えて山羊盗難事件の頻発により運営できなくなっている。

・龍新里：協同農場はトウモロコシ栽培とタバコ栽培を主とする。養魚場は一九七〇年に郡党責任秘書が首領の現地指導を誘導するため人員を動員して建設したが、荒廃しているという。

・鐘山里：五龍川の左側。協同農場ではトウモロコシとタバコ栽培を行なう。

・鳳山里：五龍川の右側。協同農場ではトウモロコシとタバコ栽培を行なう。穀物生産の高さにより協同農場管理委員長は一九七六年九月に「労力英雄称号」を授与された。

・硯山里：協同農場ではトウモロコシとタバコ栽培。山野を利用してワラビなどの山菜と松茸、モル（山葡萄）、山タレー（サル梨）の採取による現金収入が多い。

・龍渓里：会寧市と隣接し、協同農場では若干の稲作以外はトウモロコシとタバコ栽培が主である。トウモロコシは町歩当たり一〇トン以上の収穫を達成して国家計画遂行に寄与したことから「近衛称号」と「先鋒一級称号」を授与された。（ホン・ナムシク　二〇一二・三・四）

2　郡協同農場経営委員会

セピョル郡の農業

郡内の農業は、郡党委員会の強い指導の下で、セピョル郡協同農場経営委員会が管轄しており、委員長と副委員長が置かれ、七つの課ごとに課長が配置され、簿記課には簿記長と簿記員が置かれている。七つの課とは、農産課（穀物生産）、畜産課、蔬菜課、工芸課（果樹、蚕業、タバコ）、農機械課、農機具課、資材課で、課長のほか責任指導員一名、指導員五～六人（規模が多ければ一〇名あるいは一五名にもなりうる）が置かれ、彼らはいずれも農業大学を卒業して農産技師の資格を有する。

松林式二層農村文化住宅（著者撮影：2004年、黄海北道瑞興郡付近）

農機械課は農機械作業所をもち、農機械作業所は支配人、副支配人、技師で構成され、作業を担当する専属の農業労働者を擁する。農機械として「豊年号ブルトーザ」（軌道式トラクター）三台、一般トラクター、自動車を保有し、農繁期の田畑の起耕、郡の農耕地整理・住宅建設地の整理などの作業に動員される。個別の里協同農場のトラクター（千里馬号）に故障が生じれば補修を行ない、一部の簡単な付属部品を生産する。農機械作業所の支配人は郡の協同農場経営委員会の農機械課の指導・統制を受けるが、党との関係においては郡党委員会の指導を受けて業務と組織生活、つまり党の指導下に政治学習と定期的な総和を義務づけられる。

農機具課は農機具工場を持ち、農機具工場は支配人と該当部署を擁し、協同農場で必要なサプ（シャベル状の掘り具）、ホミ（草取りや移植に用いる手掘り農具）、ナツ（鎌）、採草具などの農機具の製造を行なうほか、ビニール防幕が不足しているため廃棄ビニールを利用して再生ビニール防幕も生産する。農機械作業所と同様に農業労働者を採用しており、郡経営委員会農機具課の指示と指導の下、郡党委員会の指導と統制を受けて事業と組織生活を行なう。

資材課の傘下に農村資材供給所と農村建設隊が組織されている。農村資材供給所（所長と職員から成る）は室内大倉庫と野外倉庫を有し、上部機関から供給された化学肥料（窒素、リン、カリ、微量元素肥料）を経営委員会の指令に従って郡内の里協同農場に供給する。トラクター用のジーゼル油、ビニール防膜、トラクターと自動車の各種付属品を各農場に配定する。農村建設隊は隊長と農業労働者で構成され、郡内の協同農場の住宅（農村文化住宅）を建設する。農村文化住宅とは協同農場の新しい面貌を見せるため、主に鉄道周辺・大道路周辺に観賞用に建てられる住宅で、郡協同農場経営委員会が郡党委員会と協議して建てる。

セピョル郡に二〇の里協同農場と邑協同農場が組織されており、清羅線鉄道沿線と豆満江沿いに「百里ポル」と呼ばれる広大な水田を有する好条件に恵まれ、農業生産が順調な郡として大都市清津市市民の食料源となっている。

北部地区は城内里以外の水稲耕作を主体とするのに対して、南部地区では北部より少し暖かく、風が弱いためトウモロコシ栽培に適し、耕地面積の七〇％はトウモロコシにあてられ、水田は二〇％、タバコ栽培が一〇％を占めている。鳳山里と鐘山里は全国で最高質のタバコ生産地といわれる。また、鳳山里協同農場は、トウモロコシ収穫が町歩当たり一〇トン以上により、「近衛一級」と「赤旗協同農場」の称号を授与され、協同農場の管理委員長は一九七〇年代に「労力英雄称号」を得ると同時に最高人民会議代議員にまで出世した。（ホン・ナムシク　二〇一二・一二・四）

3　里党委員会

郡の協同農場経営委員会が郡党委員会による統制と監督を受けるのと同様に、里協同農場管理委員会は里党委員会による「党的指導」と「党的統制監督」の下に置かれている。

里党委員会

里党委員会は里党秘書（邑では初級党秘書）、副秘書（組織担当副秘書と宣伝担当副秘書の二名）、指導員一名、労働赤衛隊（隊長一名）で構成されている。本来は行政単位の里と党組織の里党と協同農場は次元を異にするものであるが、党の政治的方針によって農村の協同化が里単位で進められるにともない、地域行政の里の実質的機能は里協同農場管理委員会に移ってゆき、また党組織にとっても農業テーゼを踏まえた農場の生産向上と思想統制が課題となり、里協同農場管理委員会が主たる指導管理対象となっている。

里党委員会の常務委員は、里党秘書、協同農場管理委員長、里党副秘書二名、労働赤衛隊長の五名で構成され、随時に営農上の課題を討論するための執行委員会を開催し、あるいは農場内の作業班長たち、作業班党秘書（部落党秘書）たち、党の外郭勤労者団体（農業勤労者同盟、社会主義青年同盟、女性同盟）の責任者たちを加えた拡大執行委員会を開催して「党的指導」を行なう。里党委員会および党のこれら外郭団体と住民統制の権力機関（保衛部、安全部）が全て協同農場と緊密な連携を採っていることが分かる。里党秘書の人事は道党委員会秘書処の批准対象である。

里党秘書（邑では初級党秘書）の統括の下で、各農産作業班（一～五）と野菜作業班はそれぞれ班員内の党員の人数に応じて作業班党（部落党）を組織し、部落党秘書の下に二、三の細胞を組織して細胞秘書と細胞副秘書を選挙する。旧部落を基盤としない人員規模の小さな畜産作業班、機械化作業班、修理・補修・便宜分組、果樹・蚕業の分組については細胞秘書のみが置かれている。また管理委員会の構成員十余名についても細胞秘書が置かれ、労働指導員がこれを兼ねている。部落党秘書も細胞秘書も平素は作業班や分組の一員として農作業に従事するが、里党委員会の指導・指示を受けた思想事業や一〇日毎に開かれる党生活総和では率先して指導的な役割を果たすことが求められる。キム・イルソン革命歴史研究室の管理・運営および警備は全て里党秘書

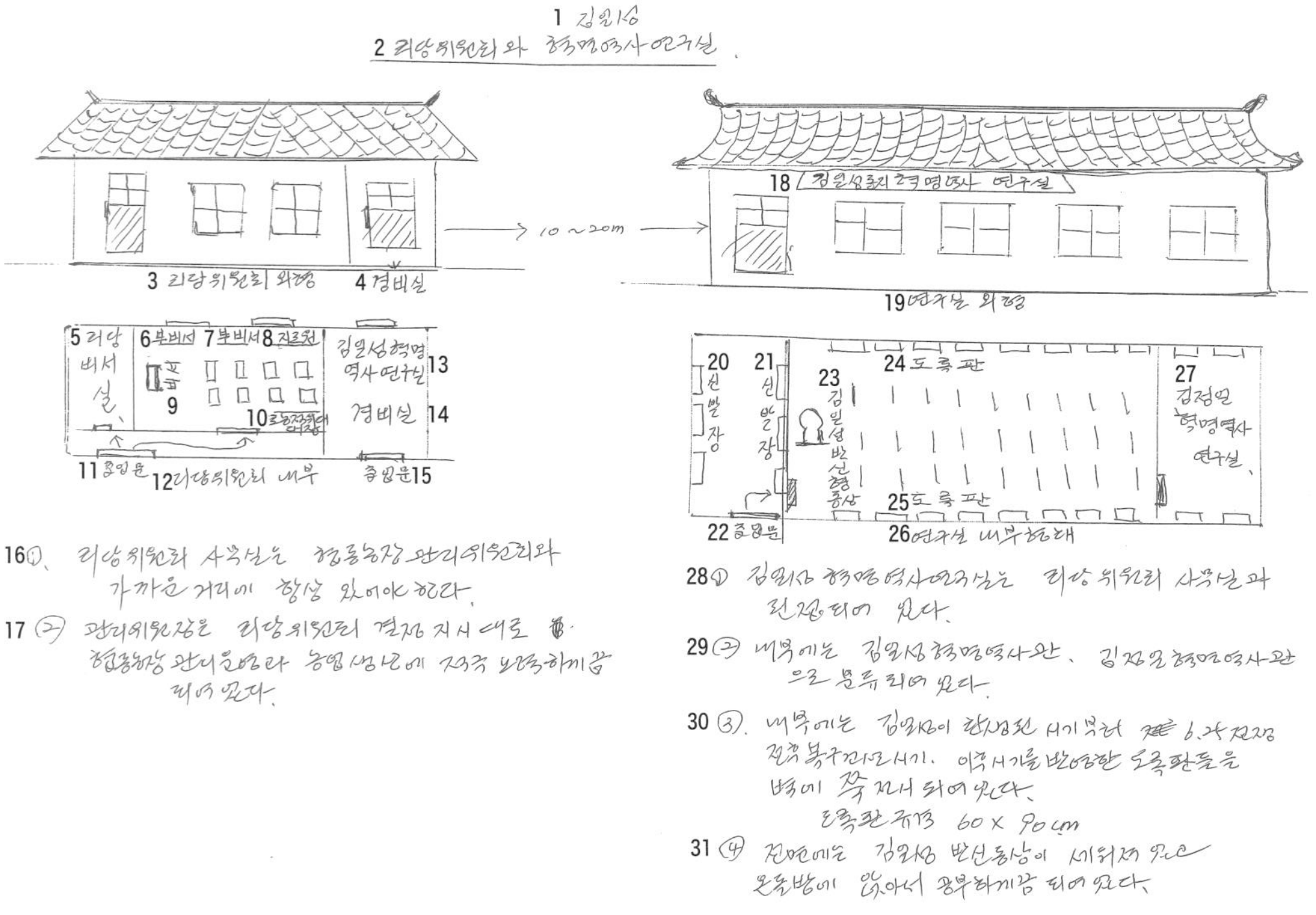

図 5-4　里党委員会とキム・イルソン革命歴史研究室（ホン・ナムシク　2013・10・22）

1・2、里党委員会とキム・イルソン革命歴史研究室　3、里党委員会外観　4、警備室　5、里党秘書室　6、副秘書　7、副秘書　8、指導員　9、秘書　10、労働赤衛隊隊長　11、出入口　12、里党委員会内部　13・14、キム・イルソン革命歴史研究室警備室　15、出入口　16、里党委員会事務室は必ず協同農場管理委員会の近くに置かれる。17、管理委員長は里党委員会の決定と指示に従って協同農場の管理運営と農業生産に積極的に努力する。18、キム・イルソン革命歴史研究室　19、研究室外観　20、靴置き場　21、靴置き場　22、出入口　23、キム・イルソン半身銅像　24、図録板　25、図録板　26、研究室内部形態　27、キム・ジョンイル革命歴史研究室　28、キム・イルソン革命歴史研究室は里党委員会事務室と隣接している。29、内部にはキム・イルソン革命歴史研究室とキム・イルソン革命歴史研究室に分けられている。30、内部にはキム・イルソンの誕生時期から6.25戦争の戦後復旧建設時期、それ以後の時期を反映した図録板（60 × 90 センチ）などを壁に展示している。31、前面にはキム・イルソンの半身銅像が立てられオンドル部屋に座って勉強できるようになっている。

が責任をもつ。

里党委員会の事務所は協同農場管理委員会の建物とキム・イルソン革命歴史研究室の両者の間に位置し、三者は広場を囲んでL字型に配置されており、研究室から広場を挟んで向かい側の隣接敷地は史蹟地となっていて、一九四九年度の記念碑とレリーフおよび一九七〇年に再建されたとキム・イルソン主席の半身像などが保存されている。

里党委員会の建物は平屋で、左側の入り口から入ると里党秘書室の扉があり、右側の大部屋の扉を入ると左手中央に里党秘書の席があり、里党秘書に向かって右側の窓辺に二人の副秘書の席と指導員の席があり、向かって左側の後方には労働赤衛隊長の席が設けられている。部屋の中央には里党秘書に向かった二列に八つの席が設けられて、拡大執行委員会の際には作業班長や部落党秘書や外郭勤労団体の責任者の席となる。建物の右側の扉はキム・イルソン革命歴史研究室の警備室となっていて、隣のキム・イルソン革命歴史研究室とは十数メートルしか離れていない。

キム・イルソン革命歴史研究室は平屋の建物で、出入り口を入ると靴置き場があり、内扉を入るとキム・イルソン主席の半身銅像が置かれており、長方形の部屋の床はオンドル式に座って学習できるようになっている。部屋の両側窓際には、キム・イルソン主席の誕生時期から六・二五戦争（朝鮮戦争）後の復旧時期、それ以後の時期について図録板（六〇×九〇センチ）で展示されている。部屋の奥扉を入ると別室にキム・ジョンイル革命歴史館が設けられており、同様に図録板が掲げられている。（ホン・ナムシク　二〇一三・九・二）

三　農圃里の協同農場

1　里協同農場管理委員会

セピョル郡内の協同農場の一例として農圃（ノンポ 농포）里の協同農場について概要を見よう。

手記37

農圃里協同農場

農圃里協同農場の管理委員会の職員は、委員長一名、副委員長二名（生産担当、業務担当）、技師長一名、技師長の下に責任技師一名と技師（技手）一名が置かれ、指導員として計画指導員一名、労働指導員一名、畜産指導員一名、野菜及び穀芸指導員一名、倉庫長一名が置かれ、また簿記室に簿記長一名と簿記員二名）が置かれている。

農圃里協同農場管理委員会は農圃里集落の中心部に位置する瓦葺二階建て建物の一階部分に置かれている。一階の出入り口を入ると左側に簿記室の扉があり、正面の廊下を進むと、右側には入口から順に保衛部（担当指導員室）、保安部担当指導員室、倉庫長室が並び、左手には簿記室の次に管理委員長室、次いで労働指導員室が並んでいる。廊下の正面の扉を入ると常設の会議場となっていて、正面にはキム・イルソンとキム・ジョンイルの肖像画が掲げられ、その前が管理委員長の席である。正面に向かって右側は手前から順に責任技師、畜産技師、業務担当副委員長、生産担当副委員長の席が、向かって左側は労働指導員、計画指導員、技師長の席で

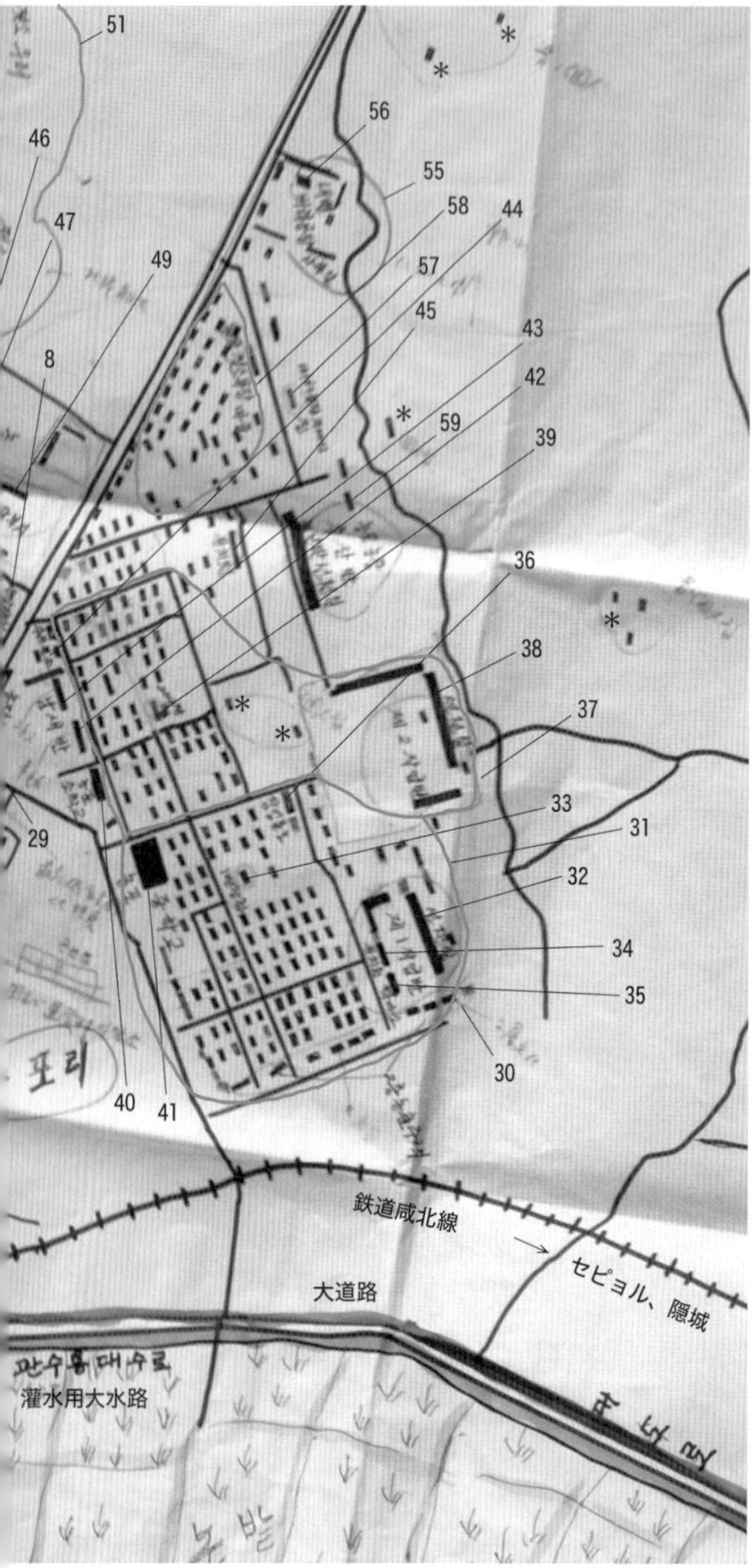

・ナムシク　2014・6・7：衛星写真から筆者が作図しホン・ナムシクの協力を得て作成）

明治39年（1906）9月の臨時測量部・陸地測量部・参謀本部による二万分之一の測図および大正6年の朝鮮総督府陸地測量部による朝鮮交通図慶源一六号においては、豆満江岸の河川敷と砂州にはまだ水田がほとんど見られず、慶源邑以外の集落は規模も小さく住居も分散していたことが分かる。これに対して、1976年の景仁文化社刊行の五万分之一地形図およびホン・ナムシク作成の地図とグーグル衛星写真を見る限り、国道、鉄道とともに灌漑用水路の開通と水田開発、炭鉱の開発、社会主義化・農業の協同化などにともない、集落の規模拡大と集団化による地域社会の再編が進んだことを見て取れる。農圃里を構成する在来のタンゴルマウルなど平地部の村落は、道路に囲われた区画内に団地化されており、その周辺部にかつての個人農時代の住居が個人所有住居として残るにすぎない。

1、農圃駅　2、協同農場管理委員会　3、協同農場管理委員長の家　4、協同農場管理委員会初級党事務室　5、里党秘書の家　6、金日成革命思想研究室　7、協同農場診療所　8、協同農場理髪所　9、協同農場幼稚園　10、協同農場託児所　11、協同農場発芽室　12、革命史蹟碑（1949年、1970年）　13、金日成彫刻像　14、革命史蹟碑　15、協同農場農産５作業班（セマウル５作業班）　16、協同農場農産５作業班宣伝室　17、協同農場農産５作業班長の家　18、協同農場農産３作業班宣伝室　19、協同農場農産３作業班長の家　20、人民理髪所（国家運営の理髪所）　21、国営商店　22、燃油供給所　23、国境警備隊哨所　24、軍部隊マウル　25、協同農場農産４作業班宣伝室　26、協同農場農産４作業班長の家　27、農圃保安署（警察署）　28、大通りに沿って二層建て八世帯アパートが並ぶ　29、協同農場精米所　30、二層農村文化住宅　31、協同農場農産１作業班（タンゴルマウル作業班）　32、協同農場農産１作業班宣伝室　33、協同農場農産１作業班長の家　34、協同農場農産１作業班幼稚園　35、協同農場農産１作業班託児所　36、協同農場農産１作業班蚕業分組　37、協同農場農産２作業班　38、協同農場農産２作業班宣伝室　39、協同農場農産２作業班長の家　40、農圃小学校　41、農圃中学校　42、協同農場野菜作業班事務室　43、協同農場野菜作業班倉庫　44、協同農場修理分組　45、協同農場幼稚園　46、協同農場農機械作業所　47、協同農場農機械作業所支配人の家　48、協同農場農機械作業所事務室　49、協同農場農機械作業所工場敷地　50、協同農場機械化作業班　51、乳牛牧場　52、乳牛檻　53、乳牛牧場支配人の家　54、牧場牛舎　55、セピョル・バター工場　56、セピョル・バター工場事務室　57、バター工場支配人の家　58、農圃乳牛牧場マウル　59、協同農場畜産班宣伝室

＊　個人所有住宅

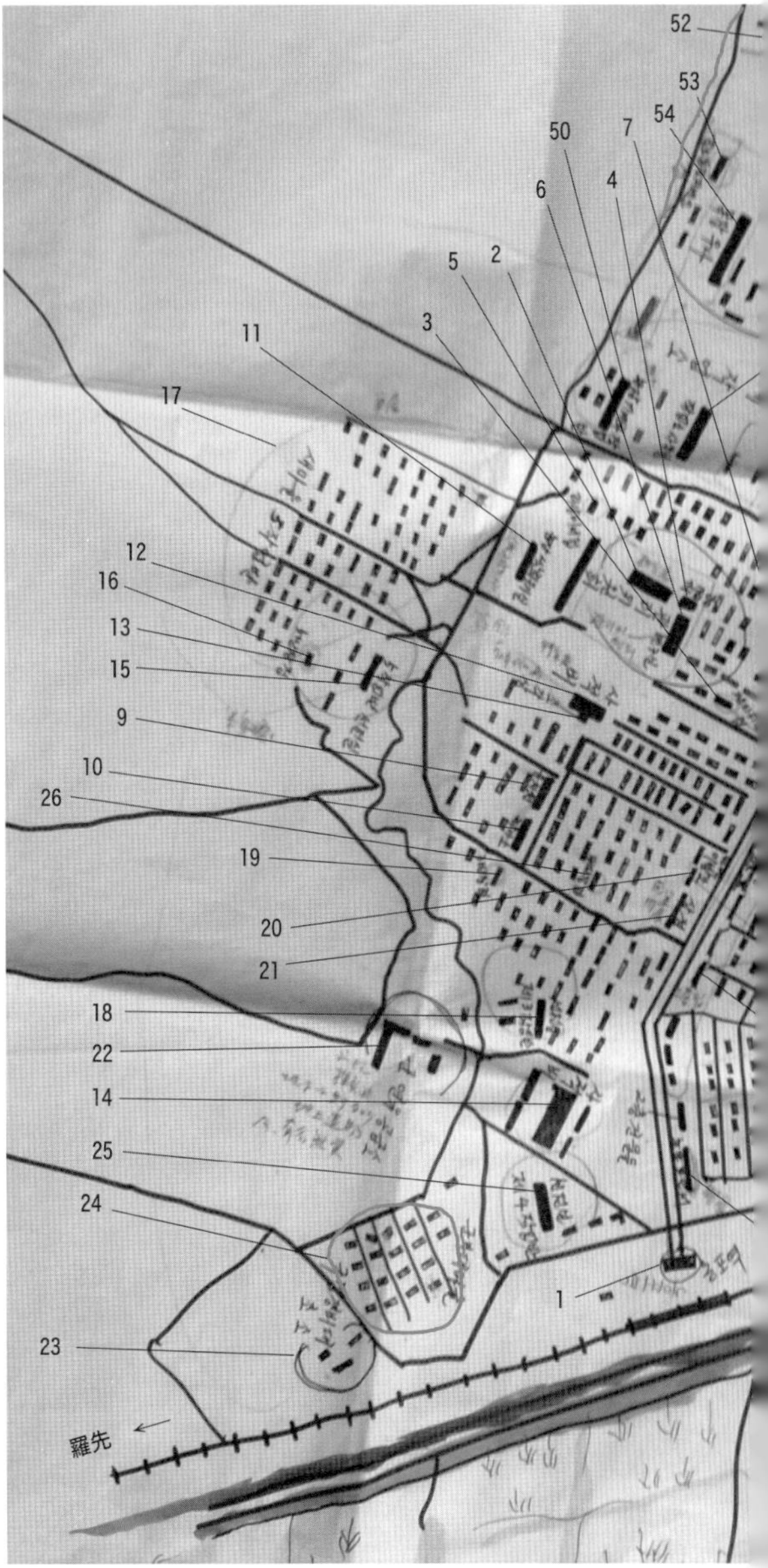

図５５　咸鏡北道セピョル郡農圃里

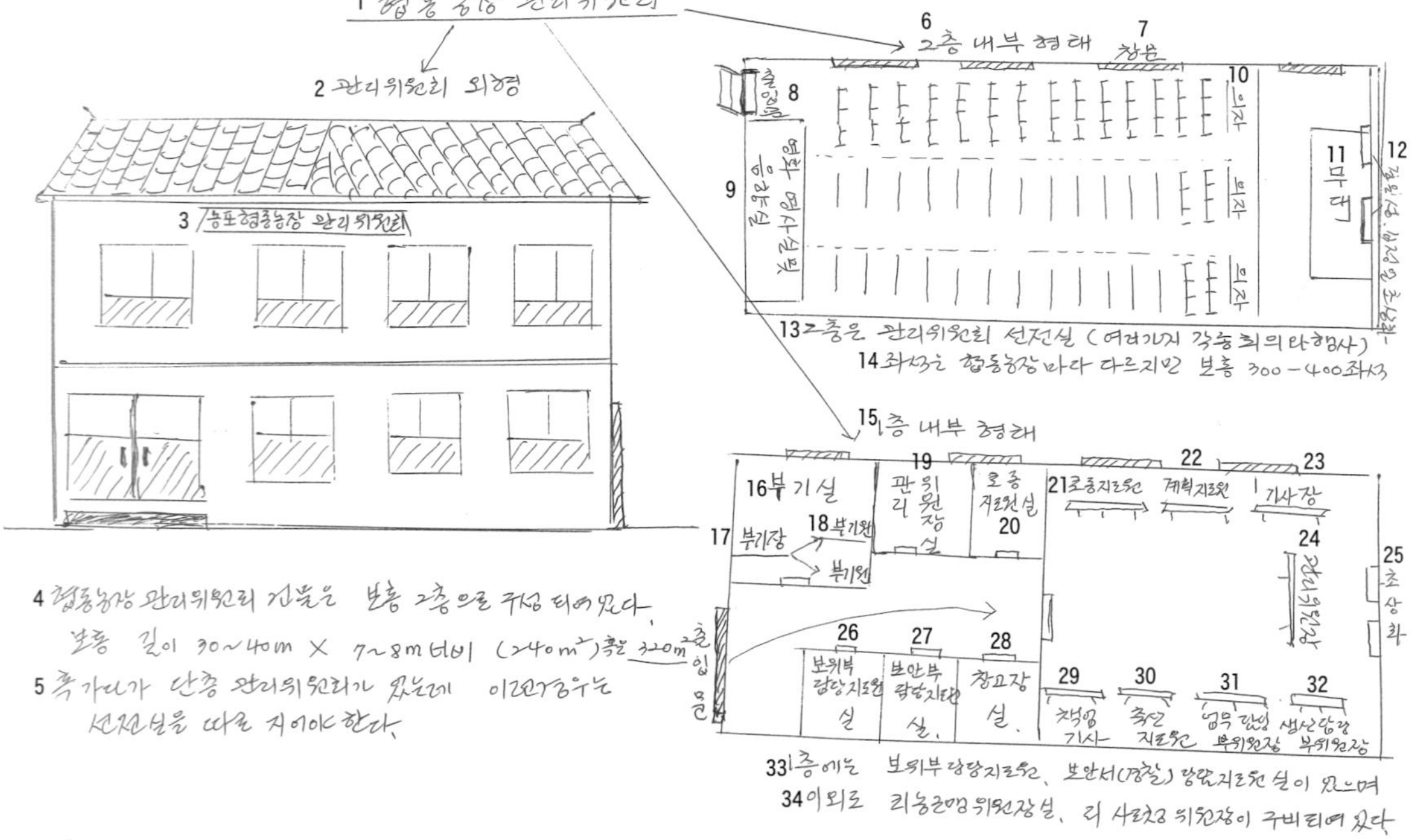

図 5-6　農圃里協同農場管理委員会と宣伝室（ホン・ナムシク　2013・10・22）

1、協同農場管理委員会　2、管理委員会外観　3、農圃協同農場管理委員会　4、協同農場管理委員会の建物は普通２階で構成されている。普通長さ 30 ～ 40 メートル×７～８メートル（240 平方メートル～ 320 平方メートル）。 5、稀に単層の管理委員会があるが、その場合は宣伝室を別個に建てなければならない。6、二階内部の形態　7、窓　8、出入口　9、音響室　10、椅子　11、舞台　12、キム・イルソン、キム・ジョンイル肖像画　13、二階は管理委員会宣伝室（各種会議と行事）　14、座席は協同農場ごとに異なるが普通 300 ～ 400 席。 15、一階内部形態　16、簿記室　17、簿記長　18、簿記員　19、管理委員長室　20、労働指導員室　21、労働指導員　22、計画指導員　23、技師長　24、管理委員長　25、肖像画　26、保衛部担当指導員室　27、保安部担当指導員室　28、倉庫長室　29、責任技師　30、畜産指導員　31、業務担当副委員長　32、生産担当副委員長　33・34、一階には保衛部担当指導員、保安署（警察）担当指導員室があり、これ以外に里農勤盟委員長室、里社労青委員長室が具わっている。

ある。二階部分は管理委員会宣伝室として各種会議と行事に用いられ、外部から階段を上って入ると正面にはキム父子の肖像画が掲げられ、その前に演台が設けられ、座椅子が三〇〇～四〇〇席程度置かれている。映画の映写・音響室が設けられている。

管理員会に駐在する国家保衛部の担当指導員は、住民の中の独裁対象と複雑階層対象を監視し対策を立てる。この農圃協同農場では、昔の地主の子、親日派の子、六・二五戦争加担者とその子、反党反革命宗派の子たち、平壌・清津から追放されて来た者などが監視対象となっている。しかし二〇〇〇名以上の農場員を全て監視できないため、各作業班・分組ごとに農場員の「核心クン」（核心階層）から要員を選抜して、極秘裏に「独裁対象」の行動を監視して一挙一動を探り、随時に農場担当指導員に報告し、指導員は郡保衛部に報告して処理する態勢を採っている。また、保安署の担当指導員は、農場内の経済犯罪、盗難事故など、生活から生じる一切の犯罪を処理する。

協同農場管理委員会に近接して里党委員会とキム・イルソン革命歴史研究室の建物が位置し、里党秘書と管理委員長の住居も近くに配置されている。里党委員会は党による指導と統制・監督を行なう機構で、キム・イルソン革命歴史研究室は里党委員会が直接管理運営する農場員の思想教養事業（政治学習）のための施設である。

里協同農場管理委員会の下に実際の作業に関わる地域的な住民組織として作業班がある。作業班の数は協同農場の規模によって異なるが普通五～七つの作業班で構成されており、その中でも主体となるのは実際の生産活動を直接担う作業班、とりわけ穀物（糧穀）を生産する農産作業班である。次いで副食物生産に当たる作業班として野菜作業班、畜産作業班、工芸作業班が置かれている。また、農業生産を支える作業班として機械化作業班が置かれ、トラクターと自動車、田植機などを管理運営する。「機械化」は「農業テーゼ」で強調された技術革命の中でも特に強調されたもので、トラクターは原則として一〇〇町歩当たりに一台配置される。農圃里協同農場では、農地面積八〇〇町歩に対して通常のトラクター六台と豊年号軌道式トラクター一台を保有し、田植機六台と自動車一台を有する。トラクターは田畑の起耕とムルソレ（マンガ）の牽引、秋には糧穀運搬作業などに用いられる。しかし、付属部品、タイヤ、ジーゼル油の供給が途絶えているため今では稼動できるトラクターは何台もない。これを解決するためには、管理委員長は関連機関に働きかけ、非法的な備蓄糧穀との物々交換によってジーゼル油の入手に努める。機械化作業班の自動車は管理委員長のこうした非公式交渉に欠かせない足となる。

穀物生産を担当する農産作業班は、農産一作業班から農産五作業班までの五つの作業班と農産青年作業班に分けられ、前者の五つの作業班は、かつて協同組合の結成時に当時の村落（部落）の農地などの資産の協同化を経て、里単位の協同農場の下位単位として編成されたものである。外部から新たに転入して来て農産作業班に加入する者はあるが、地元出身の農場員が他部落の農産作業班に移ることは無いと言う。野菜班は部落とは関係なく五〇～六〇名で構成され、白菜、洋白菜、唐辛子、茄子、キュウリなどを作る。畜産作業班は豚肥育分組、牛飼養分組、羊・山羊飼養分組の三つの分組に分かれている。工芸作業班には果樹分組（一〇名）、蚕業分組（一〇名）がある。これらの作業班・分組への所属は、協同組合の組織化過程で個人財産を供出した時の経緯に拠るため、ほぼ固定されており、外の作業班や分組に移動することはない。農産青年作業班はどの農場にも見られるものではなく、この地方では少し規模の大きな農場に見られる。果樹栽培は気候の少し暖かい南部地区では規模が大きくて作業班が組織されるが、農圃では少ないため分組となっている。

また管理委員会直属の分組あるいは作業班として、農機具修理分組、補修作業班、便宜作業班（または分組）、養鶏分組（卵から孵化させてひよこを生産して農場員に供給する）が置かれている。農機具修理分組は鍛冶職人を置いて在来の各種農機具（鎌やホミなど）の製造と修理を担当する。補修作業班（または補修分組）は農場員の住宅を修理補修し、便宜作業班（または分組）は精米所と糧穀保管倉庫、理髪所、診療所、農場幼稚園と託児所など住民生活に関わる施設の管理・運営にあたる作業班である。

協同農場管理委員長の選出は、郡党委員会の推薦を受けて提案され、道党秘書処の批准を経て決定される。管理委員長は里党委員会の指導を受け、里党委員会の決定指示に無条件に従って執行することを義務づけられている。とりわけ農業生産を高めるための党の指導指針であるテーゼを正確に実践することが評価基準とされ、これに反したとされれば厳しく責任を追及される。管理委員長は随時に管理拡大会議を開き、各作業班や便宜施設の事業成果を高めるため課題を提起し解決策を準備するため技師長と苦労を共にする。

また、管理委員長は農場全般に神経を払うばかりでなく、様々な対外事業を自らこなさなければならない。対外事業とは、例えば農作業に必要な資材の購入などの円滑化のため頻繁に外部と交渉して解決する事業である。国家からの供給が滞ってからトラクターのジーゼル燃料とかビニール防幕が不足すれば、農作業に直接影響が出るため、秘密裏に備蓄した糧穀を用いてでも入手を図らなければならない。協同農場の経営にはこうした不正糧穀による不正外交は欠かせないもので、外部機関の幹部たちとの連携を緊密に維持することによる解決の手腕が問われるのである。

技師長は年間の農作業について、「主体農法」の要求に応じながら営農準備から年末決算までの全営農工程を責任技師と一緒に指導し組織する役割を担う。また管理委員会の指導員は、例えば畜産指導員は畜産作業班の現場に出て行き、野菜指導員は野菜作業班の現場に出て行き、実態に即した具体的な指導に専念する。（ホン・ナムシク　二〇一三・一〇・二二）

2　作業班と分組

農圃里協同農場には、穀物生産をする農産作業班は農産青年作業班を含めて六つ組織されている。それぞれの作業班には作業班長一名、技術指導員一名、統計員一名がおり、技術指導員は農業高等技術学校を卒業して技手の資格証を有し、農場員に対して科学技術的な指導と「主体農法」を指導することが求められている。作業班員数や分組の数は部落の規模に応じて差はあるが、他部落の作業班や分組に移動することはない。農圃協同農場の農産一作業班について見てみよう。この作業班の事務棟（宣伝室）は農圃里の中心地区（協同農場管理委員会）から直線で七〇〇メートル程離れ、この作業班はかつてタンゴルマウルと呼ばれた部落を単位としている。農産一作業班に属する農場員は一二〇名で、内訳は男子三七名、女子八三名で、女子が七〇％以上を占める。

手記 38

農圃里協同農場の農産一作業班

農産一作業班は、水田の面積七〇町歩、トウモロコシ畑一五町歩、計八五町歩を擁し、専門別に分組が置かれている。分組は農作業を直接行なう下部末端の生産組織で、その人員数は一五～二〇名である。基本となるのは五つの農産分組で、分組ごとに分組長が置かれる。その外に野菜分組と豚舎分組が各一組置かれているが、協同農場に野菜作業班が設けられているので、個別の野菜分組を持たない作業班もある。豚舎分組の人員は三～四名程度である。農圃は水田に恵まれているため五つの農産分組は水稲分組四つとトウモロコシ分組一つに分けられている。協同組合経営を経て協同農場に組織された際に農地を提供して協同資産を形成するのに一定の基準が設けられた経緯から、水稲分組を構成するには水田一〇～一二町歩を保有することが条件となり、分組員は一〇～一五名程度で一人当たり水田一町歩相当が基準となっている。トウモロコシ分組の面積は作業班ごとに異なるが、普通一五町歩程度を所有する。

豚舎分組は肥育を専門とする分組で、人員三～四名で組織され、豚を育てて子豚を産ませて農場員の世帯に供給する。豚肉は主として人民軍隊支援事業に応じるためのものである。全般的に穀物生産が減少し、穀物飼料が不足しているため牛や豚を飼育するのが困難となっている。

作業班には宣伝室の建物と作業班豚舎が並んで設置され、宣伝室から少し離れた所に脱穀場が設けられ、分組別に仕切られた農機具倉庫が設置されている。

作業班の宣伝室は平屋の細長い一五〇平方メートル程度の建物で、その規模は作業班の規模に応じて多少異なるが、外観と内部の設計は全国同一である。内部は三つに仕切られ、右端の入り口から入ると、土間に豚舎の飼料の調理用に用いられる鉄釜が三つ設置され、常に火を焚いて飼料を準備するとともにオンドル部屋を温めている。扉を通って中央の宣伝室大部屋に入ると、内部の壁に三面にわたって稲とトウモロコシの栽培法、各種肥料と殺草剤の利用方法について図で解説する「主体農法科学技術板」が懸けられている。大部屋はオンドル部屋となっていて作業班員の会議や集会や行事に用いられる。建物の左側の部屋は倉庫に充てられている。

宣伝室のすぐ横に屋根つきの豚舎が縦長に設けられ、一〇数頭分に仕切られてそれぞれ屋外に出て餌を食べられるように囲われている。

農機具倉庫は木造の建物で、五つの分組と作業班共通の六つの部屋に仕切られ、扉も別になっている。分組倉庫の内部は三段に棚が作ってあるため、一般の建物とは異なり軒も屋根もひときわ高い。この建物も全国的に設計は画一化されていてどの農場も同じである。分組ごとに農機具（犂、手掘り鎌、鎌、人力草取り機、畜力草取り機）のほか各種肥料、殺草剤、殺虫剤やビニール防膜も保管されている。

脱穀場の大きさは作業班の生産規模によって異なるが、その形態はやはり全国均一である。周囲の垣は必ず

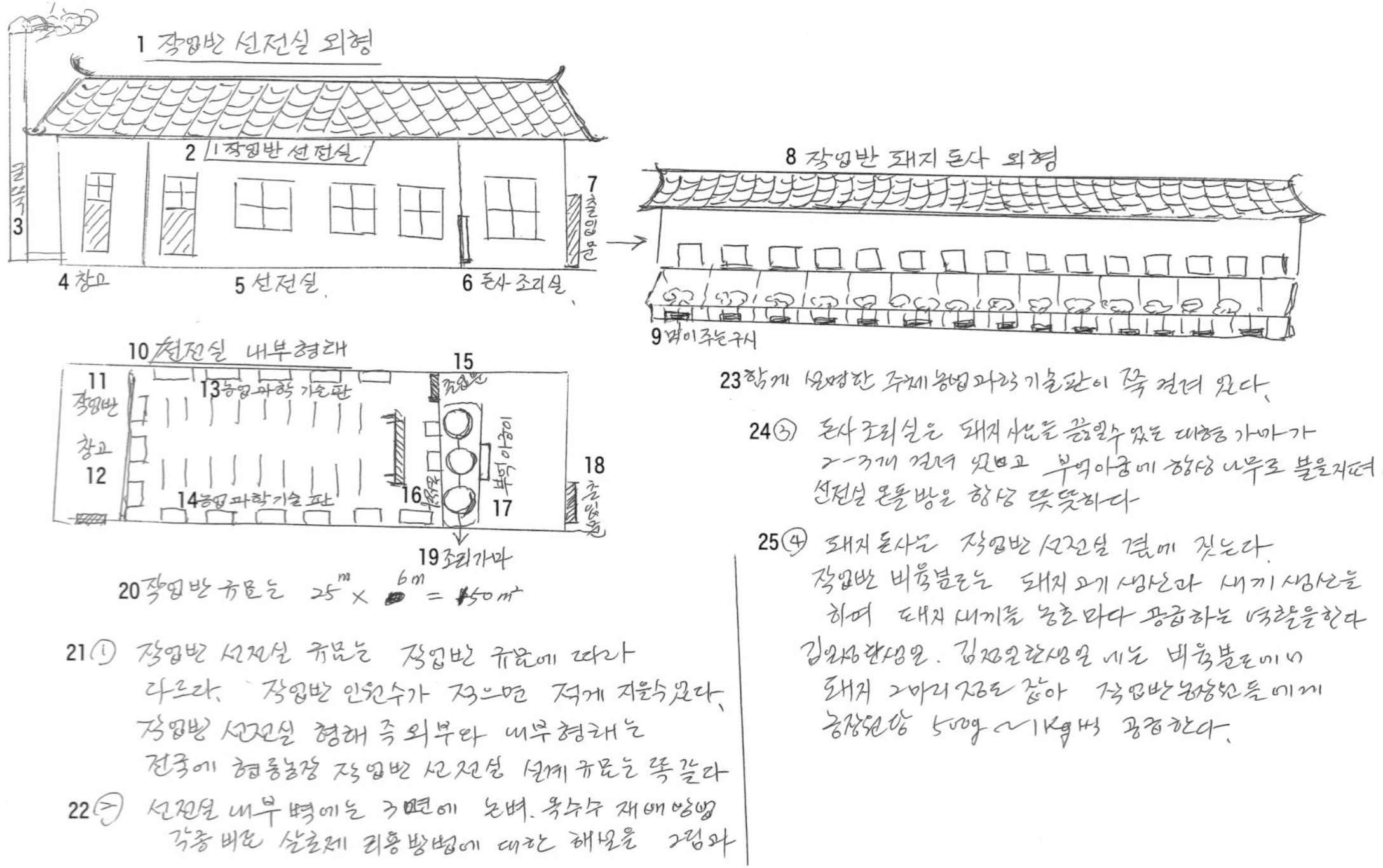

図 5-7　作業班宣伝室と豚舎（ホン・ナムシク　2013・10・22）

1、作業班宣伝室の外観　2、作業室宣伝室　3、煙突　4、倉庫　5、宣伝室　6、豚舎調理室　7、出入口　8、作業室豚舎の外観　9、餌やり場　10、宣伝室内部形態　11・12、作業班倉庫　13、農業化学技術板　14、同　15、出入口　16、肖像画　17、厨房のかまど　18、出入口　19、調理釜　20、宣伝室の規模は 25 × 6 メートル＝ 150 平方メートル。 21、作業班宣伝室の規模は作業班によって異なるが、宣伝室の外部と内部の形態は全国的に同じ。 22・23、宣伝室内部の壁には三面に水稲とトウモロコシの栽培方法、各種肥料、殺草剤の利用方法に対する解説を図とともに説明した主体農業科学技術板が掲げてある。 24、豚舎調理室は豚の飼料を煮ることができる大釜が 2、3 個かけてあり、竈の焚き口は絶えず薪が焚かれていて宣伝室のオンドル部屋はいつも温かい。 25、豚舎は宣伝室の脇に建てられている。作業班の肥育分組は豚肉の生産と子豚生産を行ない、農戸に子豚を供給する役割をする。キム・イルソン誕生日とキム・ジョンイル誕生日には肥育分組から豚二頭程度を潰して、作業班の農場員一人当たり 500 グラム―1 キロずつ供給する。

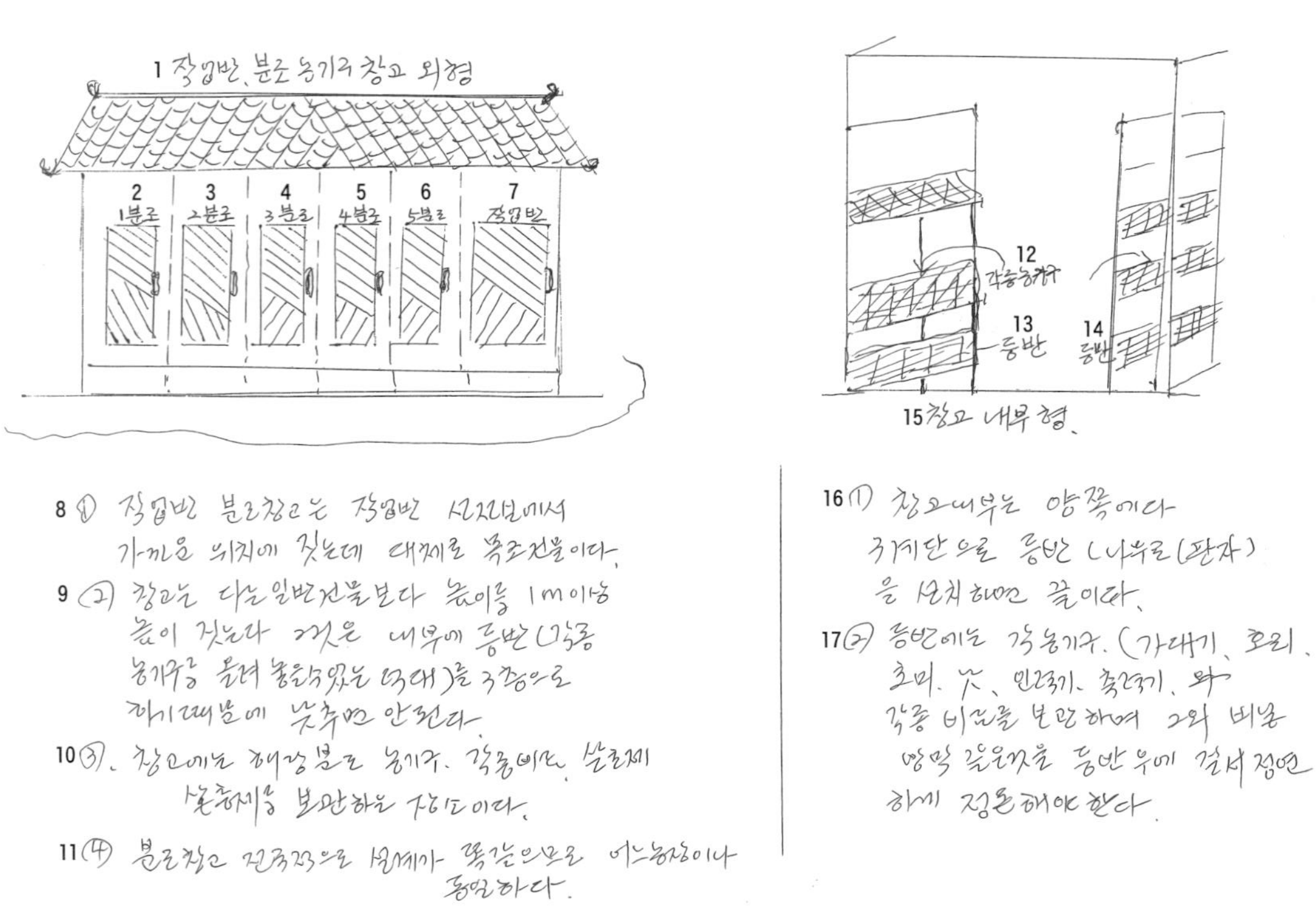

図 5-8　農機具倉庫と内部（ホン・ナムシク　2013・10・22）

1、作業班、分組農機具倉庫の外観　2、1分組　3、2分組　4、3分組　5、4分組　6、5分組　7、作業班　8、作業班分組倉庫は宣伝室の近くに位置し、だいたいは木造である。 9、倉庫は他の一般建物より1メートル以上高く建てられる。内部に各種農機具を載せる棚を三段作るからである。 10、内部には、該当する分組ごとに農機具、各種肥料、殺草剤、殺虫剤を保管する。 11、分組倉庫は全国的に設計が同一である。 12、各種農機具　13、棚　14、棚　15、倉庫内部　16、倉庫内部は両側に三段に棚が板で設置されている。 17、棚には各農機具（犂、ホリ、ホミ、鎌、人力除草機、蓄力除草機）と各種肥料を保管し、その他ビニール防膜のようなものを棚に整然と保管しなければならない。

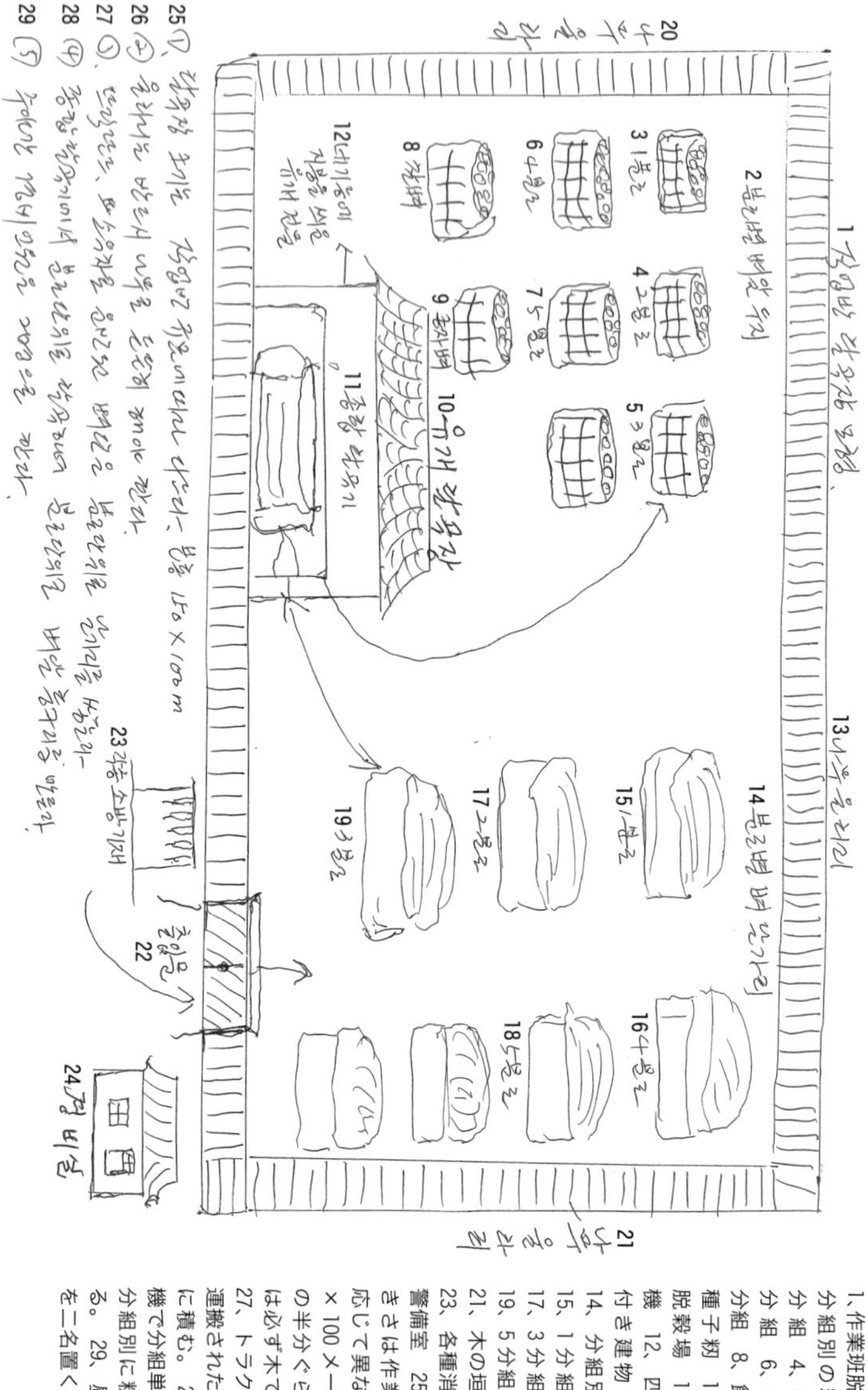

図5-9　農産作業班の脱穀場（1）（ホン・ナムシク　2013・11・22）

1、作業班脱穀場の図 2、分組別の籾入れ 3、1分組 4、2分組 5、3分組 6、4分組 7、5分組 8、餅稲の籾 9、種子籾 10、屋根付き脱穀場 11、総合脱穀機 12、四本柱の屋根付き建物 13、木の垣 14、分組別の稲穂積み 15、1分組 16、2分組 17、3分組 18、4分組 19、5分組 20、木の垣 21、木の垣 22、出入門 23、各種消防器材 24、警備室 25、脱穀場の大きさは作業班の規模に応じて異なる。普通150×100メートル（蹴球場の半分ぐらい） 26、垣は必ず木で頑丈に作る。27、トラクター、牛車で運搬された稲束は分組別に積む。28、総合脱穀機で分組単位で脱穀し、分組別に籾入れに納める。29、昼夜、警備員を二名置く。

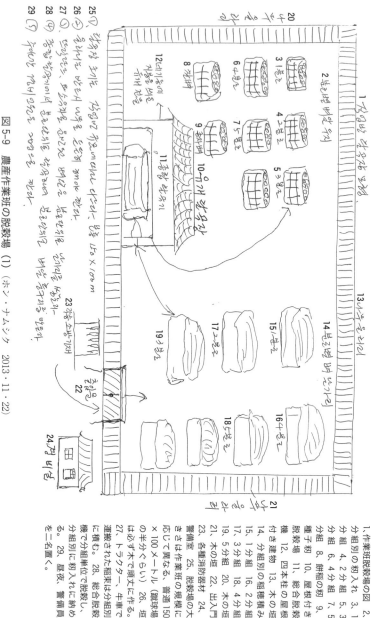

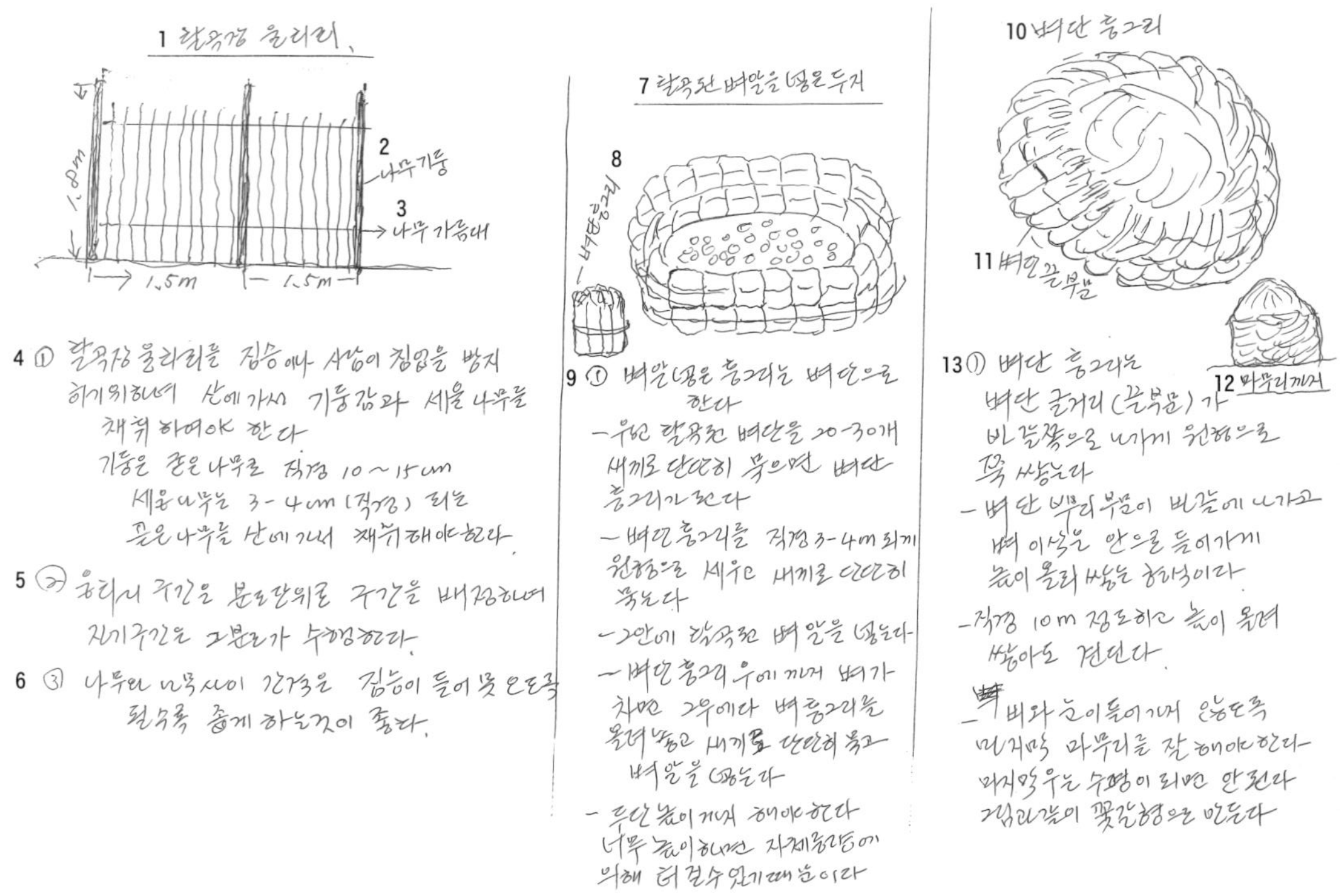

図 5-10　農産作業班の脱穀場（2）（ホン・ナムシク　2013・11・22）

1、脱穀場の垣　2、木の柱　3、木の横棒　4、脱穀場の垣は動物や人の侵入を防ぐため、山に行って柱用と立てる木材を採取する。柱は堅い木で直径 10 ～ 15 センチ。立てる木材は直径 3 ～ 4 センチ。 5、垣の区間は分組別に分担して作る。 6、木と木の間隔は動物が入らないようにできるだけ狭い方が良い。 7、脱穀された籾を入れる囲い。 8、稲束の山　9、まず脱穀された稲束を 20 ～ 30 個縄で堅く縛って稲束の山にする。 これを直径 3 ～ 4 メートルの円形に立てて、縄で堅く縛る。その内側に脱穀された稲籾を入れる。稲束の上まで稲籾を盛ったらその上に稲束で覆って縄で堅く縛る。稲束二段の高さにする。あまり高いと崩れる。 10、稲束の囲い　11、稲束の根基部分　12、完成図　13、稲束の囲いは、稲の根部分が外側に出て穂が内側になるように積み上げる。直径は最大 10 メートル程度で高く積んでも耐えられる。雨や雪が入らないように最後の仕上げをしっかりしなければならない。上が水平ではなく花の蕾のようにする。

山で刈ってきた木で作り、柱には直系一〇～一五センチの木を用い、柱と柱の間は直系三～四センチの細い木を高さ一・八メートルに組んで動物や人が侵入できないように作る。周囲を四角く囲んで入り口には門を設け、門の外には警備室を作って二人が警備に当たる。

脱穀作業は分組別に行ない、トラクターや牛車で稲束を運び込むと、脱穀場内も分組別に仕切られていて、運び込まれた稲を稲積みにする場所も、脱穀した籾の保管も分組別である。脱穀場の一角に四本柱の屋根の下に総合脱穀機が設置されており、脱穀作業も分組別に行なわれる。脱穀場の入口には警備室があり、警備室の周囲には防火用道具が掛けてある。

分組長の選出に当たっては、作業班長が候補者を選定して管理委員会に推薦すると、管理委員会は里党委員会の批准を得て選出する。

分組長は他の農場員と同じように働きながら、朝には分組の作業組織をし、作業が終わると作業総和を行ない、仕事量（労力イル）を現場で計算して各分組員に一日の稼働と労力イルを知らせ、夕方の作業班行政総和でその日の作業実績と労力イル数を作業班長に提出する。これが分組長の日常任務である。作業班長は、毎朝、農場員全員を作業班宣伝室に出勤させ、分組別に出勤を把握する。その後、作業班の細胞秘書が思想教養事業として上級党から降りて来る提綱（政策方針）にそって講演や新聞読報会を三〇分間行なう。翌朝は、作業班技術指導員が作業班宣伝室に備えてある営農科学技術解説板を用いて、生産計画にそって水稲とトウモロコシ栽培に関する主体農法について科学技術指導をする。この時間が終わると、作業班長は分組別に一日の作業方針を示し、前日の営農作業で出された課題と対策を提示する。

作業班長の日課も大変多い。一〇〇町歩を超える田畑を分組ごとに作業現場を見て回らねばならない。その結果を踏まえて、夕方の分組長作業総和で課題をきちんと提示し、対策を立てなければならない。全ての作業が終わると、分組長たちとの作業総和で一日の作業実績報告を受け、作業の課題を指摘して対策を提示した後、提出された農場員の労力イル数を統計員に渡す。

作業班長は総和が終わると管理委員会に行って、管理委員長および技師長に実績報告するとともに、生じた問題に対する対策を提示してから家に帰る。（ホン・ナムシク　二〇一三・九・二、二〇一三・一〇・二二）

3　農産一作業班の構成

報告者が記憶している昔の農村は、一九五〇年代までは個人農主体で、代々農業に従事して伝統的な人間関係と慣習の中で生活し、当時は外部の者が村に入って来て農業をすることもなく、村人は睦まじく暮らしていたという。それが経営の集団化と農業自体の変化にともない農村の情況はすっかり変わってしまった。

報告者が属していた農産一作業班の農場員の構成を具体的に見てみよう。

農産一作業班の構成員

農産一作業班の農場員数一二〇名の内訳は男子三七名、女子八三名で女性が約七〇％を占めている。年齢・世代別に見ると次のとおりである。

若い世代（三〇歳までの社労青員）　三二名　男子一〇名、女子二二名
三〇歳代〜五〇歳代　八二名　男子二一名、女子六一名
六〇歳代　六名　男子六名

農場員として住居の配定を受けている「農戸世帯」は二二世帯で、その内で協同化以前からの原住民は一七世帯で、外部から移住して住居の配定を受けた世帯が五世帯である。一二〇名の農場員のほか児童や学生（人民

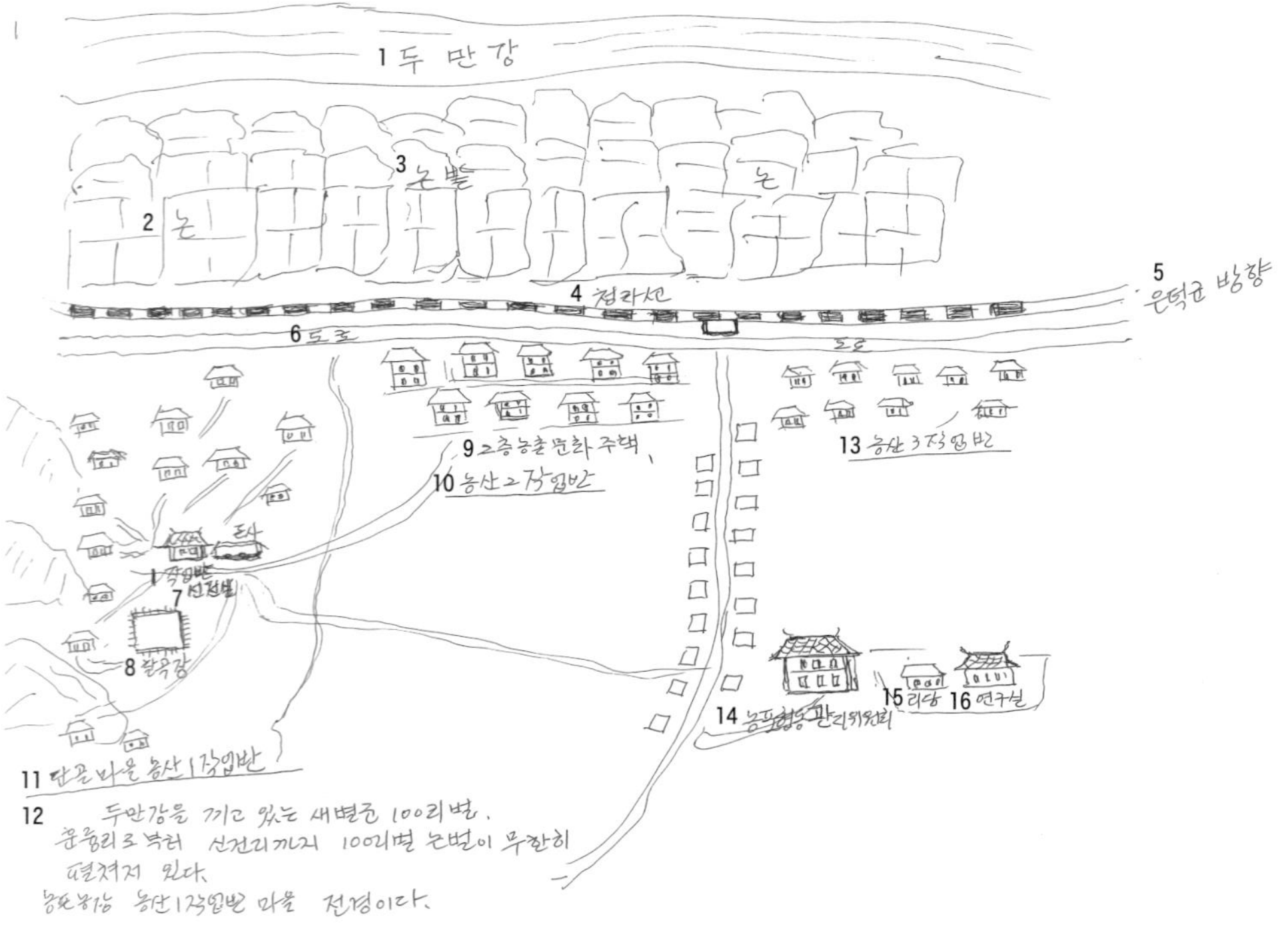

1、豆満江　2、水田　3、田畑　4、清羅線　5、恩徳郡方面　6、道路　7、1作業班宣伝室　8、脱穀場　9、二層農村文化住宅　10、農産2作業班　11、タンゴルマウル農産1作業班　12、豆満江に面したセピョル郡100里ポル（田畑）訓戎里から薪乾里まで100里ポル（水田）が無限に広がっている。農圃里農場の農産1作業班マウルの全景。13、農産3作業班　14、農圃里協同農場管理委員会　15、里党　16、革命歴史研究室

図5-11　農圃里の図（農産一作業班を中心に）（ホン・ナムシク　2013・10・22）

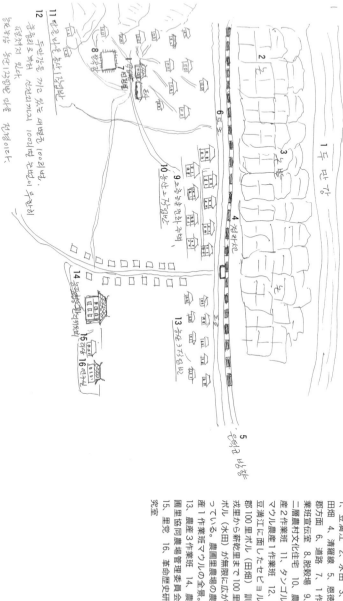

学校～中等高等学校）や老齢者などの農場員以外の住民がどの程度になるか不明であるが、農場員として働く一二〇人が二二世帯に居住していることになる。農村における住宅問題がいかに深刻か分かろう。

一二〇人の農場員の中で二一名は、中学校卒業と同時にいわゆる「集団進出」という名のもと、政府の労働力配置政策によって農場に配属された女性たちである。この作業班ではこれまで二つの学級の女子卒業生を受け入れている。また、三一名は様々な階層の家庭婦人で、協同農場に入って来て働いている女性たちである。これら合計五二名の女性たちが、家族から離れて農場に移住配属されているが住居の配定を受けられず、農戸世帯の部屋を借りて同居生活を送っている。これら五二名を除いた六八名のうち四家族は追放されて来た人々である。主として政治的過誤によって強制的に農場に移住された人々である。三家族は平壌から一家族は清津から追放されており、そうした場合には家族全員が追放の対象となる。未だ住居の配定を受けられないため農戸世帯の小部屋（ウッパン　웃방）を借りて同居を強いられている。住居の配定を申請中なので、いずれ住居を得れば農戸世帯として独立することが考えられる。その家族構成は不明であるが夫婦と未成年を合わせれば四世帯で一〇名以上になると思われ、息子や娘もよほど学力に優れていない限り年齢に達すれば農場員として働くよりほかない。六八名からこれらを除いた五〇数名が農戸世帯二二世帯の可働人員に該当する。男性農場員三七名から、追放されて来た男性農場員数名を差し引いた三〇余名が、この農場における基本的な農戸世帯の男性農場員となる。

なお、大都市から追放される者以外にも外部から農場に移住を強制される場合もありえる。それは「農村縁故者調査」によって、農村出身女性と結婚した男性が妻方の農場に移住させられる場合であるが、この作業班ではまだ前例がないという。（ホン・ナムシク　二〇一三・一〇・二二）

平屋の二世帯農村住宅（著者撮影：2004年、黄海南道殷栗郡）

この作業班の例でまず注目すべきは女性が圧倒的に多い点である。それは農場に外部から転入する女性たちによるもので、政策的な労働力配置の措置ばかりでなく、都市部の様々な階層の家庭婦人が家族から離れて農場に居住して農作業に従事する者が多いことによる。

北朝鮮における農場の一般像は、農業の世襲を強いられ土地に縛られた発展性に欠けた生活像であり、特恵的な措置がとられている平壌などの都市生活とは対照的でさえある。職業の世襲が政策的に強制されているため、将来の進路に夢を抱く若者が挫折感のあまり父親の職業を恨むという。労働と居住の規制を掻い潜って都市に移住を図る人々がいるため、大都市の人口は潜在的に増加傾向にあるが、これをいかに抑制するかがこの社会の政策課題となってきた。女性労働力の農村配置も政治的理由に拠る追放も、こうした人口調節という一面を持っている。一方、食糧配給が途絶えると真っ先に影響を受けたのは都市部の一般労働者や事務職員たちであった。彼らは食糧を求めて農村の遠い親族を頼り、あるいは農村に出かけて物々交換で食糧を得ようとした。中卒女性の農村への「集団進出」や家庭婦人の農村での住み込み労働も、こうした都市部の食糧事情と農村の労働力不足を背景とするものである。

こうした不均衡な性差は、基本的には軍事的な休戦体制や重工業優先にともなう特殊な労働力事情を反映している点で構造的なものである。北朝鮮社会では家族関係ばかりでなく異性関係についても、国家の政治体制に根ざす構造的な不均衡を踏まえて見極めることが求められよう。

また住宅不足の深刻さも明らかである。農場員に配定される住宅も全国的に形式と規模に基準が設けられており、農村の狭い住居の中でもこれだけ多くの同居人を抱える情況は悲惨としか言いようがない。住宅難のため、新婚夫婦であっても他世帯との同居生活や夫婦の別居生活すら余儀なくされるという。

その一方では、住居の規模と形式が社会的地位の指標と看做され、住生活の格差によって党幹部の政治的地位を可視化し、この社会の権威構造を自覚させ忠誠と献身による政治的な上昇欲を促すのだという説明もなされる。

深刻な住宅難が持続しているのは、あらゆる物資が不足する情況下で、何よりも食の解決が優先された結果でもある。農村における住宅難の原因の一つとして木材とセメントなどの建設資材の不足も挙げられる。食料がいよいよ枯渇すると住宅問題どころか家や家族から離れて物乞いする浮浪者生活も余儀なくされる。あるいは仲介者の手引きで国境を越えて中国に活路を見出す若い女性も少なくなかった。家族が離散しながらも何より食べる事を優先し、やがて運良く情況が改善すれば家族が再会するのである。娘が一人ずつ無言で家を出て行くのを見ながらも何もできなかったとか、幼い子供を老いた母親に任せて姿を消す女性や、管理所（収容所）から釈放されて家に戻ってみると夫は死んで三人の子供も行方不明となっていたなどの報告もある。あるいは息子の家族にこれ以上負担をかけられないと判断して自ら家を出て乞食をしながら放浪した例など、脱北者自身の報告は悲惨そのものである。

農場員でありながらも世帯を持たない人々の不安定な地位、職業と居住の選択の自由がない中で不本意ながら農村居住を強いられている人々の存在、様々な策を講じて大都市に移ろうとする人々、一〇年に亘る兵役を済ませて帰郷する男たちを待ち受ける農場生活など、農村の潜在的な労働力不足と不均衡をめぐる状況はどこまでも根が深く厳しい。

4　田植

水稲耕作の成否を左右するのは田植作業であり、とりわけ苗床の準備と管理が重視される。

手記40

苗床の作業

田植の在り方は北部地方と南部地方ではかなり異なる。南部地方では幅二〇センチに二〇センチ間隔で一束植え、一坪（幅二〇センチ×長さ一六メートル）当たり苗八〇束を植えるのに対して、北部地方（咸鏡道）では七センチ間隔に密植して一坪当たり苗二三〇束が必要で、一束を苗七株とすると一六一〇株（七×二三〇）、一町歩（三〇〇〇坪）に四八三万株の苗を要する。これは、南部地方では気温が高くて二〜三倍に分けつするので密植を避けるのに対して、北部地方では気温が低く、生育期間（九〇日）も短く分けつもしないからである。

苗床の段階から協同農場の実際の作業単位である分組ごとに共同で行なう。苗床の方式にも地方差が見られ、南部地方（黄海道）では水田の中に設けるノルレンサンモ（논랭상포 水田冷床苗）方式を採るのに対して、北部地方（咸鏡道）の苗床はパッレンサンモ（밭랭상포 畑冷床苗）形式である。これは、水の流れを利用できる畑を平らに均して設けるもので、鼠などの被害を避けて人家から離れた場所を選ぶ。

苗床（パサン播床）の一つの単位（トク 뙈）は五坪（一〇メートル×一・六五メートル）に作られ、一町歩の

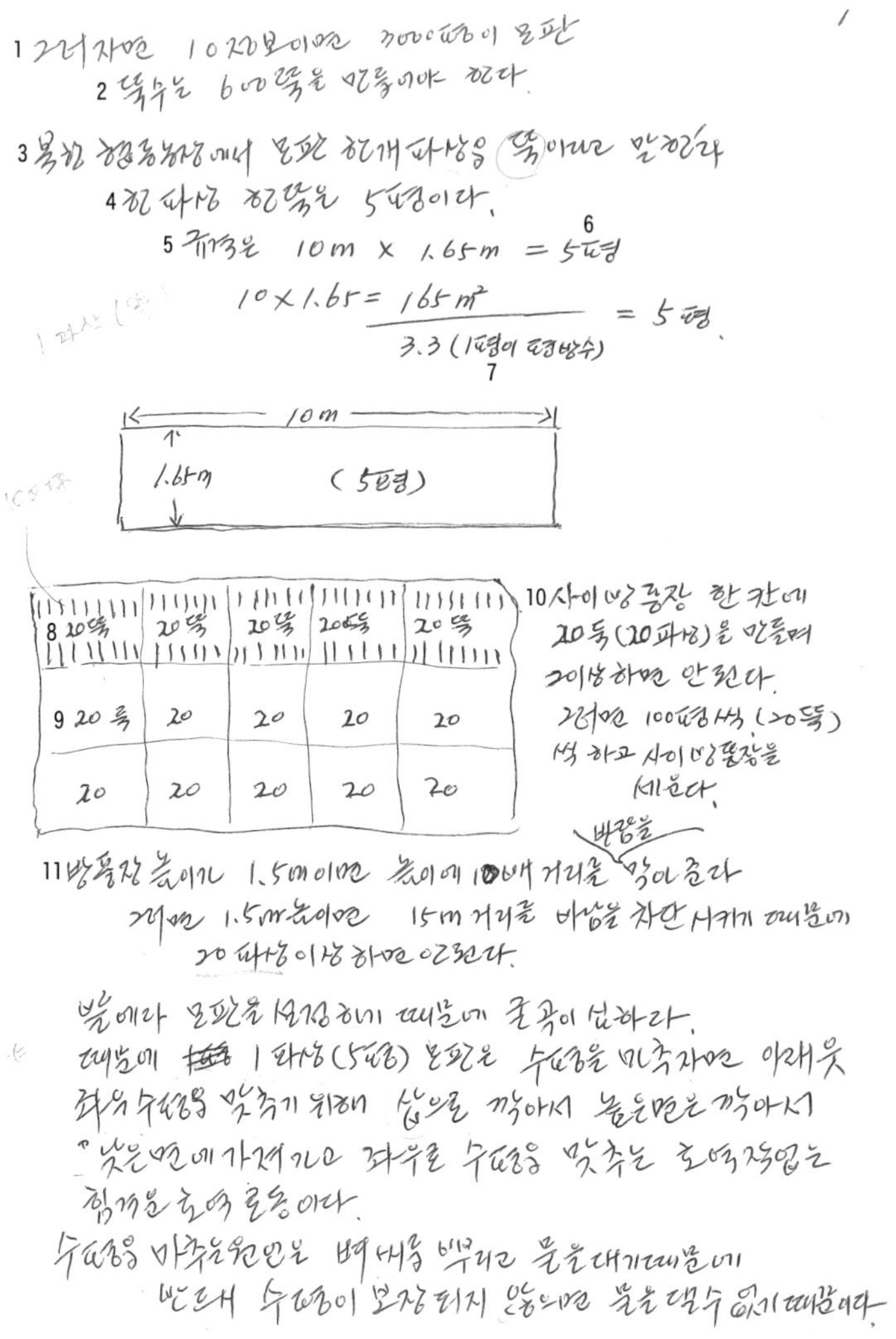

図5-12　苗床（1）（ホン・ナムシク　2013・11・22）

1、10町歩なら3000坪の苗床　2、トク数600を作る。 3、北朝鮮の協同農場では苗床（パサン）一つをトクという。 4、1パサン（1トク）は5坪　5—7、規格は10メートル×1.65メートル＝165平方メートル＝5坪　8、20トク　9、20トク　10、防風障一つに20トク（パサン）、20パサン以上はできない。100坪（20パサン）ずつとし、間に防風障を立てる。 11、防風障の高さは1.5メートルで、高さの10倍の範囲の風を遮る。したがって1.5メートルの高さなら15メートルの範囲の風を遮断し、20パサン以上はできない。

水田の田植には六〇トクが必要である。分組が担当する水田の規模は一〇町歩程度であるから、六〇〇トクの苗床が必要となる。

田植を六月上旬に予定して五五日間の育苗期間を逆算すると、三月中旬には苗床が準備できていなければならず、四月一〇日までに種をまかなければならない。苗床の準備は、まず苗床の防風柵に不可欠な木や茅や蓬を山に行って刈って牛車で運んでくることから始まる。防風柵の柱となる木（一・八メートル×直径一五センチ）が三〇〇本以上、苗床を仕切る横木（四メートル以上×直系三～五センチ）、ビニール防膜トンネルの弓状の骨組みに用いるしなやかな木（フリムチェ：プムプレ木、杉など一メートル以上で親指の太さの木を用い、一トクに一二本ずつ六〇〇トクに七二〇〇本が必要）、ビニール防膜を固定する杭（木コジェンギ：長さ三〇センチ、一トク一五個ずつ六〇〇トクに九〇〇〇本必要）などである。また、これらを縛り付けたりビニール膜を抑えたりするために大量の縄も不可欠で、手で綯って長さ一・五メートルの縄五〇本を一束とし、全体で七〇〇束が必要である。

まず苗床を平らに均すのが基礎的な作業で、一〇〇坪に五坪相当の長方形のトクが二〇個並ぶように配置し、全体を囲むように一・五～二メートル間隔で柱を立て、地上部分一・五メートルの高さに区画の横棒を縛りつける。山で採ってきた茅を地面に挿して立て蓬を混ぜ合わせて柱と横棒に縛りつけて高さ一・五メートルの防風柵とする。風が強いため、防風柵の高さの一〇倍程度の広さまで有効であって一区画二〇トクが限界である。こうした区画が三〇並ぶ。

ビニール防膜は幅二メートルで一巻き二〇〇メートルが国際的な基準である。国内では充分に生産できないため輸入に頼るが、ビニール防膜の不足は収穫に直結する。ビニール防膜一巻から長さ一二メートルずつ切って一七枚取れるが、六〇〇トクには三一巻が必要である。ビニール防膜は三年間使うことになっているが、風

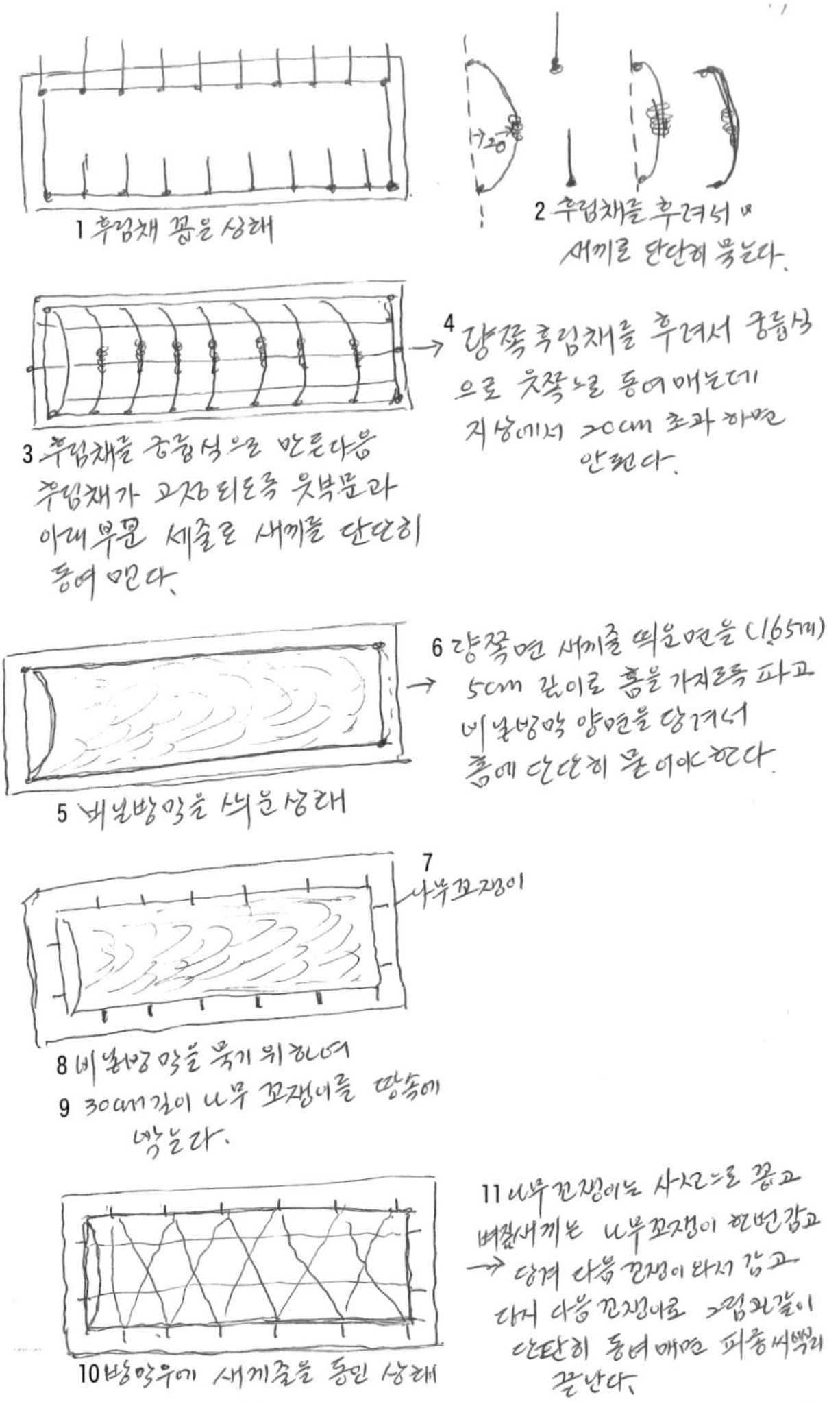

図5-13　苗床（2）（ホン・ナムシク　2013・11・22）

1、フリムチェを立てる。 2、フリムチェを曲げて縛る。 3、フリムチェを弓状にして固定するため上部分と下部分を縄で堅く縛る。 4、両端フリムチェの上部を地上 20cm 以上の高さにする。 5、ビニール防膜を被せた状態　6、両側面を縄で囲んで 5 センチの深さの溝を掘り、ビニール防膜の両側を溝にしっかり埋め込む。 7、木の杭　8・9、ビニール防膜を埋めるため長さ 30 センチの杭を両側に挿す。 10、ビニール防膜の上に縄を張った状態。 11、木杭には縄を斜めに渡して順に縛り付ける。

が強いため痛み易い。冬の間に女性や老人が家で糸と針で継ぎはぎして修理作業して補充する。

苗床を念入りに水平に均してから、その周囲を二〇センチの高さに土を積み上げて水を入れ、四隅に杭を打って周囲（一・六五メートル×一〇メートル）に縄をめぐらす。化学肥料（硫安二〇〇グラム×五坪＝一キログラム、燐肥料三〇〇グラム×五坪＝一・五キログラム、カリ肥料五〇グラム×五坪＝二五〇グラム）を混ぜて撒く。全体に水がよく浸み込んでから種籾を五坪に七五〇グラム蒔く。種蒔きの器具（落種機）もあるが手で蒔く。種籾は農場管理委員会の発芽室で何度も繰り返し消毒を行ない、芽が一～二ミリになってから供給される。種籾を蒔いた後で上を鎮圧ローターで抑えて籾を土の中にしっかり押しこむ。鎮圧ローターは直径五センチ幅三五センチの木製円筒形のもので、手で曳く柄が付いている。

パサンの両側に挿し込んであるしなやかな木（フリムチェ）を弓状にしならせて中央で高さ七〇センチに縛って固定し、その上をビニール防膜で覆ってトンネル状にする。その上を縄で交差状に渡して地面に杭で固定する。パサンの間隔は五〇～七〇センチ程度に、横に一〇パサン約二〇メートル、縦に二列二〇メートルとし、全体の周囲を防風張で囲む。

年間の作業の中でも丈夫な苗を育てることが最も重要で、苗床の管理には分組員の中でも最も誠実で責任感のある者を配置するが、一つの分組で管理できる規模は一〇町歩分（六〇〇トク×五坪＝三〇〇〇坪）が限界である。この分組は一〇名の労力で苗床の管理に当たり、労力級数は五級、一・四〇労力イルである。

この地方は四～五月でも気温が低く風も強いため、防風柵とビニール防膜の点検と温度管理を怠ると、苗の生育が遅れ病気にもかかりやすく、苗不足が収穫削減に直結する。不注意による生育不調に対しては労力イルを削減したり法的な制裁も科せられたりするという。

管理の要点として次のような点が挙げられる。

・苗が二・五センチになるまで防膜内の温度を二〇度以上に保つため、温度計とビニール防膜と糸と針を常に持参して、破損した防膜をこまめに修理する。
・苗床の水分を八〇％以上に保ち、適宜水を補う。
・外の気温が高い時は、防膜内の換気をよくする。
・三月中～下旬は大変寒いので、防膜内の温度を保つため、筵などで上を覆う。

田植は北部地方では六月上旬、南部地方では五月中旬から始めて短期間に終えなければならない。北部では生育期間が三カ月しかないため田植を一日でも早く終えようとする。田植作業には外部からの労働力の動員が不可欠で、「田植戦闘」という名のとおり小学生から大学生まで、一部の重要な企業所を除いてあらゆる工場が休業して労働者を田植に動員する。職場に出ない家庭婦人にも人民班を通じて動員令が下る。さらに近隣の軍部隊まで田植戦闘に参加する。それでも間に合わなければ、保安員が道行く人を取り締まって、一日分課題として苗採り作業などに動員することもあった。全て、稲の生育期間を確保できなければ収穫が著しく落ちてしまうからである。

北部地方では棚田が多いため畦作りにも手がかかり、五月二〇日までに畦を作り、トラクターでマンガ作業をしてからさらに手マンガで水平に均しておく。

苗床から苗を採る作業も多くの人手がかかる。苗床に水を入れてから苗の根を切らないように注意深く苗を採り、土を綺麗に洗い落として直径七～八センチの束に藁で縛っておく。苗を牛車かトラクターで水田に運んで学生たちが田植しやすいように投げ入れておく。

南地方では長方形の田植が基本であるが、北方では気温が低くて株の分けつがないため二〇センチの幅に狭く田植をする。二〇センチの幅は人力除草機が入る幅である。

田植が終わると動員された労力は全て撤収し、その時から農場員は早くも草取りに総動員される。

草取りも農場員にとって戦闘である。気温と水温が上がると、雑草（トルピ 돌피）の生育は早く、草取りを怠ると田んぼの色が黒ずんで見えるほどとなる。トルピを根絶するには殺草剤を二〜三年続けて投入しなければならず、種や根が残っていればすぐ復活してはびこる。人手が足りない状況では殺草剤は不可欠である。食料難に追われると分組でも女性たちは自分の食糧を手に入れることを優先して、市場での商いに出てしまい、分組でいくら指示しても農場に出勤しない。そのため草取りが間に合わなくなる。かつてトルピは動物の飼料に用いられたが、こうした状況では、農民がトルピの穂を刈って脱穀して食べるほどである。当事者の経験から見て、殺虫剤を減らすことはできても殺草剤は不可欠であるという。（ホン・ナムシク 二〇一三・一一・一二）

5　トウモロコシの移植

北朝鮮では耕地面積約一二三万町歩のうち七〇％を畑作が占めており、とりわけ北部地方や山間地方でトウモロコシは最も重要な作物である。キム・イルソン主席が一九五六年に平安南道の党委員長宛ての書簡で「トウモロコシは畑穀物の王」と呼んで栽培を奨励したように、トウモロコシの収穫を高めることが慢性的な食糧難を解決する上で最大の課題とされてきた。この問題解決の決め手として提示されたのがトウモロコシ苗の「栄養タンジ」という手法で、「主体農法」の代表的な例として国内外に喧伝されてきた。北朝鮮でも北部の咸鏡道地方は日照時間や生育期間の点で不利な条件にあるが、特に初期生育期の栄養条件を重点的に改善することで生育を促すため導入された。しかしこの手法はいくつかの重要な条件を満たして可能となる。

栄養タンジと移植

トウモロコシ栄養タンジは、良質の堆肥と徹底した管理によって丈夫な苗を確保するため、タンジという円筒状の培養器によってトウモロコシの発芽から苗の生育を保障するもので、党の圧倒的な指導性のもとで協同農場ぐるみで計画的に大量かつ画一的に良質な苗を確保する。

その実際を見てみよう。まず、一町歩の畑に対して五坪（一・六五メートル×一〇メートル）の苗床（トク）を二〇トク用意する。北朝鮮では冬や春は農地がまだ凍っているため、地面が凍る前の秋に苗床を作っておくのが基本である。まず、トラクターで畑を水平に均す。その後を農場員たちが手にシャベルを持って苗床（一・六メートル×一〇メートル）を一つずつ作る。現状ではトラクター用のジーゼル油供給が不充分なため、多くの作業は人力に頼らなければならない。

一月から始めて寒い気候の最中、栄養タンジ作りを野外で行なう。黄海道のごく一部の地域ではトウモロコシの直播きが行なわれているが、それ以外の地では全て栄養タンジ方式が採られている。この主体農法から逸脱すれば首領に対する反逆者と看做されると見てよい。

まず良質な腐食土（自給肥料）を一町歩当たり二〇トン確保しなければならない。このためあらゆる栄養分を総利用して腐食土の生産に集中する。このほか、政府では機関企業所と家庭ごとに糞土（人糞と土を混ぜて作ったもの）の自給肥料をいくらずつ生産するように計画を課して、指定された協同農場に支援させる態勢をとらせている。

栄養タンジを作る道具は、トタン製の円筒型の器を培養土に突き刺してから中身を上から足で押し出す形式のもので、一度に二つ押し出すものと四つ押し出すものが有る。円筒部分は直径六センチ、高さは一〇センチで、柄の部分が七〇センチである。これは郡の協同農場経営委員会の傘下にある農機具工場で作られ、各協同農場に供給される。破損すれば協同農場の管理委員会傘下にある修理分組で修理してくれる。

栄養タンジに用いる堆肥は坪当たり一〇〇～一五〇キロ、土は三〇～四〇キロ、化学肥料として窒素肥料を坪当り二五〇グラム、リン肥料三〇〇グラム、カリ肥料一〇〇グラムである。堆肥と土は七：三の比率とし、肥料と良く混ぜ合わせる。

これに牛車で運んだ水を加えて熟成させる。

一つの苗床（パサン）に栄養タンジが四五〇〇個程度が収まる。一町歩（三〇〇〇坪）に苗床二〇であるからタンジの数は九万個程度となる。八町歩ならその八倍となる。この膨大な数のタンジを一月末から始めて三月末までに準備しておかなければならない。

円筒形のタンジを苗床内にぎっしり並べて、四月初旬からタンジの中央の穴にトウモロコシの種を一つずつ入れ、四月一〇日には全て済ませる。種のトウモロコシは協同農場管理委員会の種子発芽室で消毒して芽が出かかった状態のものを出庫する。種を入れてから篩を用いて覆土を一～二センチ被せる。

その苗床の上に稲の苗床と同様に弓状の骨組みにビニール防膜をトンネル状に被せて、防膜の上を縄でしっかり押さえて固定する。ここまでの工程を三月二〇日までに終えなければならない。

苗床の管理としては温度管理が特に重要で、担当者は温度計を苗床の中心のタンジに挿して温度を計り、二〇度以下になれば温度を保つため筵を被せる。またビニール防膜の破損個所を糸と針でこまめに補修する。稲の苗床と異なり、トウモロコシのタンジ苗床は防風柵で囲っていないため、雨風による被害が多い。四月末ごろには葉が二枚程度になり、幼い苗は温度が高いと温度焼けの高温被害と、湿度が少なければ枯れ死ぬ被害が出るため、温度管理と湿度管理がさらに重要になる。高温被害を避けるため、二五度以上になればビニール膜を少したくし上げて換気の調節をする。湿度計は無いため経験と勘に頼って、じょうろで適宜水をやる。こうしてビニール膜の中で三〇~三五日育てて、四月中旬に苗の葉が三、四枚になれば本畑に移植する。トウモロコシの苗の移植は、稲の田植が始まる前に、遅くとも五月二五日には完全に終えなければならない。

本畑への移植に先だって、まずトラクターによる畑の起耕、次いで同じくトラクターで土塊を砕いて平らにする作業がある。その上で、トラクターに特殊な用具を付けて七〇センチ間隔の畝を作る。ここまでの作業は労力支援を受けることなく、分組の人員で行なわなければならないが、八~一〇町歩の畑を牛と人力だけで起耕することは到底できない。トラクターなしには不可能であり、燃料であるジーゼル油やタイヤや附属品の不足がどれほど大きな障害となっているか窺い知ることができよう。

本畑に移植する際の坪当たりの苗の数は地域によって異なる。寒い地方では狭く植え、温かい地方では少し広く植える。セピョル郡では坪当たり三〇株、町歩当たり九万株である。

移植作業では、一メートルの棒に二〇センチの目盛が付いたものを用い、これを二つの畝の谷間に置いて、目盛に合わせて二〇センチ間隔で左右の畝に交互にジグザグに穴を空け、その中にタンジを一つずつ置き、次の人が化学肥料三種を入れ、三人目の人が水を注いで埋めてゆく。この作業は大変多くの人手を要するため、農場員だけでは到底賄うことができない。そこで、毎年小学校の三年生から中学校、高等技術学校、専門学校まで学生を総動員して期日内に終えなければならない。

栄養タンジの長所は、条件さえ満たせば直播に比べて収穫量がはるかに多いという点と、気候に左右されることが少ない安全性にある。一方で短所もいくつか挙げられている。何よりも余りに多くの人手を要する点が挙げられる。社会主義体制の下でも圧倒的な政治的指導性なくしては考えられない方式である。また、ビニール防膜という資材に頼らなければならない点、良質な堆肥が不可欠な点も挙げられる。化学肥料も供給が途絶えればこの手法は継続できない。いくら栄養を確保しようとしても地上の自然資源は限られており、また都市住民にまで課題を課しても充分な肥料を確保できない状態にあるという。堆肥が不足してでも指示されたとおりにタンジを作らなければならず、その結果「土タンジ」同然となってしまうと、収穫は直播の場合よりも劣るという。それを経験で知っている作業班長がやむを得ず直蒔きにしたところ、主体農法に反するとして大変な批判に曝されたという。収穫が少なくなることが分かっていても主体農法は守らなければならない。（ホン・ナムシク　二〇一三・一二・一八）

以上、主要な穀物である稲作とトウモロコシについて、特に収穫の出来に直結する苗床に焦点を置いて具体的に見てきた。苗床のサイズや材料について規格が定められ、その準備と作業が予め数量で把握されており、全てが幹部の指導のもとで計画的に行なわれていることがわかる。現地で実際に農作業に長年携わってきた報告者のもたらす情報は、北朝鮮における農業の実態を垣間見る上で基礎的なものである。

6　生産計画の策定過程

次いで、協同農場の生産計画の策定過程について見てみよう。農業も党の主導性のもとに中央政府の統制下に生産計画が策定されることは他の産業分野と基本的に変わらない。ただし他部門と異なり、生産現場が中央から離れた農村部にあり、社会主義の強力な統制下にあるとはいえ、あらゆる社会過程は地域の社会関係の中で成立してきたことも念頭に置かなければならない。

農業の指導・統制体系は、中央には農業委員会と党中央委員会の農業秘書がおり、道の農村経理委員会、郡の協同農場経営委員会、里の協同農場管理委員会、次いで里協同農場内部では作業班、分組という指導管理体制となっている。農業分野においても一般工業分野における計画策定と同様に、中央ないし上位機関からの公式の数値と生産現場との間で調整が行なわれる過程を読み取ることができる。個人農ならば、各農家が状況に応じて適宜判断しながら主体的かつ柔軟な経営が可能だが、社会主義では画一的な計画と指導に依存することになるようだ。

予備収穫高判定

秋の収穫が始まる一週間ほど前に、水稲とトウモロコシに対する「予備収穫高判定」が行なわれる。

これは、一坪当たりの収穫を実際の水田で刈り取って計量するもので、現場の作業責任者である分組長が計量を行なう。分組長は長さ一・〇二メートルの物差し棒で円形に描いて、一坪に相当する面積の稲穂を刈り取って脱穀する。その際に作柄の上・中・下を見計らって、一町歩ごとに三カ所、一〇町歩なら三〇カ所で一坪ずつ計量を行ない、その平均値を出すことになっている。これを基に計算するのだが、例年郡の協同農場経営委員会を通して上から降りて来る国家計画は、水稲もトウモロコシもはるかに大きな数値で、このとおり生産せよと言う。それを充分承知の上で、予定よりも収穫が余りに少ない場合にひょっとして科せられる法的責任を恐れながらも、分組長はできるだけ少なめに抑えた数値を作業班長に報告する。作業班長は翌年の農作業の準備のため、営農資材が不足すれば策を講じて入手しなければならず、また予想より多くの労力支援が入って来れば国家で支給する食糧では不足するため、予め食糧を用意しておかなければならない。そのため作業班長は分組から報告された量から必要経費分を差し引いた数量を里の協同農場管理委員長に報告する。実際には分組長も田植の際に学生の住み込み労働支援に必要な経費や、ビニール防膜を補充しなければならない時の予備として穀物を留保しているのである。

さらに里の管理委員長も、協同農場に欠かせないトラクター用のジーゼル油を確保するため羅津先峰に出かけて交渉しなければならないし、タイヤも入手しなければならない。そこで、各作業班長から上がってきた収穫高を集計してから、その経費に充てる穀物を留保分として削減して予備判定収穫高量として郡の協同農場経営委員会に報告する。郡の経営委員長は各里の協同農場管理委員会から報告された収穫高を集計してそのまま郡党の責任秘書に報告する。責任秘書は、上から下りてきた計画に比べて余りに少ない数値の里協同農場管理委員長を責任秘書室に次々と呼び出して、将軍様の期待に報いない農場員の無責任ぶりを厳重に追及し、予備収穫高の判定をやり直すように命じて送り返す。管理委員長は作業班長たちを呼び出して収穫高判定をやり直せと言い下す。作業班長は分組長たちと協議して、収穫高をある程度引き上げて管理委員長に報告し、管理委員長もある程度手直しして郡に報告する。こうして管理委員長たちは責任秘書から数回追及を受け、最終的に今年度の政府の穀類計画数量に近づけた内部修正をして予備収穫高報告をする。（ホン・ナムシク　二〇一三・一〇・二二）

こうして最初から虚偽によって出された穀物予備収穫高は、脱穀が終わって見れば実際の収穫高との間に途方もない差が生じても、その結果に対しては誰も責任を問われない。結局、公式の数値とは関係なく、農場員たちが受け取る持ち分が減るにすぎない。農業部門の責任ある地位のイルクンたちは、上級のイルクンたちの顔を立て、下位のイルクンたちの立場を理解して調整しながら、虚偽の報告体系を作り上げているのだという。実質的な生産計画よりも書面上の報告体系が重視されており、経営という概念はもっぱら上位権限および下位権限との調整を意味することになる。これが現場で除隊してから三五年間に亘って分組長、作業班長、次いで里協同農場管理委員会、郡の協同農場経営委員会の役職にあって現地の実態を体得してきた党員による報告である。

生産計画と生産業績として報告される数値が現場の生産実態とかけ離れていることは農業部門だけではない。

生産が事実上破たんした国営工場における「額上計画」も同様である。計画は各幹部の権限によって為されるが、実際の過程はきわめて属人的（パーソナル）な関係によって行なわれ、その責任はだれも問われることもない。その実態を知る人々は、全てが虚偽で構成された「非計画的」なものだという厳しい評価を下す。国営工場の場合とは違って協同農場では、生産活動が実際の圃場や農作業および住民と直結しており、こうした経験と知識が地域社会において共有されているため、実態についても具体的な報告が得られる。

7　年末決算と分配

協同経理によって実質労働に応じた決算分配を行なわなければならないため、全てに亘って詳細な計量と記録・集計を基礎とし、正確に決算分配するのは大変な作業である。

労力イルによる分配

まず初めに、確定した生産計画量に対する二五％の軍糧米が軍隊に与えられ、脱穀が済むと軍は真っ先に車輌を持ってやって来て最も良質の米を持ち去る。したがって、生産計画を達成できなければ農場側の取り分が減ることになる。次いで、翌年に用いる優良種子を確保して倉庫に納めた後、国家に対する支出分として、外部から動員された労力支援分について労力イル分に相当する穀物を国庫に納める。その上で、国家から供給された化学肥料、農薬、燃料、農機械、農機具、営農資材、電気料、水田の用水料などについても、国家収買価格に基づいて相当分の穀物を国庫に納める。

各農場員の出勤日数（「稼動」）、作業別の難易度（「級数」）と一日の標準量（「労働定数」）に基づく仕事の基準量（「労力イル」）、そして実績に応じた仕事量（「労力イル数」）を集計して分配の基礎とする。「労力イル」の数はコンスで示される。作業の級数は二級（室内の軽い作業。例えばビニール防膜の破損個所の修繕）、三級（室内外で主に座って行なう営農作業で、縄綯い、カマス編み、苗床のビニール防膜を張る弓状のフリムチェ作り、固定するためのコジェンギを削る作業など）、四級（野外で身体で行なう作業で、冬にツルハシで堆肥を砕く作業や牛車による堆肥運搬など）、五級（稲の苗床作り、トウモロコシ栄養タンジの苗床作り、田畑の起耕、山で営農用材を伐採して運搬する作業など）、六級（水田に入って行なう田植、トウモロコシ栄養タンジの移植）の五種類に農業委員会によって分けられている。その級数ごとの基本労力イルが、二級（〇・七コンス）、三級（一・〇コンス）、四級（一・二コンス）、五級（一・四コンス）、六級（一・六コンス）と定められており、また作業の種類別に一日の標準量（「労働定数」）として、例えば五級の田の草取りならば一日の労働定量は三〇〇坪とされている。したがってそれ以上の四〇〇坪の草取りをすれば、その仕事量は一・六コンス×四〇〇／三〇〇＝二・一三コンスとなる。

実質的な作業単位である分組ごとに分組長が、毎日作業現場で確認しながら、各人の仕事の種類、級数、定量、実績、仕事量（労力イル）を各人に知らせ、分組別の労力イル評価書に記入して作業班の簿記員に提出すると、それが労力イル公示板に分組別に記入される。これが分組員別の労力イルとして毎月集計され、年末分配の基礎となる。

決算は協同農場管理委員会の労働指導員を責任者として組織した決算グループと管理委員会簿記室（簿記長と二名の簿記員）が中心となって進められる。決算グループは、各作業班と蚕業分組、便宜分組、保守および修理分組などから選出された一〇余名の統計員で構成され、毎月作業班から提出された現金の収支記録に基づく現金分配と、各作業班の年間労力イル評価書に基づく穀物現物の収買および分配を総合的に行なう。その煩雑な作業に一カ月を費やす。

まず、農場の農作業以外の作業に農場員が動員された労力イル分を仕分けし、例えば水路作業、養漁所建設、住宅建設などの種別に集計され、これに対する報酬は然るべき機関から年末に現金による分配が予定されている。農場の生産実績が国家計画を超過して優待糧穀の恩恵がある場合には、これら動員分を除いた純農産作業の労力イルが対象となる。各作業班の統計員は分組ごとの月別労力イル集計台帳に基づいて各人の年間労力イルを慎重に集計する。農場員は各自で労力イル手帳に記録しており、統計員の集計との間に差が生じれば時間をかけて再検討・再集計する。

一般農場員に対する分配に先立って、それ以外の里協同農場の有給職員（イルクン）に対する分配として、管理委員長、作業班長、技術指導員、里党秘書および里党副秘書、労働赤衛隊長、勤労団体の里責任者である里農民勤労者同盟委員長および里女性同盟委員長、託児所の保母、幼稚園の教育員などに対しては年間の労力イルが農業委員会によって制定されている。例えば、管理委員長は年間六五〇コンス、作業班長は年間五二〇コンスである。

次いで現金収支の決算として、まず野菜作業班が生産した野菜（白菜、キャベツ、ホウレンソウ、キュウリ、枝豆、ニラなど）の収支と決算がある。農場内では農産作業班の農場員は作業班ごとにまとめて野菜作業班から野菜を受け取り、その種類別、総数量の受取証を野菜作業班に提出する。作業班は野菜を分組単位で配分して、各農場員が受け取った数量を分組から報告を受け、作業班の統計員はこれを集計して、各農場員ごとにキロ当たり単価によって額を計算して、各人の年末現金分配から差し引く。それ以外の作業班や便宜分組や保守・修理分組も同様である。農場外の機関・企業所や学校や軍隊などの場合は、野菜と引き換えに現物引受証を提出するので、簿記員がこれら現物引受証を持って該当単位の簿記室に行って現金を受け取る。野菜については、農産一作業班内の野菜分組についても現金決算を行なう。協同農場の畜産作業班も野菜作業班と同様に現金決

算を行ない、農産一作業班内の豚舎分組についても決算する。（ホン・ナムシク 二〇一二・九・二四）

協同経営化以前の小規模な家族経営当時は、営農計画、作業日程、仕事の分担もほとんどが世帯単位で臨機応変に行なわれていたため、決算を要するのは農業用水を共有する場合や伝統的な労働交換程度に限られていたのに対して、社会主義における協同経営は農場員個人ごとに計量的に行われ、労務管理、営農物資の供給、決済・分配に要する人員と作業は膨大である。しかし、営農物資の供給不全や機械の老朽化や故障、燃料不足、農場員の副業活動などによって公式制度の経営に支障が生じると、こうした計量づくめの経理とは対照的に臨機応変な問題解決を迫られることになり、柔軟に運用できる非公式の財源（穀物）を留保する必要が出てくる。分組長も作業班長も管理委員長も自ら違法財源による非正規交渉に当たらざるを得ない。農場員の欠勤を容認するばかりでなく、作業班が率先して商才のある農場員を選抜して本業ならぬ商業活動に当たらせて農場の自力更生に努めることすらある。農場員各自が以前にも増して利己的・合理的判断をためらわず、農場の物資や肥料を横領したり、作物を小まめに盗んだり、時には作業の単位である分組ぐるみで共謀して便宜を図ろうとするのも一般的なことである。圃場と作物と季節によって物質的に規定されていた農場生活においても、都市の工場労働者と同様に外部との新たな関係に非公式な活路を見出しており、流動化と非公式領域が広がるのを抑制できないのが実態である。

以上、協同農場の制度、組織、運営、作業については、ホン・ナムシク（二〇一二・二・四、二〇一二・三・四、二〇一二・九・二四、二〇一三・一・二八、二〇一三・九・二、二〇一三・一〇・二、二〇一三・一〇・二二、二〇一三・一一・二三、二〇一三・一一・一八、二〇一四・一・二四、二〇一四・六・七）、ソン・ギソン（二〇一二・九・二四）、チョ・インシルａ（二〇一三・一〇・二ａ）、農村への労働動員については、チョ・インシル（二〇一三・一〇・二b）、イ・ヨンスク（二〇一三・一〇・二二、二〇一三・一〇・二二）、ユ・インチョル（二〇一二・九・二）、イ・グムチュン（二〇一三・七・二）、キム・ジョンファ（二〇一二・五・一二）、コ・ボクヒ（二〇一三・三・一一）、イ・チョルス（二〇一二・五・一二）に拠った。

手記

イ・グムチュン　二〇一三・七・二「학생들의　농촌동원（学生たちの農村動員）」
イ・チョルス　二〇一二・五・一二「벼농사는 뼈농사（稲作は骨仕事）」
イ・ヨンスク　二〇一三・一〇・二二「북한의 농촌동원（北韓の農村動員）」
キム・ジョンファ　二〇一二・五・一二「매해 四월과 一〇월이 오면（毎年四月と一〇月が来ると）」
コ・ボクヒ　二〇一三・三・一一「봄이오면 북한 어린애에게는 고통의 계절（春が来ると北韓の子供には苦痛の季節）」
ソン・ギスン　二〇一二・九・二四「협동농장（協同農場）」
チョ・インシル　二〇一三・一〇・二a「우리나라 농업협동조합의 형성과 운영에서 있었던 여러가지 이야기（我が国の農業協同組合の形成と運営における様々な話）」
チョ・インシル　二〇一三・一〇・二b「농촌 집단진출에 대하여（農村集団進出について）」
ホン・ナムシク　二〇一二・二・四「협동농장（協同農場）」
ホン・ナムシク　二〇一二・三・四「나의 고향 새별군（我が故郷セピョル郡）」
ホン・ナムシク　二〇一二・九・二四「협동농장 년말 결산분배（協同農場年末決算分配）」
ホン・ナムシク　二〇一三・一・二八「사회주의농촌문제에 관한 테제（社会主義農村問題に関するテーゼ）」
ホン・ナムシク　二〇一三・九・二「협동농장（농촌）마을（協同農場（農村）マウル）」
ホン・ナムシク　二〇一三・一〇・二「북한의 농촌 집들（北韓農村の家）」

ホン・ナムシク　二〇一三・一〇・二二「협동농장 관리위원회, 작업반（協同農場管理委員会、作業班）」
ホン・ナムシク　二〇一三・一一・二二「협동논장에서 벼모 기르기（協同農場での稲苗育て）」
ホン・ナムシク　二〇一三・一二・一八「북한 협동농장 강냉이영양단지（北韓協同農場トウモロコシ栄養タンジ）」
ホン・ナムシク　二〇一四・一・二四「샛별군 지도（セピョル郡地図）」
ホン・ナムシク　二〇一四・二・二五「샛별읍 지도（セピョル邑地図）」
ホン・ナムシク　二〇一四・六・七「농포리 지도（農圃里地図）」
ユ・インチョル　二〇一二・九・二c「농촌동원（農村動員）」

第6章 住民に対する供給体系

社会主義体制の下では基本的に私的な商業活動が規制され、生活用品の流通は国家が計画的に供給する。商業部門と呼べるものは、在来の農民市場における小規模場農産物程度に限られ、流通体系とは国家による供給経済体制であった。後述するように、軽工業の生産停滞にともなう生活消費財の不足に対応策として国家計画外の製造と流通が奨励され、次章で取り上げるように個人の私的な商活動領域が拡大することになったが、ここではまず国家による供給体系を取り上げることにする。生活物資の生産と流通の中でも住民の日常生活を支える物資供給の実態として、初めに食料の主食（米、雑穀）、その加工食品（パンや麺ククス）、副食類、調理材料、嗜好品について、次いで工業製品である衣服類、住居などについて取り上げる。

一　食料品の供給

朝鮮半島北部は、黄海道や大河川の下流域の平地では米が栽培されるが、北部の山間地帯は高地で寒冷な気候のため、古代高句麗が粟を正租としたことからも分かるように、雑穀類が大きな比重を占めてきた。農業が一九四八～一九四九年の未だ個人経営の時には、人口は一〇〇〇万に満たなく、農地改革後の個人農時代はキム・イルソンも認めたように最大の収穫量によって黄金時代と呼ばれた。食料を自給自足できたばかりでなく、当時の農民の中には進んで余剰の穀物を愛国米として国家に収める者もあったという。黄海道や大河川の流域では稲作が行なわれるが、北部の山間部では戸数も少なく、火田（焼畑）による粟、稗、黍などの雑穀栽培が広く行なわれていた。

一九五〇年～一九五三年の朝鮮戦争による人的被害は、当時の人口約九五〇万のうち二九〇万に達し、北朝鮮社会のあらゆる分野で労働力不足を招き、とりわけ農業部門における成年男性の労働力不足は深刻であった。

一九五三年からキム・イルソンの指示により、ソ連をモデルとした農業の集団化が進められた。一九五八年八月には部落を単位とした農業協同組合が全国に広がり、一九六二年には、里を単位とした協同農場経営体制が完成した。それにともない、ソ連の集団農法に倣って、協同農場による経営規模の拡大と農業の機械化が進められ、牛による犂耕に代わってトラクター導入によって生産増が目指された。

また、農作物の中でも主要な糧穀について増産政策が打ち出された。キム・イルソン主席は一九五六年に、トウモロコシを畑作物の中で収穫が最も多い作物として「畑穀物の王」と呼び、トウモロコシの生産性向上によって食料の自給自足が可能であると宣言した。丘陵部や山間部を中心にトウモロコシの集約的かつ大規模な栽培が奨励された。個人農時代には、畑に畝を作ってトウモロコシとジャガイモを二毛作形式で作っていたのが、キム・イルソンの指示に従ってトウモロコシの単作に転換したという。

こうした農業経営を背景として、一九五七年一一月の「国家食料配給に関する規定」（内閣決定九六号および一〇二号）により、食料の内でも穀物を中央政府の統制下に置き、協同農場員を除いた全国民を対象として、毎月二回に分けて一五日分ずつ配給することを決定し、穀物配給は主に米とトウモロコシで行なわれ、時に小麦（小麦粉、小麦穀）および大麦で行なわれた。その比率は平壌と地方、政治的地位および時期によって差が見られたが、概して平壌では米八対雑穀二、地方では五対五すなわち米五〇％、雑穀五〇％であった。一九八〇年代に入ると一回の配給ごとに二日分を節約分として義務的に削減して一三日分を配給するようになった。

一方、野菜類については地方毎に供給を解決することとし、都市の労働者に対しては都市地区の里協同農場がそれぞれ特定の機関・企業所に野菜を供給するか、あるいは農場の一部を機関・企業の食料供給に充てて、農繁期に労働者が労働力を提供する方式が採られている。

住民に対する生活物資の供給方式は住民の所属階層によって異なり、中央供給対象と一般供給対象に区別されていた。また、平壌を最優先として大都市と地方都市、郡部とでも差別化され、大都市の特権層には現物で配給を与えるが、それ以外の一般住民には世帯主に食料配給票（これをチョクチ 쪽지と呼ぶ）を配布し、これを洞配給所に持って行って現物を受け取る方式が採られた。また俗に「チョンボクチェ 정복재」と呼ばれる軍人の家族、安全部の家族、政治保衛部の家族に対しては、一カ月に一回、各軍部隊や該当する市・郡（区域）の該当部署の配給所で受け取る方式と定めた。このほか、特定の国家機関に対しては機関配給という形式が採られ、また炭鉱・鉱山部門に対しても優先措置が採られてきた（イ・オクスン　二〇一三・六・一）。

軍人に対する食糧をはじめ全ての物品は国家から供給されるが、国家から供給される物以外に、支援物資と言う名のもとに、当初は住民が自主的に献納したとされるが、後には国家に対する忠誠の証として推奨され半強制化されるようになった。協同農場においても収穫の中から最優先的に軍が持ち去るのが当然のこととされている。これは供給と言うよりは強奪と言ってもよい。収穫ばかりでなく軍による強奪は家畜や燃料にも及ぶ。

穀物の配給量は、個人の政治的地位および職業と、労働者の場合には仕事量の多さと労働の強度を基準として、次のように一二等級に分けられていた。

一二等級と一一等級：これら最も高い二つの等級はキム・イルソンの家族と特殊外賓用である。
一〇等級：閣僚級以上の労働党高位幹部に割り当てられ、「一〇号商店」を通して提供される。
九〇〇グラム：幹部労働者、特殊工業労働者、防衛従事者、工業労働者、遠洋漁労従事者。
八五〇グラム：軍事停戦委員会に所属する軍事要員、その他の高位将校。
八〇〇グラム：空軍従事者、特殊将校。
七〇〇グラム：その他全ての将校、軽工業労働者、事務職従事者、エンジニア、教師、政府官吏、大学生、平壌市民の大部分。
これ以下は平壌以外の住民が対象となる。
六〇〇グラム：国家功労者で社会保険者（仕事した年限が二五年以上になる模範労働者）。
四〇〇グラム：高校生、障害者、五五歳以上の婦女子、六一歳以上の男性。
三〇〇グラム：職業が無く家庭で生活する女子、男子。
二〇〇グラム：生後二歳児。

一〇〇グラム：生後一歳児。

（ユ・サングン　二〇一二・九・二四b）

一般の軽工業労働者および事務職の成人勤労者には一日七〇〇グラムを基準とし、炭鉱労働者や製鉄所などの重労働や危険を伴う労働には九〇〇グラムが配給される。炭鉱労働者の場合を咸鏡南道高原郡の高原炭鉱を例に見ると次のとおりである。

・直接工（掘進工、採炭工）：配給白米九〇〇キロと栄養剤二〇〇グラム、計一日一一〇〇グラム。
・その他坑内労働者の運搬工、発破工、運転工（ポンプ、巻揚機、圧縮機、電車牽引機）等：白米七〇〇〜八〇〇グラム。
・家族たち住民（扶養家族、炭鉱労働者の両親、妻、子女たち）：該当する配給基準量に基づき一〇〇グラム、二〇〇グラム、三〇〇グラム、四〇〇グラム、五〇〇グラム、六〇〇グラムと差がある。白米と雑穀の比率を七対三で配給される。
・このほか炭鉱では食料不足を少しでも緩和するため、独自に副業地を開墾してトウモロコシや大豆などを植え付け、労働者や家族がその農作業に当たってきた。

（ユ・サングン　二〇一三・三・四）

こうした配給制度の発足当時の基準は、早くも一九七〇年に入ると食料不足のため脅かされ始めた。個人農の時期に一部の農民が自発的に国家に収めた「愛国米」が積極的に奨励されるようになり、協同農場でも定例化されたほか、一九七三年以後からは「戦争備蓄用」、「祖国統一備蓄米」、「節約米」など、様々な名目で毎月の配給票から五日分から時には一〇日分の食料が控除されるまでになった。さらに食料不足が進行して一九八〇年代に

入ると、節約分として義務的に一回の配給量（一五日分）から二日分が差し引かれ、さらに減量配給と配給遅延が繰り返されるようになった。食料配給が優遇されていた平壌の場合でも、米の配合比率は一九八〇年代には七〇％に減り、一九八九年の第一回世界青少年学生祝典を契機に三対七つまり米三〇％雑穀七〇％に、平壌以外では五対五から二対八すなわち米の比率は二〇％に低下した。一部地域では雑穀も不足したため、ジャガイモで代用したり、さらに代替食品の開発も進められ、「玉米（オクサル 옥쌀）」、「蔬菜飯（ナムセパプ 남새밥）」、「混合麺（ホンハプククス 혼합국수）」、「速度戦粉（ソクトジョンカルー 속도전가루）」などが登場した。一九九〇年に入ると洪水など自然災害の要因も重なって、食料不足は一層深刻となり、一九九五年には食料配給が完全に途絶する「未供給」状態となり、配給制度は実質的に崩壊するに至った（ユ・サングン 二〇一二・九・二四b）。

不足する食料を補填するために、企業や工場などでも従業員の食料問題を解決することが優先され、自力更生・自体解決の名で様々な事業が進められた。また家庭では特に女性たちに依って生存のため様々な活動が広がった。食料は最終的には闇市場で購入するか、物々交換で手に入れるよりほかない。こうした自力更生と私的な経済活動については次章以下で扱う。

穀物の一般配給のため、全ての市と郡には糧政事業所と糧政倉庫が設置された。糧政事業所には玄米を搗く精米機とトウモロコシ加工機が置かれて、協同農場で生産された穀類がここで加工されて、各配給所に運搬され労働者に配給される。配給所は企業所単位に設置されるのではなく、労働者の居住する地域単位に置かれている。つまり、配給所では地域内の一般企業所すべての従業員と家族の配給を担当する。配給所の現場の様子は住民にとって生活に直結するだけに関心の的となった。

糧政事業所

糧政事業所には経理事業を兼ねる責任者がおり、食糧を計量して配給に直接立ち会う職員が二、三人いる。主に女性が担当し、この職場につけば副収入があるため人気が高い。

北朝鮮では「前進供給体系」と称して、糧政事業所から白米とトウモロコシを車に積んで荷役する労働者が直接やって来て、配給所の倉庫に食糧を全部運搬する。食糧袋はどれも五〇キロ程度の重さだが、直接運搬作業までしてくれるので、配給所の職員たちは食糧を計量だけしてやればよいし、計量する時に副収入も得られる条件にある。計量する際に落ちこぼれないようにしても少しずつ床に落ちこぼれる。これを集めればそれだけでも鶏何羽は育てられる餌になる。また、トウモロコシを加工する時に粉が出るが、これを補充米といって、扶養家族の一日の食糧三〇〇グラムに加えてこの補充米一〇〇グラムを与える。トウモロコシ粉を包んでいた袋をはたいて、出て来た粉を摘んできた草と一緒に混ぜて煮れば豚を育てる餌となる。こうした些細な利益でも得たいため、配給所に入ろうとするのだが、糧政事業所の初級党秘書（糧政事業所の朝鮮労働党責任者）のコネがなければならない。それだけでなく、配給所責任者の合意のもとで、自分の配給分の食糧としてトウモロコシの代わりに白米を持ち帰ることもできる。配給所では食糧が足りない筈はないのに、足りないといって減耗分（穀物の水分が乾燥することによる減少分）として処理する。計量する総量が多いから、定量に満たない分は減耗分として処理する。この他にも、家庭でトウモロコシ粒を洗う時に出る目（胚の部分）を集めて配給所に持って行くと食用油と交換できるのだが、計量する時にごまかして食料油を得ることもできる。配給の時は、一つの家庭で受け取って行く量が三〇～四〇キロもなるので、五〇〇グラム程度ずつ少なく計量しても、個人の家庭には大量の穀物を測ることのできる秤もないし、少量ずつに分けて小さい秤で計量してみる人もいないから問題になりはしない。

このように配給所での不正は続いているが、糧政事業所の幹部たちの目に触れることもなく、賄賂を進呈しておけば、配給所の労働者も責任者も安全にこの仕事をすることができる。

配給所はこのように実入りの良い職場だったが、正常な配給が滞って数カ月に一回ずつ呉れるか呉れないかという配給状況では、副収入も期待できない。国で生産される穀類が底をつけば配給を中断して、外国から食糧援助が来るまでひたすら待つことになる。しかし、配給所にいつ食糧が入ってくるのか分からないので、家庭婦人たちは毎日のように繰りかえし配給所の前で待つことになる。配給所に来た順に配給を与え、食糧がすっかり底をつけば配給もそれで終わる。家に電話があるのでもなく連絡手段も無いから、配給所に食糧が入ってくるのを目で確認していなければ、ひょっとして届く配給も受け取ることができない。家庭婦人たちの仕事の中で一番重要なのが配給を受けることだから、待っていて食糧が入ってこなければ、また翌日も待って、食糧が入ってくるという噂があれば、配給所の前には長蛇の列ができる。

北朝鮮の糧政事業所は、大概秋から冬まではその年の収穫によって平常に供給がされるが、毎年遅い春から夏までは食糧が尽きる。晩春からは軍隊用の食糧だけ精米して、一般国民への配給はない。外国からの支援食糧だけが積まれてくる。（キム・ジョンファ　二〇一三・五・二六）

外国からの支援食糧は、慢性的な食料難の状況において大変重要な比重を占めていた。

外国からの支援食糧

支援食糧は、主に西海岸では南浦港、東海岸では元山港が基本となっていた。例えば、南浦港に外国の援助で食糧が入ってくればまず軍隊に配分し、残った食糧を平壌市、次に各道に分ける。道の人民委員長は食糧が一番不足した市・郡に少しずつ割り振って与え、市や郡の糧政事業所ではこれを受けて配給にあてる。

道の糧政事業所では、配当された食糧を積みに南浦港に行かなければならないが、長距離を走ることのできる自動車がない。そこで、道内にある企業所や鉱山で使う大型車（輸入車）を借り、その代価として優先的に供給するという約束の下に食糧を積んで来る。

次に、自動車を動かそうとすると燃料油がなければならないが、それが慢性的に不足しているため、食糧を積んで来れば代価を払うことにして燃料を確保する。また、食糧を積みに行けば何日もかかるから、夜には歩哨を立てなければ車輪を盗まれたり燃料油を抜かれたり自動車の付属品も盗まれたりする。そのため武装警備員も連れて行く。

食糧を積みに行くと、港には全国各地から来た車で足の踏み場もない。順序を待つと何日かかるか分からないから、少しでも早く積み込むために起重機の運転工や食糧を配分する人に賄賂を贈らなければならない。起重機は電力事情がよくないため一日中動けるわけではない。電気が入ってきた時に急いで積もうとすれば、運転工に賄賂が必要なのである。こうして何日か苦労して食糧を積んで来れば、まず最初の供給対象は運転手、食糧を車に積み下しする人、武装警備員だ。彼らはとても苦労が多く、それに見合う補償がなければ誰も行くと立ち上がらないからだ。その次の優先順位は、自動車を貸した企業所の幹部たちであり、ここに賄賂として払う分と燃料油の値段を引いた残り分の食糧を一般労働者たちの配給にあてる。あれこれみな差し引けば、労働者たちに回って来るのは僅かだ。

したがって北朝鮮で生きようとすれば、他の人を押し倒してでも無条件に幹部にならなければならない。幹部をしてこそ、食べ物も先に食べて勲章も先に貰う。労働者たちはトウモロコシもなくて飢えているのに、支配人と党委員長の家では白い米とトウモロコシに虫が生じたため、日にあてて乾燥させているのが目撃され、

――住民の間で噂が立ったこともある。（キム・ジョンファ　二〇一三・五・二六）

糧政事業所倉庫の穀物が尽きて配給が滞っても、職場からは半月に一度ずつ配給票だけは配布される。手元には配給票ばかりが溜まって食料何トン分に達していても、配給所に食料が来なければ、住民は傍観して待っていても配給の見込みがない。農場にいる親族や姻戚を頼ったり、農村市場で金を払って闇で食料を買ったり、物と交換して入手したりして、試行錯誤の中で食べる問題を解決しなければならなかった。しかし、労働者は工場に出勤しなければ毎月の配給票も貰えないし、組織生活における制約もあるため夫は職場に出ざるを得ない。このため、食料の確保という最大の課題が婦人たちの技量と行動力にかかっていた。供給量の削減と遅延がさらに進み、糧穀の一般配給は一九九〇年代の半ばには完全に途絶した。

副食類については、味噌、醤油、コチュジャンなどを副食購買カードによって地域ごとに設けられている食料品商店で購入する。副食の主流をなしているキムチ、もやし、豆腐、野菜なども食料品商店で任意に購入が可能だが、供給が間に合わないのが実情だ。

咸鏡北道穏城の場合をみると、一九九〇年代初めに、味噌は一人一日当たり一〇グラム、醤油一〇グラム、塩五グラムが供給され、キム父子誕生日の名節の時には、飴一キロ、菓子一キロ、豆腐一丁、油二〇〇グラム、酒五人家族当たり一本という具合に供給されていた。

地方（市、郡）毎に設置された食料品工場は、名節の供給のために何カ月も前から資材を集めて準備して稼動し、名節の前日までに区域ごとに人口に応じて供給する。食料工場で生産するのは、味噌、醤油、酒、菓子類などで、その資材とは穀物、大豆などの農産物や砂糖などの輸入物資である。工場では資材を自給するための原料基地と呼ばれる農場を所有し、従業員は普段は農場で働き、名節の前になると工場が生産体制に入るが、名節を過ぎると工場は再び休業となる。副食品や嗜好品は商品ごとに配給票が配布され、この票を持って区域ごとに設置された食料品商店で配給品を受け取る。しかし慢性的な供給不足のため食料品商店も品不足がちであった。

また、食糧配給の実施にともない市場での配給物資の取引が禁止され、一九九五年以前までは自由買食も禁止されていた。このため、お金があっても物を買って食べることができず、住民たちが出張または旅行の時には必ず「糧券」を所持しなければ食事をすることができなかった。糧券制度は一九五九年から実施されているが、使用目的により事前に発給を申請しなければならなかった。糧券の発給を受ければ、次の食糧配給の時にその日数分の食糧が差し引かれる（イ・オクスン　二〇一三・六・一）。

食料不足にともない節約の指示が人民班などの会議を通して繰り返され、軍人への支援米の供出が強制されるまでになった。食料事情が極度に悪化すると、食料供給基準が一方的に下げられ、配給が遅延して、食料配給制度は事実上平壌市民と一部特権層で維持されるに留まった。さらに洪水などの自然災害が重なると、一九九五年以後は事実上配給制度が崩壊した。食料不足が進展するとともに農民市場での食糧（米、トウモロコシ）の闇価格が高騰し初め、未供給（配給途絶）事態となると市場での取引価格が国定価格の数百倍にまで高騰し、住民は穀物を購入することもできない状況に陥った。

こうした危機的状況を打開するためには、外国から穀物を緊急輸入するよりほかなく、そのための外貨の準備が課題であった。そこで採られた方策が「サルシリ　쌀실이」であった。これは、一九九六年から国の糧政総局と対外経済委員会の協力体制のもと、配給の地域を単位として機関・企業所別に採った新たな食料供給の方式である。

これはまず、該当地区の機関・企業所が従業員の必要とする食料供給量に応じて、輸入購買に要する外貨を従業員から一旦借り上げることで、地域糧政局の食料供給指導書と対外経済窓口でサルシリ伝票を貰い、トラックと荷役人を手配して税関のある港や国境都市に行く。該当量の米を積んで戻ってから、外貨資金の返済と出張経費に充当するため食料の一部を市場に出して売り、その残りを従業員に供給するという方式である。輸入した穀物を車に積むことから「サルシリ（米積み）」といった。この方式は、従業員の外貨を活用して対外貿易と連携し、市場（チャンマダン）での流通を公式に活用することで、住民と外国貿易を結び付けるものであった。また、この方式が全国で行なわれた結果、市場が公的な国家規模の流通網の中に制度的に位置づけられ機能し始める契機となった（パク・コニョンの教示）。

二　日用生活物資の配給

中央に商業部があり、各道の行政委員会の中に商業課があり、その人民経済計画部で農産物以外の一切の生活必需品を、国家が制定した価格で計画的に供給する体制が敷かれている。その対象は、味噌、醤油や食用油などの副食品をはじめ、器、釜、キムチの甕、食器箪笥（チャンジャン）、布団箪笥（イブルジャン）、布生地や衣服、靴などの工業製品である。

商業網として、一区域に総合商店が一つ、食料品商店も一つある。工場企業所が密集したところでは工業品分店と食料品分店に分けて供給される。例えば、布は一人当たり一年に二メートル、履き物は二足、木綿の服は三年に一着、学生の制服は三年に一着という具合である。配給量は政治的地位と職種に応じて異なり、また物品によって無償と有償の区別が有る。配給は商品カードによって行なわれ、そのカードを持って商店に行って配定品を入手することになる。商品カードは、品目別に、食料品供給カード、工業品供給カード（生活必需品、衣服・布、石鹸、家具、化粧品など）、燃料供給カード、蔬菜供給カード、水産物供給カードなどがある。

物資の供給体制が正常であれば、こうした供給カードを地域ごとに設置された国営商店に持って行けば、必要な商品が手に入るはずであった。しかし、こうした生活必需品も不足しているため、全ての住民に平等に適時に配給されないのが実情である。これらの供給カード（購買券）も、人民班会議で推薦された世帯に優先的に与えられ、購買券を持った住民が国家の定めた価格で買うことではじめて個人の所有物となる。腕時計、柱時計、テレビ、冷蔵庫などの家電製品や高級商品もこうした「購買券」が必要であるが、上級幹部にしか配分が行き渡らない。金も無く職位も無い人には購入は不可能だ。仮に金があっても購買券がなければならず、また、購買券があっても品不足になれば、商店には棚に陳列品があるだけで販売はできない。商品がなければ長く待たなければならない。闇市場では購入できるが、国定価格よりはるかに高価なため一般住民には難しい。

衣服について見ると、一般労働者に対する物はレーヨンやナイロンなどの製品で、画一的で規格化された作業服と内衣は廉価あるいは無償で供給されるが、それ以外の日常服については政策的に高価に設定されていた（ハン・ヨンニム　二〇一二・一二・一八b）。

手記46

高原炭鉱における衣服の供給

咸鏡南道高原郡のある炭鉱企業所の機械補修事業所における二〇〇二年ごろの衣服の供給基準は次の通りであった。

- 労働者：年一～二回作業服一着を無償で提供。
- 学生：年二回（夏用、冬用）校服一着を廉価で提供。
- 技師、教員：三～四年に一回洋服地一着分を廉価で提供。

・「四号対象」以上：二年以上の期間に洋服地一着を半額で提供。
（「四号対象」とは、市・区域・郡の党秘書、市・区域・郡の行政経済委員会副委員長、および二級企業所以上の企業の党副秘書、支配人、技師長級などを指す。）
・郡内の農村地域：国家が全ての衣服を提供。
・上流階層に属する住民には二年に洋服一着が割引価格で提供される。
・出身成分の良い核心階層は、特別に指定された商店で洋服、毛織物、毛皮なども購入できるが、成分の悪い動揺階層と敵対階層に属する住民は、衣服の購入の際に必要な「許可証」を獲得できる機会がほとんどない。
・一般住民は、下着、靴下、手袋、外套などの必要品も不足しており、夏に下着は着用するが靴下は着用しない。
（ユ・サングン　二〇一三・三・四）

愛国米献納運動も一九九〇年代に入って内容が完全に変わったという。愛国米として米を納める代わりに、生活必需品を購入できる資格証を貰うことができた。

手記 47

穀物で生活必需品を入手

一方で、一定量の穀物を国に納めることで生活必需品を買うことができる食糧交換商品売り場が工業品商店ごとに置かれている。すなわち、配給の時に食料供給所で該当する量の食料を国家に納め、その領収書を持って該当する工業品商店に行けば欲しい物を買うことができる。各商品には価格に見合う食料の数量が記されている。例えば、大人のナイロンセーター一着に白米一〇キロあるいは雑穀一五キロを国家に納めれば購買できる領収書をくれる。食料難にもかかわらず、他人が着ているナイロンジャケツ一着でも我が子に着せてやろうと無理したり、結婚式、還甲、古希、子供のトル（初誕生）の宴などのためには、無理してでも欲しい物を米と交換で入手するのである。しかし、そうして物を買うと五〜六月には食料が尽きてしまい、「貸与米」を農場から受けて食べることになり、年末の分配ではその分を返済しなければならず、再び貸与米を受けることになりかねない。こうして借金が嵩んで行く悪循環に嵌まると、農民も飢餓に陥る。（チョ・インシル　二〇一三・一二・一八a）

日用消費品の中でも靴のように平壌や新義州の中央工業の工場で生産された製品は、中央都売所から道都売所を経て市・地区の都売所へ、さらに各市の市商業管理所から市内の商店へ、あるいは各郡の商業管理所から郡内の商店に流通する仕組みとなっている。また地方工場で製造された製品は、道都売所から道内の地区都売所を経て市や郡の商業管理所を通して管内の商店に支給され、郡レヴェルの地方工場の製品は郡商業管理所を介して郡内の各商店（邑の総合商店、各里の商店）に支給されることになっている。後述するように、工場の稼働が低下して品不足になると、商店は開店休業状態となって物を買い取る「収買事業」が主となり、やがて企業の副業班や家内班の製品あるいは「八・三製品」を委託販売し、さらには公的な名義を借りた個人に委託して輸入品や非正規の商品を扱って利益の一部を国（商業管理所）に納める方式まで採られるようになった。

咸鏡北道富寧郡の山間部の火田（焼畑）農家で幼少期を過ごし、清津で学校に通い、平壌の設計事務所で技師として勤務していた女性（一九四一年生）は、身の回りの靴の変遷と供給の様子について次のように回顧している。

靴の変遷

祖先たちは藁で編んだ靴や、麻で編んだ靴を作って履いた。名節になればお爺さんたちがこうして作った靴に色布とリボンをつけて孫娘たちに履かせれば、村の娘たちは氷の上でコマを回したり、ソリに乗ったりして幼年時代を送った。解放の少し前に、私の高祖父は牛車にジャガイモ、麦、豆などを積んで、四〇里離れた邑の市に行ってゴム靴（花靴）を買ってきたという。七〇年の年月が過ぎたが、私にはその靴を履いて写した写真が今も手元にある。

次に現れたのがゴム靴だった。平壌ゴム靴工場に多くの女工が働きに行き、そこで受け取った月給を故郷に送ったり、故郷に帰る時に家族たちに色々なゴム靴を買ってきたという。その当時、トンネーの大人たちにとって最高の靴がゴム靴と思っていた。

社会が発展して工業化が進んで次に登場したのが運動靴だった。私は人民学校・中学校の全課程を運動靴を履いて通った。高い地位の幹部の子供や、商売する金持ちの家の子供たちがその頃（一九五三～一九六〇年）革靴を履いていたのはたいそう目新しかった。男子は紐で結んだ運動靴、女子の間では紐が無くて楽に履ける「便女靴」が一般化していた。布靴やビニール靴も出始めていた。

専門学校と大学校の全期間を私は「便利靴」履いて通った。北朝鮮の中央工業として最も大きな靴工場は平壌塩化ビニール靴工場と新義州靴工場だった。各道・各市にも地方産業工場があって需要を満たしていた。

一九七〇年代以降で最も人気があった女子の靴は、平壌塩化ビニール靴工場製の白ビニール靴と、新義州靴工場製の白いゴム底に布も白い便女靴だった。こうした靴を履いた人たちは本当に素敵だった。私は幸いに新義州に従妹と夫の妹が住んでいて、こうした靴を何度か貰って履くことができた。生産地であってもこうした靴は手に入れるのが大変難しかった。地方に在っては、中央工業であるため生産量の大部分が平壌の中央級機関に上って行くので、一般の靴商店で平民たちが買えるのは空の星を射るように難しかった。絶対多数の女性たちは、靴底が黒く上を布で覆った便女靴が定番だった。男子たちは豚革の靴や運動靴を各自の能力に応じて買って履いた。

今（二〇一〇年）まで、北朝鮮の女性たちが結婚式の時に白いビニール靴を履けるのが最高の贈り物とされていた。労働者の一カ月の平均賃金が一〇〇ウォンの時、白いビニール靴は一足一五〇ウォンだった。

平壌では、「一号行事」（首領に直接関わる行事）の時には必ず布靴を履かなければならなかった。行事に参加する人たちは参加できない人から借りて履いたり、借りて履いたりした。こうした靴は「工業品カード」で一人一年に三足ずつ供給されるものを買って履いたり、借りて履いたりしていたが、「市場の風」が吹き始めるや、どこから来たのか商店にも無かった稀貴な靴が売店に入ってきた。初めは農民市場だったため農村の土産物しか販売が許容されなかったが、しだいに市場にも工業品が増えてゆき、今日では市場には「銃」と「爆弾」を除けば何でもあるというほどになった。

一九七七年四月一五日、キム・イルソンの誕生六五年を迎えて、党を掌握していたキム・ジョンイルによって、中学校男子学生から大学生男子まで革靴の贈物を配った。今考えると、それは全て我々人民の血と汗でなされたもので、キム父子が自分たちの「贈物」として与えるのは呆れるばかりだ。

一九八九年に世界青年学生祝典を平壌で開催してから国の経済が完全に下降線をたどり始めた。軍需品として出てくる人民軍の「動靴」（国防色の布製で綿を詰めた靴）が最も人気があった。平壌では出退勤時にはバスに乗るのに一時間も待たされるので、身体も手足も凍えて動かせないほどだ。人民軍の動靴を手に入れて履いている男子はそれでも一番良く保温ができるが、底の浅い布靴（便女靴）を履いている女子は足に凍傷を負いかねない。平壌では女性が普段パジ（ズボン）を着ることを禁止されているが、一二月から二月まで黒色、紺色を除いたパジが許された。軍用の靴があるといっても、チマに履くということ格好が悪いので、しかたなく寒さに足を踏みならしながらビニール靴（短靴）や便女靴を履くよりほかなかった。

一九九一年に平壌から追放されて咸鏡北道隠城に来た時は、男女老少の区別なくパジも着ることができた。

軍靴、黒や紺の布に綿を入れた動靴が基本だった。冬は動靴を、それ以外の時期には一般用の靴と運動靴が基本だった。清津にも靴工場があったが、靴底のゴムがないため古タイヤを溶かして靴底に使っていた。寿命が尽きた古タイヤで靴を作るのだから寿命がどれほどか。それでも靴工場から出る靴は、上に充てる布にテトロンや綿の生布（センチョン 생천）を使うから、靴底が擦り切れても上部分はそのまま残っていて、見た目にはそれほど見劣りしなかった。

多くの工場が門を閉ざして生産が中断するや、靴も大きな打撃を受けた。すると、隠城邑では靴家内作業班が稼動するようになった。清津の靴工場で古タイヤを溶かして靴底を作って各郡の靴家内作業班に送ってきた。しかし、ゴム底の上を覆う布はどこから手に入れてきたのか分からない。家内作業班では、靴に使える布を持って来れば靴と交換してあげた。靴がなくて外を歩けない人たちは、しかたなく自分のパジやチマを何着か納めて靴を手に入れた。こうして使われる布もやはり寿命が短く、一五日も持たずに使えなくなった。どこまで悪循環が続くか分からない。老人たちの中には道を歩くのを放棄する人もしだいに増えた。我が部署の一青年の母親がこの靴家内作業班の班長だったため、私は比較的たやすく靴と交換することができた。

私たちの室長の丈母（妻の母）は、夫を六・二五戦争で失った戦死者遺家族だった。その老母が亡くなった後その遺品を整理したところ、風呂敷にきちんと畳んだ靴が一足出てきた。それは、中学校の先生であった娘が教育者大会に参加する時、戦死者家族であったため郡から供給された白いビニール靴だった。娘が履いてすっかり寿命が尽きた後も、母親はそれを綺麗に洗って大切に保管していたのだ。遺家族の話によれば、母は大きな行事の時にのみ履いては洗って保管していたという。母親を埋葬して、娘はその靴を前に置いて喉を詰まらせて泣いた。夫を戦争で亡くして一人娘を育ててきた母に、亡くなるまで新しい靴一足も買って喜ばせてあげることができなかったと後悔しながら。周りの私たちも皆一緒に泣いた。

二〇〇〇年代まで中国から北朝鮮にもたらされた靴は質が大変悪かった。それでも良く売れたのである。しかし今は事情が違うという。能力ある人たちは、中国産は勿論のこと韓国産までも履いて歩く。しかしTVの画面では、両親を失った子供たち（一名コッチェビ）が、市場（チャンマダン）で靴も履かずに地面に落ちた食べ物を拾って食べる姿をしばしば見かける。我が民族の大きな悲しみである。（チョ・インシル　二〇一三・一二・一八c）

公的な指示による労力動員に対して与えられる「追加的恵沢」というものも、組織的な労力動員に対する当然の報酬にほかならない。労力動員に際して受けるこうした報酬は靴下、靴などの物が大部分だ。労力動員には、住民は多少身体が病んでいたり個人的な事情があったりしても仕事場に出て行かざるを得ない。

三　名節の贈物

原則として、朝鮮の伝統的な民俗名節は旧習や迷信として否定されてきた。しかし実際には、こうした習俗を完全に廃止することは出来ず、年長世代の間では細々と続けられてきた。それがどういうわけか、一九八八年から一九八九年にかけて容認する政策に転じた。しかし一般に名節と言う時には、こうした民俗名節ではなく、国家が新たに指定したものを指し、キム・イルソンの誕生日（四月一五日）、キム・ジョンイルの誕生日（二月一六日）、朝鮮民主主義人民共和国の建国日（九月九日）、朝鮮労働党の創建日（一〇月一〇日）を指す。このうち特にキム父子の誕生日の名節には、世帯当たり豚肉一〜二キロ、魚類二〜三キロを基準として、味噌、醤油、食用油などの食品以外にも、キム・イルソン、キム・ジョンイルからの贈物として様々な物が給付されてきた。配給対象と時期そして需給事情に応じて供給品目と数量が異なる。

これら贈物は一般の食料配給とは異なり、首領様の恩恵という位置づけがされているが、中央で発議されキム・イルソン、キム・ジョンイルの批准を受けて下に通達される。該当する工場では「贈物の生産」という名目の下で生活用品が計画的に生産され、各道、市、郡の商業管理所に配られる。

贈物の配給も計画に基づいて全国で画一的に行なわれる。例えば、一区域の人口が二〇万であれば、その人員に該当する物資が供給され、山間、辺境地、漁村のどこも国営商店を通じて全く同じ商品が配給されるのが原則である。名節の供給が終われば、商店は門を閉めるようになる。

商品が不足してくると、中央で生産された物資が地方に降りてくる過程で商品が抜き取られてなくなることも少なくない。

贈物は、日常消費品の地方工場で、その時期に合わせて資材を準備して集中的に生産して供給される。工場は電力・資材不足のため、その時期以外には稼動しない。

・学生服：四月一五日のキム・イルソン誕生日に人民学校から大学生までの全学生を対象として三年に一着ずつ支給される。

・菓子類：毎年二月一六日のキム・ジョンイルの誕生日と四月一五日のキム・イルソンの誕生日に、幼稚園児から人民学校二年生まで全員に飴五〇〇グラム、菓子一〇〇グラム、ガム、ヨッ飴などを支給する。

・酒：毎年二月一六日と四月一五日に一世帯当たり酒一瓶を支給する。
・学用品：九月一日の新学期に合わせてノート、定規、消しゴム、かばん、色紙などを支給する。

四　住宅の供給

1　都市の住宅

地方機関の幹部級以上に対しては一〇〇%住宅を配定しているが、一般労働者の場合、住宅供給率は五〇%を若干超える水準に留まっている。供給を受けられない人たちは他の世帯と同居するよりほかなく、一軒に二世帯が住むことになる。

第三次七カ年計画（一九八七～一九九三年）では、平壌、南浦、元山などの大都市に年間二〇万戸の住宅を建設するという目標を掲げて総力を集中したが、深刻な資材不足とエネルギー難そして電力供給がままならないため、工事の進捗がおもわしくなかった。

住宅の配定は党や政府機関が統制し、配定を受ける人の政治的地位や社会的身分に応じて左右されるため、住んでいる住宅を見ればその人の身分を知ることができる。

手記49　階層の差が住宅形式に反映されている

・特号独立高級住宅：独立式単層または二階住宅、庭園、水洗式化粧室、冷暖房装置がある。中央党副部長級以上、政務院副部長級以上、人民軍少将級以上が居住する。
・四号新型アパート：部屋二つ以上、沐浴湯および水洗式化粧室、ベランダ、冷温水施設がある。中央党課長級以上、政務院局長級以上、大学教授、人民軍大佐、文芸団体幹部、企業所責任者が居住する。
・三号中級単独住宅および新型アパート：部屋二つ、厨房、倉庫が備わる。中央機関指導員、道単位副部長級、企業所の部長級が居住する。
・二号一般アパート：部屋一つ～二つ、マル房（板の間）、厨房から成り、人民学校長、高等中学校長、一般労働者、事務員が居住する。
・一号集団公営住宅：部屋一～二つと厨房から成る。末端の勤労者および事務員が居住する。（ユ・サングン二〇一二・九・二四b）

住民たちの住生活様式として集団居住中心のアパート型または連立住宅型の住宅は、集団主義思想と同時に身分昇進意欲を高める効果があった。

手記 50

都市アパートの実情

最近は、都市に五～一五階のアパートを、農村に二階建て連立アパートを建設して、集団主義の生活様式を強化している。しかし、住民の便宜よりも外観の展示効果を重視したものもある。例えば一〇～一五層のアパートにも昇降機が設置されていない場合や、設置されていても電力供給に制約があって、節約を理由に稼働させないため階段を歩いて登らなければならない。
また、共同住宅は共同便所となっている。平壌はまだしも、地方都市の共同便所の不便さは説明を要する。

例えば、一九八八年に建設された沙理院市内の沙里院アパートは、一戸当たり七坪規模で二部屋から成る。しかしこのアパートには四〇戸に対して共同便所が一カ所しかない。アパート内部には洗面場がないため厨房で洗手し、家族の多い家庭では廊下で洗手して水を窓から捨てる人もいる。

一方、支配階級は、温水施設と水洗便所のある単独住宅や高級アパートに住む。しかし最も条件の良い平壌でも、朝昼夕に各一～二時間ずつ、一日に三～六時間しか水道の水が来ない。地方では日に一～二時間しか水が来ないので、食用水や洗手のため水甕に貯めておく。大部分の家に沐浴湯が無いため、手拭いに水を浸して簡単に身体を拭く。あるいは、洞単位に設置された公衆沐浴湯を利用するが、休日は列をなす。四分期に一度ずつ供給される洗手石鹸も、平壌以外の地域では配給がままならない。沐浴できないため不衛生になりがちである。（ユ・サングン　二〇一二・九・二四b）

都市でも高層の集合住宅では、電気が停電した時は水を汲み上げるのが一苦労である。エレベーターの担当者に賄賂を与えて特別に動かしてもらうか、あるいは労賃を払って水の汲み上げを頼む。こうした人手も市場に行けば自ずと手配ができ解決されると言う。

平壌の場合、党の高位級幹部たちは単独高級住宅あるいは快適な高層アパートに住んでいるが、一般勤労者および事務員は一般アパートと連立住宅型の集団工営住宅に住み、どちらも集団主義的な生活様式が一般化している。

手記51

平壌のアパート

平壌では、一線道路といって都市の道路は循環式に円を描いており、この円を描いた道路のそばには四～五階のアパートが列をなして立っている。すべて規格通り建てられており、同じ坪数で仕切って一世帯ずつ入って住む。一世帯は主に一〇坪で台所と部屋一間から成り、ここには主に党の一般幹部と党のイルクン（党職員）たちが入って住む。そのアパートの列の裏側には平屋が並ぶ。一方、新型アパートは部屋二間に台所が付いている。一線道路など大きな道路沿いのアパートは、成分が悪ければ住めない。国の首領が通り過ぎる時に悪いことをしかねないといって、成分の良い人々だけが住む。しかし、この新型アパートも苦労が多い。燃料に石炭を焚くのだが、石炭を運ぶにも階段を歩いて運ばなければならない。エレベータは平壌なら目にするが、地方のアパートはエレベータ自体がない。また、上水道も水圧が低くて高層には水が上がらないため、低い層に下りて来て汲んで飲む。お手洗いも在来式だ。住むには平屋の方が気楽で好まれる傾向にある。

国家がアパートを建設すれば、企業ごとに住宅部があって希望する職員に無償で配分するのであるが、住宅部の顔見知りの職員と幹部たちが占める。

しかし、実際に生活してみて不便であれば、その入居権は闇取り引きで売買されたりする。そうしたアパートには、日本からきた帰国者や中国か韓国に身内がいて金のある人たちが買って住む。国家は無償で与えたのに個人たちが金を儲け、金のある人たちが良い家を安値で持つことになる。

北朝鮮では売買できる不動産という概念がなかった。国家建設部の統率の下で全ての住宅が建設・統制・供給されるのであり、個人が思いのままに作ったり改築したりできない。だからこそ、実際には闇取り引きが様々な形で行なわれる。

住宅は、主に青年たちで組織される「青年突撃隊」が建設するのだが、速く建設して勲章を受けようとして「速度戦」による不良工事が蔓延し、施工検査を受けないまま入居が許される。寒いところなので、厚さが三〇センチ、長さが四〇センチ、高さが二〇センチになる石灰とセメントを混ぜたブロックでアパートを作る。

大都市にも一九五〇年代に作った土煉瓦の建物がそのままある。一部屋に全家族が一緒に住むのは普通だ。不動産という言葉も知らない北朝鮮では、住宅の多様な文化がよく分からない。むしろ農村地区には個人の家が残っていて外見が良い。規格化された都市設計に沿って建物だけ建てるから、韓国のように住居環境が緑地化されることがない。住宅地区は花一輪木一本なく、家だけが集まっている。(ハン・ヨンニム　二〇一三・一・二八)

住宅不足による同居

住宅不足のため同居という独特な賃貸形式があって、住居の配定を受けられない者は、配定されるまで二部屋以上ある家に同居する。大部分の新婚夫婦は住宅配定を受けられるまで二〜三年間を父母の家に同居するか、あるいは結婚後もしばらく夫婦が別居しなければならない。核心階層の新婚夫婦の場合でも一年ぐらい夫婦別居を余儀なくされるのが普通である。住宅不足に依る同居は協同農場の場合も同様である。(ユ・サングン　二〇一二・九・二四b)

2　農村部の住宅

農村(協同農場)で農場員に配定される住宅も、国家の財源と資材供給によって郡の「農村建設隊」によって建設される点では都市と同様である。住宅の形式にも、地位と場所に応じていくつかの農村の住宅形式が見られる。

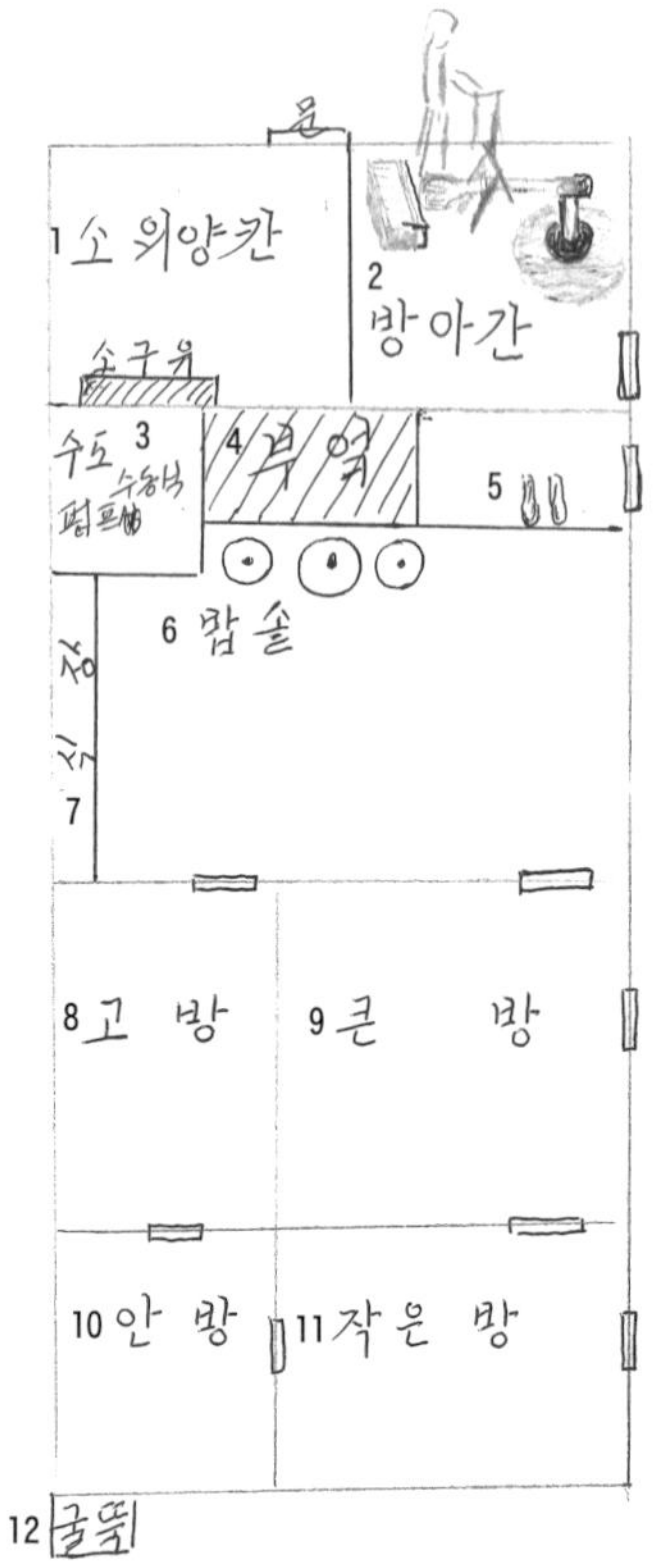

図 6-1　個人農当時の藁葺き農家
（ホン・ナムシク　2013・10・2）

1、牛部屋　2、パンガカン（足踏みの臼）　3、手動式ポンプ　4、プオク（台所）　5、靴脱ぎ場　6、釜　7、シクチャン（食器棚）　8、コバン　9、クンバン（大部屋）　10、アンパン（物置き）　11、チャグンパン（小部屋）　12、オンドルの煙突
屋根は藁葺き、壁はトピ（日干し煉瓦）と土壁で作られていた。木造住宅とともに今も残っている。

農村の住宅形式

農村（協同農場）では、「農村文化住宅」と「松林式二層住宅」ほかいくつかの型が見られる。農村文化住宅は単層連立住宅で、二部屋と厨房と倉庫から成る。

・単独住宅：主に平壌市周辺の農場で見られるもので、外国の客向けの鑑賞用のものが多い。

・一棟二世帯住宅：最も普通の形式で、列をなして建てられる場合が多い。

・松林式二層住宅：一世帯が一階部分と二階部分を一単位として使用する形式で、咸鏡北道セピョル郡（旧慶源郡）の農圃里では、道路と鉄道周辺の作業班に二〇棟が集中している。これは黄海北道松林市で始まった住宅形式で、暖かい地方の形式をそのまま寒い地方で建てたもので、咸鏡北道などの北部地方では二階部分は寒くて住めないため物置き等に使われている場合が多い。これらは、国家の資金と資材で郡単位の農村建設隊によって建てられるが、セメントや木材などの資材が不足している上、基礎工事を充分に行なわずに「速度

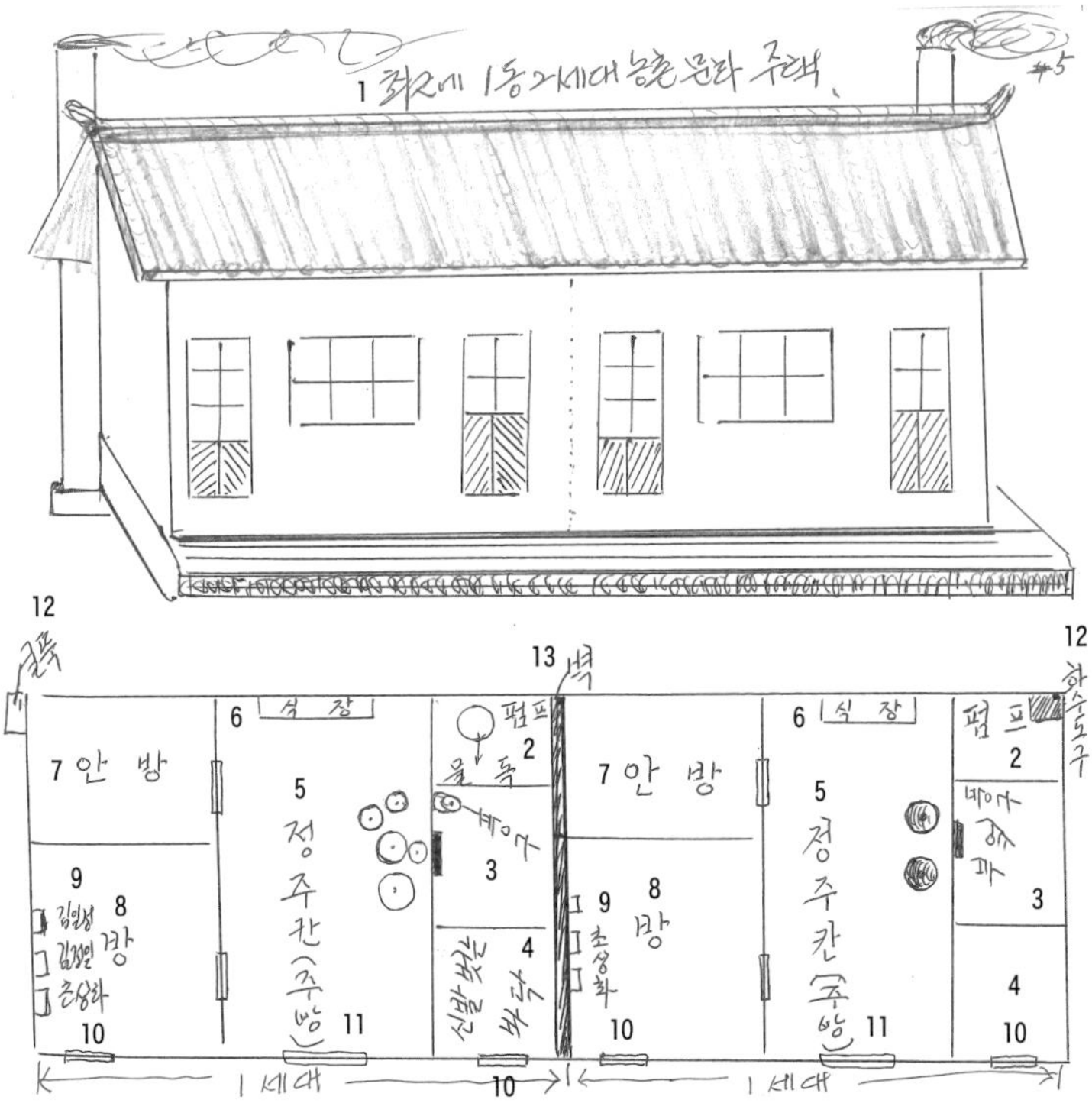

図 6-2　最近の一棟二世帯農村文化住宅（ホン・ナムシク　2013・10・2）

1、最近の一棟二世帯農村文化住宅　2、手動式ポンプと水甕　3、プオク（台所）、送風具　4、出入口と靴脱ぎ場　5、チョンジュカン（厨房）、釜など　6、作りつけの食器棚　7、アンパン　8、ウッパン：イブルジャン（布団箪笥）、ノンジャン（籠蔵）などの家具　9、キム・イルソン、キム・ジョイル、キム・ジョンスクの肖像画　10、窓（ガラスが無いためビニール膜を張る）　11、扉　12、オンドルの煙突　13、壁

農村文化住宅は一線道路や一線鉄道沿いの協同農場、史蹟地協同農場など全国から遺蹟地観光に訪れる農場、キム・イルソン主席が現地指導した農場などに建てられている。一九六〇年代以降は全て瓦葺屋根に替わった。

戦」で建てられるため、一〇年もするとヒビが入ったりして危険なものもある。

五〇年前までは藁ぶき屋根の木造家屋が五〇％を占めていたという。＊ 紙が貴重なためオンドルの床紙（チャンパン）もない土の床や、壁紙もまともに貼れない家屋もある。（ホン・ナムシク　二〇一三・一〇・二）

北朝鮮では冬の厳しい寒さをしのぐため暖房が大きな課題となる。平壌に住みたがる理由の一つは暖房の問題だと言う。衣類と寝具、そして部屋の暖房と炊事用の燃料は最も基本的な生活エネルギーである。社会主義社会において燃料の供給体系は生活保障の点でも重要であり、生産職場と集団の組織活動によって時間的にも空間的にも行動が制約されている住民にとって、燃料を自給する活動はままならない。自給とは非公式なものに外ならず、山野での違法な伐採や闇取引もしくは盗みをするしかない。

手記 54

暖房の苦労

冬に備えて、焚き木、キムジャン（キムチなどの保存食）、防寒靴、防寒服などの準備が欠かせない。

都市部では、部屋の暖房に石炭・練炭を使用するため燃料カードが配布されて石炭が供給される。アパートの五〇％の世帯では練炭を使用しており、自分で練炭を用意しなければならない。このため二～三日に一度は職場の上司の許しを得て、材料の粉炭に配合する粘土を確保するため歩きまわる。少し寒ければ室内でも衣類を厚く着て、床にも衣類を敷いて過ごす。平壌郊外の特に農村部では、薪や松の枝の外、牛糞なども燃料に用いる。しかし山に木が少ないため、山林保護員に酒・タバコをやって黙認してもらって松の枝などを採ったり、目を盗んで盗伐したりする。農村より都市を、特に平壌に住むことを望むのは暖房の問題が大きな理由となっている。寒さを少しでもしのぐため窓にビニールを張ったりするが、練炭を使う家庭では換気が問題となる。

——（ユ・サングン　二〇一二・九・二四b）

また、北朝鮮では貧しい家庭では布団などの寝具も限られていたという。一九七〇年生まれの女性は、嫁いだ家庭に布団が一枚しか無く、結婚初夜に家族全員がその布団に足を入れて寝たと証言している（イ・スンシル二〇一一・九・九）。

3　住宅の私用

一般の住宅は公的に供給されるのが原則であるが、使用権を購入することによって事実上私有財産に準ずるものとなっている。こうした非社会主義的ともいえる不動産の事実上の売買は、平壌では考えられなかったようで、平壌から咸鏡北道の穏城に追放された一人の報告者は、住宅も購入できるという事実を初めて知ったという。配定される住居が不足する中で、彼女は崩れかけたような古い住居を紹介され、購入して自分で補修の手を入れたという。日帝時代に建てられた築数十年の古い家だったという。

慢性的な住宅不足に加えて、外貨事業などで金まわりの良い住民の間では、より快適な住居の需要が高まっている。そこで、住宅建設と公的な配定を担当する官署の幹部たちが、その権限を利用して資金を有する者と結託

＊　因みに、韓国でも一九七〇年代初めまで農家の半数以上が草屋根（藁ぶき屋根）で、例えばソウルの清涼里から列車に乗って一〇分も郊外に出ると、沿線の集落には藁葺き屋根が多かった。藁葺き屋根を貧しさの象徴のように見たのは北も南も同じようだ。韓国では一九七〇年に始められた「セマウル運動」でも藁葺き屋根をなくすことがセマウル（新しい村）の目標の一つとされていた。私が住み込んで調査していた珍島の農村では、一九七二年当時九四軒のうち七〇軒以上が藁葺き屋根であった。また韓国の農村でも貧しさを表現して「チャンパンもない」という言い方を耳にしたものである。

して住宅を建設する。それを家族や身内の者に配定するのである。公式には今も財産の私有を認めていないが、配定された住居に居住する権利は、党の政治路線に反して移住を強いられたりしない限り保証されている。つまり所有は認められないが使用は私的な権利となっている。貿易事業などに関わって外貨を稼ぐのも、公的機関の名義を借りてその貿易事業傘下の事業として、利益の一部を上納することによって可能となる。上部機関や上級幹部との連携によって特権的な権限を活かすのである。こうした住宅建設事業も公的な規制をかい潜るには、さらに上級の機関や党幹部との連携が欠かせない。こうして下級から上級機関・幹部に至るまで認可・黙認と上納の関係によってアパート建設などの大きな事業も可能となる。最終的には中央幹部からさらには首領に対しても、豪華な「特閣」と呼ばれる別荘を建設して寄進する。こうして一時期、首領および中央党幹部のための豪邸が全国各地に作られた。アパートの建設と分譲は、公的な機関の名義によって公然と行なわれるに至ったが、上級党による規制を避けるには相応の配慮を払わなければならない。つまり、忠誠と上納によって支えられる求心的な特権構造が、建造物においても可視化されている。

五　収買事業

食料不足に加えて、衣類、靴、帽子、手袋などの日常必需品も品不足となり始めた。市や郡に設置された商店からも品物が姿を消した。これらの商品は主として地方の市・郡にある軽工業工場で生産されていた。これら地方工場では、工場施設と機械と電力、そして金属やガラスやゴムなどの特殊な原料や半製品は国家によって中央工場から供給されていたが、それ以外の主要な原料や資材は原則として地元で自給する体制となっていた。こうした公式の計画的な供給体制が不調となり、さらに電力供給も滞って工場が満足に稼動できなくなると、商店に商品を供給できなくなった。住民が配布された商品票を持って行っても、商店の棚に商品がないという状態になった。品不足はすでに一九七〇年代から懸念材料となっていたが、一九八〇年代には住民の日常生活にとって深刻な事態となっていた。

地方工場にとって原料不足の解決が課題となっていた。そこで自力更生・自体解決の一策として採用されたのが収買事業である。市や郡に置かれた国営商店には、物品を売る商店部に併設して、物品を買い上げて回収する収買部が設けられた。これは、住民の所有する余剰物資や廃棄物資を少しでも回収して、これを配給品として補填し、工場に資材として供給するものだった。収買対象は、廃品である屑鉄、銅線、ガラス瓶・ガラス片、古紙、古ゴム、古着や中古の家具・電気製品、家庭で育てた兎や犬の皮革、豚肉と豚革、さらには、山で採取した山菜、ドングリ、松脂、薬草、茸、薪などにも拡がった。その中でも屑鉄（ファンソン）の収買は特に重視され、職場で毎週曜日を決めて定例的な課題として屑鉄回収を行なう例も少なくなかった。収買所側では回収した資材を工場や機関に与え、その見返りとして工場から工業製品や半製品、あるいは雑穀やククス（トウモロコシの麵）などの代価を得て、これによって住民への配給を少しでも補おうとするものだった。生活物資を補填するという面と、廃品や不用品を再活用して工場に供給し、工場側でも収買所を新たな取引と供給の窓口として生産を軌道に乗せようとした。公式の計画に基づいた供給・流通網とは別の、計画外の流通という点では非公式といえるが、物資の違法な取引や流出を食い止め、また家内班や副業班や「八・三製品」の販売ルートを国家が保障し管理する制度であった。

日用品収買事業所は都市部・農村部の郡や区・里（協同農場）を問わず全国に普及して、例えば二〇〇〇年当時の穏城郡では、郡の所在地である邑の日用品収買事業所には常勤職員が六名配属し、郡内の各里・区・洞にも収買事業所が置かれて収買員が勤務し、これらすべて郡の収買事業所の職員として月給と配給票を貰っていた。あらゆる日用品が収買対象となり、その価値に応じて一般工業商品を購買できる資格証が与えられた（チョ・インシル　二〇一四・一・二四ａ）。

収買事業が自力更生・自体解決の一環として公式に推進されると、稼動情況がおもわしくない機関や企業の側では、本来の勤務に代わって従業員にノルマを課して収買事業に動員し、屑鉄などの収買で収入を確保することも始まった。あるいは支援活動を名目として女盟や人民班を通して収買のノルマを課することまで見られた。人民班では、世帯ごとに収買課題を与えて収買証（領収書）を提出するように促し、人民班長が各家の門を叩いて回って収買証を回収してゆき、その成果を以って人民班の「生活総和」をするまでに至った。つまり、収買事業は、当初は不足物資を補填する流通効果を狙ったものであったが、しだいに国家や組織に対する忠誠の証のように喧伝され、事実上の強制的な貢納ないし供出・徴発と変わらない実態を生んだ。（イ・ヨンスク　二〇一三・一〇・二二）

そうした収買課題は子供にまで及び、物品の自給を迫られていた学校では、生徒に収買品集めのノルマを課す結果となった。子供たちは山野で山菜、茸、薬草などの採取や兎の飼育にも動員された。学校で教師が直接指示する場合の外、学校における社労青の傘下組織である「少年団」の「子供課題（コマ課題）」として生徒に収買品集めのノルマが課せられた。子供たちは課題を果たせないと「総和」で追及されるので、やむを得ず家の物を持出したり、病院や工場に潜入して盗む有様となった。こうした収買事業は、市場（チャンマダン）での商いが私的取引として厳しく規制されていた中で、計画外ではあるが新たな物資流通のルートを公式に設けたものといえる。

当初これらの収買所は、食料難や生活物資不足を緩和するために設置されたもので、一般住民を対象とする窮余の策ともいえるものだった。しかし、その運用によって新たな副作用も生じた。

一方で、食料や物資の供給面で優遇されていた平壌の状況は少し異なる。平壌などの都市では、少し余裕のある層を対象に、住民が持ち寄った余剰物品を別の商品と交換する商店が現れた。これは食料に余裕があって食料以外の物が必要な家庭が、定められた量の穀物を持って行けば然るべきものと換えてくれる商店である。収買というよりは物々交換と言ってよい。

また、平壌などの生活に多少のゆとりのある婦人たちの間では、少し上等な加工食品を専門として、その供給を担う役割も果たす商店も現れた。これは、国家の認可を得て、社会給糧管理所の傘下に小さな工場をアパート区域に設けて、雑穀や糧票をパンやククスと交換して、職場生活をする婦人たちに便宜を供与するものであった。政府の認可を得ることで、企業所や工場など様々な単位で女性従業員を動員して試みられたが、人気は長続きせず、市場での闇の商売が発展するにともない、一九九〇年代後半の「苦難の行軍」の時期には姿を消した。

手記55 糧券で交換する加工食品工場

平壌市中区域中成洞というのは、八・一五解放直後に内閣事務局が置かれ、一九七〇年代末までは平壌市行政委員会と最も近い所で、労働新聞社が位置する重要な地域だ。このアパート団地街にパンなどを製造する食品加工工場があった。

この団地のアパートは一九六〇年代の六階の中間廊下形式のもので、一戸当たり一八平方メートル程度で、各階に共同便所、共同水道がある大変遅れたアパートだ。それでも平壌市の中心に位置し、交通便利なため人気のあるアパートだった。後に上下水道が各世帯につけられた。

平壌では、住民は食料供給所で米や雑穀の代わりに糧券（白米用、雑穀用）を受け取ることができた。糧券には家庭用と出張用の二種類があり、この食品加工工場で受け付ける糧券は家庭用で、その雑穀用糧券を持って行けば、蒸しパン、麺（ムルククス、マルンククス）と交換して食べることができ、白米用糧券ならイプサル餠（チョル餠、松餠）などと換えることができた。主婦たちに人気があって、夕食時には数量を確保できず交換できないほどだった。一時はご飯も取り扱ったが、需要がほとんどないため姿を消した。需要が増えると、他区域発行の家庭用糧券は受け付けなくなった。

この工場は、平壌市中区域の社会供糧管理所に所属し、この地区では婦人の大多数が正職員として配給票を受けていた。家庭主婦（扶養）級数の配給を受けていた一部の婦人は、正職員の級数との格差分として食料価格の差額をお金で払った。

こうした工場に職員として入れば、食べる問題は自ずと解決できるので、大変人気のある職場だった。また、需要が増大して供給が応じられなくなると、このような所でも裏取引や贈物などの不正が生じた。（チョ・インシル　二〇一三・一二・一八b）

ククス加工工場

小麦とトウモロコシを持って行くと精粉して乾ククスを作ってくれる工場は各地にみられたが、平壌では、ここでも糧券を受け付けた点で配給制度と連関していた。食料配給が正常に機能していた時は、家庭婦人たちが職場生活する上で大いに助けられたが、これも需要に生産が追い付かなかった。

地方では、少なくとも穏城郡の社会給糧管理所の傘下にもククス加工場はあったがパン工場は無かった。白米が配給の七〇～八〇％を占めた平壌とは異なり、雑穀が七〇～九〇％を占めるこの地方では、雑穀でククスを作って供給したのだ。これもやはり配給が正常に供給された時には便利な方法であった。しかし食料供給ができず、飢餓が始まると、こうした公的機関によるクク工場は姿を消した。代わって、大小の工場が自力解決を求めてククス加工場を作った。特に各洞・区にある軽労働職場のククス加工場は上手に運営されていた。トウモロコシに一〇％程度の小麦粉を混ぜると質の良いククスになる。どの工場も農場の近くにあった。この時のトウモロコシで作ったククスは、たいへん香ばしくて美味しかった。

一九九七年に中国との交流が進むと形態は変わった。中国の商人は薬草、海産物、材木などを中国に持って行き、代わりに小麦粉を持ってきた。女性たちはこれでパンを作り、頭に載せたり背負ったりして市場で売る姿が増えて行った。（チョ・インシル　二〇一三・一二・一八b）

手記57

家内作業班によるパン交換チプ

一方平壌には、個人の家庭でパンや餅を作って、それを糧券や米、雑穀などの現物と交換する方式のものもあった。最も人気があったのは、中区域キョンリム洞の大同江遊歩道近くの「パン交換チプ」である。ここは卵パン、酵母パンが専門で、一般のパンに比べて交換価格が何倍にもなった。卵パンは生地を卵で作るもので、一週間たっても味が変わらず一般の高級菓子に引けを取らなかった。需要がたいへん高くて、交換するのは空の星を射るほどと言われたが、このパン工場も苦難の行軍の時に閉まった。（チョ・インシル　二〇一三・一二・一八b）

一般の収買事業の対象となる物資は、廃棄物や中古品あるいは野山の採取物のように公式の計画経済の枠外にある「予備物資」と呼ばれるものである。廃品・中古品のほかには、国際市場において突如浮上した商品性の高い物資として松茸が大きな位置を占めるようになった。それ以前は、地元の住民は見向きもしなかったものである。既存の国家の計画経済における生産・消費の対象外であるため、これに対しても予備物資という位置づけを適用することによって、一部の機関が寡占的に収買事業を展開して外貨獲得の手段としたのである。松茸の収買が地元住民に及ぼした影響は大きく、稼動率が低下した工場ばかりか機関でも職員が休暇を得て松茸採りに山に出かけた。特に咸鏡北道には松茸の名産地とされる山が多く、機関・企業所の職員の中には、松茸の収買事業に出かけると言う名目で、炊事道具や天幕まで持参して秋の野でキャンプ生活を楽しんだりすることもあった。職場の生活総和では、険しい山で本当に苦労して歩き回ったが少ししか採れなかったと自己批判すればよいのだと言う。山の麓には認可を受けた公式の機関が臨時に設けた収買所のほか、闇で買い取る人まで出て、松茸をめぐる騒動に沸いたのは地元の住民だけではなかった。

手記58

松茸採り

北朝鮮では松茸は咸鏡北道の山地に棲息する。国境沿線の会寧と穏城、茂山、富寧、清津市富潤と南側では漁郎と化城、明川、七宝山、金策の青鶴、サンピョン（상편）地域に分布している。咸鏡南道の摩天嶺渓谷でも松茸がとても良く育つ。（中略）

松茸は一年に二度生え、初めは七月初から末までこの時出るのを「オルソンギ」と呼ぶ。二番目は九月初から末までで「ヌッソンギ」といい、基本収穫量はこの収穫によって決まる。

松茸は概略四、五年を周期として育つ。去る二〇〇六年は北朝鮮で松茸が豊作だった。一九七〇年代まで北朝鮮では松茸を外国に輸出しなかった。松茸産地に近い住民は秋に牛車を引っ張って山に登って何本かずつ松茸を採って下りてきたものだ。その時までは松茸がとても多くて「トン松茸」だけ掘った。それをキムチに混ぜたり漬けて毎度の食事に食べた。それが一九八〇年代中盤に日本との取引が始まるや一躍価格が上がって貴重な食品になり、松茸を口にする人がなくなった。

一九九〇年代初めからは政府統制も厳しくなった。松茸の季節になると機関企業所別に松茸収穫割当量を定めてそれに達しなければ追及を受けた。政府としては松茸以外には外貨収入がなかったのだ。松茸が外部にいくらで売れるか知らずに住民たちは政府が言うままの値段で松茸を納めた。一等級一キロ当たり政府は白米九キロを与えた。飴粉なら一〇キロに相当する。テレビを貰おうとすれば何と松茸八〇キロを納めなければならない。しかし、松茸採取は概して集団で行なうため、たくさん採っても全て本人の所有になるのではない。企業から選抜された人は収穫した松茸を全て企業に納めなければならず、苦労の代価として服地や運動服のようなものを受け取るにすぎない。

松茸の季節になると政府は「五号管理所」という収買機関を作って、山中のあちこちに収買所を設置する。松茸が出る山ならどこにもこの収買所がある。夜九時頃になると松茸を積んだ車が列車の駅や埠頭に着く。城津、金策、端川、元山の埠頭にはいつも日本の船舶が停泊していた。

全国に広がったこの「五号管理所」の本部は中央党「三九号室」だ。「三九号室」以外の部署で松茸を取り扱えば不法として処罰を受けることになる。しかし一九九〇年代初めから雨後の筍の如く現れた外貨稼ぎ単位が秋になると松茸の収買に来る。夜が更ければ産地の隈に車を止めて松茸採りを呼び込む。こうした買い取人は五号管理所より二倍程高く買い取る。酒、タバコ、テレビ、服地、飴、運動服、米、ラーメン、石鹸など様々な外国商品を持ってきて松茸採りを誘惑する。これはいわば個人商売だ。

住民たちは五号管理所よりこうした収買人を望んで密かに彼らを探す。そうするうちに取り締まり員に見つかれば理由を問わずに松茸がすべて回収される。

近頃、松茸の季節になれば北の住民は家族総出で子供まで連れて山に入る。臨時にビニールで穴倉を作ってオンドルも設置する。九月なら北朝鮮の山ではこうしなければ寒さに耐えられない。子供たちを穴倉に残して大人や学生たちは明け方五時頃に山に登る。一九九〇年代初めからは松茸より人の方が多いという言葉も聞く程だ。今年は松茸がたくさん出て咸鏡北道の金策市だけでも人口の三分の二程度が山に上がったというが、手ぶらで降りてくる人が過半数だという。（ユ・ミョンジュン　二〇一三・三・四a）

このように収買制度には様々な展開が見られた。当初は、工場の稼動低下・生産停滞に拠る日用品の供給不足を緩和する目的で、家内班、副業班の生産を奨励し、これらを消費者に提供するものであった。また、国家に拠る供給が滞った生産資材を補填するため、金属・ガラス・紙などの廃品を回収して工場に供給するための制度であった。*また、中古品や余剰物資や再生品を商品として再流通させる機能も具えた。さらには、対外交易品の流通経路として、住民に山菜、薬草、松茸、木材、水産物などの山野や海からの採取品を収集する窓口ともなり、また、余剰穀物を回収することによって生活物資や儀礼的な消費品と交換できる窓口ともなった。つまり収買制度とは、計画的な公的供給や流通が不調な中で、これとは異なる個人的な交換や商いを制度的に公認することで、社会主義供給経済と住民の草の根活動とを接合させる制度でもあった。

生活物資の中でも最も基本的な食糧の配給制度は、一九八〇年代から配給量の縮小と配給日の遅延が始まり、一九九〇年代には深刻な未供給状態に陥った。平壌市民への配給、特定の国家機関の職員に対する機関配給、軍用米、炭鉱・鉱山部門への供給が優先される中で、穀物生産の低下によって穀物生産の絶対量が不足するにともない、最大多数を占める一般住民への「一般配給」に支障をきたした。食糧は配給物資として農民市場での売買が禁じられていたのが、市場で闇取引されるようになり、一九九〇年代の半ばの時点では、公定価格が一キロ一〇銭という事実上無償に近い価格のまま公式の流通が途絶えた半面、不法な闇価格はその数百倍の一キログラム四〇～一〇〇ウォンに達した。食糧が未供給となるや農民市場は一挙に膨張し、食糧ばかりでなくあらゆるものが農民市場を通して供給されるに至った。人々は国家による供給に頼らずに、市場での商いを通して自ら食糧を入手する自活の道を探ったといえる。社会主義経済の基本である国家計画に拠る供給経済体系が、生活に最も直結する食糧と生活用品の面で破綻したといえる。

二〇〇二年七月一日に発表された「七・一経済管理改善措置」は、これまでの改善措置と異なり住民生活の実態に即応したものとなり、企業の独立採算制の強化、農産物の収買価格の大幅な引き上げによる二重価格の解消（米価の一キログラム八銭から四四ウォンへ五五〇倍の引き上げ）、生活費（賃金）の市場物価を反映した大幅引き上げ（労働者・農民・事務員は一〇倍、軍人と公務員は四～一七倍に引き上げ）が行なわれた。供給に需要を合わせる従来の計画経済の原則から、生産物の需給の実勢を踏まえた経済運営への転換ともいえるものだった。二〇〇三年には、市場管理運営規定によって農民市場を整備して「総合市場」と改称し、手工業品の売買を公認すると同時に場税を徴収して管理体制を強化する政策に転じた。その一方では事実上許容されて来た穀物の取引を再び規制し、また手工業以外の工業製品の流通を国営商店に一括することで、国家に拠る配給体制の復活を目指すという一面を有した。

その後も規制は厳しくなかったのが、二〇〇五年下半期から市場に対する統制が再び厳しくなり、一方では一〇月一日から食糧配給地域を平壌以外にも拡大して配給量も増やし、それと同時に市場での穀物取引が再び禁止されたという。二〇〇七年には市場での販売に四七歳という年齢制限や開門時間に制限が設けられ、二〇〇八年

＊ 北朝鮮政府は、一九九七年の夏に廃棄物を生産資材として再利用するため、船に山積みのままフランスから元山港に受け入れた例があり、これも収買事業の延長と見ることもできよう。（キム・ジョンファ 二〇一二・一二・一八b、ユ・ミョンジュン 二〇一三・三・四b）

には改めて工業製品の販売が禁止され、総合市場から再び「農民市場」に改称されたという。その後の情況については、農業生産が順調に回復し、食糧の配給も徐々に復活しているとも伝えられる。

二〇一二年一〇月一日から年齢と職業と出勤する労働者の等級に応じて食糧を配給し、市場で食糧販売を禁止するなど食糧配給制の実施内容が順次明らかとなっている。それに拠れば、対象者は五等級に分けられ配給量は最高一日五〇〇グラムから最低一〇〇グラムまでとなっている。人民班と女性同盟での教育・講義などを通して、今後は市場で米やトウモロコシなど一切の食糧を売ることができないこと、出勤しなければ配給を受けられず、国家から高い価格で米を買って食べなければならないと強調していると伝えられるが、その実施状況は明らかでない（イ・オクスン　二〇一三・六・一「북한의 배급제（北韓の配給制）」）。市場チャンマダンの近況については、脱北者からのさらなる情報を整理しなければならないが、チャンマダンの公設市場化が進んで、かつてはすべてが非公式な闇取引であったものが、個々の売り場が商店の様相を呈してすっかり地域の生活に定着しているようである。衣類を例にとると、国際都市の商人を通した生地などの注文と購入、輸送、必要な工人の雇用、裁断工程、裁縫工程、販売工程などの分業により、規格化された製品の大量生産と全国規模の供給にも対応できるようになっているという（チェ・ジニ　二〇一六）。

手記

イ・オクスン　二〇一三・六・一「북한의 배급제（北韓の配給制）」
イ・スンシル　二〇一一・九・九「나의 결혼과 첫날밤（私の結婚と初夜）」
イ・ヨンスク　二〇一三・一〇・二二「북한의 인민방장（北韓の人民班長）」
キム・ジョンファ　二〇一二・一二・一八b「돈받고 얻은 프랑스 쓰레기（金を貰って受け取るフランスのごみ）」

キム・ジョンファ　二〇一三・五・二六a「식양배급소（食糧配給所）」
チョ・インシル　二〇一三・一二・一八a「알곡（식량）과 바꾸는 생활품（穀物（食糧）と交換する生活品）」
チョ・インシル　二〇一三・一二・一八b「빵공장에 대하여（平壌のパン工場）」
チョ・インシル　二〇一三・一二・一八c「신발공급 현황（靴の供給状況）」
チョ・インシル　二〇一四・一・二四a「일용품수매사업소（日用品収買事業所）」
ハン・ヨンニム　二〇一二・一二・一八b「상업은 어떨까요（商業はどうだろうか）」
ハン・ヨンニム　二〇一三・一・二八「주택은 어떨까요（住宅はどうだろうか）」
ホン・ナムシク　二〇一三・一〇・二「북한의 농촌 집들（北韓の農村の家屋）」
ユ・サングン　二〇一二・九・二四b「북한사람들의 개인재산에 대한 문제（北韓の人々の個人財産に対する問題）」
ユ・サングン　二〇一三・三・四「북조선 함경남도 고원탄광 실태와 주민생활（北朝鮮咸鏡南道高原炭鉱の実態と住民生活）」
ユ・ミョンジュン　二〇一三・三・四a「송이버섯（松茸）」
ユ・ミョンジュン　二〇一三・三・四b「보물쓰레기（宝のごみ）」

文献

チェ・ジニ（최진이）　二〇一六「전국적 장마당에서 보는 북조선의 대중문화（全国的チャンマダンに見る北朝鮮の大衆文化）」『임진강（イムジンガン）』二六号（二〇一六年夏・秋）、二一―五三頁

第7章 自力更生と副業活動

一 自力更生

社会主義社会における基本的な経済政策は、人々の生活を物質面で保障する供給体制であり、その基礎は、農業をはじめ全ての産業分野における生産にある。一九六〇年代後半から一九七〇年代初めにかけて、この社会主義計画経済は順調に機能し、後にも先にも例のない社会繁栄として記憶されている。その一方で、当時すでに生産・供給の両面で国家の経済は均衡を失い、様々な問題が浮上していた。農業部門では、ソ連に倣った協同経営化と機械化による規模拡大などによる生産増大が図られたが、協同経営化に至る過程ですでに浮上していた集団主義体制における個人の生産意欲と生産性の低下は、協同農場においても課題となってきた。また、すでに述べたとおり、軽工業部門においても原料や生産資材不足は深刻化していたが、やがてソ連の体制崩壊にともなう原油をはじめとする輸入物資の枯渇は、国内産業に決定的な打撃を与えた。

原油は、輸入量が最大であった一九九〇年（一八四七万バレル）に比べて、外貨不足と対外関係の悪化により、第三次七カ年計画の終了した一九九三年には九九六万バレルに半減、四年後の一九九七年には六分の一水準の三七〇万バレルに、一九九九年には二三二万バレルにまで減少した。二〇〇〇年以後少しずつ回復したとはいえ、二〇〇三年には四二〇万バレルに留まっている（チョン・ウンミ　二〇〇七：二一九）。

自力更生・自体解決は、国家全体の経済にとっても、大小の企業経営においても、また住民の家計にとっても等しく課題となってきた。以下では、企業の自力更生の実態として、「原料基地」、「副業地」と「副業班」、「八・三生活必需品生産」、「額上計画」、家庭婦人による「家内班」などの多様な実態を紹介し、同時にこうした経済活動とともに展開した国営商店、収買事業、市場（チャンマダン）における非公式な私的商活動と行商などについて見て行くことにする。

1　原料基地

個人の私的な耕作ではないが、企業や機関が組織的に行なう原料基地や副業地開墾も、国家による計画経済の枠外で推進された点ではインフォーマルな経済活動であったといえる。

地方の軽工業企業の中で、農産品や林産品を主たる原料とする工場に対して、原料を自給するための農地耕作は「原料基地」という名ですでに一九六一年には認められていた。すなわち、食料工場や紙工場や一部の繊維・衣服工場などで、原料不足が深刻になるとともに、原料を補填して生産向上により工場の経営基盤の強化を図ることが急務とされ、自力更生・自体解決の一環として市・郡の行政経済委員会の指導監督下に原料基地の拡充が奨励されたのである。農地や果樹園にあてる用地や林野を国家が新たに配分し、開墾造成に必要な物資を供給して工場に開墾と管理運営を任せた。こうした食料工場の原料基地では、澱粉、飴、酒、麺（ククス）などの原料となるトウモロコシやジャガイモ、味噌、醤油、豆腐、もやしなどの原料となる大豆などが栽培され、また果樹園を造成して、栽培・収穫から加工・製造までの全工程を自体で行なっている。また原料基地の整備、農作業に必要な機具の手配・修理、肥料や営農物資の自給・入手のほか、農耕用の牛や家畜の飼育などに到るまで自体解決が求められた。農地の開墾には遊休地が割り当てられ、企業内の余剰労働力と資材を活用することで、さほど資金もかからずに食料不足の緩和に寄与するものとして奨励されたのである。工場ばかりでなく、食堂・食料商店などに対しても「営業資材自体栽培生産」の名目で農地の保有が認可された。また、新規に開墾するもの以外にも、既存の協同農場の農耕地の一部を食料工場の原料基地に充てることも始まり、一九七〇年代に本格化した。

肥料をはじめ営農に必要な物資の中には、身の回りの資源だけでは自給できない物もある。食料工場で用いる原料では、例えば、砂糖、小麦粉、炭酸ソーダ、苛性ソーダ、鉄板、布、ゴムなどは、従来国家の供給に頼らなければならなかった。これらの供給不足分についても、中央の支援に頼らずに自己資金・資材を活用した経営努力によって、然るべきルートから入手して解決することが求められた。例えば、原料基地で収穫したトウモロコシを原料として作った酒や、穀物から出る飼料や酒粕・豆の絞り粕などで飼育した豚の肉などを、現物のままで、あるいは現金に換えて、然るべき機関や企業と交渉して必要物資を入手するという方法である。

こうした活動は、本来の計画経済の体制においては、計画外と見なされ原則として許されなかったが、自力更生・自体解決という名の下に容認されるようになった。これら企業・機関相互の非公式の取引とは、どちらの側も担当者の個人関係を通して、あるいは仲介者による闇取引によって可能となるもので、既存の公式制度や権限をかい潜る非公式領域をひろげる契機となった。また、どの企業も同様の問題を抱えているため、非公式な機会と交渉は企業同士の新たな競争を生み出した。

2　副業地・副業班

副業班というのは国家が統制するのではなく、工場企業所が統制して自分の管轄下で経済活動に従事させるもので、国家計画外のものである。副業班には、本体の企業内部で正規の従業員が本務以外の生産活動を行なうために設けられるものと、周辺地区の家庭婦人を企業の傘下に登録して設けられるものがある。前者では、副業班の班員も「組織生活」は企業所に属して指導統制を受ける。ただし後者では、正規労働者に与えられるような国家的保障は一つも受けられず食糧供給もない。

企業所・機関に対して、従業員たちの食生活の中でも副食物については自給できるように農地を割り当てることがすでに一九六一年には行なわれており、蔬菜、ジャガイモ、サツマイモ、トウモロコシ、名節用の肉などの生産に充てられていた。

食料難が深刻となって配給が不規則となり配給量まで減額され始めると、企業が労働者の食料不足を緩和する方策として、副業地とか副業畑という名で、工場の周囲や近くの土地を開墾して農作物を作り、収穫の一部を参加した労働者に配分するという方法が容認された。一九八九年ころからは政府公認の下で、公的機関や企業が従業員の食料自給のため工場近くの遊休地や山野を開墾して、参加した労働者に開墾地を分け与える方式も採られ、一人当たり五〇坪程度の規模まで許容されたという。参加者の意欲が高かったため、一般の協同農場に比べて地味や条件が悪いにも拘わらず、時が経つとともに生産量も増加したという。同様に軍隊も軍人家族の食料を自体解決するために副業畑の開墾に取り組んでおり、主にトウモロコシや大豆や野菜を栽培して食料不足を補充している。

工場の稼働が低下すると、労働者は副業畑での農作業に従事して食料の自体解決にあたり、一年の大半を実質的に農民の生活を送ることにもなった。

企業が、工場や従業員家庭の暖房用の石炭を自給するため、自ら小規模な炭鉱を経営する例や、労働者の食料を補填するための漁業などにも副業班の形態が採られる。その場合には、それぞれの事業分野を所管する中央機関の地方担当事業所の管理下に置かれる。例えば、清津の金策製鉄所の後方部に設けられた副業船は、清津水産事業所の管理下でメンタイ（スケソウダラ）漁を操業している。

やがて一九九五年に至って食料未供給になると、労働者が自分たちの食物の解決を優先して職場から離れるようになり、また生産資材や動力不足によって国営企業が操業を止めるようになると、多くの企業所が副業地の耕作を維持できなくなり、副業地を個人に賃貸して食糧生産する方式も登場した。こうした個人による請け負いは、副業地以外の各種の副業職場にも及び、請け負った個人が必要な人員を独自に雇用する例まで現れた。ここでも、公的な計画経済からかけ離れた私的な経済活動が事実上公然と展開することになった。

副業班には、企業所の正規従業員が担当する場合のほか、豚飼育の副業班などでは人手不足を解決するため企業所周辺に住む家庭主婦を班員に登録して行なう方式も採られ、企業が必要な材料・物資を斡旋する代わりに、豚肉を穀物と交換で受け取る形式も取られた。養豚などのように、家庭から出る残飯や菜園の作物の余り物などを飼料として活用したり、また生き物の飼育のように何かと絶えず気を配らなければならない副業では、企業と家庭が連携する形態が有効なのである。

公的な機関・企業による副業活動は、当初は労働者の需要に応える自給的なものとして容認され奨励されたものだったが、後には従業員の生活必需品ばかりでなく、企業の経営資金を補填するための事業に拡大された。企業経営の自主性と資金運用の裁量権が拡大するとともに、こうした副業班はやがて貿易による外貨事業（「外貨

稼ぎ」ウェファポリ 외화벌이）にも乗り出して規模も品目も拡大して行った。

漁業の副業班も、工場労働者が従事する場合のほか、企業の副業班に登録した漁夫たちに委託する方式も採られ、国営の水産事業所傘下で企業の名義によって操業する形態が見られる。その場合には、委託された漁労経験のある者が実際に洋上の作業（漁場長）を任され、企業から副業担当として配置された「漁労工」がその指揮下で作業を行う。あるいは、副業船の経営を起業家的な性格をもつ船主に請け負わせる場合もある。この場合にも水産事業所の傘下で、しかも企業の名義のもとに、船主は操業を漁労経験のある漁場長に任せ、漁場長が乗組員を手配（雇用）する。船に乗って洋上に出るには資格審査を経なければならず、その点でも企業の名義が好都合である。

手記59

金策製鉄所の副業船

私は一九八〇年から金策製鉄所の後方部の傘下で漁労工として働くことになった。金策副業船は当時、二〇〇馬力船が五隻あり、網を三～四月に設置しておき年末まで網を補修しながら、近くの浜から小船に乗って行って漁獲して、工場の従業員に供給する副業作業班となっていた。私はこの作業班で六年間メンタイを捕る仕事をした。当時住んでいた清津市の松平区域の西港一洞の西港駅前のアパートから製鉄所の埠頭まで自転車で三〇分かかった。毎日明け方に起きて出勤するのでいつも疲労困憊で、立っていれば仕事をしなければならず、立っていなければ眠気に誘われた。出漁時には朝五時に海に出て、妻は三時には起きていた。船は夕方六～七時に港に入る。迎えに出る妻たちは自家製の酒をビニール瓶に入れてメンタイと交換するため大騒ぎだった。酒五キロと背嚢一つ分のメンタイを交換して互いに満足していた。

冬のある日、明け方五時に出かけて夕方六～七時までに五〇トン積載の船を満杯にして港に帰ったことがある。

五〇トンが入ると漁労長はその日の晩に全ての単位にメンタイを供給した。各単位の責任者は自分の部署（食堂）にメンタイを少しでも余計に手に入れようと頑張った。メンタイを一匹でも沢山得ようとして手伝ったり、船の設備の付属品を持って来たりした。漁労工にも一人当たり一トンのメンタイを供給してくれた。私は一トンのメンタイを受け取って家の倉庫に入れ、それをどのように処理しようか考えた末、自転車が不良だったので偶然に会った友人と五〇〇キログラムのメンタイと交換してカルメギという商標の自転車を手に入れた。

（ク・ヨンガプ　二〇一二・一二・一八a）

食料や生産資材以外の消費物資についても、副業による生産が様々な形態をとっている。例えば、北朝鮮で最も大きな清津の製鉄所にも小さな紙工場がある。主に古紙から再生紙を作っていて、作られた紙は厚い包装容器に使われる。漂白できないため色は黄金色でやや青い色を帯びている。原料となる古紙は主に各区域に一つずつある収買所を通して集められる。

手記60 製鉄所の紙工場

この工場で生産される紙は学生たちの学習帳にも事務用紙にも使われる。古紙で作った紙は高級に属する。北朝鮮では紙が不足しているため教科書、文学書籍、美術作品も大変な困難を経験している。黄金色の紙で作った教科書も毎年出版できず、古い教科書で学生たちは勉強する。古紙を持ってきた学生にだけ黄金色の学習帳が学校から供給される。トウモロコシの外皮（オサリ）から作った紙は、学生たちが勉強に使うと破れるのではなく折れる。*

白色紙は中国から密輸で少し入ってくる。紙不足のため新聞も中央新聞だけ印刷され、新聞を配分された幹部たちしか見ることができない。ポスターやチラシは目にすることもできない。

色紙も黄金色の紙に染料を入れて赤色か赤紫色にしたものである。前学年で使った教科書には先生の講義も書き込まれ、数学の問題も解かれている。画報は見るのも稀だ。雑誌は〇・五センチの厚さに制限され、子供たちのマンガ本も紙がないため出版できず、めったに見かけない。図書館の本も古い破れた本が大部分だ。私は一一年間学校で勉強をしたが、白い紙の本を一度も使うことができなかった。お手洗いのチリ紙はその存在自体も知らない。紙の欠乏は社会文化を無能にし、紙がきらびやかで無窮無尽蔵な力の源泉であること、そのこと自体が分からなくなる。

学習帳は商店で販売されるものはない。学校で一カ月に一冊ずつ供給する状態だ。試験を受ける時には試験紙が特になくて、学習帳を破って試験を受け、便箋も特にない。電話がないので手紙が主な通信手段だ。しかし特に紙を売る所もなく、学習帳を破って手紙も書く。学習帳は唯一の紙の百科事典のようだ。（ハン・ヨンニム　二〇一一・七・四a）

企業内のこうした副業班は農産物ばかりでなく畜産物や水産物にも広げられ、企業内の需要に応える外、その余剰品を国営商店の流通網に回すという方策も採られた。

その結果、国営商店には本来の流通経路とは別に、こうした商品を買い上げる「収買所」部門が設けられ拡充されていった。やがて、収買事業は企業の副業班ばかりでなく、個人の手内職的な副業活動による製品の買取りにも窓口を広げ、また配給物資である穀物やその配給票までも受け付けるようになり、物資で支払うことも行なわれた。さらには、廃棄資材や中古品、古紙や屑鉄、ガラス、空瓶、ゴムや古銅などにも収買対象を広げ、工場に対する補填資材の新たな供給ルートとなった。一方、人民学校などでは学校で必要な物資を自弁するため、学童にこうした廃品の収集を課題として課すようになり、収買所その買取りを引き受けるまでになった。食料や物資の枯渇がさらに深刻になると、山で採取する焚き木、薬草、漢方用の蛙、山菜や家庭で飼育する兎の皮までが収買対象となった。

副業地が本格的に自力更生の手法として公式に喧伝されるようになったのは、一九九〇年に脚光を浴びた「チョン・チュンシル運動」であった。これは、慈江道前川郡の商業管理所支配人であったチョン・チュンシルが、従業員を動員して何十町歩もの副業地を開墾し、そこに作物と薬草を植えて成果を上げたもので、この手法が自力更生の模範として全国に広まった。

「チョン・チュンシル運動」の起点となった郡の商業管理所の試みは、当初は新開地に原料基地を開き、郡の食料工場に原料（トウモロコシ、大豆）を供給するものであった。これが全国の郡・市商業管理所に広がり、商業部門の職員が山を開墾して原料基地（副業基地）を設けて桑を植えて養蚕をしたり、あるいは、ヘリソ（海狸鼠　ヌートリア）を飼育して毛皮を中国に売って外貨を稼ぎ、それで住民に必要な靴、石鹸、食用油を購入して供給したりする。これら職員たちは四月から一〇月までは農民として働く（ヤン・ムンス　二〇一〇：四三四）。その結果、生産工場や企業所ばかりでなく国営商店や病院や大学校など、ほとんどあらゆる業種の事業単位が副業地開墾に着手し、これに個人も参加したのだった。「新しい農地探し（セッタンチャッキ 새땅찾기）」が合言葉となり、遊休地や山林の乱開発が進んだ。しかしさほど経ずして、開墾の後遺症により山林が荒廃して洪水を

＊　こうした劣悪な紙は平壌でも実際に見かける。筆者自身も二〇〇四年一〇月五日に平壌でキム・イルソン総合大学の図書館を訪問した時、本の貸し出し申請用紙がこうした黄色の粗悪な紙であるのを見て、女子学生の清楚な制服との余りの隔たりに衝撃を受けた

誘発し、国土管理に深刻な事態が広がった。食べることが急務とされ、国土管理は後まわしにされた（ユ・ミョンジュン 二〇一三・六・一c）。

副業班が自力更生の手法として全国で奨励された当時の様子を、咸鏡北道穏城郡の報告は生き生きと伝えている。食料難を緩和するため党や行政と連携して焼畑が行なわれている。

商店副業班の奮闘と挫折

地方の国営商店にも副業班が現れた契機は、住民に必要な商品が商店にないため、畑を拓いて豆やトウモロコシを植え、それを加工して豆腐ともやし、ククスや食用油を住民たちに供給するためであった。また、加工の過程で出る滓で豚や兎を育てて、住民の生活向上の助けとなるようにしたもので、すべての国営商店に副業班を組織・運営するように党の指示が下された。ここ穏城郡の商店副業班では、班員は大多数が家庭婦人で党員も五名が含まれていた。農作業をするので、子供もある程度大きく、しかしあまり年をとっていない主婦が選抜された。運営のため男性一、二名が加わり、一人は細胞秘書、他の男一人は党員以外の家庭婦人たちの指導の責任を負った。商店責任者とこの男たち二人には一日七〇〇グラムの食糧（トウモロコシ）を供給し、家庭婦人たちには三〇〇グラムの食糧を供給した。農村戦闘を総括する事務長と相談して、この家庭婦人たちは人民班で農繁期ごとに動員する農村戦闘から免除された。

大豆とトウモロコシを作るために、まず火田（焼畑）を作る作業から着手した。火田には傾斜の緩やかな山が適して、郡の山林経営所の承認を受ける。山林保護員の同意の下、地図を作って山林経営所に報告して承認を得た後、山の木を切って乾燥させてから火をつける。半分だけ先に火をつけて火田を作ることにした。境界線は三メートル以上の幅で土を露出させて、火が広がらないようにする。安全部（警察）の分駐所に連絡して、担当者の確認と火付けの承認を得たが、誰もが未経験なため境界線は手抜きだった。現場には行かずに山の下から見上げて承認した。火付けは夕方の一番風が少ない時とし、火の管理のために近隣農場の若い人の助けを借りた。しかし、火が思いのほか広がってしまい、瞬く間に周辺の山をみな焼いて他の山にも燃え広がった。まず何より人員の生死から確認しなければならなかった。

翌朝、郡の商業管理所長が軍部隊を訪ねて助けを乞い、夕方になってようやく鎮火した。事故の後、商店副業班の責任者は郡の保安部に呼び出され、郡党にも呼ばれて捕まった。一カ月程過ぎるとこの件は治まった。

火田で農作業をしたが生産額は計画の一〇の一以下で、トウモロコシは皆無の状態だった。豆さえあれば肥料と交換して次にトウモロコシを植えることができるし、借りた豆種子も返さなければならない。翌年に使う豆種子も残しておかなければならない。家庭婦人たちを豆畑の夜間警戒に立てた。豆は少し収穫できそうだったが熟す前に盗まれてしまった。豆腐ももやしもできず、彼女たちに与える一日三〇〇グラムのトウモロコシも供給できなかった。

副業班の責任者は上級機関の商業管理所を訪ね、翌年の農作業のために豆種子および肥料と交換する分の豆を借りることができるよう協同農場の斡旋とその保証を求め、やっと確約を受けた。それでモヤシを育てて一斤ずつ売って、地域の家庭婦人たちには翌年に農作業をすれば今年の分も与えると約束したが、これも偽りになる確率が高かった。仕事もきつく、やりがいもなくなると、婦人たちはもうできないと言って次々に出て行き、別の人々によって新たな班を組織することになった。

新しい組織の婦人たちも人数は前回と同じで、冬には兎を飼育することにして、子兎を確保し飼料を集めることにした。副業班の責任者は周辺の協同農場に出かけて行き、大根や白菜の葉を集めてくれと頼んだ。だが、協同農場でも豚や鶏を飼育するので、兎の餌集めはうまく行かなかった。

北朝鮮では、兎は繁殖が速くて誰にでも育てられるという長所のため、協同農場や学校で兎の飼育を奨励する。しかし兎は生活力が弱くて伝染病に非常に弱いのが短所である。餌を充分食べさせなければ丈夫に育たない。

兎は一ヵ月に一度七～八匹の子を産むが、草だけ与えるのでは栄養が不足するので、トウモロコシを食べさせなければならない。子を産む時には水分も補充してやらなければならない。兎は細心かつ勤勉に管理しなければ上手く飼育できない。兎の檻も一週間に一度は消毒をして病原菌を除去しなければならない。人手が沢山必要で、学生たちや軍人たちまで兎生産に参加させると、一番安易な方法として他人の兎を盗む事件が日常茶飯事に発生する。相手が軍隊ではどうにもならない。

こうした状況をよく知る副業班の責任者は、外部から遮断して屋内で兎を育てて、病原菌の侵入を防ぎ、泥棒から兎を守ろうとした。農業協同農場を訪ねて回って種子兎を買うために努力した結果、何とか一〇匹余りの兎を檻に入れた。そして主婦二人が昼夜交代で兎の世話に当たった。

兎の飼育に努力した甲斐があって、その成果が少し現れた。寒い冬には兎の檻の暖房を確保するため、薪の暖炉を置いて兎の安産を保障し、餌も種子豆を食べさせて栄養を高めるように努めた。こうして熱心に兎の子を三八匹程度育てて少し安心した。この兎の子が育って兎になれば、確かに初めの計画どおりになりそうだった。

春が来ると商店副業班の責任者は非常に忙しくなった。昨年豆を植えた畑にトウモロコシを植え、その向こう側の焼いた畑を整理して豆を植える計画だった。

仕事にあまり出てこない副業班員たちを一人ずつ尋ね歩いて、仕事に出てくるように促す一方で、毎日毎時間、豆畑にする火田に出て行かなければならない。配給が止まってまともに食べることもできないため仕事は能率が上がらなかった。一日に主婦たち一五人を動員しても男三人の仕事にも及ばなかった。商店副業班に集まって朝の日課を執行するのも取り止めて、トウモロコシ畑に直行して仕事するようにして豆畑の造成にも拍車をかけた。

そうしたある日、焼けた灰を振り払って山から木を引き下ろしていると、商店副業班の事務室から兎担当の主婦が訪ねてきた。聞くと、昨夜、生まれたばかりの子だけ残して兎を全部盗まれ、種子豆四〇〇キログラムもなくなったという。商店副業班の責任者に早く戻って来いとの連絡だった。

商店副業班の責任者が慌てて走って行くと、分駐所と保安部から二人が来ていた。兎舎と倉庫を見回すと驚くばかりだった。空腹に耐える家庭婦人たちをようやく動員して、今まさに副業班の基礎を固めようという時に、こういう事件が起きるとは、溜息しか出なかった。商店副業班の責任者は保安員に尋ねた。一部の足跡から見て軍隊の靴であることは確かで、人数は三〇人余りと推定される。しかし北朝鮮では保安員が軍隊を調査することができず、軍隊保衛部しか調査できない。軍隊保衛部で調査するといっても、軍隊保衛部は軍隊の肩を持つ。商店副業班の肩を持ってくれるはずがないのだ。科学的な証拠を示すことができないし、兎舎の鍵を壊して倉庫の扉を取り壊して足跡だけ残して行った状況から見て、周辺に多い軍部隊の中でどの部隊なのか割り出すのは到底不可能に見えた。北朝鮮では軍人たちに盗まれれば、「人民軍を支援した」といってそれ以上取り合ってくれないのが現実だ。

商店副業班の責任者が再び兎の子を集めて、もう一年熱心に基礎を作ると言っても、再び軍人たちが盗んで行かないという保障はない。それで彼は兎の飼育をあきらめ、残った豆の種子と肥料を商店の宿直室に保管して、会議もそこで行ない、宿直も置いて管理するようにした。こうした難しい経緯を見れば、商店副業班が自分たち本来の任務として地域住民にモヤシを供給し、トウモロコシの麺を供給する日が果たして何時来るのか期待できなかった。（キム・ジョンファ　二〇一三・五・二六b）

本来ならば、食料はすべて国家の管理下にある協同農場において国家計画に基づいて生産され供給されるのが原則であるが、食料不足を解決するため企業に「副業地」という名目で計画外の非公式な耕作が容認されることになった。企業は副業地を開墾するため、協同農場からトラクターを手配してもらうなどの協力を得る代わりに、田植や秋の刈入などの農繁期には、労働力を農場に動員したりした。

協同農場においても余剰産物を利用した養豚や養鶏や酒造が行なわれている。その中でも豚を飼育する畜産班は、後に述べる家内班方式も含めて、ほとんどあらゆる企業に見られるもっとも一般的な副業である。

中央工場の養豚場で生産される豚肉は、平壌など大都市住民を供給対象として、地方住民は供給対象となっていない。地方住民に必要な豚肉の生産は、こうした副業班および家内班が担っている。

一方、山間部で林業を生業としてきた村は、農村の協同農場と同様に、里を単位とした「林業作業所」に編成され、郡ごとに設置された「林業事業所」の管轄下に置かれている。こうした林業の村の副業も含めた生活ぶりについても紹介しよう。

手記62

林産作業所の副業

北朝鮮で林産作業所とは、山で木を刈って運んで炭鉱や鉱山に坑木用材を供給したり、炭を生産して供給する所である。また、松茸の採取も行なう。

私は黄海道のある郡の林産作業所について報告する。ここの事業所には林産作業所が四つ属していて、一つの作業所では一五〇人～二〇〇人程度の労働者が仕事をし、事業所の全体人員は五〇〇人～六〇〇人ほどになる。その中の一つの作業所の生活について紹介しよう。

この作業所には、所長、政治事業の責任を負った部門党秘書（党組織の末端の細胞が多く、初級党から地理的に離れている場合に各細胞を指導できる部門党を置く）がおり、その下部組織の作業班では作業班長、細胞秘書が責任を受け持っている。彼ら細胞秘書は、朝鮮労働党の政策と首領の教示が学習政策綱領として降りてくれば、それにしたがって二時間の学習を週一回以上組織して政策綱領を浸透させ、生産能率が高まるように労働者たちを思想的に武装するのが任務だ。

作業班には伐木班、整理作業班（木を切ってから枝を集めて、虫が発生しないように焼却する、男性労働者もいるが女性が大多数である）、道路作業班（木を山から下ろして積み上げるための道路を作る）がある。作業班員はその時々の作業によって人数に変更があるが概略二〇人から三〇人ほどだ。

また、作業班は伐採場所が移る度に移動して、トラクターが倒れない程度に道路を整備する。原木を積み出すトラクターは、事業所ごとに四～六台持っており全て北朝鮮製だ。原木を積んで運ぶ作業をするのは運転手と運転協力員たちだ。

作業所指揮部は、自動車のスプリング程度を修理することができる基地と、トラクター修理基地を持っている。そして鍛冶屋がいて、木の枝を切る鉈や木下ろし用のチェーンを作って、ワイヤーと連結して木を運べるようにする。

労働者の舎宅は、作業所指揮部の近所に集中して配置されている。家から普通四〇～五〇里（一六～二〇キロメートル）ぐらい離れた所に作業場があるので通勤は不可能だ。そのため、労働者は作業場の近くに丸太で臨時住居を作っておき、一週間仕事をして週末だけ家に帰る。こうした生活が一年間も繰り返されると、家にいる家庭婦人たちはいつも不満だらけだ。

臨時住居で食べるものはトウモロコシご飯と味噌で、それもトウモロコシやドングリで作った味噌だ。一九九四年度以前は、白米とトウモロコシが各々五〇％ずつ供給されたが、その後はトウモロコシが主となり、それすらもしばしば途絶えた。仕事が大変な上に食べ物も充分でないから、週末に家に戻る時はへとへとになっている。まともに食べられないから怪我人も沢山出て、治療のため家に送れば、残った人員が彼らの分まで仕事をしなければならない。

作業所の所長は、山の獣でも捕まえて労働者たちに食べさせようと狩猟も試みるが、それも易しいことではない。あれほど沢山いた猪やノロ鹿も、一九九四年以後は誰もが飢えたため、それも種を絶やした。協同農場でも猪を捕まえようとして罠をかけるという。

山奥なので海産物を食べることもほとんど不可能である。あれほどありふれたメンタイと鯖も、六・二五（朝鮮戦争）以後は海岸封鎖のため捕るのを諦めたし、原油もないから魚を捕るのも容易でない。魚を見かけることも難しい。

食糧配給は、まず林産労働者たちが住んでいる宿舎に送る。残りを子供たちと家庭婦人が食べなければならないから、食糧を補充するため春には山菜を採取し、秋にはドングリ拾いに山を歩かなければならない。ドングリも勤勉な人は沢山拾えるが、皆が山に行くので朝早くできるだけ遠くに行かなければ沢山拾うことはできない。ドングリは拾って三日以内に茹でて皮を剥かなければならず、手が沢山かかる。こうして乾かしたドングリを酒と換えて週末に山から降りてくる夫を慰労し、ドングリ粉は食糧にも加える。

また、家の周辺には三〇坪程度の菜園が与えられている。山奥では白菜や大根を供給できないから自分で生産して食べろというのだ。林産家庭の婦人たちは、こうした立地を最大限に利用して階段状にジャガイモを植え、その間にホウレンソウをまいて、畝にはトウモロコシを植える。ホウレンソウを生産したらその後に春白菜を植える。だから菜園では四段階で農作業をできるが、堆肥をできるだけ沢山やって畑を肥沃にしなければならない。そこで、こっそり近くの協同農場の作業班長や分組長から肥料を手に入れてトウモロコシ畑に施さなければまともに収穫ができない。人の欲は尽きない。三〇坪を植えるといって、たとえば四〇坪を植えたら違反した坪数に応じて一〇倍の罰金を払わせる。だから菜園を広げることができず、三〇坪内で穀類の収穫を最大限上げなければならない。こうして熱心に育てるが食糧はいつも足りない。

仕事をする夫には八〇〇グラムの食糧を与え、家庭婦人には一日三〇〇グラムに補充分としてトウモロコシ粉一〇〇グラムを与えるのだが、一日四〇〇グラムのトウモロコシではとうてい生きていくことはできない。

彼らは山奥で暮らす条件を利用して、春に山菜を沢山採取して茹でて干しておき、夏から秋までずっとナムルご飯で子供たちの飢えた腹を満たしてやる。また、子供たちを学校に行かせれば、学校が遠いのでお昼弁当を持たせなければならない。このように家族が食べて暮らすだけに専念しても厳しいのだが、その上政治学習までしなければならず、家庭婦人たちは山で仕事する夫よりかえって忙しい。林産家庭の婦人たちは、厳しくてもこうして暮らして行かなければ家族が飢え、学校にも送れないから、少しも気を緩めることができない。

夫たちは一週間に一度家に帰って来れば、休息をとらなければならず、家庭の仕事を助ける人はほとんどない。

一九九四年以前には、それでも林産には木を切って運搬するのに必要なジーゼル油を供給していたが、状況が悪くなるにつれてジーゼル油が供給されなくなるや、労働者たちは手動鋸で木を切って、トラクターに代わって人力で木材を引き下ろさなければならなくなった。それで、木を引き下ろす人々を「尻尾のない牛」とも呼んだ。

こうして配給も供給されなくなると、伐木は後回しにして木を刈った跡に火をつけて火田を作って農作業をする。火田の畑に豆を植えて収穫すればそれを肥料と換え、その翌年にはトウモロコシを植えて収穫できれば労働者たちに分けてやった。どのようにしてでも、死なずに生き永らえることが急務だからだ。

また、炭を焼いて市場に出して売ると、人々はその炭を買って燃料として食べ物を作って売り、生活を補填する。松脂も採取して市場に売ると、人々はそれを買ってガムを作って売った。

そんなある日、元山で貿易に従事するという人が訪ねてきて、直径が二〇センチ以上のオム木（木が丈夫で紋が美しく、非常に貴重な木）を伐採して、木の皮に決して傷をつけないように藁縄で全体を包んで、人力で担いで運び出し、自動車で元山まで積んで来れば白黒テレビ、木花綿、砂糖などを与えると言った。

作業班では伐採が正常にできないので、この仕事を労働者たちの生活の足しにでもしようと、西百蓮山の全地域を回って約束した量を準備して、条件どおりに自動車二台に積んで部門党秘書が元山まで同行した。約束した通り白黒テレビ五台、木花綿一〇〇キログラム、砂糖六〇キログラムを無事に持ち帰ってきた。

しかし、作業班内のある労働者がこの事実を郡党責任秘書に知らせると、元山から帰ってくるやいなや作業所所長と部門党秘書が呼び出された。彼らは、国家財産を売ったと厳しく批判を受け、後日処分があるだろうといって、テレビなどを全て車に乗せて郡党責任秘書の家に持ち去った。この事件の後、幹部たちはかろうじて処罰は免れたが、労働者たちに対して所長と部門党秘書は信頼を失った。

ところが、このまま放置できないので、作業所では「八・三製品（人民生活用品）」として、ツルハシの棒を削り、萩で箒も作り、鎌と斧も作って市場に持って行き売るようにした。こうして、飢えで死なないようにあらゆる試みをするが、生きていくことは易しいことではなかった。こんな状況だから、国家のものでも個人のものでも何でも盗んで自分の生活の足しにする。もちろん、盗みをして見つかれば鞭で打たれたり労働鍛練隊で三カ月、六カ月、一年を暮らすことになる。それでも家族を食べさせようとすれば、してはならない行動もするのが北朝鮮の生活の日常になってしまった。（キム・ジョンファ　二〇一三・四・二三）

食料以外の労働者の生活用品についても、企業内部で自給できる品目を製造する副業班を組織して、従業員の

需要に応えた上で、余剰分を国営商店に供給することが奨励された。さらには、企業の経営資金を準備する上で有効であれば、企業本来の業務と直接関わりのない部門でも、従業員の技能や行動力を活かした副業班を作って積極的に取り組むようになった。

国営商店にはこうした副業製品を買い取る「収買所」が併設された。これはすでに述べたとおり、当初は家庭に眠っている廃棄物資や遊休物資を回収して、工場の生産資材として、あるいは住民の消費財として再活用することで、供給体制を補填する狙いで創設されたものだった。やがて収買事業は、企業の副業班ばかりでなく、個人の手内職的な副業活動による製品の買取りにも窓口を広げた。また配給物資である穀物やその配給票まで受け付けるようになり、収買の代価として別の物資をあてることも行なわれ、収買の領収証が別の商店で工業製品や加工食品の購入にも用いられるようになった。

医療分野でも入院療養を行なう施設には、食料などを自給するための農場や果樹園があって、患者はよほどの重患者でない限りは、昼間は農場で四時間働いて食料を自給する体制となっている。ジャガイモ、トウモロコシ、白菜、大根などを作り、豚肉や鶏などを生産している。また「薬綿自体生産」と称して、五月と九月を「薬草掘り戦闘」と定めて、職員が何日もかけて山間部に薬草採取に出かけ、その薬草を乾燥させて粉砕して漢方薬を作って自給する。また農地に綿花を栽培して脱脂綿を自給している。

清津市の区域療養所の例を見てみよう。清津市は行政単位として八つの区域に分かれ、それぞれに区域療養所という名の病院が置かれている。

手記63 **病院の副業班**

例を挙げれば、本来何の生産物もないはずの区域療養所（病院）にも副業班がある。*

清津市の区域療養所では、自身で生産して暮らすのを原則としており、療養生たちも副業班で一日に四時間仕事をしなければならない。主に自分たちの生活に必要なものを作ったり、農作業をして食糧を補充するという制度である。この副業班は、療養所の垣根の内だけでは自分たちの生活を充足させることができないので、周辺に住んでいる家庭主婦たちも含めて組織されている。こうした副業班員は工場に配属された非正規職労働者の待遇を受け、食糧供給を受けることはできないが、すべての労働動員からは免除される。

例えば、豚肉を自給するための養豚の副業班では、これに登録された主婦が個人の家庭で育てた豚を所属する副業班に売る。副業班には班長がいて班員に対して子豚の供給も組織的に保障する。すなわち子豚が生まれれば副業班に登録された人にだけ子豚を供給し、育った豚は療養所が必要ならば療養所に売ることも、自由に売ることもできる。その場合、一カ月に豚一匹を一〇〇〇ウォンで売ったとすれば、三〇％に当たる三〇〇ウォンだけを副業班に納め、残りを本人が受け取る。副業班は自身で生きるための制度だ。すべての販売は療養所の経理を通して銀行決済でなされる。国家による保障は何もないが、各種の動員から免除されるというその長所一つによって副業班が運営される。

この方式は一九七〇年代から一九九〇年代まで活気を帯びていたが、それも今はなくなってしまった。主婦たちが二〇～三〇％も納めることを拒否したためだ。市場経済に明るくなった人々が、統制を避けて自分の収入を全て得ることを望んだのだ。

この療養所には土地を持つ副業班もあって、トウモロコシの農作業をして豚と一対一で交換する。すなわち豚肉が七〇キロであればトウモロコシ七〇キロと交換される。また、栽培したトウモロコシで酒を作って、この酒と交換で療養所が必要な暖房用の石炭や薪を入手する。

国家から療養所に公式に配置されるのは医師と看護婦だけで、その配給と給料以外の一切の経費は療養所自身で解決することが求められている。現代化は難しくても、副業班を上手く運営する機関や企業は何とか運営してゆけるが、療養所は貧弱なものが大部分だ。国家からは農耕地を少しずつ与えられ、療養に来て滞在する患者たちは、牛で畑を耕し、種を撒き、草を取り、刈り入れして越冬の準備に当たる。彼らも無条件で一日四時間の仕事をしなければならない。熱が出たり重い患者であれば仕事から除名されるが、手足が動けば仕事をしなければならない。

こうした療養所にも入るのが難しい。ここに入れば、薬を飲んで食事も食べられるので、人々は療養所に入ることを希望する。(ハン・ヨンニム　二〇一三・一一・二三)

道の貿易局が仲介した例としては、靴工場がゴム底や布などの材料不足のため稼動できない場合に、従業員に山で山菜を採らせて道の貿易局に納めると、貿易局ではそれを中国に売った代金でゴムや布を購入して郡・市の靴工場に提供するといった例がある。また市が主導した例としては、恵山市では市の貿易局がコサリ(蕨)などの山菜や原木を収買して中国に輸出し、その代価でトラックを輸入して地方工場に提供し、後には同様にして対象をタイヤ、スプリングなどの部品やガソリンにも広げ、被服工場には布生地を供給したりしている。また従業

＊　大都市は行政上幾つかの区域に分けられ、清津市では八つの区域にそれぞれ区域病院が設置されている。市でも市街地から離れた里には里診療所が配置されている。区域病院で診療できない場合には市に一つ設置された市立病院に移送され、あるいは各道に一つ設置された道立大学病院に移送される。区域病院には病院長と技術部院長が配置され、各課ごとに課長と担当医師と看護員が一人ずつ配置されている。人員は総勢約二〇〇名である。病院にも政治組織があり、朝鮮労働党区域病院委員会初級党秘書が置かれ、その下に課ごとの細胞秘書と、幾つかの課を併せて部分党秘書が置かれている。同様に職業同盟と社会主義労働組織も組織されている(ハン・ヨンニム　二〇一二・三・二四)。

員の食料問題が深刻なので、小麦粉の輸入を優先するように要求した例が報告されている。

一方、咸鏡北道では、道の行政経済委員会の地方工業総局が貿易会社（七宝山貿易会社）を設立して貿易権限を独占し、その傘下に輸出工場を置いている。また、企業が独自に設けた原料基地も、後に企業から地方工業総局の管理下に移され、清津市内には「原料基地事業所」（地方工業総局の原料動員処）が設置され、これを母体にした「輸出基地事業所」が海産物をはじめ座布団、帽子、扇などの輸出を担当している。各地方工場はこの貿易会社を通して塩、砂糖、綿、糸などの必要物資を入手する（ヤン・ムンス 二〇一〇：四二八）。つまり地方工業総局が原料基地を統括すると同時に、貿易事業による物資供給までも新たに一本化したといえる。

このほか、企業の資材調達においてムルチュ（물주）と呼ばれるブローカーが介在していることも知られている。盗品や横領品の資材を自家に所蔵しておいて闇取引を生業とする者もいる。

地方における遊休資材、遊休設備、遊休労力などのように公式の計画では把握することが難しい領域は「地方予備」と呼ばれ、半ば非公式ともいえる新たな交易と結びつくことがある。「地方予備」の取り扱いは、国家が計画経済の一環として独占管理していた貿易の枠外とされることで、それまで存在しなかった新たな貿易利権が発生し、中央の機関がこれを独占して巨大な利益を挙げることになった。「予備物資」の中でもその最たるものが松茸であった。

こうして、外貨稼ぎは中央の各機関に広がり、さらには地方の機関でも行なわれるようになった。貿易には国家による独占貿易から、内閣傘下の部・委員会に対外貿易権限を委任する「国家貿易」方式、道に委任してその下で市・郡が道と緊密に連携して外貨稼ぎとして行なう「地方貿易」方式がある。その「地方貿易」は、地方の輸出予備を動員して地方産業工場用の原資材や住民用食料など地方の需要に応える小規模なものである。すなわち、道貿易管理局—市・郡の貿易課—市・郡の外貨稼ぎ事業所の連携の下で、輸出品目を人民班や工場・企業所の労働者を動員して収買して集める方式により、松茸、塩漬け蕨、乾燥蕨、松の実、南瓜の種、つる落花生、原木などを郡ごとに集めて、その貿易の代価としては洋服、衣類、生地、靴、トウモロコシ、小麦粉などを輸入して分配する。郡の外貨稼ぎ事業所の収買員がこれら農土産物を買い集める役を果たすほか、「地方予備」領域にはブローカーも介在する。

特に両江道の中朝国境に位置する恵山市は、公式の貿易ばかりでなく、地域住民の手による地の利を生かした非公式な貿易（密貿易）が最も盛んな地として知られ、この地に派遣されることは官吏や機関の幹部職員にとって絶好の蓄財の機会となっている。

公的な貿易のみならず、道や市が介在する貿易は様々な物資に及んでおり、一般住民や農場員も様々な形でその傘下に編入されている。この地方の住民ばかりでなく、山野のあらゆる資源が国境貿易に動員されていると言ってもよい。この国境地帯における交易活動は、官の権限と民間の非公式活動が複雑に連携して「トゥク事業」（トゥクとは河川の堤防を意味する）と呼ばれる独特の官民一体の利権体制を作り上げている。この体制と秩序にはこの地方で生活する人は何らかの形で誰もが関わっていて、外部からこれを安易に規制することが難しいという。しかし密貿易や非公式な取引が度を過ぎると、中央から査察に人が下りて来て嵐が吹き荒れ、しばらくの間は互いに自粛するが、やがて元の状態に戻るのだという（パク・コニョンの教示）。

学校にも食料を自体で解決するように指示が下ると、農場に出かけて、農民が都市人に売るため山間地域で違法に伐採した原木を買い取り、それを市の貿易課・道貿易管理局を経て中国に売って米を輸入する。この米が市の糧政課を通して学校にも供給される仕組みとなっている。公的には配給制度の枠内で処理（その分量を配給票から削除）されるので、実質的には一定の金を払って買って食べることになり、一般配給票よりは高価であるが市場よりは安価であるという。

あるいは、靴工場が靴底の供給がないため稼動できない場合に、道では工場員に山でコサリでも採って来るように指示し、そのコサリや山菜を道の貿易局に納めると、貿易局ではこれを中国商人に売って靴製造に必要な物（例えば生地）を買って工場に与えるという（ヤン・ムンス　二〇一〇：四二六―四二八）。

3　家内作業班

生活消費品の生産を担った地方の軽工業が不振となり、品不足がさらに深刻になると、資材の有効利用と家庭婦人の遊休労働力と技能を活用して、日常生活物資の補給を図る方策として、企業および機関の傘下に「家内作業班」の設置が奨励された。これは企業工場や機関が近隣の家庭主婦を傘下に登録させて、その技能を活用して手工芸品などを製造して納品させる方式である。

一方、企業や機関とは関係ない家庭婦人たちの手内職的な活動は、本来は家庭生活のための自給的なもので、営利目的で公然と行なうことは禁止されていたが、深刻な物資不足を緩和するため容認することになった。

手記64

家内作業班

一九七〇年に入って生活必需品の不足に加えて製品の多様性も要求されたが、社会主義計画経済ではそうした需要に対応できなかった。そこで、職場に就いていない家庭主婦を経済活動に参加させるため、初めて家内作業班というものが現れた。これは家庭の婦人を家内作業班に登録して、各自が自分の家で自分の才覚によって製品を作り、国営商店を窓口として流通させる方式である。価格は生産者個人が定めて、商品が売れれば収益の二〇～三〇％を国家に納め、残った金額は個人が得るというものである。その製品は、当初は服の仕立てと修理の裁縫仕事が主だったが、しだいに個人的な経済活動全般に広がっていった。この制度によって、糸を持ってきた人の依頼に応じて織機で服地を織って手間賃だけ受ける人も現れ、やがて家で豆腐などの食物を作って売る場合にもこの家内作業班に登録しなければならなくなった。(ハン・ヨンニム　二〇一三・一一・二三)

こうした家庭婦人の家内班は、社会主義化の章で述べたように当初は市・郡ごとに設けられていた「便宜施設事業所(便宜生産協同組合)」の管理下に置かれて統制を受けて、後に地区ごとに置かれた「計画遂行管理所」で管理する体制に移行した。

家内班で作る製品は、作業手袋などの標準的な製品から始まって、国営の被服工場から出る布切れ(棉布、テトロン、スフなど)を活用して、新婚家庭への贈り物(礼物)として準備する様々な装飾的な手芸品に広がった。布団カバー、座布団、テーブル掛け、ベッドカバー、枕カバー、前掛け、レースなど、家庭の装飾品について予め国営商店の売り場で注文を受ける体制がとられ、その仕様に沿って資材が供給され、納期を定めて計画的に製品を供給する体制となった。ミシンによる手芸技術を基に、糸や色も多彩となり、製品も多様化し、模様などのデザインにも本人の高度な技能やセンスが生かされるようになった。また、一九八九年の「家内作業班・副業班管理運営および家内便宜奉仕事業に関する規定」により食料品の加工・生産も可能となった(ハン・ヨンニム　二〇一三・一一・二三、ハン・ヨンニム　二〇一三・五・二六)。

4　八・三人民消費品

別の形態でもう少し規模の大きな副業班として、大きな生産企業所には「八・三製品職場」が置かれ、小さな工場では「八・三作業班」の形態がとられた。「八・三製品」というのは、一九八四年八月三日にキム・ジョンイルが平壌市内の軽工業製品大会の展示場を訪れた際に、人民消費品の生産を高めるため行なった教示に由来する用語である。当初は、企業所から出てくる副産物を活用して生活必需品・人民消費品を作って、国営商店と直接取引きして販売する形態であった。これも国家計画外の自力更生として各企業に広がり、企業所で「八・三製品」製造に従事する労働者は、一般労働者と全く同じ国家の恩恵を受けた。また国営商店の外にも「八・三製品」を扱う直売店が各市・区域・郡に登場した。

八・三製品で知った自分の労働力の価値

例えば、大きな被服工場ならば、服を裁った布切れで子供服や子供用の製品を作って、国営の工業品商店に直接出して原価を定めて売る。販売員には国家が月給を与え、商店は賃貸料だけを受けとり、販売された代金は全て生産単位が受け取る。

鉄製品の日用品を扱う鉄工場では、副産物の鉄板で十能（炭火を運ぶ道具）や匙や箸を作り、家庭で必要な送風具（プング）や鉄製の臼（チョルグ）などを作って商店に出す。また、羅南名誉軍人工場では樹脂日用品を作っており、ここに廃ビニールを集めて持って行けば「八・三」で作ったビニール製品のバケツ、盥状の器（ソレ器）、パガジ（瓢箪の形をした器）など必要な製品と交換してくれた。この方式は、国家の生産計画に依らず、国家に納める金額の計画だけ達成すればよい。

この「八・三製品」が出てくることで商店には物が出回り、取引が成り立つようになったが、これも一九九〇年代末には再び商店から消え始めた。それは、労働者たちが個人で「八・三製品」を作って自分で市場に出て売り始めたためだ。工場の資材を使って自分で変圧器を作り市場で売る人も出始めた。月給だけで腹を空かしていた人たちが市場（チャンマダン）を知ることになり、個人商工業に飛び込んで行った。

食料工場に通っていた労働者たちは、工場で習った技術を生かして自家製の飴を作り、また家内班に属して仕事をしていた裁縫工も、自分で布を直接買って必要な服を作って市場で売り始めた。そして、企業所内の「八・三製品職場」の労働者たちも、一〇個作れば半分だけ職場に納めて、残り半分は個人で売り捌くようになった。

一九九〇年代には、こうした市場を知らずに数百万もの人が死んだが、そうした中で人々は市場で生き残る術を身につけた。個人による「八・三製品」の生産は市場経済への近道だった。製品に様々なアイデアを出すことで生きることができた。大きな化学工場で使う廃産物のメタノール、ラークなどによって化学肥料を作り、ホルマリンと酵素によってワニス（木家具に塗るニス）を作って売ったところ大変人気があった。

国家統制によらない企業所管轄外の「八・三製品」生産を通して、労働者たちは自分の製品の価値を知るようになった。それまで彼らは、自分の仕事と労働力の代価がどれほどかも知らずに、月給を貰えばその程度のものと考えて仕事をしていた。「八・三製品」を自分で作って直接売ってみると、自分の労働力の価値も製品の価値も分かるようになった。

例えば、労働者たちが仕事の時に使う労働手袋（軍手）を、国家からは一カ月に一、二個程度供給されていた。着古した服地を利用して手作りで手袋を製造して「八・三製品」として商店に出すとよく売れた。一日の労働者の労賃が二〜三ウォンなのに、その手袋は一枚一ウォン二〇銭で売れる。特に炭鉱、鉱山、建設現場の労働者たちにとってこの手袋は必需品だ。炭鉱企業所には労働保護物資供給所があって、本来こうした手袋も供給しなければならないのだが、手袋が品薄で高価なため、国営商店が手作りの製品を自分で買い取って直接供給し始めた。例えば、炭鉱に労働保護手袋（軍手）一万枚を供給するため、工場で作られる「八・三製品」を一枚一ウォン二〇銭で買う場合は、商店はその炭鉱宛ての行票（銀行決済票）に一万二〇〇〇ウォンという金額を記入すれば、銀行の決済課を通してその代金が商店に入る。商店はその代金から店の賃貸料と手数料を受け取り、残った金額を製造元の工場に与える。家内班や副業班では商品を作った個人がその金を取ることができるが、工場の「八・三製品作業班」では代金の全額を工場が取り、労働者は給料だけを貰う。つまり、一日当たり労働手袋二足分程度の労賃しか受けとれない。その工場の電気や機械を使ったからである。一方、家内班や副業班は、自らの機械と設備資材で作るから国家には二〇〜三〇%の税金を納めるだけだ。

商店に出てくる商品を見ると、工場で作る「八・三製品」は多様性に欠けるが、家内班・副業班の製品は多種多様だ。各自才覚さえあれば良い物を何でも作る。

食品も家内班を通して出てくるようになった。自分で原料を購入して餅、パン、菓子を作って商店に依託すれば売ってくれる。個人の商工業品が市場に出てくると、国家が製造する軽工業商品は商店から姿を消した。それに代わって、家内班・副業班などで作る「八・三製品」を商店に委託して売る形態が自然に広がった。豚一匹を育ててその肉類を食品商店で依託販売する場合にも、その価格は個人が決める。一キロ当たり一〇〇ウォンであれば、商店は一一〇ウォンぐらいで売って手数料を一〇ウォンだけ取る。住民たちは豚肉を買って食べることができるようになる。豆腐も個人が大豆を買って家庭で作って商店に販売を依託する。

組織で提起される労働動員も、お金をいくらか収めれば免除されるようになった。動員の組織者たちは、その金を受け取って動員に参加した人たちに間食でも買い与えることができ、やがて金さえ出せばすべての動員から免除されるようになった。工場で「八・三製品」を作っていた人々も、工場を辞職して家で自分の製品を作って市場に出して売れば、その価格全てを本人が受け取ることになった。

靴も自分で作る。新義州の靴工場に通っていた労働者たちは、職場を辞めて靴の布と靴底を自分で入手する。すなわち、布と靴底、糊、糸など必要な物質は、靴工場から盗んで売りに出されたものを闇価格で買って、自分の技術で靴を作って売れば、利益の全額を手にすることができる。こうして靴工場の資材が市場に流出すると、工場は資材不足のため門を閉ざすよりほかない。社会主義経済は供給経済であって、国家は靴工場に資材を供給する。その資材は闇で売られ、生産はできなくても売り上げ相当額を国家に納めることによって「指標計画（額上計画）」は完遂したことになる。工場は電気が無いため稼動出来ない状況にあっても、国家から供給された資材をこっそり売ってしまい、上部監督機関に対しては国家計画を果たしたと報告すれば済む。靴は個人が作って闇価格で高く売られている。工場労働者の一カ月の労賃は七〇ウォンにすぎないが、個人が作った布製の運動靴は市場で一足四〇ウォンで売れた。

刺繡は、平壌手芸研究所に万壽台創作社があり、主に首領の肖像画や万年長寿の刺繡を基本とし、自然刺繡は輸出品として出した。また生活必需品の刺繡もある。咸鏡北道では嫁入りの際の持参品として、布団を三～五点、新婦の部屋を飾るオッポ（服を包むポ）、テーブルクロス、布団カバー、座布団、枕などすべてに刺繡を施す。女性たちも社会に進出しているから、代わりに工賃をとって製品に刺繡する。娘一人が嫁入りするには刺繡のため白い綿布が五〇～一〇〇メートルも要る。私もこの手芸の副業をするため先ず必要な裁縫機を準備した。刺繡の枠を用意しようとしたが売っているものがないので、粉を篩う篩《ふるい》で枠を作り、白い綿糸を購入して染色所で何十種類の糸を染めた。嫁に出そうとすれば、六メートルの白い布にシャクヤクの花と孔雀を刺繡して壁掛けを作った。二メートルの布にテーブルクロスとして花と鳥を刺繡し、座布団も三～五枚すべてに刺繡した。布団も花布（コッチョン 꽃천）が貴重なので、赤や青の布に孔雀の模様や百年長寿の鶴と亀を刺繡した。枕カバーにも刺繡をして、レースが貴重な北朝鮮では布に穴をあけて刺繡してレースのように作った。娘一人を嫁がせる手芸品の加工料だけでも月給七〇ウォンに対して一二〇～一五〇ウォンもかかった。白いブラウスばかり着ていた時期に胸に白の明紬に刺繡をし始めた。手芸に対する女性たちの熱気は一九七〇年代から一九九〇年代まで続いた。家内班を通して手芸品が商店に出始め、女性服ばかりでなく子供服にも刺繡をし始めた。

子供の「初トル（誕生祝い）」には手芸品が基本となって服作りに変革が起きた。私はこうした手芸をしながら家計を潤すことができた。手芸が私の一生で最も幸福な時期で、夢中になって裁縫機を回して健康を害し、婦人病と流産が重なって悩んだりした。

社会主義の下で個人の手工芸が我が家庭を救ってくれた。今では自動化した機械で刺繍をするが、その時の私は手だけで天の仙女も華やかな花籠も刺繍した。こうして新婦の部屋を美しい花畑のように華やかに飾る。こうした風習が咸鏡北道の新婦部屋である。布が貴重な北朝鮮では、手の平ばかりの布が有れば刺繍をして装飾品に用いた。また、中国から来る華やかな布団などの絵を見ると、それを布に刺繍して新婦の布団を作った。こうした手芸品を市場で売る時には、定められた価格はなく自分で付けた値で売れた。（ハン・ヨンニム　二〇一三・一一・二三）

八・三生活必需品生産

私たち八人家族は三部屋の家に住んでいた。上部屋（ウッパン 웃방）、中間部屋（チュンガンパン 중간방）、厨房（プオッパン 부엌방）から成り、厨房の横にあった倉庫（コバン 고방）で「八・三製品*」を作った。クロス手袋は工場労働者用の多用途手袋で、国家からは供給が途絶えていた。材料（棉広木、テトロン、スフ布）は洋服店・被服工場から入手して、製品は一〇個ずつ束ねて検査を受ける。こうした家内班は一九六〇年代から党の政策を貫徹するため徐々に拡大してゆき、登録した婦人たちには会員証を与えた。足踏みミシンによる機械手芸で、毎月の計画遂行は一二〇ウォンだった。売り上げの三〇%を「八・三製品管理所」へ納め、七〇%（八四ウォン）が自分の収入となった。病気の時は診断書を提出した。製品は婚礼のために準備する布団、座布団、ヘッポ、テーブルクロス、ベッドカバー、枕カバー、前掛け、装飾品レース等である。国家にも利益があ

り個人会員にも利益があった。

　個人の取引だから技能と製品の質が問われる。刺繍の技とセンス、多彩な糸の使い分け、模様の美しい描写などである。顧客の注文に合わせ、婚礼に合わせて納期を守ることが重要だった。技とセンス、良心が評判となった。工場で稼ぐより二〜三倍稼げた。刺繍入りの子供服やブラウスなどに鳥、兎、ひよこ等の刺繍を施し、顧客の需要を意識してセンスを活かし細心の努力を払った。

　一九八〇年代から中国製品（捺染のきれいな色彩）が入ると需要が落ち込んだが、女性のブラウスや子供服に刺繍を入れてアイデアで稼いだ。一九九〇年初まで自分の技術と努力で稼いだが、一九九六年から食料配給が途絶えると一九九七年から行商に出かけ始め、八・三商品管理所機関は麻痺した。

　行商（ヘンバン　行訪）は、物を買い入れて背負ったり頭に載せたりして、輸送手段の無い辺地を一日に一〇〇里も歩いて訪ねた。自動車道路にまで出て来ると、タバコと酒瓶を手に持って運転手に頼んで乗せてもらい、汽車にも乗せてもらった。「女性は花、女性は黄牛」ともいう。夫が家で留守番と食事の世話もするようになり、それで「家の山羊」等と呼ばれるようになった。

　一九九八年には栄養失調で餓死者が多くでると工場も八・三製品も全国的に麻痺状態になった。（ハン・クムボク　二〇一二・一二・一八b）

＊　八・三製品とは一九八四年以後の用語であり、それ以前から家内班で作られてきた手芸品なども八・三製品と呼ばれるようになり、地区ごとに置かれていた「計画遂行管理所」も「八・三商品管理所」と呼ばれるようになった。

「八・三職場」の工芸品

工場では、手の器用な人を七～八人選出して「八・三職場」というものを運営しました。そして樹齢何百年にもなるピスルナム（비슬나무）の木の根を彫って工芸を始めました。この根は大変大きくて人の丈の二倍にもなりました。色々な人の考えを集めて、この木の根で朝鮮の地図を作ることに決めました。

彼らの中にチョン・セドクという若い人がいて、頭が良くて絵も上手で、多方面に器用さを具えた人でした。木の形をよく整えて朝鮮地図を描き、皆で分担して削り始めました。一カ月がすぎて木の根が立派な朝鮮地図の模型になりました。その内容は、会寧穀産工場で生産したタバコを前線地域の軍人たちが背負って行く場面でした。工場ではこの作品を自慢して、キム・イルソン革命精神研究室に飾って従業員たちに観覧させ、大切に保管しました。また他の作品も沢山作ったのですが、労賃はいくらにもなりませんでした。

「八・三職場」では、各自が器用な技を生かして製品を作ることを討論しました。他の人たちは木工芸でしたが私の夫は石で彫刻品を作ることにし、それも玉石工芸でした。そこでまず玉石から手に入れなければならないので、子供たちを連れてポゴ鉱山という所に行くことにしました。咸鏡南道ポゴ鉱山では、どの家も垣根を石で積んでいて、その石が全て玉石でした。背嚢を持って行きましたが石が重くていくらも持ち帰ることができませんでした。石を切ろうとすれば機械がなければなりません。あちこち飛び回って独力で機械を完成して石を切りました。

私も夫の助手として手伝って玉石で大きなミミズクを作りました。目玉には電球を入れてスイッチを押すと目に光が灯って四方に広がり、本当に山ミミズクのように生き生きするものでした。会寧にいた時、私の家はちょっと大きいほうでした。診療所の先生が子供たちの予防接種のため人民班にやって来れば、我が家を選んだし、人民班会議も我が家で開いたのですが、夫が作ったミミズクを本当にミミズクと思って泣く子供もいました。

また、高麗人参工芸、スズラン工芸、石の酒杯、首飾り、玉の指輪、腕輪など、小さな石も全て利用して様々な製品を作りました。製品を作って全て国に納めたのに、疲れるばかりで労賃には別段差がなかったのです。夫は考えた末、職場では製品を二つ作って、一つは職場に納め、もう一つは家で使えばよいだろうと考えて、私の意見を尋ねました。他の人々もそのような意見でした。そして、二つ同時に作るのなら流れ作業にした方がよいといいました。夫が製品を削ると私が始めの研磨をし、長女が二回目の研磨、二番目の娘が三回目の研磨、三番目の娘も参加して、最後の段階で夫が製品を完成させて、一つは職場に納めもう一つは売ることにしました。

そして、その製品を背嚢に入れて売ろうとしましたが、朝鮮の人たちはお金があれば食べ物を買おうとして関心がなかったのです。ある人は、製品を見て上手だと言って欲しがったのですが、条件が合わずに買うことができませんでした。何日も背嚢に入れて歩いているうちにある中国人に出会ったのです。この人は朝鮮に遊びに来てもうじき帰らなければならないが、土産に持ち帰るものがなくて悩んでいると言います。この製品を買って贈り物に持ち帰れば良いといって、それを自分に売れと言いました。人のよい夫は安く値をつけました。その人は大変喜んでさっと買って行きました。

大金を握ってみて私たちはなぜか胸が躍りました。夫が数えてみても上手く数えられず、長女が数えてみてもできず、二番目の娘が数えてもできません。一晩中お金を数えながら夜が更けました。翌日、私たちは子供連れで市場に出かけました。米も買い、トウモロコシも買い、麺も買い、油も豚肉も買い、青野菜も買って子供たちに食べさせました。子供たちの靴も買いました。

ところが数日後に娘がやって来て、保衛部で夫を呼んでいると言うのです。私たちは罪を犯すことは何もしていないのに、何の用だろうかと夫が保衛部を訪ねて行きました。保衛部長は夫に工芸作品を中国の人に売ったことがあるのか尋ねました。夫は事実通り話しました。保衛部長は夫が中国人と取引したと罵り、それ以来何かと夫を呼びつけて困らせました。夫はそれが余りにも煩わしいので、後で一つ作って保衛部長に記念として使うように渡しました。その後、保衛部長はもう一度夫を呼ぶと、子供たちが皆病んでいるのなら製品を作って売って生活の足しにするようにと耳打ちしました。

生活はますます難しくあらゆるものが枯渇してくるや、咸鏡南道プゴ鉱山であり余っていた玉石も今は持ち帰るのが難しくなりました。一度どこかに出かけようとすれば通行証を貰わなければならず、そのためにはお金を使わなければなりません。

プゴ鉱山に行けば、足で踏むもの全てが玉石だったのに、それも金を出して買わなければならなくなり、あるいはタバコや水飴のようなものを持って行って換えなければならなかったのです。石の作品を一つ売っても一カ月暮らすのは大変でした。中国人たちは、安値で買って持って行っては高値で外国に売ったといいます。夫が作った玉石作品だけでも、五カ国に売られて行ったといいます。この便りも中国の人から聞きました。（チュ・グムシル　二〇一三・一一・二五）

5　家内畜産

手工芸品のほかに、家畜の中で特に食肉としての需要が多い豚の飼育についても、国家の計画・統制以外にも家内での飼育が広く奨励されてきた。畜産は一九六三年九月の党中央委員会第四期第七次全員会議の決定に依り、国営農牧場による国営畜産、協同農場による共同畜産、農家による農民副業畜産の形態が採られ、一九七一年一〇月の第五次党大会を契機に、協同農場と農家および学校などに鶏、アヒル、兎、山羊、羊を一定数義務的に飼育させ、農民市場での売買を自由化して飼育を奨励した。二〇〇六年には飼育頭数の制限も解除された（チョン・ウンミ　二〇〇七：二九二―二九四）。

協同農場には作業班ごとに豚分組が設けられ、都市部の機関や企業所でも、豚肉は労働者向けの自給のためにも、また企業の資材購入などの資金源としても豚が有用であり、豚舎を持たない例がないほど広く普及している。直接物々交換に充てたり、あるいは収買所で買い取ってもらって資金を得る方法も採られた。また、豚革は軍に納めて軍用の靴に用いられる。このため企業・機関内に副業班として畜産作業班を設けて、副業地から出る廃物を飼料として豚の飼育を行なうほか、近隣家庭の主婦を企業に登録させて「家内畜産班」を組織する例が少なくなかった。主婦は子豚を育てて所属する企業・機関に納め、豚肉と同重量の穀物（トウモロコシ）を受け取る方式である。豚の餌には家庭の食料廃棄物や人糞のほか、山で採集する豚草に加えて、企業・機関から支給されたり手配されたりする穀物飼料を充てる。また豚の肥育には酒粕やオカラが飼料として効果があることから、家庭内で豆腐作りや酒作りを合わせ行なうことも多い。

また企業・機関によるもの以外にも、地方都市や工場の労働者区でも家庭婦人による豚の飼育が、家計維持のために欠かせないほど広く普及している。こうした主婦による「家内畜産班」は、地域の人民班を単位として管理されることもあり、この場合、人民班長は同時に「家内畜産班」の班長役も果たし、飼料の手配や、収買所への納品、生まれた子豚の把握、希望する家庭への配定などを担当する。

養豚はこうした家内班として組織されるばかりでなく、個人的にも家庭で婦人が広く行なっている。やはり、飼料を自給するために豆腐作りや酒作りを併用することが多い。家屋の外に豚舎をつくる場合には、冬の寒さ対策と、何よりも盗まれるのを警戒しなければならない。このため、屋内の厨房の隅の土間を洞窟のように掘り下げて豚を飼うことが一般化しており、さらに扉に鍵もかけるという。

豚は家畜の中でも盗みの最大の的になり、特に近くに軍が駐屯している場合には、腹を空かした兵士が夜間に侵入して盗みを働く。彼らは、昼のうちに目星をつけておき、深夜に侵入してタバコの煙を吸い込ませて昏睡状態にさせてから静かに担ぎ出して行くのだが、軍人たちが慢性的な栄養失調に悩まされるようになると、もっと手荒に盗むことにもなった。先軍政治の体制下では、軍隊の仕業と分かっていても分駐所の安全員はどうしようもない。「人民の軍隊、首領様の軍隊に豚を献納してくれた」とか言って、取りあってくれないのだという。また、自分の子供と同じ年頃の軍人が、飢えでやせ衰えているのは見るに忍びなく、諦めるよりほかないという。

養豚については、婦人たちは餌の確保のため様々な手段を試み、話題が尽きない。食料難が厳しい時には、人も豚も食べる物に大差なかったともいう。豚はそのままあるいは豚肉にして収買所に持って行くか、直接炭鉱などで物々交換に充てていた。

豚以外の家畜としては、牛、山羊、羊、兎、鶏、犬などが飼われ、その中で牛以外が家庭の生活補填のために飼育される。牛は個人所有の対象とは認められず、農場の協同所有物として農家に委託される。しかし協同所有というよりは事実上国有扱いとされている。このため、牛肉を食べることは固く禁じられていて、食料難の深刻な一九九〇年代後半には、牛を屠殺して食べた者が銃殺刑に処されたという。

山羊は主として乳用に当てられる。羊は羊毛をとって家庭の衣類の素材に、兎は毛皮と肉用、犬も毛皮と肉用である。自家用のほか、肉も毛皮も収買所に持って行けば穀物（トウモロコシ）などと交換される。山羊と羊は近くに山の裾野や斜面などで草地を利用できることが条件となる。食料難が深刻な一九九〇年代に、家庭の生計においてて畜産がいかに有効だったか具体的な生活記録に依って紹介しよう。

手記68 家庭での畜産活動

北朝鮮の住民は食料の配給を受けることができず、配給票に記票した分だけで配給されるはずの穀物が二トン～三トン分にもなったが、それも家庭で記録として保管されるにすぎなかった。「苦難の行軍」と命名された一九九〇年代中盤の食糧難のころ、党の指示でトウモロコシの根株と稲の根株で作った救荒食物や草根木皮を食べて、北朝鮮の住民がどれほど苦労したか分かりません。

一九九四年にキム・イルソンが死亡した後、北朝鮮では食糧難のため全国の山が白くなるほど木の皮をはがして食べたが、木の皮でも足りず草の根も足りなくなると、葛の根からデンプンを採って食糧の助けにしようと葛根を掘り起こしたため、山々は爆弾が落ちたか、猪が鼻で掘り起こしたかのように穴だらけでした。

松の渋皮をはがして洋灰水に浸して苦労して加工して餅を作って、市場で一つ五ウォンで売ったり、そのお金で小麦粉やトウモロコシを買ってナムルに混ぜて蒸して食べたりしたことも昨日のことのように思われます。トウモロコシの根元と稲の根元などを乾かしてから粉にし、他の粉をちょっと混ぜて「コジャン餅」を作れというのが党の指示でした。しかしこれは繊維質が多いため食べる度に便秘がひどくて、多くの人が苦しみました。

こうした時に私は家庭で畜産をしてみようと計画をたて、まず豚を育てることにしてトウモロコシ飼料とブタ草を用意しました。親豚を育てて子豚を産ませれば、トウモロコシと交換もできるし金にもなるので、母豚を育てることにしました。しかし畜産は決心だけでできるものではなく、忍耐心と勤労精神が弱ければやり遂げることができません。生計維持のためには家庭ぐるみで悪戦苦闘しなければなりません。

母豚を育てるには、洞に所属する畜産母豚班に申請して名簿に登録し、子豚を受け取って育て、月収入の二〇分の一を党に納めなければなりません。母豚の家内班の班長は洞内の母豚と子豚を掌握して、豚の飼料を配分し、また子豚を産めば、噂をたよりに豚を育てたい人を捜して子豚を配分して売ります。こうして私も子豚を買って母豚に育て、一度に一〇匹ずつ二度も子豚を産ませ、子豚を売ってキログラム相当分のトウモロコシを受け取りました。

例えば、母豚を一二〇キロに育てれば、キロ当たり四ウォンずつ受けとるのですが、これほど大きく豚を育てるのは本当に容易ではありませんでした。母豚を育てようとして豆腐作りも併せてすることにしました。豆腐を作って豆と交換し、豆腐カスは母豚の餌としてブタ草と混ぜて飼料にしました。一方で豆腐カンチ（おから）は食料不足の苦難の時期には穀類に劣らず助けになりました。台所に火を焚いて、釜に油を二匙まわして白菜や大根のシレギを油に炒めて、そこに水を注いで豆腐カンチを入れ味噌も入れてよく煮ると、上等な食べ物とは言えないが、トンネーのおばさんたちを呼んで一盃ずつ振る舞うと、肉汁のように大変美味しいといって食べてくれました。私たちはトンネーのおばさんたちの喜ぶ顔を見ながら、互いに気を遣うその気持ちをいつも有り難く思い、分かち合って暮らしたその頃のことを想い起こします。あの難しい逆境の中でも道徳的な礼儀と配慮を忘れない「東方礼儀の国」を実感したものです。

その当時、隣の家クムヒの家は家族が五人でしたが、女性たちの活動が不足した家庭は食糧難のため多くの人が亡くなりました。三歳の子供が一番初めに栄養失調で死に、次に五歳の子供が死んで、その次にはお婆さんが亡くなり、夫まで栄養失調で死亡することになりました。亡くなる一カ月前、その夫はとても腹を空かして私の家に遊びにきて、肉汁に白いご飯一杯だけでも思い切り食べられたら「恨」もみな解けるといいながら、鬱憤を口にしていました。皆だれもが同じで、どの家庭も食べ物がなく、少しあっても人に与えると自分も生き永らえることができないので、新しくご飯を炊いてあげることができませんでした。お客さんとしてキムチだけでも思い切り召し上がるように食卓に出すと、見苦しいほどがつがつと美味しいと食べていたことが、昨日ことのように思われます。我が家は豆腐カンチを食べられるだけでも他の人々から羨まれるほどでした。

トウモロコシ皮の飼料と豆腐カンチで母豚を育てれば、産んだ子豚でお金を得られるし、母豚の肉をキログラム相当のトウモロコシと交換で受け取れます。しかし、それは散々苦労した末にできたのであって、勤労精神と忍耐心がなければできません。そして何より家庭の一致協力が大切です。

母豚をよく育てるには、ブタ草と豚用のトウモロコシ飼料と、糧政事業所から副産物として出てくる大豆粕などを少しずつ貰って飼料とし、母豚が子豚を産めば、これを混合して煮て食べさせることで、子豚に栄養が行き渡るように上手に管理しなければなりません。草と飼料が不足する時には、人糞を別個に煮て豚の餌に一杓子程度混ぜて食べさせると、とてもよく食べました。これは、肉類生産と穀類生産を勧める党の指導の下で補充飼料として指示されたもので、すでに一九七〇年代末からこうした方法が全国に普及していました。考えてみれば吐き気がします。

また酒を生産すれば出て来る酒粕（酒カンチ）を飼料に混ぜて与えれば、良く食べて酔って太陽の光を受けて気持ちよく眠るので肉がよく太るのだといいます。しかし酒粥ばかり沢山食べさせると、ペル（腸の皮）が薄くなってスンデ（腸詰め）は作れないと言います。酒カンチは、困窮した家庭では食糧の補填として用いました。酒カンチを甕に入れて水を頻繁に替えながら酒気を除いた後、ガーゼ布で絞って小麦粉を混ぜてコジャントクというものを捏ねて作り、釜の中にまるく並べて焚いて食事の補填としたりしました。それこそ人も豚も食べものが区別できないほど似ていたように思います。

清津でも羅南区域は山間地帯からなり、サカッ峰をはじめその下には羅北川が流れ、向かい側には果樹園が位置して五葉松も沢山植えていました。少し高い山ですが登り下りできるので、山羊や羊を放牧して乳を生産するには良い条件でした。豚だけでは不安なので、もっと苦しくなる前に、そうした立地を利かして山羊と羊を育て、子も産ませ乳を毎日絞って食事を補うことにしました。当時、北朝鮮の貨幣四〇〇～五〇〇ウォンあれば山羊や羊を一頭を買うことができました。倉庫を檻にして中に稲束を敷いて、トウモロコシの茎や豆の葉を食べて噛み直しするようにして、朝に山羊と羊を追い立てて山に行き、登り下りして良い草地に移しながら草を食べさせました。木に長い紐で結んでおき、紐の届く所まで草を食べることができようにします。羊は草を食べていて綱が木に巻きついたり、首に巻きついて死ぬ事故も時折起きると言うので注意が必要です。

初めのうちは一日中同行して、慣れて来ると木に結んでおいて、一日二、三回ずつ登って行って手綱を移して草がよく育った所に移しておき、こうした日課が終われば、夕方に山羊と羊たちを家に連れてきて山羊の乳を絞れば、一・五〜二リットル程度出てきました。その乳をよく沸かして飲んだり、食べ物を作る時に混ぜたり、色々な種類のパンや菓子を作ることもできますが、食糧難のため家族皆が一緒に食べられるように、一日に出た乳を水で薄めて米粒を入れてお粥にしたり、家庭の菜園（トッパッ 텃밭）で採れる白菜や大根を混ぜて煮詰めると高級ではないが代用食となりました。

父はいつも勤勉に仕事をし、乳生産にも没頭して乳を沸かしておいしそうに飲みながら、私たちは高い幹部よりましだと言いました。高級幹部たちは絞りたての乳を飲むことができず、保管して何日か経った乳しか飲むことができないからだと言って、自ら優越感に浸っていましたが、結局は乳だけでは足りずに栄養失調でこの世を去りました。（中略）

一方、羊も一日に乳一リットルを越え、絞って沸かして食事に加えました。羊の乳は飲めないと思いましたがそうでもなく、絞って沸かしておくと大変香ばしくて、ご飯を入れて煮て塩を若干入れれば格別でした。

配給が途絶えて食糧不足のため大変な苦難の末、国で解決してくれないので、誰もが自ら生活戦線に出て行くよりほかなく、物々交換したり中国に物を密輸したりして暮らしました。どうなろうと、盗みをしてでも生き延びるのが最善だと伝えられていました。

私たちの家族は山間地帯の環境を利用して乳を自家生産して、家族たちの生計に活用してみたところ、苦難の行軍の時期に行商には余り出かけることができず、子供たちを行商に出して穀類を手に入れました。

トウモロコシ、ジャガイモ、豆などと物々交換するため、輸送手段のない山深い谷間の農場まで重い荷物を背負って行き、再び背負って運んでくるのです。利潤はいくらも残りません。繰り返し行商に出なければなりませんが、疲れて倒れて病気になればそれ以上歩くこともできません。病気にかかれば残った利益も消えてなくなり、元手までなくなれば行商にも出られなくなります。

すべてのことは長所短所があるはずです。山が良くて水も良いところはない。一つ良ければ一つが悪い。しかしこの世に生まれれば、生存のために闘争するのが人間だ。高位級幹部の子供たちは、思う存分に海外にまで行って学ぶことができるが、賤しい家に生まれた子供たちは、時代的環境と錯誤のため風の吹くまま飛ばされて行くよりほかなく、苦難の時期には学校で学ぶことさえできませんでした。

私たちの家族は、一晩寝て朝起きる度に「今日は誰それが死んだ」という話を耳にしながら、生き延びるため家族みんなが頑張って家庭での畜産にいそしんだ結果、何とか生活を維持しながら今日まで過ごすことができました。

山羊と羊から出る乳は、肉体に助けと栄養を与えるだけでなく、羊は羊毛をもたらして寒さに打ち勝つ衣服を作り出すこともできる有益な動物です。私たちが苦難の行軍の時期を何とか生き永らえる上で、豚と山羊と羊が大きな支えとなりました。心で感謝しながら羊毛を刈って収買所に持って行くと、羊毛一キログラムに一五〇ウォンずつ受け取ったのを思い出します。これで副食物を買って補充し、家族皆が一緒に暮らすことができたのです。いつも感謝する気持ちで暮らしながら、その当時の思い出を忘れずに、家畜生産のような勤労精神があれば何でも挑戦することができたと思います。人は仕事こそ孝行息子と言います。どこに行っても勤勉な人間ならば岩や石の上に登ってでも、生きていくことができるということです。（ハン・クムボク　二〇一三・一〇・二二a）

二　額上計画（指標計画）

生活必需品の生産運動として広がった副業班や家庭婦人たちの家内班の活動は、公式の計画経済の停滞や工場の稼働低下を補完して自力更生の効果を上げるとともに、市場における需要の拡大を背景として、本業以上の活況を呈することにもなった。そして副業というインフォーマルな領域が広がるとともに、フォーマルな企業経営の在り方にも影響を及ぼし、逆にこれを規定するまでになった。

一般に「額上計画」と呼ばれる「指標計画」の導入は、企業労働者の間で正規の業務よりも計画外の私的な商品製造にシフトする動きを促すことになった。「額上計画」とは、企業本来の製品生産による計画達成に代わって、政府への納入額によって計画達成を認める方式である。資材不足や動力不足のため正常な稼動のできない工場企業所は、実際には操業しなくても数字上の形式的な指標計画を立てて、希望する従業員に対して出勤に代わる休業を認め、その従業員は個人で手工業的な製造によって市場で利益を上げ、その一部を企業に納めるという方式である。つまり、工場は本来の生産を行なわなくても、それに代わる収益だけ国に上納すれば書類上の経営計画が達成されたことになる。初めは非公式であったこの方式が公認されると、様々な形式がなし崩し的に広まった。額上計画は経営の苦しい企業所にとって大変好都合なものとして歓迎され、業績の良い個人事業を多く抱える企業は財政的に安定するので、企業側でもこれを歓迎し従業員に奨励している（パク・コニョンの教示）。

偽の職場勤労者

北朝鮮は「苦難の行軍」、「強行軍」、「楽園の行軍」と次々と行軍を繰り返しながら、戦後の復旧建設から今日まで、一度も気持を楽に暮らしたことがない。工場や企業所は稼動できず運営が麻痺しているにもかかわらず、出勤させて社会労働や各種行事に参加するように命じ、人民班を通じて統制を強化する一方で、労働党、少年団、社労青、職場同盟、女盟などの組織生活を通じて相変わらず二重、三重に統制を強化している。

そして社会主義を最後まで守るため、新たな手段と方法がひねり出された。すなわち、出勤はしなくても名だけ連ねておいて、個人的に市場で金を儲けて、職場にその中の何%かを納めるという、世の中に類のない組織的統制と収益方法が現れたのだ。職場生活をして仕事をした分だけ月給を受け取るのではなく、「従業員が金を儲けて工場を運営する」というまったくおかしな運営方法が生じたのだ。

資材が無くて稼動できなくなった工場や非生産職場の職員や勤労者たちが、一日の配給票の上で三〇〇グラム、四〇〇グラム、六〇〇グラムに区分された食糧配給級数にしたがって、収入金の中から何十%か自分なりに額を定めて、所属する企業所や工場に納め、毎週一回ずつ生活総和をするという方法である。

北朝鮮にいた時には、こうしたことはあり得てもあってはならないことと規定され、想像もできないことと思い込んでいたため、初めのうちはよく理解できなかった。しかし現実に「収入金」だけ納めて堂々と商売する職場員や労働者が公然と現れ、ますます露骨化している。このように、生活が難しくなるに従い、偽りの職場員が増えているのである。（イ・チョルス　二〇一三・三・四b）

こうした「額上計画」方式により、従来の家内班のように家庭で手工芸品や豆腐や酒や麺などを作って市場で商ったり、或いはヘンバン（行商）に出かけたりする個人的なものばかりでなく、何人かで協同経営したり、あるいは資金を投入して工房を作って仲間を雇用する形式も可能となった。さらには、稼動しない工場の施設を借りたり、資材の調達も企業の遊休資材を活用したり、企業間のルートやコネを通して資材を闇で手に入れたりする。一方、こうしたコネの人脈は企業内部にも張り巡らされていて、命運を共にする集団意識となっている。このため、企業の側でも帳簿上の成果を優先するあまり、資材を闇に回したりすることになり、その結果、稼動率はますます低下することになる。つまり、公式の本業が廃れる一方で、非公式だった副業が公然と繁栄して、生産の外部化による企業の不実化が進む結果となった。やがて、従業員の中から新たな商品製造を企業に持ちかけたり、企業の一部門を実質的に請け負う者も現れた。こうした製品は市場で競争に曝されるため品質も向上してゆき、工場で作る製品を凌駕するようにもなった。

こうして、稼動の低下した工場周辺の労働者区では、工場で身につけた技能と工場から出る材料を活用して、工場に代わって家庭で製造する者が多数現れた。平安南道順川や平安北道新義州の国営靴工場周辺の労働者の間における靴製造、国営薬品工場周辺における薬品製造などがその良い例である。またこうした靴製造や薬品製造では、技術と労働力の確保、資材や製品の流通に要する情報と手段なども解決が迫られる。その結果、様々な機械も国営工場から流出し、今では錠剤、粉薬、水薬、塗り薬などへの特化や、瓶作り、ラベル印刷などの分業まで見られる。つまり、国営の大工場が破綻している一方で、こうした小規模の新たな家内手工業が群生している都市の労働者区では、非公式の人脈や情報のもとに地域に密着した経済活動が先行しており、新たな地場産業のような集積効果が芽生えているのである（ソン・ヘミンによる教示）。

その展開は、一見したところ通常の産業発展とは異なり、工場生産から家内手工業への逆行であり、フォーマルな生産体制からの離脱と再編成ともいえる。しかし明らかに製品製造が住民の家庭生活と一体化して、人々の感触と経験の上に成り立っており、製品の質も国営工場当時のものより優れているという。

こうした私的な製造と商活動は、市場における闇取引がなし崩し的に容認され発展するのに歩調を合わせて活況を呈してきたもので、公的な機関による規制や管理を受けながらも連携を深めて、やがて実質的に個人の起業による会社を生むに至っている。その方式は、多くは小規模な商いによって資金を得て、その資金を基に私金融業や卸業によって「トンジュ」と呼ばれる商業資本家ともいうべき存在となり、彼らが機関や企業の名義を借りて公式の認可を受け、事実上の個人経営会社を創業するに至ったものである。その業種は私金融や輸入商品卸業や製造業（靴製造、製薬、工芸品製造など）のほか、炭鉱、漁業、バスなどの運輸業、食堂、旅館、入浴・マッサージ、売春斡旋などにも及んでいる。この方式によって二〇〇三年に清津市には座席バスが現れ、道体育競技場の前はバス停留所となった。密輸によって中国から中古のバスを入手したものだった（パク・コニョンの教示）。

三　個人経営

額上計画の手法によって実質的に個人企業に発展している例として、平安南道順川市の事例を具体的に見てみよう。

平安南道の順川市は周囲に炭鉱および石灰石鉱山に恵まれ、「三〇〇万トンセメント連合企業所」、「石灰窒素肥料工場」、「順川ビナロン連合企業所」、「順川製薬工場」などの化学工業をはじめ、「順川靴工場」、タバコ工場、炭鉱機械工場、火力発電所、タイヤ工場、自転車工場、保温材工場、鋼鉄工場など、北朝鮮産業の主要な工場が立地する人口四〇万に達する工業都市である。国営の大工場を中心にその周辺に労働者の居住区域である洞が位置し、その周囲の里に協同農場が位置する。

個人経営による手工業は順川市の全地域に分布しているのではなく、地域的な偏りがある。国営製薬工場周辺の地域には製薬業、国営靴工場周辺の地域には製靴業など、既存の国営工場からの技術と資材および労働力の流出によってその周囲の労働者区に、それぞれの業種の家内手工業が広がっているという点に特徴が見られる。

1　平安南道順川市の製菓業

製靴業と製薬業は、国営工場の操業低下にともない、多様な製品と工程に応じて家族経営の手工業が分業体制を敷いており、全体として国営の大規模工場生産に代わって地域に密着した生産態勢を創り出している。これとは対照的に製菓業は、小麦粉や砂糖などの原材料を用いて手仕事で焼きあげる点で、靴や薬品の製造とは異なり、特殊な工業製品や技術に依存することもない。原料はほとんどが中国から輸入され、燃料だけが地元で調達されている。

製菓業が発達した地域の条件としては、燃料源の石炭が入手できることのほか、労働者が密集する居住区の立地と家内工業を可能にする居住空間および住民の情報網と交通の便利さがある。製菓業は蓮浦洞、蓮奉洞、奉華洞に位置する。その一例を、二〇〇六年当時に現地で実際に製菓業に携わっていた脱北者ソン・ヘミン氏の提供資料と早稲田大学におけるシンポジウム報告（二〇一二年一一月一二日）に基づいて紹介しよう。

事例❶　個人経営の菓子工場

製菓業の生産量は一定でなく市場販路の確保能力によって異なる。その多くは個人の家庭で行なわれる小規模な製菓業者である。この事例も家族以外の雇用を含めて一五名による小規模な業者である。パン焼き炉を二台設置して朝八時から夕方七時まで（昼食時間を除いて一〇時間）操業し、一日の生産量は菓子四〇キロ程度である。大きな市場販路を確保した製菓業者の中には、一日の生産量は昼夜交代で二〇〇キロ程度に及ぶものもある。一つの洞に五カ所の製菓業があるとすれば三つの洞で経営されている一五カ所の製菓業場で一日に生産される量は平均一トンを超え、一カ月の生産量は三〇トン以上になる。

製造するのは菓子（高級菓子、一般菓子、駄菓子）、パン（一〇〇ウォン、五〇ウォン、二五ウォンの三種）、ウメキ（同様に三種）である。ウメキは開城特産品に由来するもので、小麦粉に砂糖、牛乳、鶏卵を入れて捏ねて油で揚げた高級菓子に属す。

国から配定された一般労働者住宅は五〇平方メートル程度で、アレッパン（下部屋）、ウッパン（上部屋）、厨房、倉庫に分かれ、屋外に二〇坪程度の自家菜園（トッパッ 텃밭）が付いている。

製菓業主は菜園の空間を利用して厨房と繋がるように作業場を建て、パン焼き炉を設置している。パン焼き炉は国営炭鉱機械工場で副業目的に製造して市場で売られているもので、製造元に注文して購入する。鉄板の厚さによって三〇〇〇～六〇〇〇ウォンと値が異なり、鉄板が厚いほど高級である。作業場内の外壁沿いに豚小屋が作ってある。パン焼き炉を清掃した時出てくる副産物をパン焼き炉の上熱を利用して釜で煮て豚の飼料とする。また豚の檻から出る堆肥は農村に売って野菜と交換する。庭にはポンプがあり、屋根の上には電力線が引いてある。垣の上には泥棒対策としてガラス片が刺してあり、門の前には犬が居る。

厨房に続くアレッパンは家族の寝室など生活の中心となる大部屋で、ここを生地作り作業と生地を寝かせて熟成させるのに充て、生産された菓子の包装作業もここで行う。その続きのウッパン（上部屋）は倉庫として製品と資材の保管に充てられる。隅の倉庫部屋は練炭倉庫（燃料供給所）に充てられる。敷地の隅には粉炭の貯蔵場（燃料貯蔵タンク）がある。

厨房は食堂に充てられ、ここで製菓に従事する人員に昼食を提供する。給仕の労力は雇用せずに妻や経営主の母親が担当する。その労力と時間は経費に算入しない。企業主である世帯主、妻、世帯主の母親は別個に食べ、食物も別である。

【資材】

製菓業の主原料は小麦粉、砂糖、油、牛乳、鶏卵、バター、添加剤、ソーダなどで、卸商人が直接持ってきたり個人企業主が車で出かけて卸売市場で購入したりする。卸商は中国丹東から新義州に、新義州から各市場に卸す。掛け売りで買う場合は値段にキロ当たり五〇～一〇〇ウォンの差が出る。

副次的な器材であるパット、押し型、筆などは全て市場で購入する。燃料である石炭は粉炭として貯蔵しておき、人を雇って練炭に加工して用いる。加工する労賃の支払いは時間制ではなく練炭の数により、二〇〇八年に一個の加工賃は一〇ウォンだった。ただしこれには経費や運搬費は含まれず、昼食も提供する。直接練炭として購入する場合には、業者が家に持って来て倉庫に納める。

【販売】

生産されたパン、菓子、ウメキを市場に卸す方法は需要に応じて選ばれ、他道に卸す場合には先方が車を持って来て生産現場で買って行く。近隣の村や売台で販売したり、名節の時には会社や基地の注文を受けて販売することもある。

【生産工程】

まず、生地作り工が配合どおりに生地を作って熟成させるのに三時間ぐらいかかる。熟成した生地を製菓作業場に持って行き、従業員が一定の形にして炉工に渡す。炉工はそれを炉で焼いて感覚と目で完成を確認して乾燥台に移す。乾燥台で湿気を抜いてから包装班に渡され包装して倉庫に納める。

製造は五名ぐらいを一組として昼間と夜間の二組に分け、交代する時は作業場をきれいに清掃して引き継ぐ。

【工人と労賃】

工人はだいたい二〇代未満の女性たちを雇用する。工人たちの労賃は一日の労働時間（朝八時〜午後七時）に対して市場の米価一キロ相当（一〇〇〇ウォン）とし、米価に応じて変動する。始めは一日当たりの労賃を払っていたが、後に企業主たちが討議して製品数による労賃（五〇〇〜一〇〇〇ウォン）とし、責任感を高めるため不良品分は工人の労賃から差し引くことにした。名節と誕生日には企業主は工人に物品と食料品を贈るのが慣習だった。

【労力構成】

二交代制で総員一五名である。

・個人企業主：世帯主、四五歳、市場販路と製菓業全体を管理。本業の職場には「八・三金」（額上計画の納付金）を納めて無職となるのを避ける。

・会計：妻、四〇歳、資材と商品の数を計算・記録し、月給の管理と労力管理をする。また生地作りの技術は秘伝として必ず妻がするのが鉄則である。

・倉庫長および食堂の仕事は企業主の母が担当して、作業員に昼食を無償で提供し、倉庫の製品と資材を管理する。

・作業組長：二名、交代で仕事する組の責任者で製品生産数を企業主に報告する。

・炉工：炉でパンや菓子を焼く技能工である。

・生地作り工（捏ね工）：生地作りの技能によって製品の質が左右されるので、家族のうち妻か母親が担当する。

・イル工（工人）：生地を菓子やパンの形にしてパットに載せ、炉から出てきた製品を乾燥台に乗せて倉庫に運ぶ。

個人企業家たちが長期間雇用するのは確かな技術・技能を必要とする時で、人柄、年齢、性別を問う。その時にはまず「工人を使う」という噂を流す。雇用機会を常に待っている北朝鮮の実情から、噂になるや多くの人が集まってくる。個人企業に採用されるには普通五倍程度の競争となる。個人企業に雇用されるのを望むのは、稼動が不安定な国営工場とは違って収入が安定しているためである。工人として基準に合格すれば一週間を無報酬で労働しながら技術を習得させる。個人企業の場合に、資材や商品に関して何か非行が露見すれば、個人企業家は即時その工人を追い出す。一方、物品の運搬や現場整理などの短期間雇用の場合には、市場や路地で待機している労力者を任意に選んで雇う。運転手とか製薬業者が科学者を雇用するときのように専門性が必要な場合には国家資格証を見る。

イル工（工人）の世帯・生計についても比較的余裕のある工人の家庭と困窮家庭の二例を紹介する。

【工人（一）の場合】

年齢二一歳の女性（未婚）。社会職業は労働者で、所属する国営工場に毎月「八・三金」を納めて欠勤を認めてもらい、副業としてこの製菓場で工人として働き、自己の利益を貯蓄している。

父親（四八歳）は社会職業としては工場企業所で働く労働者であるが、同様に職場に「八・三金」を納め、大工の才能を生かして家の庭先に作業場を設けて鏡台・茶台などを作って市場に出して利益を得ている。鏡台や茶台を作るための木材は、市場で注文するか直接山間地帯で契約して買い入れていた。木材加工に必要な機械工程は所属する工場の機械を使う。大工一人の手で鏡台や茶台が製品として完成されるのではなく、大工は木地（「白卓백탁」）だけ作って手渡すと、塗装工が塗装して完成させ製品商人に渡る。社会職業としては工場労働者で個人の職（市場職目）は木手（大工）である。

母親は四五歳で扶養の身で、家で酒を造り豚を育てる家内畜産をしている。弟は人民軍隊に服務中である。こうして各自が稼いだ利益は一つに集められ、工人の母親が管理しながら家庭生活を切り盛りしている。生活水準は食べて暮らし一定の貯蓄もある家庭である。

【工人（二）の場合】

一六歳の高校生（女性）。父親は工場に労働者として正常出勤しているが、工場は稼動せず月給・配給も受けられない。一応党員として工場では忠実と認められているが、家庭では何の稼ぎもない存在となっている。母親は扶養の身である。その日その日をトウモロコシ飯暮らし（カンネギコガンクン 강냉이 거간군）で延命している家庭である。

この事例によって指摘できるのは、北朝鮮における家内手工業による企業経営が、地域を社会基盤としてある程度の専門性と分業制を具えた副業として発展しており、さらに国際市場とも連携が成立している点である。

二〇〇四年に製菓業が急速に発展して、小麦粉、砂糖粉などの需要があるのを知った商人は、直接新義州に居住する商人に小麦粉、砂糖粉などを大量に注文した。市場の販路が確保された物品なら、どの商人も即座に取引に応じた。彼ら新義州の商人は即座に中国丹東の商人に数十トンの小麦粉を注文した。丹東の商人は、商品を確保すると新義州の商人に知らせ、新義州の商人は小麦粉を運び込む運転手を得意先から何人か確保し、丹東の商人の電話番号を知らせて運搬するよう指示する。運転手は自分の利益を考えて、税関での通関に手数料を渡して小麦粉を運搬してくる。

新義州から丹東に出て行く貿易車輛は一日に五〇～一〇〇台に及ぶ。「平北」の車輛番号を持つコンテナ車は、午前一〇時に中国側に出て夕方六時に再び北朝鮮に戻ってくる。復路の車輛は三〇％が空車のまま、あるいは少量だけ物を積んで中国から出てくる。運転手たちはその空の空間を利用して、新義州の商人が依頼する中国商品を運んでくる。中国商品はキロ当たりあるいは個数当たりの値を付けて、新義州商人の家に引き渡し金を受け取る。公式の貿易で小麦粉を持ち出すと税関費が高いため北朝鮮内の市場価格に合わないし、また品質の信頼度も関係するため自然に闇取引が発展する。こうして到着した小麦粉は製菓業地域の商人が車で運搬して、一旦国営工場の倉庫に保管され総卸売りされる。国営工場では空き倉庫を個人商人たちに賃貸して賃貸料を取るのが一般的である。総卸売り商人は、さらに販売員を雇って各地域の卸売り人に卸し、再び新義州の商人に注文して利潤を回転させる。小麦粉の商品選択は、菓子生産をする製菓業者が卸売人に注文する。最も選好されるのは「マルデカリ」、「ソルファ」という商品である。小麦粉は種類に応じて高級パン、菓子、マンドゥーなどの用途に分けられる（ソン・ヘミンの経験談と作成資料による）。

以上の展開を示すと、製菓業市場の急膨張→小麦粉需要→国内二地域間商人の市場契約→中国丹東商人との契約→貿易運転手との契約→丹東税関の通関契約→中国産小麦粉の運搬→商人主に到着→製菓業地域に運搬→地域卸売場→製菓業主となる。

2　個人経営の炭鉱

順川市内から東北に三〇里ほどの山の中腹に位置する直洞炭鉱およびチョンソン炭鉱は埋蔵量の豊かな無煙炭で知られる。国営炭鉱である「二・八直洞炭鉱連合企業所」が一九七七年に開発され、生産された石炭は平城火力発電所に供給されている。一九九〇年代からは、中国向けの無煙炭輸出が北朝鮮における外貨収入源として注目され始めた。「市場能力のある人たち」すなわち市場経済に馴染んだ人々は、この時期から石炭に個人投資し、国営の「二・八直洞炭鉱連合企業所」とは別に「自体炭鉱」を創立し始めた。その炭鉱は、「二・八直洞炭鉱連合企業所」が数十年前に掘って放棄した廃坑を再開発したもので、「鉱権」さえ手に入れれば実質的に自己所有となった。全体の「鉱権」は石炭工業部が管理するが、個人炭鉱の生産利潤管理は個人企業家たちの権限である。

事例として、「人民武力部総政治局四課外貨稼ぎ基地」についても、ソン・ヘミンの経験談と提供資料（二〇一二・一一・一二）に拠って、その経緯を追って見よう。

事例 2

順川の個人経営炭鉱（「自体炭鉱」）

平安南道平城市に居住していた一人の男性が、一九九七年に人民武力部にいる親戚たちの政治力を利用して、「人民武力部外貨稼ぎ会社」という名版（名義）を得て、元山、南浦、順川に基地を創設した。そのうちの一つが無煙炭輸出を目的としたこの炭鉱基地で、武力部に所属し輸出の売り上げによる外貨で主に中国産衣服を扱うことから「軍隊被服部場」という名目を掲げている。

個人が運営する炭鉱は、軍部よりも国営企業所に籍を置く「社会炭鉱」が大部分である。例えば、平城科学院に籍を置いて運営する炭鉱もあるが、科学院炭鉱は輸出の販路がなかった。こうした場合には、独自の貿易事業ができないため、集炭場で石炭を貿易会社に売るか、あるいは武力部炭鉱のように輸出販路が確保された炭鉱に売ることになる。外貨稼ぎ事業には外国に貿易取引先（「対方」）があって、「ワク（와크）」と呼ばれる貿易認可枠を取れば誰でも参加可能である。

初めて直洞にやってきた社長は、まず「国営二・八直洞炭鉱」から退職した老炭夫に会った。当時は「苦難の行軍」時期で、人を雇用することは市場化していなかった。六〇歳に達したその炭夫は社長の要望に応じて廃坑を一緒に見て回りながら、炭脈が多い廃坑を教えてあげた。協力した代価は、この炭夫の家庭の食料を解決することであった。食べる問題が生命線だった老炭夫は、炭鉱新設の重要な基礎として、自分の家を社長の宿泊地として提供し、また坑を建設する労働者の食堂として提供し、妻と娘をそこの給仕婦として出した。老炭夫は社長に、「炭坑を建設して石炭を掘るには図面が必要であり、そのためには技術者を連れて来なければならない」と言って、三〇年間炭鉱の工程技師を勤めて退職した技術者を紹介した。この技術者は、石炭が出始めたら一〇〇万ウォンの賞金と職位を与えるという社長の言葉を聞いて喜んで応じた。二年目に石炭が出始め、五年目の二〇〇一年から輸出を始めた。石炭生産が軌道に乗り始めると、社長は創設に協力してくれた老炭夫の娘を基地長に選定した。そして、図面と坑の建設を助けた技術者には一〇〇万ウォンの賞金を与えた。

報告者（ソン・ヘミン）がこの炭鉱に直接関わるに至った経緯は次のとおりである。二〇〇四年に一年間中国旅行をして帰った私は、中国の市場経済を見て類ない欲求にかられ、自分で個人企業をしてみたいと思った。折しも北朝鮮の状況は「七・一経済管理改善措置」により市場の活性化が加速し、市場競争が経済家たちの感覚を刺激し始めていた。

中国旅行で得た資本で製菓業を一年間経営していた私は、商品競争に失敗して債務者となった。そこで新たな活路を求めたのが炭鉱基地であった。二〇〇五年に私はこの炭鉱基地の社長に自分を受け入れるように願い出た。自信を持って採用を願い出た理由は、一、図面を社長にもたらして助けた技術者が自分の父であったこと、二、大学卒の学力を有し地域の市場に精通していたこと、三、基地長を友人として良く知っていたことである。基地長は社長の前で私の保証人になった。一週間後から私は資材指導員という職責を受け持ち、国内市場に民需用の石炭を販売する営業役を担当することになった。

炭鉱を開設しようとすれば、石炭工業省の所属機関として地方に配置されている炭鉱連合から「鉱権」（炭鉱の開発権）の発給を受けなければならない。二〇〇〇年から順川などの無煙炭の輸出需要が上昇し、これに参入しようとする者が多かったため、鉱権発給も合法的な基準よりも市場価格で売買されていた。鉱権の他には、機材、資材、施設、宿所と給食を提供できる居住地と食糧が必要で、これらすべてを創業者が投資するか、あるいは投資者と合営する場合は職位や利潤の分配について契約する。

一つの廃鉱（国営炭鉱が計画経済時期に石炭生産していたが廃棄された炭鉱）の鉱権を炭鉱連合から入手できる価格は一五〇〇～三〇〇〇ドルであった。こうして直洞の廃坑がすべて個人基地となることで、直洞は一九九〇年代には国営地帯と個人地帯に二分されていた。個人炭鉱は直洞区域に少なくとも五〇〇カ所ある。

こうした個人経営炭鉱は、様々な国営企業所や保衛部や順川市人民委員会あるいは軍部隊に籍を置いて、利潤の一〇～三〇％を納める契約を結ぶ。中でも国営企業所に籍をおく「社会炭坑」が多い。

この炭鉱基地では、正門から二〇里程（約八キロメートル）の山道を登った所に基地長の家があり、さらに少し登ると基地事務所、炭夫（軍の兵士）の寝室と食堂・倉庫を具えた棟がある。これら全てが新規に建てられた施設である。そこから五〇〇メートル離れた所に炭坑と石炭を積み置く「積材場」がある。一方、「集炭場（トジャン）」は鉄道の駅や道路に近い所に位置し、輸出販路をもつ市場業者がここで直接石炭を購入する。中国側と輸出の貿易契約を結んだ会社は、集炭場で石炭を購入して、ここから鉄道・道路で運搬して南浦港あるいは黄海南道松林港を経て中国に輸出する。

石炭は輸出用と民需用に分かれる。輸出された石炭は外貨に還元されるか、あるいは衣類などの中国の市場製品と交換して輸入される。入ってきた市場物品はさらに地域市場に卸売りされる。北朝鮮の日用消費品の九五％は中国産で、中国商品の通路となる主要な地は羅津、新義州、松林港である。市場商品には公式の貿易のほか密輸や闇市場の形態も見られる。

この自体炭鉱には炭坑が二つあり、坑内で実地に働く労働者はすべて軍から配置された軍人たちで、行政、技術、事務は社会人（民間人）が担当する。人員は総計二六人で、その略歴と職務は次のとおりである。
・社長：男性、五〇歳、党員、学歴は高卒。平壌市に居住、一般社会人（政府管理機関や軍隊に属さない人）で、職務は海外の市場販路の開拓および輸出外貨の管理である。毎月一度基地を現場視察して輸出市勢と業務方向について基地長、坑長、経理と会議を持つ。
・基地長：女性、四五歳、非党員、学歴は高卒。順川市直洞炭鉱に居住する一般社会人で、基地の石炭生産、販売、輸出、労力を管理し、社長と輸出契約に関して直接討議し、一年に一度本部である平壌に上京して今後の計画策定に参与する。
・坑長：一名、坑の工程技師として現場で、坑木、採炭、掘進を指揮・管理する。
・経理：基地の資金管理者として集炭場から輸出する石炭の数量を指示する。
・検長（검장）：集炭場での石炭販売と基地の資金管理を担当する。
・倉庫長：経理の指示のもと基地の物品を管理し、米、被服、必須用品を炭夫に供給する。
・検炭：生産された石炭の管理者。
・資材指導員：民需用石炭の販売者で、国内市場に石炭を販売して現金を基地に入金し、炭鉱基地で必要な米、坑木、生活必需用品を調達する。
・運転手：石炭を坑の積材場から集炭場まで運搬する。
・食母：給食を担当。
・警備：犬を連れて石炭の夜間警備をする。
・労力者：一五名、軍事服務中の軍人（一八～二八歳）。労働は一日八時間で、緊急な石炭の出荷が必要な時には延長作業を行ない、延長作業費は一回に一〇〇〇～三〇〇〇ウォン（米一キロが一〇〇〇ウォン当時）で、月給とは別に即払いである。

社長と労力者以外の管理人員は全て社会人として直洞炭鉱マウルに住んでいる。世帯主である基地の成員に対しては家族の分の配給も公給し、名節には特別供給を与える。名節供給は豚肉一キロ、菓子一キロ、油一キロ、石鹸一個、砂糖一キロで、国営企業所の公給とは大きな差がある。これら管理人員の家族は基地の成員ではないが副業面で基地と結ばれている。例えば、家庭で飼育した豚と家庭で醸した酒は、基地が市場の値より少し高い値で全て買い取る。

軍人たちは基地で宿泊して坑内の仕事（막장일）をしながら、個人的にも利益を得る活動をすることもあるが、労働時間以外に行う経済活動と見なして基地長と分隊長は干渉しない。軍人たちの私利活動とは、坑口から出た山地炭を夜間に集炭場まで運ぶ際の流通過程で生じる差益である。これは人脈を通して運転手を雇用して、車で石炭を積材場から集炭場まで一回に運搬する運搬料を決めて一晩に三～五回石炭を運搬する。例えば、坑口の山地炭は一トン当たり一万ウォンであるが集炭場で受け取る値段は一万三〇〇〇ウォンである。一トン当たり三〇〇〇ウォンの差益があり、一〇～二〇トン級の車で一度運搬すると三万ウォン以上の利潤となる。一万ウォンを運転手に渡しても一度に二万ウォンの収入となり、三度なら六万ウォンの収益になる。

石炭の流通過程は次のようである。

坑内で掘り出した石炭は、軍人労働者が人力で鉱車に積んで坑外に押し出し積材場で降ろす。鉱車一台につき石炭積載量は一トンである。積材場には検炭（女性二五歳）が待機していて、坑から出てきた鉱車の数によって一日の生産量を記録する。記録された生産量は一日の生産総和時に基地長に報告される。

積材場で基地が所有する自動車に石炭を積み、山道を下り集炭場まで運搬する。この道路には他の炭鉱からの道も合流し、集炭場の近くにはゲートが有って炭鉱連合所属の保衛隊員がおり、ここで出門証を与える。出門証はどれだけの石炭が出て行ったか確認する証書である。保衛隊はこの地区の炭鉱の生産数値を出門証によって把握する。集炭場は鉄道および高速道路と連結しており、汽車と大型トラックが入って来て石炭を積むことができる。集炭場には、専門に石炭を買売する個人企業家も来ていて直接買い取って運送する。

生産総和として、毎日退勤時間後の七時に基地の管理成員たちが事務室に集まり、その日の生産量、集炭場の出庫量、確保しなければならない石炭量について討議する。坑長は、必要な坑木や鉱車、鉄路のレールなどの必要量と補修対策に必要な資金を基地長に報告する。経理は集炭場から出て行く石炭量と民需用石炭の販売量を基地長に報告し、基地長から基地で必要な物品内訳額の指示を受ける。資材指導員は経理から民需用石炭の販売量について報告を受け、市場流通路を基地長と経理に報告する。

国内用の石炭は、国営工場と個人企業と住民燃料に仕分けられる。個人企業と住民燃料は市場価格で購買される。個人企業のうち消費量が最も多いのは製菓業、製靴業、洋酒製造業、蒸留業などである。

この例では、意欲旺盛な起業家の存在、人脈を通した国家機関からの認可、軍の外貨事業との結託、国営炭鉱による多くの廃坑の存在、無煙炭の輸出需要・国内需要の沸騰、炭鉱の現場に詳しい老炭夫および退職技術者の協力、彼らを通した現地での管理人員の確保、軍人の配置による坑内労働力の確保などの条件に恵まれていたことが成功の背景にあった。順川の直洞だけでこうした小規模炭鉱が五〇〇カ所もあるというが、公的な企業や機関が副業としてあるいは石炭自給のため行なう鉱山も多い。

その一方で炭田地帯では、個人が家族単位で石炭を手掘りする文字通りの家族経営の石炭掘りも多い。これは、直径一メートル程度の垂直な穴を掘って、炭層に突き当たると横方向に掘り続けながら石炭を掘り出す方式である。一人が穴に下りてロープと滑車とバケツ状の容器で表土を掘り出し、上でもう一人が滑車で引き上げる方式で、穴の上に雨除けの小さな屋根を設けるにすぎない。炭田地帯の中には、こうした手掘り形式で採掘する家庭も多く、地下の炭層に沿って縦横に掘りめぐらされている地区もある。中には家庭の土間から掘り下げる者もいるという。*

順川市には国内最大級の国営セメント工場があり、その周辺にも製品のセメントを様々な物資と物々交換することで卸売業を個人的に運営する人が多く集まっている。こうした特定物資を扱う卸売業者はムルチュ（물주）とかワンチョ（왕초）と呼ばれ、彼らの個人的な人脈を介して必要物資の非公式な流通が維持されている。ムルチュの中には、こうした生産基地や機関幹部との人脈のみならず、トラックと運転手を抱え、倉庫を確保し、あるいは税関や中国の業者とも連携して事業の拡大を図る者も少なくない。因みに、『国語大辞典』（李熙昇編　民衆書舘　一九六一年）には、ムルチュは工事場や商人を相手に事業資金を出す人を指し、ワンチョは配下に子分をかかえる頭目を指す語とあるが、韓国では現在ほとんど耳にしない。

手記

イ・チョルス　二〇一三・三・四b「거짓 직장근로자（偽の職場勤労者）」
キム・ジョンファ　二〇一三・四・二三「림산작업소（林産作業所）」
キム・ジョンファ　二〇一三・五・二六b「상점부업반（商店副業班）」
ク・ヨンガプ　二〇一二・一二・一八a「어로공 6년 생활（漁労工六年生活）」

＊　炭鉱や鉱山の生活については、脱北者の中に鉱山生活の経験者が多いため、咸鏡北道恩徳郡（旧慶興郡）の阿吾地（アオジ）炭鉱、セピョル郡（旧慶源郡）の高乾原炭鉱、穏城郡の穏城炭鉱、茂山郡の検徳鉱山、咸鏡南道の高原炭鉱、長洞炭鉱、清津市の土幕鉱山、黄海南道の金鉱山、さらに個人的な砂金採取などについて報告を得ているが、本書では扱うに至らなかった。

ソン・ヘミン　二〇一二・一一・一二「北朝鮮における「市場経済と住民の商活動（伊藤による整理翻訳）」早稲田大学アジア研究機構シンポジウム報告および資料
チュ・グムシル　二〇一三・一一・二五「우리가 살아온 나날（私が暮らしてきた日々）」
チョ・インシル　二〇一三・一〇・二c「온성탄광의 양동목장과 부업농장에 대하여（穏城炭鉱の副業牧場について）」
ハン・クムボク　二〇一二・一二・一八b「八・三가내반 제품（八・三家内班製品）」
ハン・クムボク　二〇一三・一〇・二二a「가정에서의 축산활동（家庭での畜産活動）」
ハン・ヨンニム　二〇一二・三・二四「구역병원（区域病院）」
ハン・ヨンニム　二〇一二・七・四a「종이（紙）」
ハン・ヨンニム　二〇一二・一一・二三「부업반（副業班）」
ハン・ヨンニム　二〇一三・五・二六「수예（手芸）」
ハン・ヨンニム　二〇一三・一一・二三「부업반（副業班）」
ユ・ミョンジュン　二〇一三・六・一c「소토지의 생녕줄（小土地の命綱）」

文献

チョン・ウンミ　二〇〇七『북한의 국가중심적 집단농업과 농민사경제의 관계에 관한 연구（北韓の国家中心的集団農業と農民私経済の関係に関する研究）』ソウル大学校大学院社会学科博士学位論文
ヤン・ムンス　二〇一〇『북한경제의 시장화 양태・성격・메커니즘・함의（北韓経済の市場化の様態・性格・メカニズム・含意）』

第8章 私用耕作地

一 家庭菜園 トッパッ

一九七六年の土地法によって農村（協同農場）世帯では住居の周辺にトッパッ（텃밭）とよばれる自家用菜園の耕作が許容されている。その規模はほぼ三〇坪程度と言われるが、地域によって必ずしも一定しておらず、ほぼ世帯員数に応じて一人当たり一〇〜二〇坪ともいわれた。一戸当たり三〇坪とすれば全国二〇〇万戸では二万ヘクタールになり、総耕作面積の約一％に該当する。

トッパッはもともとは協同化以前の個人農時代の私有耕作地の一部が温存されていたものである。一九五〇年代の農村の協同組合化の初期段階には私的農地が二〇〇坪も許容されていたものが、規模が縮小されながら存続した。また農村部では、協同経営への移行過程で、親の代に自力で得た住居は相続することが認められ、その場合には概して住宅周囲の菜園の規模も比較的広いまま容認されてきた。

これら私的な菜園では、自家用のトウモロコシやジャガイモやキムチ用の白菜や大根をはじめ、豆腐用の大豆、蔓ダンコン（蔓落花生）、南瓜、ネギ、唐辛子やニンニクなど農民市場向けの作物も作られる。協同農場に出勤する前や昼休み時間を利用して家族ぐるみで世話に当たり、時間に余裕のある老人が担当して、肥料や水やりや虫取りなどこまめに行なうため、生産性は一般の農場に比べて数倍から十倍にまで達するという。農民は協同農地での耕作よりもこうした私用地での農作業に力を入れ、組合に供給された肥料を流用するなどの弊害が指摘され、規模が規制されてきたという経緯がある。許容されたトッパッであっても栽培品目については一九八〇年代まで規制が厳しく、配給物資である（米、トウモロコシなど）の栽培は禁じられていた。もっぱら自家用の副食のための野菜や豆類の栽培に限定され、その余剰分が在来の定期市場で取引されていた。しかし、食料難が深刻となった一九九〇年代にはトッパッに対する規制は緩和され、一九九七年九月の指示では、農場の空き地を利用した生産物の私有を認めている。新たな農地の開墾も黙認され、耕作規模が急速に拡大した。また都市部でも住居の周辺に菜園を作ることが広まった。里単位の協同農場において一世帯当たり三〇坪程度まで規制されていたものが、食料難に伴い再び私的耕作地が拡大する結果となったのである。

食料危機が最も厳しかった一九九八年九月五日に改訂された憲法第二四条では、トッパッの耕作権のみならず一部の個人所有権と相続権も法的に保障されるに至った。

二〇〇一年には、私用地に対して坪数に応じた使用料を賦課することで、開墾地の事後合法化がなされ、農場員以外のトッパッの場合には一〇坪を超えると坪当たり一二ウォンを、それ以外の個人が開墾した小土地（ソトジ　소토지）は坪当たり一五ウォンを徴収するようになった。

菜園で作られる作物は、自家用以外の余剰分は市場（チャンマダン）で売られ、豚、兎、犬、山羊、鶏などの家庭内畜産品などによる現金収入とともに家計において大きな比重を占めている。当然ながらこれら菜園における農業生産は協同農場の生産計画とは無縁であり、その規模を把握することができない。

二　小土地（焼土地）

許容された私用菜園のトッパッとは別に、遊休地や山間部などを開墾して行なう違法な耕作地はトェーギパッ（돼짓밭）、黄海道および平安道ではイルクンパッ（일군밭）、咸鏡道では火田（焼畑耕作）を中心としてソトジ（소토지：小土地のほか焼土地という漢字も充てられる）と呼ばれ、農村ばかりでなく都市の労働者や勤労者家庭でも広く行なわれるに至った。都市住民の間では石炭などの燃料の支給が滞ったことから、林野の木材の違法伐採が行なわれ、その跡地を畑に拓いたり、あるいは焼畑による山野の開墾が全国的に広まったため、林野の資源保全や治水の観点からも取り締まりの対象となってきた。都市の住民が山林管理署員の目を盗んで夜間に木材を伐採して薪にすると、近くの協同農場の農場員がその跡地を農地に開墾する。山林管理署がその跡地に苗木の植え付けを義務付けても、空き地部分を畑に作り、やがて苗木も抜き取られてしまう。都市の住民は、苦労して開墾した山間の農地を政府に没収されると、さらに山奥の林野を伐採して火田に開墾して作物を植え付ける。こうした違法な耕地の回収を目指しても、林野の管理員も食料を自給しなければならず、自身も作物を植え付けようとする。あるいは都市の住民に期間を限定して開墾を黙認し、その期間は管理にも手を貸し、期限が過ぎると自分が引き継ぐ形を採る場合もある（ク・ヨンガプ　二〇一三・五・二六）。

当局の方針で、都市住民が拓いた農地を没収して、最寄りの協同農場の農地として公式に登録して増産を促す試みもなされた。しかし農場の側でも、正規の農地に編入されれば生産計画目標が引き上げられるので意欲が湧かない。そこで、密かに林野管理担当者とも連携して、農場員たちに私用耕作地として配分したりする。しかし、最初に切り拓いた都市住民は傍観していない。収穫期が近づくと彼らが作物を盗んでしまう。山間部では管理が十分行き届かないため、結局は都市の旧開墾者に耕作権を認めるよりほかなく、代わりに作物の一部を小作料のように納めさせる方法を採ったりした。

これとは別に、「革命烈士遺家族」などの年長の国家有功者たちに対して、生活保障を兼ねてこうした山間地の農地を配分することも行なわれた。没収した農地の中でも地味が最も良く耕作条件の良い土地を割り当てたのである。しかし、この「老兵作業班」と呼ばれた試みは、地元農場員との間に紛争が頻発する結果を招いた。初めのうちは順調であったが、食料難が昂じた一九九〇年代半ばになると、食料を求めて夜盗や土匪のように徘徊する人々から農作物を守ることは、老人たちにとって至難の業であった。結局、老人たちはこうした農地の権利を売り払うことになった（チョ・インシル　二〇一三・一一・二三）。

都市民の中には、職場よりも自分で開墾した農地と作物を守ることを優先して、遠方の農地の場合には山中に土幕（ウムマクチプ 움막집）とよばれる竪穴住居状のものを作って、寝泊まりしながら家族交代で監視する者も現れた。都市の職場では、工事現場や農場への労働動員や政治学習などが煩わしく、これを避けるためにもこうした山中の土幕生活を選んだという。しかし、こうして見張っていても、ようやく育った頃には僅かな隙に作物が盗まれてしまうのである。時には、植えたばかりの種ジャガイモや芽が出たばかりの大豆まで掘り返されてしまうのだった（ク・ヨンガプ　二〇一三・五・二六）。

一九九〇年代の農家（協同農場員）一戸当たりの私用耕作地は、合法的な菜園以外の小土地も含めると平均して一〇〇～三〇〇坪といわれ（咸鏡北道のセピョル郡では一二〇坪、清津市青岩洞では三〇〇坪、穏城では二〇〇坪）、勤勉な農家では一〇〇〇坪に達する例もあったという。全国の総面積は一九九五年に一〇万町歩で、総耕地面積の五％に達したとされる（チョン・ウンミ　二〇〇七：一九九―二〇〇）。

都市から離れた農村、山林、労働者区の大規模な違法私的耕作地では、季節雇用される者や農地を借地耕作して秋の収穫後まで都市に戻らない者もあり、土地のみを借りる場合は五対五、地主が種と肥料を負担する場合は三対七などの分配を受けた。大抵は土幕を作って生活するが、個人の家に寄宿する場合は、家事を全てすると宿泊代は無料となり、平安南道順川の近辺では日当として米一キロと昼食を提供し、一泊二食なら日当から五〇〇ウォン（米〇・五キロ相当）を控除するという。

また、協同農場の未登録農地や企業の副業地を個人に賃貸して五対五あるいは三対七で耕作させることも行なわれ、咸鏡北道の清津近在では不法農地に対して一坪当たり二三ウォンの税金を徴収し、三〇〇坪ならば四人家族一カ月分に相当する五〇キロが手元に残ったという（チェ・ジニ　二〇一二：一三四―一三六）。

食料難が深刻となった一九九〇年代には、違法な耕作地は人々にとって命の綱ともなった。山間部の開墾は林野行政とも深く関わり、また自力更生の運動とも関連して、新規耕作をめぐる規制と容認、規制緩和の情況は、民衆にとって大きな関心事であった。小土地をめぐる住民の生活現実と政府の政策について回顧しながら、脱北者の一人は次のように整理報告している。

手記 70

小土地は生命の綱

穀類生産の低下により毎年食糧難をきわめている北朝鮮で「小土地」は多くの人にとって命綱のような土地だ。小土地の歴史は長いが、それが今のように多くの人の関心と愛着を受けるようになったのはそれほど前からのことでない。
一九九〇年代北朝鮮の「苦難の行軍」時期に、北朝鮮住民は生存のためもがきながら、たくましい戦いを繰り広げた。山が国土面積の八〇％以上を占める北朝鮮で、多くの人々が山に命をかけた。薬草掘り、狩猟、盗伐、小土地開墾など数多くの仕事が山の中で行なわれた。その時期には、「山の草を食べた人は生き、海草を食べた人は皆死んだ」と言われた。それだけ山に対する人々の期待と希望が大きかった。家を売って山に入った都市の人も多い。山には薪もあり、摘んで食べる山菜もあり薬草もあった。

協同農場の人々も小土地に頼った。都市の人々が夜に木を刈って行くと翌日には農村の人々が鍬を入れて小土地を作った。

北朝鮮には人民経済六カ年計画があり、そこでは七〇万町歩の干潟地開墾と三〇万町歩の「新しい土地探し（새땅찾기）」が目標とされた。だが、国家的な投資をしても進展しなかった「新しい土地探し」が、六年どころか僅か三年の間に何の機械装備もなしに鍬と鋤だけで掘り起こされたのだ。

一九九八年三月の国土管理部の耕地面積調査団が公表した資料によれば、一九九五年から一九九七年まで三年間に起耕された小土地が四二万町歩に達する。小土地開墾は、国が支援しなくとも自分自身で生きられるという北朝鮮住民の強い反発心の爆発であり、怒りの大河であった。草の根をかじって苦労して起こした小土地であるから、それを守る主人たちの活動も侮れなかった。一言でいうと戦闘であった。

誰かが来て是非を論じ、小土地の主人たちが「この土地に米粒を植えれば朝鮮の人が食べて暮らすのだ、米国の奴が食べて暮らすというのか」と言うと、警察や山林監督員は「法の通りにしろというのだ」という言葉で応対した。

小土地から所得が生まれて生活の大きな助けになるや、さらに多くの農場員と都市住民が小土地に頼り始めた。

工業林山林経営所が栽培した苗木は小土地に根を下ろすのが難しくなった。小土地に植えた苗木は「小土地主人」が容赦なく抜き取ってしまったのだ。工業林山林経営所傘下の山林保護員と「小土地主人」の戦いはそれこそ生きるか死ぬかの戦いだった。そうするうちに小土地をめぐる問題は全国的な悩みの種となった。こうなるや山林保護員は、山林経営所の所属であると同時に人民保安省山林監督部の所属となり、保安員と同じ制服を着るようになった。呼称も山林保護員から山林監督員に変わった。そして山林保護に関する法的権限も行使できることになった。こうなると、いくら個人が起こした小土地とはいえ、また、そこに家族全員の生死がかかっているといっても、国家の措置にはどうしようもなかった。

一九九八年三月から、小土地を回収して国家農耕地と山林地域に登録する事業が進められた。小土地に命をかけた多くの人たちがくやしい思いをした。小土地を回収された一部の人々は、やむを得ず自分が住んでいた都市や工場、あるいは企業所に帰ることになった。その回収された小土地は全て農場の農耕地として登録されることになったが、農場はその土地を国家に登録せず、農場員のための小土地に利用した。その理由は、耕地面積が増えれば国家計画も増えて、その農場は食糧を追加生産しなければならず、新たな負担となるからだ。農場では、回収した小土地を農場員に分けてやって小作料を受け取る方式で運営した。しかし都市の人々は小土地を奪われてじっとしていなかった。過去の主人と新しい主人の間に秘密の戦争が起きたのだ。春には、新芽が生えしだい摘んでしまう「夜のおばけ」がはびこり、秋にはこっそり収穫する人が数えきれぬほど現れた。こうなると、農場員が小土地を農場に返却する事態が広がった。農場側ではやむを得ず、その小土地を以前の主人である都市民に与えて小作料を取るようにしたのだ。

一方、山林地に登録された小土地を再び林業地に戻すのは容易ではなかった。それに加えて、山林経営所と工業林事業所の従業員たちも、やはり小土地に頼って暮らすのが大部分だから問題は簡単に解決できなかった。

また国家規定によれば、功労者や定年退職者である年老保障者は、工業林事業所の「山林利用班」の所属となり、定められた範囲内で小土地を管理運営できるようになった。そうなると、工業林事業所の従業員は年老保障の年齢に達しなければ、小土地を利用する名分がなくなったのだ。

こうした問題のため、二〇〇二年七月一日に新しい経済管理体制が導入されるとともに、小土地に対する利用範囲が広げられた。工業林事業所の山林利用班への加入条件が大幅に緩和されたのだ。工場や企業所に通う労働者も、山林利用班に所属することで小土地を管理できるようになった。工場や企業所が正常に稼働しておらず、まともに出勤もできない状況のもと、労働者の生活を保障する代案を用意しなければならなかったからだ。

山林利用班は、韓国式に言うなら、職場に通う会社員が時々行なうアルバイト式職業だ。工業林事業所では、山林利用班を通じて山林造成のため資金を解決することができる。また、植樹と木の枝打ち、苗木運搬、虫取りなどの基本的な作業を遂行するのに必要な費用と労力も用意できる。原則的には、山林利用班に所属すれば小土地を受けて管理することができるが、実質的には小土地面積に該当する金を山林監督員と巡視員に出して、小土地の耕作権を購入する形であった。

別の形態の小土地は、工場や企業所の「副業地」という名目で開墾されたものだ。副業地とは国家の承認を受けて工業林事業所で指定した土地をいう。これもやはり個人が利用できる小土地の一種だ。副業地は指定された面積より常に大きくなる傾向がある。副業地の敷地という枠を利用した小土地開墾が起きるためだ。工場や企業所の副業班担当者は家族を連れて副業地を管理しながら、自らの小土地も管理している。

このように多様な形態の小土地が存在するのは、それだけ小土地に対する住民の関心が高く、生活に占める比重が大きいことを意味する。北朝鮮で苦難の時期に何とか死なずに生き残ることができたのは小土地のお陰だという。

副業地と小土地の嚆矢はチョン・チュンシルという人だという。一九九〇年にあった「チョン・チュンシル運動」の核心は自力更生だ。そしてこの自力更生の元手は山を開墾した副業地だ。慈江道前川郡の商業管理所支配人チョン・チュンシルは、従業員を動員して何十町歩の副業地を開墾し、そこに作物と薬草を植えて郡にもたらしたことで自力更生の模範とみなされ、これに倣って全ての事業単位が副業地の開墾事業に着手し、これに個人も参加したのだ。

生産工場と企業所だけでなく、病院や大学校などすべての単位が山に頼った。しかしさほど経ずして、開墾の後遺症で山林は荒れはてて洪水が起こり、国土管理に深刻な事態が広がった。しかし、食べて暮らすことが急務であった北朝鮮の実情では、国土管理は後まわしにされた。それだけでなく住民用の暖房も山の木に依存することになった。自然に山林は禿山に変わり、小土地は歯止めなく増えた。

初めは小土地にジャガイモや麦を植えたが、徐々に品目も多様化した。それだけ小土地を利用した人々の生活に余裕ができたのだ。小土地の収穫高はいつも協同農場や国営農場より多かったし、土地の質も日々良くなった。

二〇〇八年度、北朝鮮の穀類総生産量は四〇〇万トン程度という。そこから穀類飼料と食料加工用を差し引いたら実際に住民にまわる食糧は二八〇万トン程度という。北朝鮮式に計算すれば老若男女すべての一日平均食糧は五〇〇グラムだ。このように計算しても一日に一万二〇〇〇トンの食糧が必要で、年に四二〇万トンはなければならない。

二〇〇八年に食糧総生産量が四〇〇万トンを越えたということは、北朝鮮では大変な成果だ。二〇〇八年の秋には、小土地と菜園（トッパッ）の収穫高もくまなく調査して穀類総生産量に上乗せした。人民委員会の職員が受け取ってゆく地税も、一平方四五ウォンから一九五ウォンにほぼ四倍に跳ね上がった。

毎日不吉なことばかり生じるので明日が恐ろしいのが北朝鮮の住民たちだ。ことわざに「太った豚は命が短い」という。いつどのようにひっくり返されるか常に不安の中で生きる小土地の住民にいよいよ不幸が差し迫ってきた。二〇〇九年二月に下された「小土地をなくすことに対するキム・ジョンイルの方針」がそれだ。一九九〇年代末に、熱心に育ててきた小土地を奪って国家農耕地に編入した時とまったく同じ状況が広がった。回収した小土地に薪のための苗木植樹作業が計画されたという。多くの人々は工業林事業所と国土管理部を尋ねて土地を死守するための工作を広げている。だが、すでに回収目録に入って処理が確実になった土地もある。農耕地に近い小土地と、運転機材が入れる山中の土地はほとんど全て回収対象だ。だが、山林経営所の中で育てた苗木がその土地にしっかり根を下ろしたかどうか、今後を見なければならない。以前も、無くなった小土地より新しくできた小土地のほうが多かった。この方針は結局、多くの非行と闇取引を生むことになるのは明らかで、住民たちはそれなりに対処する新しい方法を捜し出すだろう。

深い山中の小土地も無事ではない。山林監督員や山林巡視員の目があまり届かない山奥の小土地でアヘンや密輸のための作物が栽培されるという事実はすでに秘密ではない。「小土地をなくすことに対する方針」と共に「アヘン栽培を中止することに対する国防委員会指示文」がほぼ同時に下されたのだ。両江道と慈江道、咸鏡南北道の山岳地帯には、一名「アヘン幕」と呼ばれる畑小屋（「山田幕」）が多い。深い山中にあるこうした小土地には二月中旬から人々が入る。アヘン（「楊貴姫」）の種をまくための作業がこの時期に始まるためだ。人があまり踏み入らない地に不法耕作をする「山の鬼神」が毎年増える。

奥深い山にも穀類作物を植える小土地が多く、その面積は年々増えているが、そのような小土地は回収対象から除外される。回収しても代わりに運営する単位がないためだ。人がまめに歩いて五～六時間も距離がある畑小屋を統制することは並大抵なことではない。今回二〇〇九年の全国農業大会で掲げられた農業総生産の目標は六〇〇万トンという。ところが、小土地を無くして国家の耕地面積の町歩当たり収穫高を高めるという方法で、はたしてこの目標を達成できるか問題だ。

現在の北朝鮮は住民に配給すら与えられない状況だ。だが住民たちは飢えて死なずにいる。それでも生命を支えられるほどの穀類が生産され流動しているのは、小土地のおかげである。

二〇〇九年二月中旬に全国農業大会が終わって、各道の農業イルクン協議会で言及された内容を見れば、国家耕地面積の一町歩当たり穀類生産量は二トンにもならないという。特に北部山岳地帯では一町歩当たり収穫高が一トンの水準だ。だが、個人小土地の収穫高は農耕地の二倍程度だという。それにもかかわらず、北朝鮮政府が小土地を無くそうとする別の理由は、農場に入る肥料のうち多くの量が個人の小土地に流れ出るためだ。

結局今回の方針は、農場の農作業より個人の小土地に執着する農場員の思想的根源を根絶して、農作業に総力を傾けるようにする目的で下されたのだ。だが「愚かな獣も一度陥った罠は避ける」という。北朝鮮では「苦難の行軍」の時から口をついてでる言葉がある。「生き永らえる奴が英雄だ」という言葉だ。この言葉は言い換えれば、「国家の言うままにすれば死ぬ」という意味だ。このような生活理念が人生の座右の銘のように大事にされてきた北朝鮮住民であるが、彼らから小土地を奪ったとしても変わる点があるだろうか。「窮した家を争いが訪れる」と言い、文句ばかり多くなるのであって、結局政府に対する住民の期待と希望はますます薄くなるだろう。

それなら、どれ一つもまともに遂行できない方針と指示文がなぜ必要なのだろうか。これに対する答えは、北朝鮮の立法機関の事業方向とその生存権益にある。つまり方針と指示文を振り回して、住民たちに入る利益を横取りしてこそ、生きてゆき存在できるというのが彼ら政権機関の生活方式なのだ。

今、山林監督員はキム・ジョンイルの方針を忠誠を以って受け止め、徹夜で奮闘している。昼間には土地調査をして夕方には賄賂調査をするという。山林監督員（北朝鮮では山林警察と呼ぶ）ががっぽり金を儲けられる絶好の機会だ。

一九九八年の小土地没収の時のことである。両江道甲山郡の山林監督員はこの方針のおかげで金持ちになったという。小土地を奪って全て軍部隊の副業地にして金を受け取ったのだ。だが、土地を失った住民たちはじっとしていなかった。住民たちの申訴を処理する過程で彼らの行状が明らかになり、そこに共謀した人々はみな幹部だったという。今回下された方針でも軍部隊の副業地は除外された。

したがって、前回と同じ非行が起きないとは誰も断言できない。では、政府がこうしたことをすべて知らずに組織しているのだろうか。北朝鮮では、政府の方針はすべての単位の事業計画書と対策案を党中央委員会政策研究所で最終審議して、キム・ジョンイルに上げてサインを受ける形で作成される。年間決算総和の時、どの単位からもっとも多く創造的な対策案を上申したかによって事業成果が評価される。幹部たちはこの機会を通じてキム・ジョンイルに対する忠誠心の検閲を受けて地位を守ることになる。このためか、幹部たちは正常なことより突発的な思いつきを多く創造して出す。今回下された方針も結局はこうして出てきたと考えられる。国家の全ての条件と可能性よりは、ある単位の「忠誠心」によって作成された方針なのである。

二〇一一年度に内閣から下りて来た食糧調査団は、小土地と菜園の収穫量を正確に測定して国家穀類生産量に含めて統計を出した。そのように個人の菜園まで全部加えても四〇〇万トン程度だ。しかし北朝鮮が今年提示した穀類生産量は六〇〇万トンだ。耕地面積を減らしつつ、さらに高い収穫高を望むということは、北朝鮮の実情としてあまりに現実性のない妄想だ。これら大部分の農耕地は、キム・ジョンイルの土地開墾方針に従ったため土質が劣化した状態にあり、これを改善するための経済的土台も不足している。また、肥料と農薬は輸入して使うあり様だ。代案があるとすれば、当然ながら現在の耕地面積を最大限に利用する方向で政策が立てられなければならない。

土地に対する私的所有がなく、個人の自由を許容しない北朝鮮で、小土地を国営化することはいくらでもありえることだ。だが、小土地の歴史が明らかにしたように、大衆の個人中心意識は絶対になくすことができない。

（ユ・ミョンジュン　二〇一三・三・二三）


山中での燃料採集と火田、開墾、作物をめぐる闘争が繰り広げられる中、治山治水状況は悪化の一路をたどってきた。小土地の開墾は一時期、自力更生のモデルとして推奨され全国に広がったが、治山治水の点では大きな負荷となった。火田（焼畑）は、朝鮮王朝時代から零細な住民にとって最後の生活手段であり、また畑作物の略奪は土匪化した細民たちの生業でもあった。火田整理事業は植民地政府にとっても重要課題とされ、解放後も引き継がれてきたが、食料難の北朝鮮において再び新たな課題として浮上してきたといえる。

山野での焚き木、食用の山菜、家畜飼料用の草、薬草、松茸、木の樹皮や樹脂などの野生物の採取は、機関や企業における公式の労務とは対照的にもっともインフォーマルな活動であった。こうした草根木皮の救慌食物が慢性的な飢餓状態の北朝鮮において重要な位置を占めるに至った事実は衝撃的である。

手記
ク・ヨンガプ　二〇一三・五・二六「잊지못할 대청산（忘れられないテチョン山）」
チョ・インシル　二〇一三・一一・二三「로병작업반에 대하여（老兵作業班について）」
ユ・ミョンジュン　二〇一三・三・二三「소토지의 생명줄（小土地の生命の綱）」

文献

チェ・ジニ（최진이）二〇一二「경제난 이후 북한내부 변화（経済難以後の北韓内部変化）」イ・デウ（이대우）編『탈북자와 함께 본 북한사회（脱北者と共に見た北韓社会）』図書出版オルム
チョン・ウンミ（정은미）二〇〇七『북한의 국가중심적 집단농업과 농민사경제의 관계에 관한 연구（北韓の国家中心的集団農業と農民私経済の関係に関する研究）』ソウル大学校大学院社会学科博士論文

第9章 市場（チャンマダン）・商い・交換

一 市場

在来の市場（チャン 장）はかつて朝鮮半島全域に見られた定期市場で、市日（チャンナル 장날）には近在の住民が農水産物や家畜を持ち寄り、町からは衣類や雑貨などを扱う商人が集まった。市に指定された場所は、郡庁所在地の邑や郡の下位行政単位である面の所在地の広場で、ふだんは何もない空き地となっているが、市日には早朝から人が集まり、たちまちにして人であふれかえる。農村経済・地域経済の中心をなすと同時に、情報交換と社交の場そして娯楽の場でもあった。地方経済と交通状況に応じて、日取りや規模、取り扱われる商品には地域差があり、また時代によって盛衰が見られた。こうした定期市は、地域内の住民による農水産物と日用品の売

買が中心で、貨幣によるばかりでなく米などの穀物との交換も行なわれた。穀物などの商品作物についてはこれを買い取る専門商人が存在した。在来の定期市では、地元住民の日常生活に関わる不特定多数の小規模取引と、婚礼や葬礼などの非日常的な儀礼の際の多量取引の、両方の需要に応えるものであった（伊藤亜人　二〇一三）。

社会主義体制への移行後は、一九五〇年まで「人民市場」と呼ばれ、一九五〇年からは「農村市場」、一九五八年の農業協同化以後は「農民市場」というように、政策に応じて位置づけと名称が変わった。一九五〇年代はほぼ一〇日に一度の頻度で市が立っていたという。

社会主義による協同所有化と国有化が進むとともに、農場で生産される配給物資の穀物、衣料品や雑貨などの工業製品の売買が禁止され、また大量の売買による私的な利潤追求が制約されてきた。取引が公認されたのは、個人の菜園（トッパッ 텃밭）で作られた野菜や豆類と、国有化された牛以外の家畜の肉などであった。工業製品や輸入製品は市場での取引が禁止され、国営商店または収買所で扱うと規定されていた。

社会主義体制下における市場（チャンマダン 장마당）の統制は、職場の組織生活における重要なテーマとされ、「商い」（チャンサ 장사）は個人的利己主義、他人を騙し奪う行為、資本主義の萌芽・温床であり反党的行為と見做され、生活総和の場で批判の対象とされた。党の指導で商業を否定して、市場への出入りを規制し、市日を毎日市から再び十日市、十五日市に限定しようと試みたが、実効性は上がらなかった。

日本、中国、ソ連などからの同胞帰国者やシベリアでの木材伐採工などの出稼ぎ労働者たちが、外貨と外国物資を大量にもたらした。とりわけ、当時一〇〇〇万余の総人口に占める一〇万に近い日本からの帰国者の及ぼした経済的影響は大きく、その在日親族からの送金や親族訪問の際に持参する贈物まで含めると大変大きかった。彼らは、政治生活の面では社会主義体制の中に位置づけられていたが、経済面とりわけその消費生活は国営商店および市場に大きく依存していた。このため帰国者の存在は、公式の計画経済や供給制度を維持する上で新たな阻害要因ともなり、市場が半ば公然の闇取引の場となる大きな要因となった。

一九八〇年代に入って、国営商店、国営収買再生商店、八・三人民消費品直売店などを窓口とした物資流通が滞り始めてからは、市で商う品目の規制と黙認が繰り返されながらも、市場の規模も徐々に拡大した。私用の菜園で採れたものばかりでなく、農場で生産された農産物も市場に出され、黄海道の米を闇で入手して他地域の市場で売るなど、実は配給が途絶える前から取り締まりの目をかいくぐって穀物類を商う者がすでに存在していたという。

地域の人民班や職場での組織生活において、商いは社会主義と全体主義をむしばむ利己的な行動とされ、市場に出かけないように指導されてきたが、事実上は度を越さない範囲なら容認されてきたといえる。

衣類や靴など、それまで国営商店で売られていた工業製品も、工場の稼働率が下がるとともに、家内班で製造されたものや工場からの不正な流出品が市場に溢れ出るようになり、品不足のため公定価格よりはるかに高い闇値段で取引されるようになった。このため一九八九年には国定価格自体がほとんど無意味になったという。

一九九〇年から商いをする人が日に日に増えて市場は膨張した。かつて一〇日に一度だった市場が一九八〇年代に家内班による生活必需品製造が奨励されるとともに五日に一度の「五日場（タッセッチャン 다섯장）」となった。清津市内では一九九三年四月から毎日市が立つようになり、食料の配給が滞った一九九三〜一九九四年ごろには、生き残るために市場が唯一の頼みの綱とさえ言われた。「苦難の行軍」と言われた一九九五〜一九九七年ごろ、市場はさらに拡大して、都市人口のほとんどが市場に関わったほどである。銃と爆弾以外なら市場で手に入らない物はないというほどだ。たとえ市場に置いてない物でも、欲しいと言えば誰かがどこからか持ってきたという。工場で作られていた変圧器などの電気製品も、市場で注文すれば仕様どおりに手製のものを持ってきたという。電力不足のため家庭で電圧が下がるとテレビの映りが悪くなるため、競って変圧器を置いて電圧を維

持しようとしたのである。

市場で売られた品目は、個人の私的な産品や中古品、国家の公式機関や企業からの盗品や流出品、中国やロシアなどからの輸入品と密輸品、国際的な援助物資などにも及んだ。私的な製品としては、農民の菜園や違法耕作地の小土地（ソトジ）、副業畑などで生産された農産品のほか、家内畜産や家内手工業品、そして様々な飲食品や嗜好品である。工業製品としては中国製衣類、靴、手工芸品、医薬品、電子製品、テレビ、録音機、計算機、裁縫機、中古の日本製自転車や古着、中古の家財道具など、ほとんどあらゆるものが売りに出されていた。また、水汲みや燃料の入手、物資の運搬などの人手を要する仕事も、市場に出かければ自ずと手配できたという（パク・コニョンの教示）。

手記71

一食稼ぎ

昔から商売は金を儲けるためにするという。しかし北朝鮮は一日一食を食べるために一日商売をする。すなわち商売をするのではなく元手を食べるのだ。何でも合法的に公開された条件でするならば、法的な救済もあり、自信を持って仕事もできるし、罪悪感に陥ったりはしない。しかし法的に商売を禁止する体制の下では、商売は法に違反する行為として、罪人の取り扱いを受けても弁護する方法がない。何の商売もすべて闇取引で成り立つとすれば、市場に出てきても隠し置いて売らなければならず、利益のための商売より、安全で早く売るために、利益になろうがなるまいが速やかに売りはらってその場を離れるのだ。

米の値段が天井知らずに上がるため、一日中物を売り続けなければ米一キロも手にすることができない。少し商売を大きくして金を儲けようとすれば、これを取り締まる「非社会主義グルッパ」が現れて「資本主義要素」という罪を着せて物を回収して罰金を課す。甚だしい場合は捕まえて行ったりもする。稼いだ金をみな納めて解放してもらうよりほかない。

私はあまりに苦しい時、着ていた服を持って行って売ろうとすると、「非社会主義グルッパ」が私から物を奪って、「良い服を売るところを見ると、暮らしの良い家だ」と言って、奪った物を倉庫に入れたのだ。私はくやしくても「資本主義の要素」という政治的な罪を着せられるのが恐ろしくて、一言も言えなかった。社会主義という枠の中では、人々は目に見えない鎖で結ばれ、生存が脅かされても法は無慈悲だった。（ハン・ヨンニム二〇一三・一・二八b）

一九九〇年代半ばに市場が急に膨張した当時の様子を何人かの証言によって紹介しよう。一九九三年に平壌から黄海南道の海州に突然追放された女性は、平壌とは異なる地方都市の現状に触れて、次のように報告している。

黄海南道海州の市場

一九九三年、義理の弟が外国に留学に行ったまま逃げて家に戻らないため、私たちは突然「民族反逆者家族」と刻印を押され、平壌から海州に追放された。海州はお母さんと兄弟がいる所で、平壌ほどは良くないが、それでも暮らせるところであった。初めの二年間は職場も得られず、徐々に配給があったり途絶えたりして、いくらこの地方が穀倉地帯とは言っても生活が困窮して、食べて行くのがしだいに難しくなってきた。

一九九五年から「苦難の行軍」が始まるや、駅前の市場とヤンサ市場がものすごく大きくなって人だかりを成すようになった。市場はますます大きくなり、クジェ洞の堤防と大きな道路もすべて市場に変わるまでになった。それればかりか、新しく建設されたばかりの海州競技場が一度も競技をしたこともないまま、あっという間に市場になり変わり、通りの人々をすべてさらった。それ以前は、小さな駅前市場とヤンサ市場が、農産物や家で育てた野菜、果物、ジャガイモ、サツマイモ、トウモロコシや家畜などを持ち出して売る場所だった。「苦難の行軍」が始まって暮らすのが困難になるや、会社や工場も門を閉じ、誰も彼もが市場や通りに走り出た。コッチェビ（乞食）たちも集まって来て貰い食いする状況となった。

通りや市場には、家にある物を売れる限り売った人たちが、その金を商売の資金にして、あっという間に食べ物や穀物、タバコや家具、服類を並べ始めた。しだいにその種類が増えて、水産物をはじめ家畜はもちろん、肉類、果物類、野菜類、雑貨類、様々な種類の中古品があふれ出し、餅売りや飴売りは言うまでもなく、無い物はないほどで修羅場同然になりはてた。

その広い運動場は、誰彼なく我先に来て場所を占め、若い女たちは列をなして立ち並び、タバコをカバンに入れて売ったり、布を腕に掛けたりして、それぞれ自分の物を先に売ろうと押し合いながら、本当に戦場のようだった。

向こうの隅に行ってみると、様々な魚の商売、塩辛類を大きな盥に入れて頭に載せて来て、サバルに一盃ずつ売っている。こちらでは家で育てた豚、犬、鶏を売ろうと持って来て、ひよこ、子豚、子犬なども紐に繋いで売ろうと駆け引きをしていた。

その横では薪でコンロを焚きながら、鍋に肉汁も沸かし、豆腐汁も煮て、麺も湯がいて即席にクッパや麺を売っていた。次第に椅子やレンガのようなものを置いてその上に紙を敷いて座り、空腹に勝てずにサバルを手にあたふたと食べている人のそばで、コッチェビたちがぼろぼろの服を着て、ぼさぼさの頭にいつ洗ったのかわからない顔で、残った汁でも貰って食べようと、ご飯を食べている人々を哀れな眼差しであちらこちら代わる代わる覗いていた。あるコッチェビは薪を一束持って来て、麺を売るおばさんに何か言うと、薪を渡して一ウォン札何枚かを受け取ったが、ご飯を買って食べるのに金が足りないのかそわそわしていた。

およそ一年間は道義も何もない無法の地であった市場は、しだいに自分の場所が出来て整頓されるとともに、食べ物商売は食べ物商売どうし、工業品商売は工業品商売どうしで、品種別に仲間どうし集まって商売をするようになり、均衡がとれるとともに列に合わせて自分で売台を作って、しだいに市場らしく変わっていった。そして、売り場を作ってくれたわけでもないのに、市場を管理する管理員たちが腕章まで巻いて席料を受け取って回り、時おり安全服姿の安全員たちも歩き回って取り締まりをした。（パン・クムヒ　二〇一三・九・二）

清津スナム市場での生きる闘い（1）

市場が現れた時、まるで社会主義が資本主義に変わるかのように、大変なことが起きていると言って、職場では市場に行かないように言い、市場に行くことができるのは職業のない扶養家族だけだと生活総和で公言した。しかし生活総和でいくら市場に行くのを抑制しようと試みても、生活に行き詰まった人々には効果がなかった。生活総和の場で自己批判をしてしまえば、それで終わるのだ。だから言葉と行動が違って、職場に出ずに市場に出かける人を防ぐことはできなかった。それまで生活総和では特に話すべきことが無かったのが、話す種ができて誰もが容易に自己批判をしてしまうのだ。本当におかしな総和だ。以前は話の種が無いのに、繰り返し自己批判をしろと言ってうるさいので、罪の無いことまで作りあげて自己批判する人さえいた。

清津市場は有名なところだ。大小様々な市場が市内の区域ごとにあるのだが、規模が小さく物も多くない市場では以前と同様に農村製品などが主だった。何年か前までは市場といっても見るべきものもなかったが、食料事情が悪化して個人取引ができるようになると、都市と農村の物々交換によって市場ができ、法的に統制を受けながらも発展していった。市場には運営の職責を持つ管理所長という人がおり、主に外国から入ってきた物品や薬品などを取り締まった。それは、乱れた社会秩序を正すことを任務とする法官の代理人と見ることができる。この法官は、外国商品の良い物品は取り締まって、押収した物を国営商店には移管せず安全部の傘下に流したり、持ち主を割り出して売ることができないようにする。そのため、外国商品は密かに取引されることになる。外国商品とは主に中国製品だが、初期には布団、衣服、靴、その他薬品や自転車などが売買され、取り締まりにかかれば無償没収された。

市場には多くの人が出入りして混雑し、目瞬きする間に物が行き来して紛失したり、争いあって涙を流す人が一人二人ではない。市場にはコッチェビたちも多い。ぼろを着て徘徊する幼い子供たちが、空腹に耐えられず食べ物売りからかっさらって食べる。商売人たちは、奪われないように網で囲んで販売するが、どっちみち少し目をそらす間に食べ物は消える。

ある日パン商売のおばさんが、パンの容れ物を膝の上に載せて、隣の人の声にふり返った瞬間に、腹を空かした子供たちがパンの容器を手で押しのけて地面に転がり落とすと、大勢の子供たちが掴んで食べながら逃げてしまい、パンは跡形もなくなった。おばさんは夕方の飯の種がないと号泣したが、誰一人相手にしてくれなかった。本人の手落ちだから仕方ないというのだ。

法を治める警察たちも、コッチェビたちに対して「死なずに盗んででも食べて生きろ」という。これは少しも偽りでない。飢えて死ぬ人があまりに多くて、どうすることもできないのだ。貧富の差は甚だしくなり、餓死者は日に日に増え、人々は「従順な羊と兎は皆死んで、狐と山犬だけ生き残った」と笑い声で話した。次は自分の番だという。だから死も恐ろしくないという。先に死ぬのか後で死ぬかが問題であって、せめて生きている間に一度でも白米の御飯腹いっぱいに食べられればと願った。

大人子供の区別なく顔は黒く炭を塗ったようで、二つの目が輝くだけだ。肌の色も見えない有様だった。国民は一食のために寒い天気でもなりふり構わず市場に出て行かなければならず、市場に出て行かなければ飢え

るよりほかなかった。（ク・ヨンガプ　二〇一三・三・四）

手記 74

清津スナム市場での生き闘い（2）

一九九〇年代初めに商売をする人々が少しずつ増え始め、一九九四年のキム・イルソンの死亡後からは、個人の家に小さな店を設けて、行き来するお客さんにタバコと酒、飴、菓子を売りました。また、豆腐と酒も売り、食堂のように食事まで出す人もいました。

一九九五年度になって食糧難に悩まされるや、あちこち貰い食いする人が現れました。市場に行ってパンを一つ買って食べようとすれば、いつのまにかコッチェビ（乞食）が来て、もみくちゃにされて食べることもできず、逃げて行く姿を見るだけでした。日が進むにつれコッチェビはさらに増え、駅前でも盗みをする人が多くて警戒が必要でした。

北朝鮮で一番苦しい時期は一九九五年から二〇〇〇年の間で、数多くの人々が飢えで死にました。居住地区のトンネー（동네）に個人で商う人がさらに増えると、子供が多い私としては、家に客が訪ねてくれば市場に行かなくてもトンネーでフォルケ（揚げ菓子）を買えるので、都合が良いのでした。また、トンネーでは皆が顔見知りなので、困っていればツケで持ってきて後でお金を払えば良かったのです。

市場に行こうとすれば、家から一〇里も歩かなければなりません。子供たちを連れて市場に行くのも楽ではありませんでした。物を売りに行く人は市場票を買わなければ、中に入って安心して広げて売ることができません。金のない人は石垣を越えて入ったり、石垣の下に穴を掘って入り込んだりする人もいました。市場の中は人で混み合い、市場の外にも人が立ち並んで売り、安全員が現れればどこかに逃げて、居なくなると戻って来て売ったりしていました。日によっては巡察隊が歩き回って笛を吹いて追いはらい、本当に言うことを聞かなければ、いきなり売っている物を回収して行きます。奪われた人たちは尋ねて行って罰金を払う人もいますが、金がなくて罰金を出せない人は取り戻すこともできずに破綻してしまいます。人々は、巡察隊や安全員が現れれば互いに連絡し合って避けて、居なくなったらまた出て来て売ったりします。市場ばかりでなく路上でも中国人たちを見かけました。この人たちは朝鮮に遊びにきて、帰る時にはホッケやナマコやメンタイなどを少しずつ買って持ち帰るのでした。ナマコも偽物が多くて本物を選ぶのは骨が折れたそうです。メンタイもとても高くて、私たちはいくら食べたくても食べられません。

市場ではパン一つ買って食べようとしても五ウォン以下のものはなく、日が進むにつれ価格はますます上がって生活は難しかったのです。（チュ・グムシル　二〇一三・一一・二三）

公式の計画経済と物資の公式供給を維持するため、市場での商取引に対する規制も繰り返し試みられたが、阻止することはできなかった。一九九〇年代の市場の急成長ぶりは目覚ましく、とりわけ、「苦難の行軍」と呼ばれた一九九〇年代の後半は、市場が急速に膨張した時期で、住民自身も目前の新しい状況に驚きを隠さなかった。住民の中でも女性たちは、党の指導などに耳をかさず、生活の活路を市場に見いだすようになった。

住民たちは市場の活気を肌で感じた。清津の港近くの青年公園などは、自分で捕ってきた魚を並べる人が現れるや、それが瞬く間に広がり、公園全体が市場になり変わってしまったという。

商いをする人は市場の敷地から溢れて路にまで広がり、政府が安全員を巡回させて違法な物資を没収したりしても、すべてを規制することはとうていできなかった。地面に物を広げるばかりでなく、少しばかりの物を手に持って路地に立ち並んで、取り締まりが来れば一斉に散るという具合であった。商いの資金がない人は、初めに家にある家具や衣類を売って元金を作り、それでトウモロコシや小麦粉を買って、飲食品の商いから始める者が多かった。あるいは華僑からツケ（外算）で酒、菓子、飴、果実などを仕入れて商売を始めたり、やがて恵山や新義州などの中朝国境に出かけて、衣類を仕入れて内陸の農村部で売るような行商にも出かけるようになった。

取り締まる側も家族が生活に追われているのは同様で、度を過ぎない程度なら見過ごしてくれたという。取り締まりが厳しくなると、商品を上着の中に隠して、客と分かればそっと見せて素早く売ったり、衣服なども手に持って路地に立って客を待ったりして、取り締まりが来れば身を隠した。あるいは、生地などは現物を家に置いておき、市場ではサンプルを見せながら客を家に案内する。客を連れて来た人には礼金を払うという方式だ。さらに卸売商まで現れると、日本製のタンスなどの中古家具も、写真を見せて注文を受けてから、船便で日本から取り寄せる方法まで採られた。

「苦難の行軍」が過ぎたころから市場はさらに活況を呈した。

平安南道の平城市は平壌の北三〇キロほどに位置しており、ここの市場は北朝鮮最大の卸売市場として知られる。その二〇〇〇年秋の様子を、脱北者は次のように伝えている。

手記75

平安南道平城の市場

平城医大病院で治療を受けていた二〇〇〇年の秋、時折気晴らしに妻と一緒に市場に出かけた。平城は、六・二五戦争（朝鮮戦争）以後に平安南道の道所在地としてキム・イルソンの指示でできた都市だ。党中央政治局委員、道党責任秘書（ソ・ユソク）が絡んだ反党的行為など、非道徳的なことが最も多い都市と言われた。平壌に近いため、平城の市場では平壌の商品が沢山売られ、また中国商品を扱う商人が平壌を目指して来て、旅行証の関係で平壌に入れない場合にはここ平城で売り払うのだった。平壌と中国の商品が集結する所として何時も賑わい、また色々な噂も早く伝わるところである。

市場の規模はそれほど大きくなく、道の両側に幅一・五メートルほどにコンクリートで棚のように作られていて、商品を陳列できるようになっていた。全体の三分の一ぐらいは屋根で覆われ、周囲は板塀で囲まれ、四カ所に出入り口ができていた。場外でも商品が陳列されることがあり、管理所長のもとで管理員による取り締まりが厳しかった。場税は商品によって異なり、雑貨商には二五〇ウォンが適用され、卸売商は商品と量によって決められた。ポッタリ商人は無条件一〇〇ウォンだ。ポッタリ商人は背嚢で商品を背負って手にも荷物を持って売り、場税を集めに来ると逃げ去って場税を払わない人もかなりいた。保安員が私服でたえず巡回して取り締まっていた。女性の下着など韓国商品を売る女性もいた。電子時計を二〇ウォンで売ると聞いたので見ると、製造工場は群山となっていて、一年以内に故障すれば無償で修理するという説明書まで入っていた。ラジオ付きの小型録音機もあって、周波数が固定されていないものだと言って用心深く見せながら、買って外国の放送を聞けと言っていた。普通は周波数を固定しているのだが、こんな具合だから外国からの情報を遮断しようとしても上手く行かないのが現実だ。

飲食商売もかなり多く、餅、飴、パン、ククス（麵）など種類も多様だ。餅には網を被せて、コッチェビ（乞食）が汚い手で掴まないように防いで売る。コッチェビは手にわざと炭の粉を付けて触ろうとする。そこで、市が終わればトウモロコシ麵を少し与えると約束して予防するのだ。豆腐も同様だ。

管理員の女性と顔見知りになったので尋ねると、市場の一日の総収入は平均して二〇〜三〇万ウォンとのことだ。管理員の判断によるのだから不正もありうるのか聞くと、党性の強い者のみが管理員になれるという。それはつまり不正がまかり通るというのだ。

ある日、市場にそぐわない綺麗に着こなした女性が管理員に目で挨拶するのを見かけた。誰かと尋ねると娼婦（밤꽃　夜の花）だといい、一四〇〇ウォンなら紹介してやるという。もっと若くて綺麗な娘もたくさんいて

一六〇〇ウォンもするという。相手は在日同胞や、中国から物を持ってきて商売する人が多く、時には平壌の若者も来るという。彼女たちは市場、駅前、外貨商店の周辺にたむろしていて、老人を雇って客を集めたりもするという。また市場には、両替商（トンチャンサ 돈장사）もかなりいる。主にドルを買おうとして互いに競いあう。「苦難の行軍」以前には一〇〇ドルが闇値で二〇〇〇〇ウォンだったのが、今は一〇〜一五万ウォン程度だという。また、中国人民幣は一〇〇元が四〇〇ウォンだったのが、その後二〜三万ウォンまで上ったという。外貨は、外国に出る船員、大使館員家族、中国に出入りして商売する人たちから買う。外貨の売買は禁じられていて、発見されれば没収され、強制労働となるので注意しなければならない。両替商は大部分が党イルクン（党の事務職員）や保衛員の家族たちで、彼らを通して人民幣に換えて、会寧に行って中国製衣類を買ったりしていた。

市場には無償支援の食料も沢山出てくる。白米、安南米（ベトナム米）、トウモロコシなどである。北朝鮮産の穀物よりキロ当たり三〜五ウォン安く取引されていた。安南米はご飯に炊くと量が増えるが早く腹がすくという。穀物ばかりでなく食用油も公然と国営商店で販売されており、油缶には英語でマレイシアと記されていた。無償支援物資の医薬品も取引され、私もその薬を買って大学病院で治療を受けた。買う時には、偽物なら払い戻すと約束を交わし、住民登録証を確認して買った。市場には偽の薬品もかなり出回り、風邪薬を買って飲んだため死んだ人もいる。粉ミルクを一キロ四〇〇ウォンで買ったことがあり、それは韓国産だった。これは、平壌市に供給された粉ミルクがここで販売されているのだ。粉ミルクは羅津先峰市の牧場でも少し生産されているが、一般の人の目には触れずに党中央に供給されると聞いている。

このように平城の市場では、時期や品目に制限なく何でも買うことができ、広範囲かつ公然と売られている。しかし、平城の市場はたいそう変化がめまぐるしい所で、党の指示を合図に、午前に市が立つや午後に解散させることもあり、商品が多くても取り締まり、金が多くても取り締まり、落ち着いて商売ができないとも聞く。市場は資本主義の原理だが、取り締まりの指示は社会主義の法とキム父子の言葉だからだ。(キム・ジョンファ二〇一二・七・二b)

このように一九九〇年代に入って市場は規模の点でも、また取引物資の面でも大きく発展を遂げ、「苦難の行軍」の時期には、従来闇取引とされていた違法な商いがほぼ公然と行なわれるに至った。国家計画経済以外の私的経済活動を厳しく規制することで維持してきた社会主義流通体制は、住民の実生活において実質的に底辺からなし崩し的に破綻したといってよい。社会主義社会においては、食料の供給体制が揺らげば、体制維持のため統制する側の党および政府機関の人員にとっても食料・物資が不足する状況には変わりなく、統制は非公式な手段によって骨抜きになる。食料・日常生活物資の不足に起因する社会の動揺を緩和することが緊急課題となった。

二〇〇二年七月一日の「七・一経済管理改善措置」では、市場での工業製品の販売を手袋のような家内手工業品に限って許容し、それ以外の工業製品を販売禁止して、市価の三〇%に相当する補償によって商品を国営商店に回収しようとした。同時に、米などの穀物をはじめとする日常生活物資の公定価格を大幅に引き上げて実勢に近づけるとともに、労働者の賃金も大幅に引き揚げる措置を採った。この措置は、社会主義供給経済を維持するという原則は譲らずに、当面の非公式的・私的経済にともなう混乱を緩和しながら、配給制度の正常化を図るというディレンマのもとで採られた過度的で対症療法的な措置だったといえる。

ほとんど自然発展的に膨張してしまった市場を、国家の統制・管理下に置くための具体的措置として、翌二〇〇三年の五月五日には、内閣決定第二七号「市場管理運営規定」が下された。すなわち、農民市場の名称を「総合市場」に改称して、周囲を壁で囲んで屋根を覆った大きな屋内施設を建てて出入り口を設け、取引を施設内に限定して使用料として事実上の場税を徴収することになった。市場での取引を公認したが、一方では管理室を設け管理員を配置して秩序の維持のため取り締まりを行なった。荷物保管所、衛生室（便所）が設けられ、規制を緩和しながらも管理所を設けて、党から管理員が配置されて公式に「場税」を徴収した。場内は扱う品目別に区画され、売台には番号を付け、食品販売員は白い衛生服を着用し帽子も被るようになった。安全員も常駐したほか「究察隊」も随時出動して巡察した。しかし膨張した人々全員を場内に収容することはできず、場内に潜入する者のほか、市場の周辺では規制の目をかい潜って非公式な座販などの商いも続いた。

一九九〇年代後半からの市場

トウモロコシ一五ウォン、米四〇ウォンする時でした。私は金がなかった。それで六〇ウォン払って飴粉をやっと買って飴玉を作り、三粒一ウォンで売った。一キロ作って残らず売れれば一五ウォンから二〇ウォン程度が残る。飴商売が多いためよく売れず、一日に二～三キロ程度しかできなかった。家族ぐるみで一緒に夜中に火をたいて砂糖を溶かし、色素も入れて飴を作ってビニール袋に包装して一ウォンずつ売った。売れ残れば冬のような時は大丈夫だが、夏には溶けるので仕方なく家族が食べることもあった。私は一日中飴を売って、家に帰る時には元手を残して麺や米を一キロずつ買って帰った。本当に苦しかった。

しかたなく家にあったテレビジョンを持って行って二〇〇〇ウォンと値をつけたが誰も買う人がなかった。私はテレビジョンを何日間も自転車に乗せて通って、後にはボール紙に「テレビジョン二〇〇〇ウォン」と書いて出かけ、ようやく二〇日めに一八〇〇ウォン以下でやっと売れた。それで小麦粉を買ってパンとクァベギ（꽈배기　揚げ菓子）を作って売った。クァベギの小さいのは一個二ウォン、大きいのは五ウォンでした。パン、クァベギ、豆腐飯（いなり寿司のようなもの）、天ぷらパンなど、やらないものはなかった。それでもその時は

食べ物商売がうまくいった。元手がない人は工業品に手を出すことができないから、食べ物を売らなければならなかったのだ。少ない金でうまく売れれば利潤を残すことができ、お金の回転率も高かった。何とか飢えずに生きなければという考えしかなかった。本当に何人かだけが大きな商売をし、その時スナム市場で商った人々はほとんど皆お金のない人だった。それも、女たちは風呂敷包を頭に載せて、人に見られるかと思って恥ずかしがりながら売った。商売の手腕がない人は毎日損をした。家に帰って来る時は二五ウォンする小麦粉を買ってきた。取り締まり班が出て来ればさっと追われて行き、また集まりまた追われて、静かに放置してくれず安心して商売もできなかった。

夏になると私はカカオ商売をした。一個五ウォンでよく売れた。電気が時々しか来なかったので、商売の準備のため毎晩のように夜を明かさなければならなかった。時には一個四ウォンで卸商（テゴリ 되거리）に渡すこともあった。

私はその時、清津の衣服工場の技術準備室に職場があったが、工場が稼動できないため出勤する情況になく、夫が医者だったので夫を出勤させて、私は一目散にスナム市場に出掛けて、商売をして生計を立てていた。ある日退勤時間に合わせてタンムル（甘い汁）を売って見ようと、市場入口に出て行ったところ、女たちがホコリだらけになってありとあらゆるものを売っていた。

職場に出勤していた人も退勤すれば市場に出てきた。翌日食べる食糧を解決しなければならなかったからだ。そのため、夕方になると人ごみで足の踏み場がなかった。誰にとっても市場が一筋の希望だった。売る物がない人でもひとまずは市場に出てきた。毎日のように市場は無秩序で、盗まれて「オイ！　この野郎が！　捕まえろ」、「おれにどうやって暮らせと言うのか」など大声を張り上げる人も多かった。

そうしたある日、「苦難の行軍」の中間総和が終わるや、スナム市場が繁盛しはじめた。

私の地位もその時は「闘争対象」ではなく、「基本対象」として称賛を受けるようになっていた。「苦難の行軍」の総和が終わって人々の生活力が高まったのか、その時からスナム市場がずいぶん良くなった。一ウォンで飴玉三粒した時から座って売っていた人たちが金を稼ぎ、一九九九年からその人たちは比較的規模の大きな工業製品の商売をするようになった。

しかしその時でも、新しく市場に入ってくる人は食べ物商売から始めなければならなかった。家のお婆さんも飴商売から始めて沢山稼いで、後には靴商売に切り替えた。その時から金があるお洒落な人たちは、南朝鮮の物と日本の物だけ求めた。中国商品は質が低いといって嫌った。

私は、一九九九年一月から二〇〇一年五月まで雑貨売台で販売員をしたが、売台の主人は家に座っていて販売員を雇用する。売台でボールペン一本売れる度に主人が要求する額を渡して、残りの利益金は私が取るという形でやった。

その後、お金がちょっと集まるや、私は販売員を止めて「タルリギ（달리기）」をし、二〇〇二年のアリラン祝典の時にはスナムや羅南で「タルリギ」をした。これは卸売商から朝にツケで商品を買って市場の商人に卸しておいて、夕方に行って代金を受け取ってくる方式だ。金がある人は、売台を持っていても自分では売台に出て行かず、高利貸金や売台商売やガソリン商売などをした。

やがて船主と「トンジュ（돈주 金貸し）」が現れると、収買商店も食堂もみな個人の手に渡り始めた。まだ「苦難の行軍」の時期だったが、金を儲ける人が多く現れると貧富の差が出始めた。それでもスナム市場に出て商う人々はご飯を何とか食べて暮らすことができた。「スナム市場にさえ出て来ればご飯は食べて暮らせる」という言葉が出回るほどだった。

商売が活発になると生活力も高まった。配給を貰わなくてもびくともせず、中には暮らせない人もいたが、大部分は自分の生活の軌道に入ることになった。工場からトウモロコシを少しずつ与えるから「出て来なさい」と言われても出て行かなかった。市場で儲けるほうがはるかに良かったからだ。配給を呉れなくても思いのままに出来るから良いという人もいた。

二〇〇二年になるや物の価格が上がって競争も熾烈となった。儲ける人はいっぱい儲け、儲けられない人は市場から退くよりほかなかった。その時、物の価格が上がった理由は、国家の措置で月給を上げたのと、貨幣交換をするという流言が一緒に出回ったためだ。

以前に私の月給が七〇ウォンだったとすれば、月給が上がって一三〇〇ウォンになったが、工場が稼働した分しか支給されなかった。米一キロの価格は二〇〇ウォンにまで上った。だから一カ月の月給で米一キログラムも買えないという話だ。四〇ウォン台から二〇〇ウォンに上がると人々はどうすればよいかわからず、しばらく右往左往した。誰が噂を立てたのか分からないが、貨幣交換をするが一定額以上は換えてくれないという噂が広まると、人々は我も彼も家にある現金を持ち出して、現物をやたら買い入れた。物の値段が急に跳ね上がった。何十ウォン、何百ウォンした物がみな何千ウォン、あるものは一万ウォンにまで上がった。

結局、貨幣の交換はなかったが、高い価格で物を買い入れた商人が値段を下げるわけがない。その時から継続して物価は上がり続けた。物の値段が跳ね上がるや、得した人もいたが苦しい人のほうが多かった。

二〇〇三年からはとんでもない座席バスまで市内に現れた。バスは多いが乗る人がなかった。車が人を待つほどであった。交通費が高いためだ。道の体育競技場の前はバスの駅前になってしまった。後で分かってみると、輸送専門事業者が中国から密輸入してバスを持ってきたのだった。料金は高かったが、大混乱だった「苦難の行軍」時期とは大いに変わった。市内バスは無軌道電車だったが、午前六～九時、午後は四時から七時まで走った。しかし、それも電気が来ないためまともに走ることはできなかった。秩序を守って裏口から乗れば二ウォンで、お金が多ければ一〇〇ウォンを出して前扉から乗る。前扉から乗れば盗みに遭うことなく安全なばかりでなく楽に乗ることができるので、金のある人は前扉を利用したが、大部分の人々は自転車に乗って行った。

二〇〇四年にスナム市場が拡張され、屋根をかぶせて市場の外にも建物を一つさらに大きく建てた。そして食べ物売台は、衛生服と衛生帽を被るようになった。本来からあった売り場とは別に新設の売り場ができた。本の売り場は幅が五〇~七〇センチ程度しかなかったが、新しい売り場は幅が一メートル程もあって良くなった。それでも本売り場の値段のほうが高かった。

スナム市場には伝統があった。規模があまりに大きくて、全部を見て回ることができないほどであった。それでも、二〇〇二年から二〇〇五年までは取り締まりが厳しくなかった。その時には、国境線で密輸も盛んに行われていたし韓国ビデオも出回った。商売も統制しなかった。

清津の一部の人々は銑鉄を売り、茂山の人は鉄鉱石(精鉱)を売って暮らしても何も問題にならないほどで、不法が容認された時期だった。また、韓国米もたくさん流通した。私たちは韓国米が良いといってそれに固執した。その時のスナム市場は、外部からの支援米が入って来るか来ないかによって全て物価が大きく変わり、米の価額が下がれば流通が活性化し、人々がお金も気軽に使った。二〇〇二年以降お金の単位が高まって、二〇〇五年には本売台の値段が七〇万ウォンにも跳ね上った。物の値段がともすると何万ウォン、何十万ウォン、何百万ウォンもした。人々は何万ウォンなら軽く見た。市場だけはそういう所だった。(イ・クムチュン 二〇一二・三・一二)

市場が繁栄するとともに人々が生活力を身につけ、職場の月給や配給に頼らず経済的に自立するものが現れた様子が分かる。こうして報告者自身も資金を蓄えてもっと大きな商売にも関わるようになった。

船荷の卸商

後に、私もお金を少し手にするようになった。私は五万ドルを作るのを目標として、夫と共に清津港で中間卸売を始めた。六人が一組になって船の荷物を丸ごと渡し受けた。そして一トンのコンテナを別々に分けて持ち、普通五〇〇〇～一〇〇〇〇ドル程度を投資する。半分程度の価格で残り半分はツケで信用取引をする。石英号、トゥル峰号、万景峰号のような船が日本から商品を持ってくるのであり、早ければ二〇日から二カ月間に一度、大きな船は六カ月ないし一年に一度入ってくる。自分たちだけと取引する「固定船」が入って来れば一度に六〇〇〇ドルは儲けた。固定船でなければ色々な人の手を経なければならないため大金を儲けることはできない。

お父さんが漁船の船主で、六〇〇万ウォンあれば船主になれた。普通の一五～二八馬力の小さい船で七～一一人程度の船員を雇用して沖に出て行く。タコの時期や蟹の時期やメンタイの時期を迎えると海に出て行って捕って来る。トロール船は普通二〇〇馬力で最高二三人まで乗ることができる。こういう船は主として貿易会社や企業所で運営する。水産物の一等級品は日本に、二～三等級品は中国船に渡して、残りはスナム市場に持って行って渡す。あまりに海産物が品薄だったため価格が本当に高かった。メンタイ二匹が一万ウォンした時だ。それでも秋夕（八月一五日）などの名節には飛ぶように売れて、それさえ品物がなくて買えなかった。人々はお金のことしか考えなかった。お金をたくさん儲ける人が成功した人だった。

実家のお母さんが人民班長をしていたが、その二〇世帯の中で三世帯は安全部に勤務し、一世帯は帰国者世帯、また他の一世帯は清津港の中期卸売商売をしており、残り一五世帯は全て市場に出て行って販売員をしていた。

清津の浦港区域にある私たちのトンネーは、スナム市場そばの道路から入ったアパートで、高価で良い暮らしをするトンネーであった。二部屋のアパートが二〇〇四年当時北朝鮮のお金で一二〇〇万ウォンもしたから大変高かった。私たちのトンネーは家で遊んでいる主婦も多かった。夫が外貨稼ぎ会社に通ったり外貨稼ぎの車を運転したり、保衛部の世帯も多く、女が仕事をする場合は大部分がスナム市場の卸売商人だった。(イ・クムチュ　二〇一二・三・一一)

二〇〇五年の下半期の市場統制の動きに次いで二〇〇七年に再び取り締まりが強化され、「非社会主義的行為を阻止しよう」という標語のもと、商いをできる年齢は四七歳以上、市場を午前中は閉門することとし、米の売買も禁止された。二〇〇八年からは工業製品の売買も禁止し、総合市場を再び「農民市場」に改称した。二〇〇七年の規制に際しては、住民の不満が噴出した様子も伝えられている。

市場の規制(1)

住民たちは皆食べて暮らす問題に集中していた。しかし、市場運営が「毎日市場」から再び「十日場」あるいは「十五日場」に切り替えられ、工産品をはじめとする外国商品は一切国営商店で売るようにという指示が下りるや、住民たちと市場統制要員たちとでは意見が隔たった。農民市場を一〇日に一回ずつに統制して、個人が工産品を売れないように措置がおりた。市場で売れる商品は、個人が生産した農産物と肉類(牛肉除外)、衣服類程度に縮小した。中国商品をはじめとする外国商品はすべて国営商店や収買再生商店で売るようにした。

咸鏡北道会寧市では、月に一日だけ市場を開くようにして、二日目に保安員たちと市場管理員たちが市場に工産品(工業製品)を持ち込めないようにするや、工産品の商売人たちが品物を持って市場の周りを囲んで市場の前を埋めたため混乱が生じた。このため、農産物の商売人たちも市場の中に入ることができなかった。大声を出して市場管理員たちと工産品商売人たちが言い争った末、結局二時間後に市場の門を開放すると皆が我先に入って行った。三日目にも工産品商売人たちが強く抵抗したため、以前のように場税を払うことで市を開くことになった。一部の住民たちは、工産品目録を書いた紙を路地に広げたため、市場の秩序が混乱したりもした。保安署と市場管理所がこの措置を執行するために出動したが、住民たちの反発も強まった。

平壌市で一番大きなソンシン市場の住民たちは、商売を継続できるようにしてくれと上に提起したりした。一日一〇万人が集まるという平城市場と、卸売市場として評判の高い清津のスナム市場でも、工産品を売って生計をたてる住民たちが、上に集団的に抗議をした。住民たちの反発が強くなると、次の措置があるまで市場運営を継続するように指示が下りた。市場運営が以前どおり続けられることになるや、国営商店に工産品と輸入商品を預けていた住民たちは、商品を受け取りに行こうとして混みあった。工産品と輸入品を売って生計をたてる人々が全体の市場人口の四〇％以上を占めていたため、こうした措置はその生活を大きく脅かすものだった。（ユ・サングン　二〇一三・一二・一八）

市場の規制（2）

二〇〇五年下半期から統制を強化した。配給制を再開するから商いをするなということだった。スナム市場でも、中国製品を売らないように毎日取り締まりが出た。そして、四七歳以下は売り場から出て行けといった。銑鉄と精鉱、材木を売っていた貿易会社が解体され、これに関連した人が銃殺された。人々は恐怖に震え、不法から手を切る人が多かった。ところが、不法でなく商売をしろといえば商売になるはずがない。スナム市場は以前ほど活気がなくなった。取り締まりも厳しくなった。中国商品だといって没収し、外国商品だと言っては没収する。誰もが中国商品を売っているのだが、取り締まりにかかれば話にならない。その上、外部から米が入らなくなるや米の値段が天井知らずに跳ね上がった。売台の値段が一五〇万ウォンに跳ね上がった。一年間でスナム市場が一番うまくいく時期は一一～一二月で、この時にはトンジュ（金貸し業）も出てきて商売をすることがある。商売がうまく行けばトンジュは出て来る。一月中旬から三月までは商売がうまくいかなかった。

今では、昨年（二〇一一年）の水害と外部米が入らないため市場が寒散としているという。北では市場の動向を左右するのは相変らず米であり米が基本だ。工業品も米の次だ。米が多ければ取引も盛んとなるが、米の値段が上がれば人々は金を使うことができなくなる。最近のスナム市場は低迷しているようだ。二〇〇七年からは市場はいつも不安定なようだった。その上取り締まりが強化されると人々はますます不安に思う。

それでも、二〇〇九年度に私が韓国に来る直前までは、スナム市場に座っていればご飯は食べられるといっていた。しかし、この頃はそれも違うという。北朝鮮が貨幣交換をするという声が聞こえてくるや、私はもはやこの国はだめだと考えた。折しも、夫が商売の可能性を探って中国に出かけて以来、保衛部から監視されるようになっていた。早晩、追放されるのが目に見えていたこともあって、家族と共に韓国に来ることに決心した。

（イ・クムチュン　二〇一二・三・一一）


市場における非公式な商いが、住民の生活上不可欠なものと化しており、総合市場として実質的に公認されるにともない、公的な規制が敷かれる半面様々な便宜も行き届き始めた。協同食堂や企業所や給糧管理所などの機関名義による個人食堂に加えて、サービス業（沐浴湯）、個人投資によるバス運行などが報告されているが、二〇〇〇年代末から再び統制強化の動きが報じられており、その後の状況は不透明である。

二　市場での商い

すでに市場の様子を垣間見たように、女性たちの市場での活動は目を見張るものだった。食料をはじめ日常生活物資の全てを国家による供給に依存する体制の下で生活して来た住民が、公的供給が滞り始めると、自分の手で解決を図らなければならない状況に直面した。その中でも女性たちに求められた役割は大きかった。食料配給が滞りはじめ、一九九〇年代の半ばにほぼ完全に未供給の状態に到ると、蓄えや家財道具を放出した末、遂にはその日その日の食べ物を確保することに追われるまでになった。その中で、女性たちが僅かな元金で始められるのは食べ物の商いだ。その元金は、保管してあった服や生地あるいはテレビなどの電気製品を市場で売って得た代金で、これでトウモロコシや小麦粉や大豆を買って、麺やパン（焼きパン、蒸しパン、ツイスト）や豆腐を作るのが最も手早い道だった。このほか、揚げ菓子（クァペギ）、酒（焼酎、ビール）、飴、餅、飲料水、豆腐、豆腐飯（油揚げで包んだ稲荷寿しのようなもの）などである。食べ物商売は大きく儲けることはできなくても、その日その日を食い繋いで行く上では最も安全な商売であった。しかし、多少の売れ残りは自分で食べればよいが、売れなくて回転が滞れば元金を食べ尽くして撤退しなければならない危険もある。誰もが容易に手を染められる半面、技量の良し悪しが問われ競争も厳しい。美味しいと評判になれば常連の得意客もできるという。

1　麺（ククス）

トウモロコシが主力穀物となっている北朝鮮では、トウモロコシの粉で作る麺（ククス）が北朝鮮で最も日常的な食べ物である。トウモロコシを製粉することを家庭で副業とする者もあって、会寧の労働者区の村トンネーに住んでククスで生計を維持していた女性によれば、その数十軒のトンネーだけでも、製粉・製麺機を持つ家には、翌日のククスの準備のため女性たちが列をなしていたという。

ククス商売の苦闘

私の故郷は咸鏡北道会寧市の外郭に位置する大徳という所で、一五里行くと国境の豆満江が目の前に見え、その向こうに中国の生活を望むことができる。私の村は三〇〇名程度の小さな農村だ。会寧は特産物の白杏子で有名で、また日帝時代には会寧陶磁器も高い評価を受けていた。

この村で私は解放前後から暮らしてきた。一九九四年から始まった前代未聞の食料難のため、座して餓死するわけにはゆかないので、一九九八年になって、豆満江を越えて中国に行って食料を手に入れたいと考えた。しかし、国境を越えたのが発覚すれば厳しい処罰を受けることを考えると、決心することができなかった。じっとしていれば餓死するしかないがどうにも方法がなかった。私は、死ぬ覚悟をして豆満江を渡る決心をした。当時中国の延吉に夫の遠い親戚が住んでいた。私はその電話番号と住所を知り、ある日、雨の夜陰に乗じて豆満江を渡り、中国の村のある農家から親戚に連絡を取った。こうして、親戚から貰った中国の金一〇〇〇元が北朝鮮で二五〇〇〇ウォンになった。そして衣服、食料、食用油、タバコ、靴などを一〇〇キロ以上、コッチェビ（乞食）と変わらない風体で、水に濡れないようにタイヤに載せて川を渡って帰った。その後、中国に二度国境を越えて行って来た。

一九九九年三月に三度目に渡ろうとして捕まり、北朝鮮に送り返された。会寧市の保衛部で二〇日間、そして清津市の安全部の鍛錬隊で八カ月間、強制労働を課せられた。強制労働から解放されて家に帰ると、結核に病んでいた夫は亡くなっており、子供たちは行方不明になっていた。

その時から私は再び中国に渡ろうとはせず、以前からしていた裁縫機で服の修繕をしながら商売をした。近くの炭鉱に清涼飲料水を作って売る奉仕管理所があって、私はそこに通って氷菓子一個二〇銭、アイスクリーム一個五〇銭で、月収八〇ウォンを得て、裁縫の仕事と併せて家計を補ってきた。国家からの配給は依然として一九九九年まで途絶えていた。

私はあれこれ考えた末に、トウモロコシの麺を作って市場に出して売ってみることにした。ククスを茹でて市場に出そうとすると、その荷物を運ぶのが並み大抵ではなかった。リヤカーに積んで会寧の市場まで一五里の道だった。歩いても四〇分かかる悪路で辛かった。お金がなかったので家にトウモロコシを置くことができず、その時その時売った金でトウモロコシを買って、家に戻って深夜までククスを作った。今考えると、どうやってそんな力が出たのか分からない。ククス商売で日に六〇キロ売れれば、八キロの利益が出た。こうすれば日に二〇〇ウォン程度になる。トウモロコシが一升三〇ウォンするから、二〇〇ウォンあれば食べるだけなら足りるが、服も靴も必要だし石鹸も要る。そこで、ククスを売って一八〇〇ウォン得れば、二〇〇ウォンをそうした生活費にあて、残り一六〇〇ウォンでまたトウモロコシを買った。

しかし、それよりもっと耐えがたいのが、路地ごとに立つ安全部と青年究察隊や女盟究察隊だ。市場にククス商売に出ると、非社会主義をすると言ってククスの器をひっくり返したりして、適当な場所で商売できないように追いやられ、堪えられない侮辱を口にして、場税をむしり取るのだ。ある日は、朝から安全員にしつこくからまれ、口答えをしたと言って、耳を引っ張られたりしたこともある。侮辱と羞恥のため思いっきり争いたくても、権力を持つ者にかなうはずがない。死にたくても耐えるよりほかなかった。自分と家族のため何としてでも生きなければならないからだ。当時、ククス商売は元銭さえ残れば幸いだった。ククスを売り残して家に帰ることが何度もあった。元銭もなくして失望の余り泣きながら暮らしたこともある。しかし翌日はまた朝六時には家を出て八時には会寧市場に着く。そして一日中、日照りの日も、雨が降っても雪が降っても、野外でククスを売っては夜遅く家に帰って、深夜まで寝ずに製粉所に行って順を待ってククスを作り、終われば三時を過ぎる。そして三時間ほど寝て、また市場までぬかるみの道をリヤカーを引いて行く。私の村には、ククス商売する人は多いが、精粉・製麺機を持つ家は二軒しかなかった。

北朝鮮の人なら皆知っていることだが、女性たちは夫を指して「モンモンギ」、「チャムルセ」、「昼の電灯」などという。配給が途絶え、工場企業所に電気が来なくて稼動できないため、男たちはすることがない。女たちが市場で稼がなければ家族が食べて行けないのだ。ある人は、夫も市場に出て商売をすればよいのではないかと訊ねるが、市場には四〇歳以上の女性しか商売できなくなった。おかしな決まりだ。しかし、食うに困る状況になるや、未成年であれ娘であれ、いくら警察が取り締まっても構っていられない。市場が急速に自然発生的な生存競争の場に変わり、今では男女老少に関係なく市場に溢れ出て商売をしている。家族の生死が女性たちに懸かっているとはいえ、女性の社会的地位が高くなったわけではない。依然として家父長的な社会風潮のもとで、女性は家事と収入を全て担う二重苦のみじめな存在だ。「モンモンギ」は家を留守して座っているのを指し、「チャムルセ」は門を閉ざして鍵の役割をいう。夜も昼も灯して金ばかりかかるのを「昼の電灯」というのだ。

私は、夜遅く家に帰る時、道を誤って畑や脇の穴に落ちたこともあった。その時のことを思い起こすと、その時一体どうやって暮らしたのか驚くばかりだ。そのように暮らすしか方法がなかったので、そのように暮らしたのだろう。

その頃、行方不明になっていた子供たちが帰って来て悲劇的な再会を果たした。聞けば、大都市の清津に行って貰い食いしながらコッチェビ生活をしていたという。

私はこうして八年間という長い間、利益もなく自身と子供たちのため「苦難の行軍」をしながら、死なずに何とか生き延びた。

その後、私はもう一度だけ中国の親戚に支援を求めて商売の元金を補い、また中古の自転車を購入して運搬が楽になった。会寧の市場は規模が大きく、幸いにククス商売を長くしてみると、私のククスの味を知った得意客もできて、商売がすこし楽になり収入も増えた。ククス商売は大きく儲かることはないが、他の商売をしてみようとは考えなかった。他の商売をしようとすれば、家を空けて全国各地を歩き回らなければならない。このためククス商売しかできなかった。また、他の商売をしようとすれば大金がなければならない。そんな元金はないし、本来私は職場人で商売の手腕がないため、毎日毎日少しずつ稼いで暮らす道を進むよりほかなかった。(イ・ヨンスク　二〇一二・七・二)

市場を統制しようとする様子、それを耐え忍びながらも、生活のために商いを続ける人がいかに多いかもわかる。また、選択肢が限られている中でも、各自が自分の能力を自覚しながら、何とか生き抜く道を探る姿も鮮明だ。そうした不安定な市場で八年間もククス商売を続けることが可能だったこと、市場が徐々に落ち着いて行く中で、しだいに固定客もできて商売が安定して行く様子もうかがえる。

ククスは機械による加工が容易なため、地方によっては雑穀分をククスで配給することもあった。また、市場の協同食堂や工場が副業班でククスを作って従業員に供給したり、市場に出したりすることもあった。都市部では、自宅の敷地内に店を作ってククス屋を試みる者もあった。

ククス店を襲撃されて

一九九五～一九九六年にあったことだと記憶する。私はこの麺店を取り上げることで、私の人生の一頁を占める険悪な社会を描いてみる。キム・ジョンイルの社会であった。

当時、我が家は貧困にあえいで糊口をなんとかしのぐ家庭であり、子供たち四人が学校に通う家族であった。そして私は中国に父母兄弟がいて、八四年度に旅行証を申請して中国に行ってきて以後、生活状態が他人ほど悪くはなかった。

麺店をしようとすればお金が必要だが、その多くのお金をどのように手に入れようか、あれこれ考えていたところ、その時ちょうど麺店を共にしようという人が三世帯現れた。合同ですることを提案され、我が家の菜園の中に麺店を作って設備をそろえて始めることで合意した。私は毎世帯当たり三〇〇〇ウォンずつ集めて、ブロックも積み、電動機と製麺機を用意した。そうして半月以内に店を建て設備を設置し始めた。私は電動機、他の人は製麺機と溶接部分を担当し、各自自分が引き受けたことを期間内に解決するのである。このように始めて二〇日余りで麺店が完工して麺を作り始めた。トウモロコシ麺を作り始めると清津市の釜岩洞一帯はもちろん南清津一帯からも人が来るようになり、休む間もなく忙しかった。

麺店の責任者は私の妻がし、設備担当と警備問題は男たちが担当することにした。私は職場から帰って来ると、電気設備が不良だったり故障した場合には私が修理した。このように二カ月ほど運営したので、トウモロコシ麺は腹いっぱいに食べることができた。そうして、大変でもこの麺店を継続しなければという自負心ができ、初期にかかったお金を取り戻し始めた。

そのようなある日、清津造船所に勤務する人が麺店に来た。彼は造船所傘下炭鉱の坑道の特務長だと名乗りながら、ククスを作る原料を預けて、帰りがけに天秤棒を隠し持ち去ろうとした。なぜ持って行くのかと問い詰めると、いきなり襲ってきた。そうして押し合いへし合いすると、特務長の連れが走って来て、石を私の頭に打ち下ろした。

私はその時まで、他人にちょっとやそっとで負けることはなかった。四人で取っ組み合いになったが私を倒すことはできなかった。この時、坑道の若い男が駆け付けて来て、石で私の頭を打ったのだ。私は倒れて血がほとばしった。血がほとばしるのを見て彼らは逃げ、トンネーの女たちと妻が来て救急処置をし始めた。私は意識を失って倒れていたが六時間後に気がつき始め、石に当たって切れた部分は病院の医師先生が来て傷を処置して止血剤注射を打たなければならなかった。私はその日から四二日間身動きできず、部屋の中で横になって職場にも出勤できず、何の薬もなしに室内で治療をした。

私がひどい怪我をすると、麺店も門を閉めることになり職場でも大騒動となった。私が出勤できないと私の代わりがいないので、部署にいる人が二役をしなければならなかった。その後、私は身体が回復して歩くことができる程度になり、法に訴訟をしたが宥和されてしまった。噂によれば、坑道の特務長という人は薪を一〇トン級の車に積んで安全部に賄賂として納めたという。私は、その盗人を捉えても処理できないことが悔しくてたまらず、今でも後遺症によって頭が痛い。金があって顔見知りならば全てが解決される社会だった。その時から、私はこの社会の現実を改めて認識することになり、法に対する不満は日が経つにつれ大きくなった。その盗人を捕えようとして被害に遭ったのに、これを誰に訴えればよいというのか。（ク・ヨンガプ　二〇一三・一・二八）

因みにこの主人は、清津の金策製鋼所の圧延工場で優れた技能工として知られ、キム・イルソンが現地指導に訪れた時、模範労働者として直接顔を合わせたいわゆる「接見者」でもあった。この例は、個人で麺をつくって

市場で商うのとは異なり、三人の家族が役割分担しながら協同してククス店を開いた点が注目される。都市の一角で公然と店の営業が可能となっているようだが、その結果は、妨害にあって頓挫してしまったともいえる。厳しい食料難を共有する中で、多くの客からは喜ばれたようだが、それを快く思わない人もいたのかもしれない。一九九五〜一九九六年当時は、まだ公式には市場でも食物の売買は許可されていなかったが、すでに労働者区の住居地では実質上の個人経営の食料店が存在したことも分かる。造船所に限らず、石炭の供給が滞るとともに、自力更生の一環として石炭を自給するため小さな自体炭鉱を持つ企業所が少なくない。清津周辺には坑道一つ程度の小規模炭鉱が数多い。加害者はそうした坑道の人員だという。

トウモロコシのククスに比べると、パンは商品として少し上等な方であり、誰でも食べられるものではなかった。生地から発酵させて焼いたり蒸したりする点で、より熟練が求められるようだ。

2　パン作り

パン作り商売

米一キロが一〇〇ウォンの時だったから、家族全員でパンを焼いてようやく米二キロを買うことができる。塩で米だけを食べても足りない量である。靴も履き、服も着て、野菜も食べようとすれば、一四〇〇ウォン持って商売しても一週間で元手がなくなる。

党は、社会主義の下では商売は存在しえないと綺麗事を言っているが、生存のための人々の闘争を隠すという悪弊も伴っている。実際に、商売するということがよく分かっていない。私は、その時ようやく商売に目が開き始めた。それまで商売というものは他人の金を奪う搾取だと言われ、商売人（チャンサクン）は一番悪い奴だと教育されてきた。一日の仕事をして貰えるものを受け取り、本当に奴隷のような勤勉さで数十年暮らしてきたため、自分の手にある物で利益を残して金を作らねばならないという考えはなく、手元に残った物は食べるものと考えて満足してしまう。国家が何も呉れなければ人々は身動きもできず、多くの人が死んで行った。赤い旗の下で死んだと称賛する。しかし、賢い人たちは隠れて商売を始めた。食べ物一食のため売って買って、市場に寄り添って生きる方法を学んだ。商売すれば死なないという秘訣も自分で体得し、狂ったように商売して頑張った。もちろん、商売の全てが健全な経済とは言えないが、市場で商売しなければ生きられないと悟るに至った。騙さずに売り買いする、そうした市場経済となればよい。（ハン・ヨンニム　二〇一三・一・二八b）

商売が規制される半面、国家の配給に依存する人々の受動的な思考と生活ぶりも伝わってくる。

都市部でのパン作りは、卸売りを介してより多くの需要に応える私営工場のような形態を取るものも現れていた。そうした例については、平安南道順川市の事例を後に紹介することにして、麺やパンとともに手身近な豆腐作りの場合を見よう。

3　豆腐作り

手記 83

豆腐商売

一九九五年の秋のことです。私は妹と一緒に、まず清津市羅南の市場（チャンマダン）に行ってみることにした。私たちは何か商売できそうな情報を探そうとして市場の一角に来た。皆が自分の商品をしっかり持って、巡回する安全員たちの顔色を不安げに見ながら通り過ぎるのを待っていたが、一人のお婆さんだけ何も分からない様子だった。年齢のために耳が遠かったようだ。周囲でそのようにざわめいているのに、そのお婆さんは卵が何個か入った籠を前に置いてうとうとしていた。見ていると、幸いに安全員はお婆さんの前をそのまま過ぎ去るようだった。老人に対する配慮なのかと思っていると、突然安全員が体を翻すと、うとうとしていたお婆さんに駆け寄って、まるでひよこをひったくる鷲のように、卵の籠をまるごと持って逃げるのだった。人々はとっさに助けることもできず驚いて見守るばかりだった。ところがお婆さんは、卵の籠に紐を結んで自分の足首に繋いでいたのだった。お婆さんも卵の籠にずるずる引きずられて行った。結局安全員は卵の籠をどこかに捨てて逃げた。

そのお婆さんはのろのろと起き上がって、それでも卵を拾って集めようとしたが、すでに卵は全部こわれてしまった。その時、市場のあちこちで隙あれば盗もうと見回っていたコッチェビ（乞食）の一群がやってきて、駆け寄って地面の壊れた卵を構わずに口に持っていった。

私と妹は初めからこうした光景に接して、市場に出てきて商売しようという気力も失せてしまった。市場を見回しても、私たちがするほどの選択肢も選べないまま私たちは肩を落として、夕方遅くになってお腹がすいたためパンを売る所に近づいた。パン一個五ウォンずつ払って二つ買って小銭を払おうとした瞬間、コッチェビが駆け寄って手からお金を半分ぐらい奪って逃げてしまった。あまりに驚いてコッチェビを見ると、手が真っ黒で裾はつやつやとして、沐浴もしないため臭いがぷんぷんしていた。コッチェビは家が無くてどこででも暮らしているよく見る路宿者だが、私たちの子供だと考えるとあまりに胸が痛い。社会主義社会といっても、「苦難の行軍」の時期に道徳はどこへ行ってしまったのか跡かたもない。それで、私たちはしかたなくお金をまた支払ったのだ。

パンを売るおばさんたちは、魚を捕るのに使うような網で器を覆っておいて、一方の側だけ開いてパンを取り出すのだ。しかし、コッチェビの一人が駆け寄って網を引っ張って器のパンがみな地面に落ちて散らばると、ほとんど同時に四方から真っ黒い烏の群れのようにコッチェビたちが集まってパンを咥えて行き、一瞬のうちにパンがなくなってしまう。これが生存のためのコッチェビたちの手法だ。

私たちはこうした光景を見て、色々と考えながら妹と一緒に家へ向かった。それでも何かしなければ生きて行けないようで、考えても見なかった豆腐で商いをすることにした。メージュ（味噌玉）用の麹豆を一〇キロ程買って、豆腐を作って売ったり豆と交換したりした。初めは網を借りて豆を敷いて豆腐を作ってみたが、あまりにも大変なので、噂をたよりに妹が商店に行って大きなビーチ（비치）を二つ持ってきた。

私たちは容易ではないと思ったが、そのまま手を遊ばせてもいられず、生きるかぎりやるしかないと思うと、私と妹は一息つくようだった。本当に死ぬ気になれば生きて行けるというのは、こういう時に言う言葉ではないかと思った。私たちは希望を抱いて豆を洗ってビーチに入れて水を注いでおいた。市場に行った時、豆腐商売のおばさんを中に人々が周りをぐるっと囲んで生豆腐を食べていたのを思うと、直ぐにでもお金が儲けられそうな気さえした。私たちはあれこれ考えた末眠りについた。

朝起きてみると、昨夜ビーチに漬けておいた豆がビーチをいっぱい埋まるほど膨らんでいた。膨れた豆を見ると、豆オカラも食べて見たいと思ったが、一銭でもお金を稼いで生計を維持しなければならない。そこで、豆を冷たい水できれいに洗って、手押し車に入れて引っ張って豆を挽く家へ向かった。豆製粉所の家に明け方四時に行くとすでに人が長く列をつくっていた。列に並んで順番を待って機械で豆を挽いている間に、家では一人が台所で火を焚き、大きな釜で湯を沸かしておかなければならない。

豆を挽くには時間がかかったが、豆腐を作るには時間がさほどかからなかった。先に湯を沸かしておいて、白い風呂敷を枠組みに結んでおき、豆汁を入れながら沸いた湯を注いで、長いしゃもじで押さえて、汁がよく下に落ちるようにしてから絞ってやる。この豆汁を大きな釜に入れて火をたいて杓子で混ぜながら沸かす。沸かしてゴムのように薄い膜ができればビーチに再びあけて、もぞもぞと沸く豆汁をビーチに注いでおき、パガ

ジ（瓢箪の器）ににがり（ソスル 서숟）を入れ、ゆっくりとパガジで均して調節しながらソスルを撒く。まもなく妖術をかけたように豆腐が凝り始める。豆汁が冷めると豆腐の足が美しくならないので、適切な温度でにがりをかませなければならない。この時の豆腐を純豆腐という。このように足が座り始めた豆腐を風呂敷を敷いた枠に入れ、枠の上に適当な重さの物を置いて水をみな絞ってから豆腐の形に切る。

豆腐を作るのも大変だが、これを売ろうと考えるとさらに大変だった。初めてなので、豆腐を家で豆と交換したり、妹は市場に出て行って売ったりして、初めのうちは面白くもあった。しかし、一日の豆腐の量をみな売らなければ、豆を買って繰り返し豆腐を作って売ることができない。豆腐は技術的に言われたとおりにすれば思いのほか上手くできた。初めてやってみて自信を得て、妹と一緒に清津の羅南市場に行って一番良い場所に席を占めた。そばに豆腐商売もいたが、「たった今作って持ってきた豆腐、温かい豆腐」と言いながら、「一モ（一丁）にたった七ウォンだから、売り切れる前にどうぞ買いなさい」と言い触れた。湯気が立ち、粉トウガラシにニンニクをむいて入れて作った赤いヤンニョム醤を取り出しておくと、人々が沢山集まってきた。一丁買う人、一度に二丁買う人もいて、二時間も経たずに持ってきた豆腐三〇丁余りがみな売れた。嬉しい気持ちで妹と一緒に家に帰って計算してみると二五〇ウォン儲けた。豆一キロの価格はだいたい五〇ウォンと見て、三キロ程度になるように豆腐を作って豆の値段を引くと、少なく見ても一〇〇ウォンは残ったわけだ。それだけでなく、豆腐を作り終えたということは、オカラは完全にタダでできたことになる。だから、自分たちはそのオカラを食べ、豆腐商売を続けるには、あれこれ必要なものを買ったりしなければならないので五〇ウォン引いて、それでも五〇ウォンは残るという計算だった。

こうして苦労しながら豆腐を作り続けて、市場で売ったり豆と交換したりした。オカラはトンネーの人々と分けて食べたり、餌にして親豚を育てたりした。時には結婚式の家から予約で注文を受けたこともあった。私と妹は、豆腐商売のほかにも色々な家内副業に取り組んだので、何とか生き残ることができたと思う。（ハン・クムボク　二〇一三・一〇・二二b）

4　飴商売

飴は食品の中で主食や副食ではないが、商品として特別な位置を占めている。砂糖が貴重な輸入品であるためであろうか、砂糖を原材料とする飴は慈養食品・嗜好品として子供ばかりでなく大人にとっても人気商品である。市場で売るだけでなく行商にも用いられる。しかし、砂糖を溶かして作る飴玉が主で、麦芽から作る飴は商品として扱われていないようだ。*

手記 84

飴商い

一年に飴玉一つ食べることもできない北朝鮮で、一九九七年に私は飴商売を始めた。それまで私は、食品を作るということは神秘的な技とばかり考えていた。それだけ食品加工が後れていて、人々は国家が与えるものを受け取って食べるだけで、自分で作るということを知らなかったのだ。子供、幼稚園生、小学生にとって、正月名節とキム・イルソンの誕生日に贈物として貰う飴が全てだ。名節の日にその飴を受け取ると子供たちは喜びに包まれ、教育ある家庭では、隣の家庭に年配の方がいれば飴菓子を少し持たせて挨拶に人を送れば、老人たちはとても喜んだ。こうした貴重な飴が市場に出てきて売られ、その飴を個人が家庭で作っているという噂が広がった。私も関心がわいた。

そうした時、私たちの病院の入院患者に面会に来た若い女性が、私と一緒に家に帰る途中、自分は飴を作って売る仕事をしているというのだ。私は一〇里の道を一緒に歩きながら好奇心から尋ねた。その女性は、自分の夫が私たちの病院に入院しているので、私の希望を拒めず、自分の家に連れて行くという。飴を作る方法を直接見なさいというのだった。

私は感謝の気持ちで、彼女が飴を作るのを注意深く見た。あ～難しくないな、私でも作れそうだという自信が湧いた。私を助けてくれたその女性に感謝の挨拶をして家へ向かった。手工業をしてでも子供たちを救わなければならないと考え、私は決心を固めた。その時、市場では中国から出る飴粉がありふれていた。飴粉はとても高かった。小麦粉一キロが六〇ウォン、白米が八〇ウォンする時だが、飴粉は一キロ一四〇ウォンもした。

私は家に着くと、直ちに衣装タンスを開いて奥深く保管していた洋服の生地を取りだした。その布は娘が嫁入りする時に相手方に贈る礼ダンにしようとしていたもので、その当時外貨商店で購入した布だった。

私はその生地を持って市場に行って四〇〇ウォンで売った。そして四二〇ウォンで飴粉三キロを買って、八〇%～九〇%になる酢（カンチョ）を四〇ウォンで一瓶買った。酢一本の値段がひと月の賃金に該当するほど高かった。この酢も中国から密輸されたものだ。

石油コンロを燃やす石油もないため、市場でジーゼル油を購入しなければならない。ジーゼル油も盗んできたものを酒と換えて手に入れた。どの家でも酒を自分で作っていた。トウモロコシ一〇キロならば酒を一五リットル作ることができた。トウモロコシは一〇キロ三八〇ウォンで、ジーゼル油一〇リットルの価格が三八〇ウォンになる。

＊　韓国でもかつて飴は特別な食べ物であったことは、年長者には分かろう。筆者が現地調査のため住み込んでいた珍島の農村でも、一九七〇年代初頭まで一般家庭には砂糖が置いてなかったし、飴玉も特殊な商品であった。土産用にパックされた飴も子供だけのものではなかった。子供たちにお土産のつもりで飴を買って行ったところ、当然のようにまずは年寄りに差し上げ、大人が口に入れるのであった。

鍋に水一リットルを沸かして、飴粉一キロを入れて煮た。時間の測定も食品の科学的な技術もなしに、一度見たとおりにやって見たのであった。飴水が泡立って固まる時、大匙（一〇グラム）一杯の酢を入れて、さらに煮詰める。こうなったら、飴を作る準備をしなければならない。大きな盥に冷たい水を注いで、その水に小さな器を漬ける。その器の中に油を塗る。一方で、ビニールを広げて敷いて油を塗っておく。

サバル（鉢）に冷たい水と鉄の箸を準備しておいて、粘る飴水の濃度に注視しなければならない。その時から、箸を飴に浸してから直ちに取り出して、冷たい水に入れてまたそれを口に入れて歯で噛んだ時、ねばねばすればまだ駄目である。何度も験して飴水を注視する。歯で飴がぐいっと食い込めば、飴ができたのである。その瞬間を逃すと飴が焦げ臭くなり色が変わる。その飴水を冷たい水に浮かせておいた器に注ぎ込むと、飴水が冷えながら固まる。器の縁の固まった部分からそっと持ち出しながら、ある程度固めた後、広げて敷いたビニールの上にその飴水をそっと広げながら塊に作る。

その飴の塊を厚い布巾でくるんだ後、子供の拳ぐらいに取り出して、その塊に真っ赤な染料を少し落とし込んで揉めば赤い色の飴になる。それを細く伸ばしておいて、大きな飴の塊に包んだ後、再びタオルに包んで、一方の端をそっと引けば飴の紐が出てくる。準備した鋏で飴を切って、飴粉一キロで飴二四〇個を作る。

飴の量を増やそうとすれば、飴の塊を捏ねなければならない。その捏ねる作業は手の平が真っ赤になるほどで、捏ねれば捏ねるほど色が赤くなって量も多くなる。完成した飴を準備した鋏で同じ大きさに切る。切った後、飴粉をつければ飴玉になる。

専門に飴を作る人たちは、一粒当たり八〇銭で譲り渡す。座って売る商売人たちは、八〇銭で譲り受けて一ウォンで売る。私は三キロの飴粉で飴玉を作って、農村に行って食糧と換えた。私が訪ねて行った所は、市外から一〇里ほど離れた軍部隊の村だった。農民たちも「麦峠（ポリコゲ　端境期）」といって事情は都市と違うところがないが、軍部隊では将校たちに土地を与えて農作業をさせていたので軍隊の村には食糧があった。商売になるとばかり、どの家でも門を叩いて飴を買いなさいと声をかけたところ、ある家で入って来なさいと言う。その家では将校の奥さんが暗い表情で、家の幼い息子が癌という病気に罹っていると言い、飴でも食べさせたいので買おうというのだった。飴一キロでトウモロコシ一〇キロと換えた。トウモロコシ一キロ三八ウォンする時であった。病気の息子に飴を食べさせると言って、食糧を取りだしたそのおばさんの暗い顔が忘れられない。そのトウモロコシを売って、また飴粉を買って飴玉を作り、今度は市内から汽車に乗って二時間程行って豆満江べりで降り、そこからさらに三〇里歩いて行った所がジャガイモだけの農村だった。ここに行けばジャガイモが多いと言って、都市の人たちが三〇里の道を押しかけていた。

私も彼らに混ざって行き、道行く人々に飴玉を一粒一ウォンずつで売った。良い商売だった。その農場に到着するや私は託児所に行った。ちょうど昼食時間で、母親たちが子供を連れに来ていた。私が飴を買わないかといったところ、何人かでこそこそ相談すると、私をジャガイモ畑に連れて行くのだった。彼女たちは、男たちは酒に換えて飲むのだから、自分たちは飴に換えて食べようと言う。国家の畑だから自分たちは損をすることがないと言って、ジャガイモを大きなバケツ四盃分入れてくれるのだった。私は、そのジャガイモを運搬して来たが、あまり荷が重くて死ぬかと思った。道で軍隊の車に会って、残った飴を与えてそのジャガイモを運ぶことができた。車両があればできるが、二度とその方面には行かずに、少し売れ残っても家で売ることにした。

（ハン・ヨンニム　二〇一三・九・二）

5　酒作り

酒の醸造は、北朝鮮ではほとんどあらゆる地域の都市部で、様々な規模と方法で幅広く行なわれている。国家によって規制されているはずであるが、あまりに広く普及しているためか、違法性がほとんど認識されていないようだ。なにより、全ての消費財を国家が供給することを原則とする計画・供給経済体制のもとでは、税法を根拠として酒造を厳しく管理することがないためであろうか。あるいは、公的な統制などが及び難い、人間にとって最も重要な嗜好領域なのであろうか。ともかく、酒作りはこの国の家庭婦人たちの基本的な副業の一つとなっており、市場で売るばかりでなく、物々交換に充てる品物として、様々な機会に交渉道具として、また賄賂としても有効かつ必須のものとなっている。

酒の原料には米、トウモロコシ、スス（高粱）、粟、黍（キジャン）、ドングリ、杏子、覆盆子（ポクプンジャ）などが用いられるが、トウモロコシで作る酒（ノンテギ）が最も一般的である。その製造手順は、トウモロコシの水洗、製粉、蒸す、水で混ぜる、釜にシル（甑）を設置して蒸す、冷まして菌（黒麹菌）を入れて培養する、砕いて水を混ぜて寝かせる、これを釜で蒸留・冷却し、過マンガン酸処理をして、濾過（木炭、砂、砂利、ガーゼ、綿）するという順になる。手と容器の消毒（普通は硫黄を用いる）を徹底して行ない、雑菌が入らないように手早くするのが肝要で、この殺菌が収量と味を大きく左右するという。冷却器はステンレス製、鉄管製、銅管製などがあって、注文すれば簡単に手に入る。最近は冷却にビニール袋を用いる簡便な方法も採られ、味も良いという。

こうして酒を作って市場で売ると、原料のトウモロコシの値が一週間の酒造作業で三〜四倍になるという（ファン・シニュン 二〇一三・一一・二五）。

また、酒粕は家族の食用となるほか、家庭で買う豚の飼料としても有効である。豚は酒粕をたいそう好んで食べ、食べるとほろ酔い気分となってよく眠るので早く育つのだそうだ。豚の飼育は、酒作りか豆腐作りと併用するのが賢明とされている。

酒造の技量にも個人差が大きいようで、値段にも差が出るという。家庭で少し大量に作るためには、培養器などの容器をいくつも準備して、製造工程をずらせて回転しながら製造する。

家庭において女性が作るこうした酒造の規模は、一度にトウモロコシ四〇キロ分程度であるが、都市部ではもっと大規模な例もあるという。平安南道の順川市では、平壌向けに大規模に酒造する人たちが集まっている地区もあり、もっと本格的な装置を備えて大量の酒造を行なっている。彼らは市場で商売するのではなく、鉱山物資などの輸送を担当する運転手と連携して、取り締まりの隙を見て素早く積荷の石炭の中に忍び込ませるという（パク・コニョンの教示）。

手記85

酒造りを手始めに行商

清津という大都市で個人資本が芽生え始めた。雑穀が中心の北朝鮮では、トウモロコシを粉にして食べることが何より優先された。配給品のトウモロコシを各自で食品に加工して食べるのがいつもの生活であった。

一九九二年、私は三人で製粉所を運営した。製粉所というのは粉にして麺を押し出す所で、製粉機一台と麺機械一台があるだけだった。収入はかなり良かった。製粉所は大盛況だが、電力不足のため人々は麺を一度作って食べると次は何日か過ぎなければ食べられなかった。

加工料は最も安い値段で一キロを粉にするのが一〇銭だった。労働者の労賃を六〇ウォンと見ると安い値段だが、国定価格が制定されていたので思いのままにできない。その代わり電気代もなく、建物の賃貸料などもなく、ただ仕事をすればよい。そして収入の三〇％を国家に納め、残りの七〇％を仕事した人が分けあう。基準もない三〇％だから仕事をする人々の良心に任せる。私たちは良心的にしたと思う。それだけバカ正直で、お金を置かれて持って行けと言っても持って行くことも知らないバカだった。

ある時、商売の利益について偶然の好機が訪ねてきた。製粉機で一日の仕事が終われば清掃をするのだが、架台の中をはたいてみると二キロの粉が出てきた。こうして毎日集まった粉一〇キロを持って酒を作ることにした。国家的には禁酒が原則だが、密造酒を作ることは普通のこととなっていた。酒を作る装置もどの家庭もみな持っている。台所でかまどに鉄釜を据えて、石炭や木を燃やして酒を蒸留するのはたいへん楽なことだった。トウモロコシ一〇キロで酒を作れば一三リットルの酒が出てくる。トウモロコシ一キロが一〇ウォンならば、一〇キロ一〇〇ウォンで作った酒が一瓶（〇・五キロ）一五ウォンで売れる。密造酒が一層よく売れた。国家は、一年に正月と首領様の誕生日に酒一本ずつしか供給しないので、全国民の酒に対する欲求はとても口に表せない。

製鉄所の労働者がアルミニウムを二五キロ持ってきて酒と換えようというので、私たちはそれと換えて収買所に行った。この収買所は国家が運営する古鉄の収買を受ける所で、私たちのアルミニウムを正規の生産品と思って収買計画遂行のため受け入れ、アルミニウムの器と交換してくれた。当時、古鉄の収買を受けるため、器などの製品を収買所に与えて古鉄と交換するようにしていた。私たちはアルミニュウムの洋食器五四個を受け取り、私たち三人で一八個ずつに分け合った。私はその器を持って国境都市の茂山に行った。当時茂山には中国商人たちが多かった。その器一八個で中国産の縞が入ったティーシャツ一〇着（北朝鮮では別名海軍シャツといって一着一五〇ウォンで売れた）、冬用のスカーフ（モリスゴン 머리수건：一五〇ウォン）五着など様々な衣服を受け取った。

中国商人たちは沢山の軽工業必需品を持って来て、最後の日には捨てるように売ってしまう。それでも彼らは朝鮮での商売で三〇〇倍の利潤を出すという。中国では見かけないような安物の服を作って朝鮮に大量に持ってきた。軽工業品が全くない朝鮮では、中国商品がなければ裸で暮らすような状況だった。

私は、その品物を持って再び南の方に向かった。江原道、黄海道の農村では服が貴重だ。旅行証を作って、交通不便な黄海南道のテウル里（태을리）という農場を訪ねて行った。農村の女性たちが押し寄せて来て品物を

持って行き、私は代わりに一番高価な食糧と交換した。そこの農場は米の値段が全国で最も安いところだ。ここで白米と餅米を三〇〇キロ購入して、牛車に積んで駅まで運んだ。汽車駅の職員にも酒を与えて、その食糧を汽車に乗せて無事に家に帰ることができた。清津では白米一キロが八〇ウォンする時で、私はその米を全部売って莫大な利潤を得ることになった。しかしこれは、事情をよく知らずにできた一度かぎりのことで、あまりに大変で苦労した。

清津の地から黄海道に行くには、汽車が定時に走れば一九時間で着くのだが、電力事情のため汽車が延着するので早く行っても五～六日はかかる。まず、茂山に行く列車がずっと時刻未定のため、石炭を運ぶ貨物列車に乗って一二時間行かなければならない。あまりに寒いため、車の中で凍って死んでも分からない。茂山の地は詐欺師や盗人がうようよいる物騒な国境都市だ。その大変な路程を知らずに始めたが、出発から帰るまで一カ月という長い日が過ぎ去った。

社会主義共同体では、商売は非社会主義であり資本主義要素であると教育を受けてきた。最初から商売というのは、一番悪くて他人のお金を奪う盗賊であると教育されてきた私は、中国が改革開放されるとともに中国商人が朝鮮に押し寄せて来てからは、商売の所得とは血の出る労力の代価であって盗みではないという真理を知ることになった。他人の物を盗むのではなく、自分の労力で物々交換するのは互いに必要なことだと分かるに至った。

私はそうした利益を得ようと、北側の国境から南側は黄海道の三八度線を越えた所まで縦横に歩いて利益を得た。本当に車さえ一台あれば商売はやるだけの価値はあります。私は嬉しかったのです。落伍した所でこそ商売がうまくゆき、発展した国では私たちの水準では商売は到底上手く行きません。山間僻地まで豊かな軽工業品が行きわたり、担ぎ商人は近づくことも難しいことが分かりました。こちら（韓国）では質を求めるが、北側（北朝鮮）では量が基本です。北朝鮮に行ってまた商売をしてみたい。もう一度やれば今度はもっと上手くやれると思う。（ハン・ヨンニム　二〇一三・七・二二）

86

ビール商売

私の父は一生を大学の教壇で、母は小学校教師として過ごし、私はそうした教育者の家の子供に生まれて比較的順調に育ってきた。だが、北側では教育者や教授には特別な待遇がない。

父は、キム・イルソンが死亡した直後、三〇年余り通った大学を定年退職して「年老保障」を受け、母も家庭主婦として過ごしていた時でした。キム・イルソンが死亡した一九九四年七月のその秋から、未供給（国の配給が途絶えた状況）がより一層厳しくなったと記憶する。

米の配給がなくなって、商売をしたこともない父と母そして私たち家族は、一日一食をどう解決すればよいのか、一日をどう暮らして行けばよいか分からないまま、毎日涙が出る日を送っていた。そのうえ兄は商売を少し試みて詐欺に遭い、家財を売り払っても借金が重なり、毎日のように訪ねてくる借金の督促に息もできないほどでした。

幸い外国に親戚があって一九九五年度に助けを受けたが、国の規定では、外国からの送金は初めは二〇％しか受け取れない。当時、「合弁銀行」で外国送金を取り扱っていたが、到着した時二〇％を与え、二年が過ぎた後に二〇％を支給して、三度に分けて与える。直ぐにも飢えて死ぬばかりの境遇でもそれは個人の事情だとして、規定はどうしようもないという。

私はお金を引き出すため、市場でプレゼントの品を買って夜密かにその銀行の店員を訪ね、送金分の一〇％を与えることにして何とか金を取り戻した。当時は国の事情から、外国からの送金の二〇％を鉱山などに寄付して、その領収書を受け取ってくれば残額を受けることができるとも聞いた。私だけでなく多くの人々が、日本や外国からの送金をこうした方法で受け取ったと思う。

その当時、私たちの家族皆が有名なセイコー時計を親戚から贈り物として貰ったが、やむを得ず、初めは母が密かに市場で売って米を買い、次は父の時計を売り、その次はと順々に売って、家の中の家庭器物を一つずつみな売って、最後に残ったものは中国産の布団でした。当時、中国産の布団は故郷で一番人気のある物だった。

母と私はこの布団を市場で売り、その当時の代金三〇〇ウォンを受け取って、それで小麦粉を買ってパンを作って売った。しかし当時は、娘として市場に出るのはあまりにも恥ずかしくて、橋の下でタオルを被って、妹と一緒に太陽が沈む夕方に、盥に入れて行って売ろうとした。すると、突然現れた軍人が盥ごとパンを持って逃げてしまい、三個だけ落として行った。それを拾って家に帰って水で洗って父母、私と妹で涙と一緒に呑み込み、それでも落として行ったことに感謝したのだった。

家中が毎日飢えを繰り返していたある日、隣の家に住んでいた大学教授の夫婦が飢えで亡くなった。急に怖くなった。死ぬのは一瞬で、一生を教壇でまっすぐに生きてきた父と母も日に日に痩せて身体が腫れるまでになった。

私たちは唯一残ったお金を持って、トウモロコシを当時一キロ当たり五〇ウォンで五キロ買い、粉にして酒を作った。私たちを待ち望む父母のため、私たちは熱心に市場を飛び回って商売をした。妹は酒を売り、私は空き瓶を集め、両親は家で瓶を洗浄して酒を作り、生き残るために私たち家族は必死に働いた。

一方、母は夜明けに酒を乳母車に積んで四時間の距離にある浜に行って、海から入る船を待って魚と換えて帰って来た。母の冬着ジャンパーはいつもぐっしょり濡れていた。

母の誠意を天が知ってくれたのか、通りがかりのどこかのお婆さんが、母にビール作りの技術を伝授してくれた。そのお婆さんの助けで私たちはビールを作り、高麗人参酒も作ると、市場でその味が評判となって噂が立ち、次第に借金も少しずつ返せた。麺や粥ではあれ一日三食は食べることができるようになった。そうして一年半死ぬほど商売をしたが借金は減っていなかった。

北側では、外国に行って金を儲けてきた人も、金さえあれば高利貸業をする者が多い。パキスタン、ソ連に行ってきた家などだった。彼らはすでに元金の五倍を受け取っていても、なおも続けて要求するのだ。これ以上こらえることができず、妹と私が元金だけ返して、これ以上は出せないと宣言して、最後の借金まで全て清算するまでほとんど二年という歳月が流れた。

私にとって今でもビールを注げば、それは私たち家族の涙であり、私たち家族が生きて来られた力であり、市場を通じて世の中を知る力と勇気を育んでくれたことを想い起こす。（キム・ヘスク　二〇一二・一〇・三一）

6　海産物の商売

北朝鮮の近海で採れる海産物のうち、特にスルメ（オジンゴ）、メンタイ、ナマコなどが交易品として需要が多い。東海岸には、こうした漁業を行なう国営の水産事業所を置く港湾都市が多い。水産事業所は一〇〇トンクラスの大きな漁船を所有しているが、それ以外にも、様々な規模の機関や工場企業所が水産副業班を置いている。いずれも、水産事業所から公式の認可を受けて、その傘下に位置づけられている。例えば、製鉄所や造船所、炭鉱や軍隊、あるいは研究機関や協同農場までも、従業員の食料を自給することを名目に副業船を所有している。企業所や機関は、食料の自給ばかりでなく、国家からの公式の資材供給が途絶えると、それを自力で解決する必要に迫られる。水産物は交易品として、特に中国の機関や商人の間で需要が多いので外貨を得る上で有効である。その実態はさらに複雑で、機関や企業所や軍隊が自身の従業員を「漁労工」として配置して操業する場合ばかりでなく、さらに下請けのようにして零細な事業者に漁業を請け負わせている場合も多い。そうした事業者の多くは、資金の有る者が小さな船を自身で用意して、漁民を雇用する形式のもので、自身は漁業に携わらないことが多い。自分で船を作る人もいるというが、数人で操業する規模の漁船はほぼ形式が限られているのを見ると、やはり何らかの公認を得て船を専門に作る人がいると思われる。つまり、公的な機関や企業所の副業班といっても、それを直接担っているのは一般住民である。船主が直接雇うのは経験のある漁民で、彼が漁労長として漁を任され、それ以外の人員を雇うのである。漁船は海に出る関係上、乗員の厳しい資格審査を受けなければならず、そのためにも企業所や機関の傘下に入るよりほかない。実際に漁に携わる者も、公式には何らかの組織に属している者である。多くの場合、工場が操業できず配給も未供給の中で、「額上計画」の方式によって工場から休暇扱いを得ることによって、こうした漁船に雇われる道が開かれているのである。

さらに留意すべきは、こうした漁船による漁獲量の実態である。経営母体である企業所や機関が扱う水産物の中でも、担当者が何らかの形で任意に処理できる部分があるのは当然であろうが、その実態は雲を掴むようなものである。副業の現場では、水産物を船から下ろす段階で、漁労長や乗組員の才覚によって漁獲物の一部を私的に処分できる余地がある。それは、こうした水産物を手に入れて商売をしようとする女性たちの証言によって明らかである。

87 スルメ

生活のなり行きのまま暮らすのではなく、力一杯努力すれば生きる道も開かれるというものだ。

私は腰のベルトをきつく締めながら一五〇ウォンを払って子豚一匹を購入した。盗賊を恐れて家の倉庫の中に豚舎を作った。寒い地方なので豚舎は地下に一メートル半ぐらい深く掘り下げ、壁をセメントで塗って床に木板を敷き、人が入れるほどの小さい扉を作って鍵を掛けておかねばならない。こうして七カ月間育てると豚が七〇キロになった。

国家は肉類を買い受けるため収買所で豚肉をトウモロコシと一対一で交換してくれる。七〇キロの豚でトウモロコシ七〇キロを受け取って食料工場に行った。食料工場は原料となる穀物がないため生産できない状態にあった。その工場で酒を作って、三〇％を工場が取り七〇％は自分が取ることに契約した。工場の酒は家庭で婦人たちが作る酒より高く売れる。四九キロの酒を持って七～八月のスルメの時期になるのを待ち、漁労工たちのスルメイカと交換した。酒一〇リットルで一ドラム二〇匹入りのスルメイカ二ドラムと埠頭でこっそり交換した。港には検閲があるから、船が埠頭に入ってくる前に海辺の奥深い所（トレクミ 도래굼이）に隠れて酒と交換した。

こうして手に入れた生のスルメイカを庭に張った紐に吊るして乾かす。盗賊が恐ろしいので見守りながら二日が過ぎると柔らかくなる。そうなればスルメを足の踵で押さえて引っ張って大きく膨らませる作業をしなければならない。よく手入れしたスルメを一カ所に集めて毛布で覆って暖かくして置けば強壮分（ポヤン分）が出て来る。そこで再び広げて乾かす。一週間が過ぎればよく乾いたポヤンスルメになる。スルメの臭いは強烈でとりわけ北朝鮮のスルメの臭いは食欲をそそる。

こうして酒からスルメ二〇〇匹を作って、中国の商人たちが小麦粉を持って来るのを待った。当時、ポヤンスルメ一ドラム（二〇匹）が二五〇ウォンで売れた。ポヤン分がよく出て明るい色を帯びればさらに高い値がついた。スルメ一〇ドラムを売って二五〇〇ウォンを儲けた。たとえ何カ月かかったにせよ、事務職の家庭でこの金は大きな収入になった。すなわち、一五〇ウォンの子豚が八ケ月で二五〇〇ウォンになったわけだ。次からは、二五〇〇ウォンで直接酒を買ってスルメと交換すると商いが早く回転して、生き甲斐も面白味もでてきた。

スルメの時期は一時期で、九月に入るとその仕事もできなくなった。

秋の収穫期には清津の海でニシン、メンタイ、ホッケを塩漬けにしておき、西海の浜辺の村に持って行った。北朝鮮では東海の水産物が西側にはなく、西海の水産物は東側にない。東海の魚を西側の人々は大歓迎だ。二〇〇ウォン分の水産物を買って西側平安南道の文徳郡という農村地帯に訪ねて行った。一一月の秋季になると農民たちも手元に食糧があるので上手く交換できる。農民たちはメンタイ一匹に米一升ずつ持ってきた。市場では生のメンタイ一匹が三五ウォンで売れ、乾燥したメンタイは一匹二〇ウォンで売れた。駅まで出て来るのに背嚢一個当たり五ウォンずつ払って牛車で運んだ。四個の背嚢に食糧を詰めて二四時間汽車に乗って清津に帰ってきた。北側の清津は全国的に見ても穀物が最も高い所だ。秋季だったが白米一キロが八〇ウォンで売れた。収入は良かったが、三人が一緒に汽車で通い一〇日以上もかかった。家族たちが食べる食糧を残せばやっと元手が残る程度だった。

国家の船で捕った魚は海で売られる。彼らは、船を動かす油も漁夫たちの食糧もすべて魚と交換で手に入れる。国家に入る魚は少なく、市場に出る魚は多い。(ハン・ヨンニム　二〇一三・一〇・二二)

この場合、子豚が育ってトウモロコシに、トウモロコシが酒に、酒がスルメイカに、スルメイカが小麦粉に、小麦粉を売って金を得ている。次回からは、金で直接スルメイカを買って同様に小麦粉と交換してそれを売って金にしている。魚の行商では、東海岸から西海岸の農村地帯に長距離の行商を行なっており、穀物を故郷に持ち返っている。

漁港では水産物やジーゼル油以外に、魚網やロープなどの物資も交易品として活かされる。

88 ロープ商売

ロープ（パジュル 바줄）といえば物をしばって包装するのに使うものだ。ロープの規格も多様で、私たちが扱ったのは漁具から再生して作ったロープで大変丈夫なものだった。当時北朝鮮ではロープが不足していて物を包装するのにたいへん困っていた。特に工業用の包装には多様な規格の紐が必要だった。その中でも海と炭鉱で使われるロープについて、一九九〇年代の清津の区域療養所（病院）で副業として行なわれた行商について紹介しよう。

咸鏡北道東海岸の城津市のある漁村では、ロープを縒り合せて金をたくさん儲けていた。港の埠頭通りには、国営の大きな水産事業所がある。二〇〇馬力の大きな船と三〇馬力まで十余隻の漁船があった。この水産事業所からおよそ二〇〇メートル離れた所にレンガ造りの漁夫たちの舎宅が百軒余りある。舎宅のそばには大きな川（水性川）が流れて海に入る。ここの住民の八〇%以上が、ロープをより合わせて再生して生計を維持していた。

海で漁夫たちが使うロープは、国家が供給する新しいビナロン製のものである。漁夫たちは、魚をいくら沢山捕って全て国家に納めても決まった月給しか受け取れないので、酒一杯買って飲むことも難しかった。そこでいつの頃からか、ロープを盗んで酒と換え始めた。女性たちが家庭で作ったトウモロコシの酒一〇リットルでロープ四〇〜五〇メートルと換えた。酒と換えたロープは別のロープに変貌する。

一度海に浸かった太いロープは塩気があるとして捨てられるが、捨てたロープを持ってきて解いてそれを芯に入れて新しいロープを被せて縒り合せ、再生ロープを作る。この仕事は水産事業所住民の個人がしている。再び縒り合わされたロープは最終的に炭鉱や農村にもたらされる。

このロープを買い取る企業所は、現金を使用することができないため、現金の代わりに銀行の行票を持って行って、個人と直接交渉して現物と交換する。行票は個人の金ではなく、価格も合意の下で決められる。一メートル当たり一・六〇ウォンが相場だった。労働者の労賃が一日二ウォンの時である。決済する形式は、企業所に所属する副業班として運営される単位でなければ行票の取引ができない。行票が銀行に渡ると、それが後に月給の形で現金になる。

例えば、ロープを一メートル当たり一・六〇ウォンで売れば、個人が一〇〇メートル買って（一六〇ウォン）農村（協同農場）に行けば、一メートル当たりトウモロコシ二キロと換えることができる。農村価格ではトウモロコシ一キロが五ウォンだから、ロープ一メートルが一〇ウォンになる。

協同農場がなぜ食糧とロープを換えるかといえば、運送手段が牛荷車だからだ。秋の刈り入れをする時は運ぶのにロープが欠かせない。ロープは国家から供給されないので、農場では自力で留保分の農産物をロープに換えなければならない。ロープ一〇〇メートルはトウモロコシ二〇〇キロと交換され、それを都市部に運んで市場で売れば二〇〇〇ウォン程になる。その一〇%を副業班の所属企業に納める。農村に行くために旅行証を出してもらうのに二〇〇ウォンかかる。輸送手段は汽車しかなく、積み荷が多いので鉄道にも五〇〇ウォン程度払わなければならない。農村から汽車の駅まで食糧を積み出そうとすれば牛荷車を頼まなければならない。荷物二〇キロ当たり五〇ウォン程度払わなければならないので、五〇〇ウォン程度が出て行く。こうして、人々の手によって咸鏡北道の物資が江原道の農村まで行くことになる。このような取引も銀行を間に挟んで決済できる者だけの幸運といえる。（ハン・ヨンニム　二〇一二・七・四b）

この例では、国営水産事業所に所属する漁夫が、国家から漁労用のロープの供給を受け、そのロープを事業所住民の女性たちの酒と交換、女性たちはそのロープを再生し、それを企業の副業班員と行票で取引し、副業班員はそれを農村で穀物と交換し、それを運んで都市の市場で売って現金を手にし、一〇%を所属する企業に納めるという経路をたどる。空間的には、企業の所在する清津市―漁港―農村―清津の市場が連携し、物に注目すると、トウモロコシ→酒→ロープ→再生ロープ→トウモロコシ→現金と交換される。

スルメや魚は個人の手によって交換され商われる。すべて非公式な活動であるが、このロープの場合には、企業内の副業班と銀行決済という合法的な制度に拠る組織的活動と、個人による非公式・違法な取引が組み合わさって成り立つことが分かる。

ジーゼル油はトラクターや車輛や船舶の燃料としてどの企業でも必需品であるが、中央からの供給が極度に不足しているため、様々なルートで自力解決が求められている。因みにジーゼル油は、正規に輸入した原油から精油されるもののほか、国境地帯で貿易（密輸）によってもたらされるもの、港で外国船の船員から闇で購入するもの、工場や機関から盗んだり、トラックなどの車輛から抜き取ったりしたものが市場に出回っていた。

協同農場などでは、トラクターを稼動させるためにもジーゼル油は必須であり、公式の供給が滞ると、農場が独自に調達しなければならない。このため、年末決算の際に非公式（計画外）に農場で秘密裏に確保しておいた穀物（トウモロコシ）を以って、工場や機関の担当者と直接交渉して物々交換で入手しなければならない。揮発油（ガソリン）の入手もほぼ同様で、こうした闇の人脈を持っていてガソリン商売に長けた人もいるという。軍隊の飛行場ですら賄賂さえ上手に遣れば、正門から入ってガソリンが手に入るのだという。軍隊の基地から軍人によって流出するガソリンやジーゼル油もあって、そうした軍用資材を担当する軍人を相手に商売する人も軍営地の周りに存在するし、中には、軍人に食料や休息場を提供して、その代価として軍用資材を入手する者もいる。軍用資材の中では軍服や軍靴なども需要が多い。ガソリンやジーゼル油の闇商売は旧社会主義国に広く見られたもので、ソ連やポーランドなどの二次経済（非公式経済）を代表するものとして報告されている（Danesh 1991）。

手記

イ・クムチュン　二〇一二・三・一一「청진의 장마당（清津のチャンマダン）」
イ・クムチュン　二〇一三・九・二「황해도 해주 장마당（黄海道海州の市場）」
イ・ヨンスク　二〇一二・七・二「내 삶의 한 시절（我が人生の一時期）」
キム・ジョンファ　二〇一二・七・二b「평성 장마당（平城チャンマダン）」
キム・ヘスク　二〇一二・一〇・三一「맥주장사（ビール商売）」
ク・ヨンガプ　二〇一三・一・二八「국수집（麺店）」
ク・ヨンガプ　二〇一三・三・四「청진 장마당（清津のチャンマダン）」
チュ・グムシル　二〇一三・一一・二三「우리가 살아온 나날（私たちが暮らしてきた日々）」
ハン・クムボク　二〇一三・一〇・二二b「두부장사（豆腐商売）」
ハン・ヨンニム　二〇一二・七・四b「파줄（ロープ）」
ハン・ヨンニム　二〇一三・七・二二「술장사（酒商売）」
ハン・ヨンニム　二〇一三・九・二「사탕 장사（アメ商売）」
ハン・ヨンニム　二〇一三・一〇・二二「오징어（するめ）」
ハン・ヨンニム　二〇一三・一・二八b「한끼 벌이（一食稼ぎ）」
ファン・シニュン　二〇一三・一一・二五「북한의 가정부업 실태（北韓の家庭副業実態）」
ユ・サングン　二〇一三・一二・一八「북한의 시장통제（北韓の市場統制）」

文献

伊藤亜人　二〇一三『珍島―韓国農村社会の民族誌―』弘文堂
Danesh, Abol Hassan　1991　*The Informal Economy : A Research Guide*, Garland Publishing.

第10章 タノモシ

食料をはじめ生活物資の供給が滞るなど、公的な生活保障が機能しない中で、在来の相互扶助や協力慣行が重要な役割を果たしてきたことが明らかとなっている。

朝鮮社会における在来の労働交換方式としては「プマシ」、「トゥレー」、「運力」などが知られている。「プマシ」は、主として田植や収穫あるいは草取などの農作業において、世帯間で労働力を交換するもので、農作業を人手に頼っていた当時最も一般的に行なわれていた方法である。作業量が短期間に集中する農繁期を無事に終えるための労働交換の慣行であった。農家どうし一対一で労力を交換するもので、長期にわたる固定的なものではなく比較的短期間に清算され、必要に応じてその都度結ばれる関係である。これに対して、「トゥレー」は共同作業とも言うべきもので、かつて村を単位として各家の田植を順々に共同作業で済ませて行くような形態であったと言われる。それがどのような集団組織によってどのような状況で行なわれていたのか必ずしも明らかではないが、灌漑用水が限られた状況のもとで、村を挙げて期間内に田植を済ませる必要から採られた方法であったようだ。しかし、「プマシ」が韓国農村で広く行なわれていたのに対して、「トゥレー」が実際に行なわれていた様子について観察や具体的報告はほとんど存在しない。筆者が現地調査を行なった全羅南道珍島の農村では、かつて深刻な水不足の対策として村を挙げてこうした形式で田植が行なわれることがあったにすぎない。北朝鮮の協同農場における集団的な作業や学生・労働者を動員して行なう田植などには、形態としてはそうした協同作業の様相が見られるようだ。個人農時代のプマシ形態は今日の協同農場ではあり得ないが、それも近年の規制緩和に伴う圃場分担制が実施されて、今後さらに分組や農家の自律性が高まれば、いずれ復活することも考えられる。「運力」は主に農作業以外の作業に加勢するものであるが、やはり個人による所有や経営を前提としたものである。

一方、資金や財物を融通し合う「契」の方式は、近年まで韓国の農村で冠婚葬祭や不時の出費に備えるために行なわれ、また同年齢や同世代あるいは同窓や同郷の関係による親睦契が農村、都市を問わず広く見られた。こうした契も個人の私有財産を運用するものであって、社会主義体制の下では原則的にあり得ないと考えられるが、北朝鮮では生活防衛的な資金運用の手段として広く行なわれている。地域の人民班や職場の作業班など公式の社会単位の成員によって行なわれ、公式に許容されていることが明らかとなっている。北朝鮮では「契」という名以外にもさまざまな用語で呼ばれ、特に婚礼、葬礼、還暦などの人生儀礼の際に来客をもてなす費用を準備する重要な手段となっている。咸鏡北道内でもタノモシ（タナモシ、タニモシ、タニモチ）、モアモッキ（모아먹이）、モウムトン（모음돈）などと呼ばれている。あるいは友人同士で協同作業をして収穫物を順番に配分する方式に広くタノモシという表現があてられているようである。

モウムトン・タニモシ

「モウムトン（모음돈）」、「タニモシ（다니모시）」といえば韓国で「契トン」というものと同じです。幼い時からトンネーのお母さんたちがやっていたもので、結婚式の費用にあてるため「モウムトン」、「モウムサル」が必要不可欠だったのです。意思疎通する信頼しあう者どうし一〇人で、互いに譲り合いながらも徹底した規定と規則を守ることで上手く行なったのです。責任者が受け取った日付を記録して、お米でやるモウムサルならば、月に二回の配給日に米を持ち寄った。例えば三月なら、米を上旬の配給日に五升出してもよく、下旬に出してもよいが、食料不足のため一度に出すのは苦しいため、上旬に三升下旬に二升出したりした。一九六〇年代には配給が途絶えることはなく、まだ正常に供給した時だった。モウムサルを受けるということ自体は、最も困難な時には一息つくことができたが、先に受け取って使ってしまえば、借金の山に座っているような気分に囚われる。

こうするよりほかなかったのは、家庭で世帯主だけが工場に出勤し、「扶養」とされる家族たちの配給食料が世帯主に頼っていたからで、世帯主が工場に一日欠勤しても、配給票が欠勤日数分だけ削られた。その後、世帯主だけ工場に行って金を稼げばよいという意識は崩れ、男女老少だれもが社会に進出するようにという党の政策によって、女性たちは産母ですらも安心して社会に進出できるように、託児所、幼稚園など後方便宜施設がたくさん作られた。清津では党の政策として、子供が二、三人いる多産母も工場に出て日課をこなせば配給票は七〇〇グラムとなった。賃金は六〇ウォン以上だった。

私も一九六八年六月に清津配合飼料工場に就職してから、職場に勤務する若い社労青員どうしで「モウムトン・タニモシ」をするようになった。優秀労働者として一二〇ウォンの給料をもらったので、モウムトンに五〇ウォン出しても七〇ウォン残って生活も良かった。社労青員の時は社労青の工程課題を終えた後、若者だけ夜間作業もした。主にお金を集める「トン・タニモシ」をして、家庭で結婚式（テーサ）の費用に充てたり旅行もしたりした。私も「モウムトン・タニモシ」に参加して三番目に受け取り、弟妹が多かったので母に差し上げたことがある。その時の参加者も社労青員の男女併せて一〇名でした。若い者同士だったので本当に楽しかった。順序を予め決めるのですが、都合に応じて本人同士で交渉して順番を交代することもあった。賃金の日の翌日までに金を出すという規則を徹底させ、社労青の副委員長がその責任者となっていた。

私たちがしたのは主にトン・タニモシだったが、私の発起で「サル（米）・タニモシ」も二度だけ試みた。「サル・タニモシ」は、毎月の総会で二キロずつ一〇人で合計二〇キロの米を集め、その内から一八キロ分を順番に当たった人に渡し、残りの二キロ分を毎月総会の日の餅、おかず、果物に充てて、当日は歌を歌ったりして楽しんだ。互いの意思疎通がうまくゆき、互いに信頼と譲り合う気持ちがなければできない。また、規定と規則を徹底して守らなければ上手くゆかない。

一方、一九七〇年代にはミョンテ（スケソウダラ）が沢山捕れたので「ミョンテ・タニモシ」もしたことがある。それは一〇〇キロから始めて、多い家庭では五〇〇キロまでした。手がかかるため勤勉でなければできない。一時、清津では鰯がバケツで各世帯に任されて、食べ飽きれば石鹸まで作ったりした。鰯はタニモシをする意味がないが、メンタイは何軒かの家で一緒にミョンテ・タニモシをした。何か理由があって費用が必要な家ではメンタイ・タニモシを歓迎して、順番に当たると沢山のメンタイを庭に干して売って金にしていた。

タニモシは全員が心を合わせて出来るのでよかったが、それも一九九〇年代の「苦難の行軍」の時期には食料不足が余りに深刻となって、タニモシも全て廃れてしまった。（ハン・クムボク 二〇一四・一・二四）

タニモシ

金鉄（金策鋼鉄）職場に配置されて起重機作業班に行った。熱気の中で厳しい指令どおりに起重機を操作する重労働のため、国家の配給規定は日に九〇〇グラムで、月給も特殊二部類に属して一五〇～一八〇ウォンだった。

友人が父親の還暦を迎えるのに宴席を設けるだけの余裕がなくて困っていた。これを知った作業班長も何とかしてあげたいと悩んでいた。作業班員が還暦のことで悩んでいると知って、会計員がタニモシについて話し、班員に説明すれば容易に解決できると勧めた。班長が提案すると班員全員が同意した。班員二八名の中で一九名が独身で、これから結婚生活をする人が九名で、誰もが生活苦という点ではどんぐりの背比べだった。タニモシに参加すると手を上げたのは一〇名で、一人は独身でそれ以外は全員所帯持ちだった。一番から一〇番まで順番を籤で決めた。班長が、約束を絶対に守ることを繰り返し強調した。親の還暦を迎えるその友人は運良く一番目に当たり、私は最後の番となった。

各人が五〇ウォンずつ出す規定で合計五〇〇ウォンとなった。これを順序どおり受け取り、友人は還暦の宴を設けるのに大きな助けとなった。一般家庭の賃金は一五〇～一八〇ウォンなので、毎月五〇ウォン程度なら可能だろうと考えたが、それには思わぬ穴があった。すなわち、工場の生産計画が未達成の時は給料も減るので、五〇ウォンを出せずに借金して出さなければならないこともあるのだった。

タニモシは金を集めるだけでない。一九八〇～一九八六年の六年間、私は副業班に配置されて漁労工としてメンタイ漁をしたが、その当時のタニモシが最も印象深い。私たちの船は二〇〇馬力の五〇トン積載の船で、人員は一九名で、漁獲した魚は全て金鉄の後方部に入り、そこから金鉄内の各職場の食堂に供給された。また、金鉄の従業員に供給することもあった。船長の指令によって漁労工たちは何キロずつか分けて食べることはできたが、自分たちの手で捕ったと言っても、それ以上は魚を自由に処理することはできない。このため、魚をめぐる漁労工たちの思いが昂じると、解決を迫られることがしばしば生じて、船長は頭が痛かった。こうした状況で職場の漁労工が、結婚するためメンタイ一〇〇キロ程度が必要だと提起してきた。船長は問題を解決するため、漁労工たちにタニモシを呼び掛けたところ、一九名中七名が手を上げた。船長は生産物について党秘書に報告することになっておいて、思いのままにはできない。党秘書との合意が必要だ。どこまでも集団所有を尊重するので、該当する党細胞と相談して合意を得なければならず、党細胞は初級党を経てその批准を受けて解決しなければならない。職場ではこうした承認をえる必要がある。タニモシは七名で行ない、一人当たり一五キロずつ順番で受け取り、合計一〇五キロを順に受け取ることにした。最も困っている人が最初に給付を受け、結婚式や子供のトル生日（初誕生日）や祭祀など、家庭の慶弔事に活用された。これによって作業班員たちが訪問してきても充分な接待ができる。また一時的な元金にもなって、余裕あるように見える。タニモシ・モウムトンにも長所と短所があり、約束を徹底させることが重要である。家庭の大きな行事にはタニモシが不可欠だった。（ク・ヨンガプ　二〇一四・一・二四）

これら二つの例はどちらも清津という大都市の事例で、現金によるタノモシが主で職場の社労青や作業班の同僚で行なわれている。またメンタイによるタノモシも同様に職場の同僚によるものである。

手記91　モアモッキ・契

一九六五年に夫が大学を卒業して朝鮮人民警備隊三三一一軍部隊に配置された。この企業所は平壌に人民退避壕を建設する企業所だった。配置されるや住民登録に動員された。この時期から個人に対する成分を再調査し、核心階層、基本群衆、包摂対象、敵対対象などに区分する住民登録整備事業が始まった。もちろん、党的には大きな信任だった。夫はこの部署の細胞秘書に推薦され、成分調査のため山間僻地まで頻繁に出張した。

三人の子供もいて生計は苦しかった。この時、決心して始めたのがモアモッキ（모아먹기）で、一〇名が毎月の月給から二〇ウォンずつ出して、順番に受け取ることにした。毎月二〇ウォンずつ貯蓄するのはたいへん苦しかった。しかし、こうしなければ貧しさから永遠に脱することができないようだったので、私が最初にこのモアモッキ組から金を受け取った。モアモッキというのは「契」です。生まれて初めて手にした二〇〇ウォンを持って、夫婦であらゆる構想を練った末、蔵籠（チャンノン　衣服やふとんを入れるタンス　四三ウォン）、壁チャンボ（壁に設置するタンス　二五ウォン）、壁時計（三〇ウォン）、有線放送スピーカー（一二ウォン）、電気アイロン（一〇ウォン）を買った。これら一つ一つがどれほど嬉しくて誇らしかったか、五〇年過ぎた今でも値段まで生き生きと記憶に残っている。その後、こうしたモアモッキが職場で流行った。苦しくてもこうすることで暮らすための元金を用意することができた。

その頃、「便宜金庫」（質屋）に一着のニュートンチマを市場価格一〇〇ウォンの五〇％で預けたが、三カ月で返済できなかったこともある。

国家の配給では食料がいつも不足したので、人民班の一〇余戸でもサルモアモッキ（쌀모아먹기）をした。各家から白米一キロ、雑穀一キロずつを集めて、必要な家に最初に与えた。私たちは息子三人のトル宴（初誕生日のお祝い）はできなかったが、末子四男のトルの宴はこうして集めた穀物で準備できた。

また当時、国家が無償で配給する食料を納めて、代わりに出してくれる領収証や雑穀券、白米券を持って商店に行くと、必要な生活必需品を購買することができた。サルモアモッキで得た中から四キロを商店に納めて、末の息子が八歳で入学する時にナイロンセーターを着せてあげた。その姿を見ながら家族皆がどれほど誇らしかったか知れない。豊かな家庭では子供のトルにもナイロンのセーターを着せることがあった。その子や両親を見て周囲の人たちがどれほど羨ましかったか知れない。そうした貧富の差、幹部と一般の差が日ごとに拡大していった。

一九八〇年に、咸鏡北道会寧郡五鳳里のチェジョン農場で働く叔母の家で行なわれた四寸（従妹）の結婚式に訪ねて行った。五鳳里協同農場の叔母は「モアモッキ契（모아먹기 계）」に参加して、結婚式の全ての費用と食料を解決していた。私は、こうした風習が地方でこれほど濃厚に行なわれていることに驚かされた。トウモロコシ二〇〇キロ、稲一〇〇キロ、現金一〇〇〇ウォンをこうして集めたという。

咸鏡北道では、娘の結婚に当たって布団を幾組、枕をいくつ持って行くかによって縁組の良し悪しが判断されていた。母親がこうして集めたお金で布団を五組（敷布団と掛け布団）、枕を一一個持って嫁に行った。布団を床から天井まで積み上げ（平壌では毛布（タムヨ 담요）と布団一組）、枕も立てて天井まで積んだ。淑母が何年もかかって集めた食料を売ってお金にして娘一人を嫁にやったので、家の中がもぬけの殻のようだった。

平壌では男女がそれぞれ布団一組ずつ持って結婚すれば済むが、地方では子供を結婚させると親はすっからかんになると言う。四寸（従兄弟）も食料工場からの月給でこうしたモアモッキで先取りした分で親戚全員に贈物として礼緞《イェーダン》（緋緞）を送った。七寸堂淑（父の又従兄弟）やその子（八寸兄）まで三六名の人名と品名を書いて礼緞として持って行くのを見て、平壌と地方の間で文化面にこれほど差があると知って私はとても驚いた。娘を嫁にやったため、平壌から二〇年ぶりに地方に下ってきた甥にあげるものが無くて、淑母は自分が着ていた羊毛のセーターを脱いで、平壌でそれでマフラーを作るようにいった。この地方では農家で羊を飼う家が多く、毛を刈って良いものは国家に収買させ、等級外のものを砧《きぬた》で良く打って毛糸を作り、大きくマフラーを作って使うのが流行っていた。

淑母夫婦は、四寸（従妹）が食料工場で友人たちとモアモッキして受け取った金を一年かけて返済しなければならない。

平嬢に近親が住んでいれば、何か科挙にでも登第したかのように肩に力を入れて、自慢げにしていた。結婚式に平壌から四寸の従姉が来たことだけでも村中に自慢していた。私が平壌の人民班で配給として受け取った生地や靴などの生活日用品を持って行くと、三寸（父方のオジ）は自分の姪が平壌から持ってきたものだと言って、トンネー中に自慢していた。当時は、地方の工業品の質は平壌の物にくらべてはるかに劣っていた。少しでも良い物は「平壌商品」として平壌に送られていたのだった。

私は一九九〇年に穏城に追放された。当時、国境の沿岸地帯では中国にいる親戚が親戚訪問という形で北朝鮮に大勢出て来た。二〇〜三〇年前までは、夜間に国境の川を渡って来て布や靴を密輸して持って行った中国人が、改革開放の風が吹いて、経済が発展し生活水準が飛躍的に上昇したため、この時期には彼らが持って来る物が引っ張りだこだった。女性用ジャケツ一着を購入しようとすれば、一般事務員たちは二〜三カ月の給料が必要だった。

地方に来てみると、専業主婦たちも商い、密造酒や小土地農作業や家畜飼育などで暮らしをたてていた。私が配置された職場の四人の若い女性たちは新しい物に敏感で、中国の商品をいくつか欲しがっていたが、貰う月給では不足だった。そこで、月給を受け取るとモアモッキで金を集めて、中国の工業品（セーター、パジ、靴、化粧品）を買おうとしていた。当時、若い女性の給料は平均五〇ウォンぐらい、契で受け取るのは八〇ウォンで、この金で中国産の女性ジャケツ一着を購入することができた。一般住民も同じだった。契で金を受け取った人は、父母の還暦や古希、子供の結婚費用、生日の宴などに使ったりしていた。私も一〜二年間はこうした生活風潮に馴染めなかったが、後にこれに合流することになった。私の月給は一四〇ウォンだった。平壌で受けていた設計員の級数に該当するので、企業所では最高だった。他人より三倍多い六〇ウォンずつ出して、六〇×一二＝七二〇ウォンを受け取り、中国産の中古自転車を六〇〇ウォンで買って息子に与えた。我が家で最も高価な中国商品だった。脱北の一刻を争う時にこの自転車が決定的に役立った。

韓国のように銀行の定期貯金ができれば、こうした「契トン」は無かったかもしれない。しかし北朝鮮では、劣悪な住民たちの生活の中でこうした方法がたいへん大きな役割を果たしていた。こうした「契トン」を私も何度か経験したが、最後の「契トン」では自分が受ける番なのに全て残して脱北した。このため他の友人たちがたいへん喜んだと、後に脱北して来た人たちから聞いた。（チョ・インシル　二〇一四・一・二四）

タノモシ

タノモシは日本語ではないですか。でもこの言葉が広く使われています。タノモシは金でも米でも行なわれていました。米は配給制度であるだけに、貴重で使い道も多く、供給量は少ないが、互いに助け合う立場から数量も日も定めて、その全員の受け取る順位も定めました。日を配給の最終日に定めて、組長の家に米を持って集まった。大きな数量はできず、主に一キロと定めた。一〇名で組織すると一度に貰う量は一〇キロとなる。この集められた米が本当に重要な役を果たした。

主に結婚式の宴や父母の還暦、赤ん坊の出産日とか、本当に米が必要な時に一〇キロは大きなものです。

食料を売る所もないので、テーサ（婚礼）もして、解産した母親に米の飯でも食べさせようとすれば、この方法しかない。私も子を三人産んで育てながらこのタノモシをして産後の御飯も食べることができたし、両親の葬礼もできた。配給米から一キログラムをさらうと底が見えるので具合が悪く、毎日御飯を炊く時に一握りずつ米を空の甕に取り出し、その米の代わりに野菜を敷いてご飯を炊く。こうして半月集めると米一キロになる。

婚礼を準備しようとすれば誰もがタノモシをしました。

　居住が固定され引っ越しもできない条件のもとで、米タノモシは平穏に行なわれます。それに比べてトンタノモシ（金タノモシ）は危険で、また金があっても物を買えないので、トンタノモシはあまりやりませんでした。月給も各自異なり家庭の事情も異なるので、米タノモシの方が活発でした。一月（名節の時）に卵五個ずつの配給があれば、その卵を塩のタンジ（小さな甕）の中に埋めておき、米タノモシが当たれば卵と一緒に解産後の産母の食事にした。白米に卵なら最高です。金が不足していれば、タノモシでこうして集めた米を闇で売ったりもします。五人家族の配給量が日に二キロにもならないので、一度に一握りなら三度で一五〇グラムになり、学生一人の一日の配給量に当たるので、その量が無くなれば大変なことです。それで、あまりに貧しい家庭ではタノモシはできません。生活が少しましな家庭でなければタノモシは出来ません。そして、金が金を生むと言ってタノモシをしてその米を売って娘を嫁に出す準備をします。粥を食べながらもタノモシで得た米を布に換え、綿に換え、嫁に行く時の布団を作ってあげます。家で結婚式をはじめ全てをするので、米が大変重要で、タノモシを続けて母親の還暦もしてあげ、葬礼も出し、娘の持参品も準備できました。私の生活でタノモシは重要な手段でした。一握りの米が集められると生活の大きな補填になるのです。タノモシは主婦たちの生活力と経済力を育てるたいへん大きな役割をしました。月給が七〇ウォン程度なので、金タノモシを一〇ウォン程度で職場の同僚一〇名ですれば纏《まとま》った金になりますが、なぜか金タノモシはやりませんでした。（ハン・ヨンニム　二〇一四・一・二四）

ご飯を焚く度に一握りずつ米を節約して契に充てることは、かつて韓国の農村でも「チョンドリ契」と呼ばれて行なわれていたことは、筆者も珍島の農村で聞いたことがある。北朝鮮では現在まで行なわれており、それも具体的な報告である。

タニモチ

結婚式にはタニモチが欠かせなかった。米を集める必要から、村（マウル）、友人たち、職場の人たち、人民班などでサル・タニモチをした。結婚式には、米二〇キロ、餅米五キロ、トウモロコシ麺三〇キロ、余裕が有ればチジミ、パン、マンドゥー、ほうれん草、白菜、大根、からし菜（スッカッ 갓）、大豆もやし、豆腐、肉類（豚、鶏、海魚）、餅類、さらに衣類と布団五組、家具類などを準備します。

タニモチは友人、マウル、人民班で一〇～一五名が参加して、まず責任者を決め、希望の時期に合わせて受給する順番、集める米の量（キログラム、升あるいは容器を指定して）を決めて、配給の日に責任者が受け取って受給する人に渡します。

金タニモチは主に職場の作業班別に、薪タニモチは四、五名で薪採りの協同作業をして順番に牛車で運びます。女性たちの鉄道の砂利敷き作業と、若い男性たちの枕木用材の切り出しと積み上げの協同作業もタニモチで順番にしました。学生や家庭主婦たちが休日を利用して行なう鉄道の草取り作業もタニモチ式でしました。そのほか、冬に学生たちが篩《ふるい》やソリを作って市場で売る時にもタニモチでやりました。鉄鉱石の粉砕したものを集めて車に積む作業も、男性二～三名と女性二～三名で組をつくってタニモチでした。

ヒャンバン・タニモチというのは、咸鏡北道・咸鏡南道から食べるために食料を求めて黄海道・平安道に行商（ヒャンバン）に出かける時のもので、女性三名と男性二名ぐらいが一組となってタニモチでやりました。主に国境地帯で中国商品（衣類、下着、布、その他工業品）を仕入れて農村部で米と交換するもので、四、五人で米五〇〇キロ程度を持ち帰りました。駅や列車内は、鼠、虱《しらみ》、蚤《のみ》、ゴキブリが多いし、伝染病（腸チフス、パラチフス、天然痘、コレラ）や泥棒にも警戒しなければならないのでタニモチ式でないと上手くゆきません。（ファン・シニュン　二〇一三・一二・一八）

米や現金による相互融資ばかりでなく、薪採りや木材切り出し、砂利敷きや鉱石の車積みなどの協同作業もタニモチでやるという。この報告に見る限りでは、集団主義は個人の活動を抑制するというよりは、現場の少人数の協同利害と適合しているとみるべきもののようである（ファン・シニュン　二〇一四・一・二四a、b）。

タナモシ（1）

タナモシは昔から伝わる風習で生活文化だ。北朝鮮では今も盛んに流行している。

少ない場合は五、六名から七、八名、普通は一〇余名、多い時には二〇名余りでやる。主に冠婚葬祭で盛んに行なわれる。米、トウモロコシ、豆腐豆、ワン豆、蔓《つる》ダンコン（落花生）、小豆、緑豆など多様な穀物が用いられ、中国東北地方でも昔から行なわれている。

貧困生活の中で、経済的危機を克服する智慧として行なわれる一種の分配消費だ。家庭での子供の百日宴、トル宴（初誕生祝い）、誕生祝い、約婚式、結婚式、還暦、親甲（親の還暦）、葬礼、トル祭祀（死後一年目の祭祀）、三年祭祀などの費用を準備するものだ。しかし、配給までが滞って食料不足が深刻になると、タナモシもしだいに衰退し始めた。

人民班の会議が終わった後、皆で討議の末タナモシをすることになり、まず統率力のある女性を責任者に選びタナモシ参加者を募集した。一二名が応募した。

家庭の状況、冠婚葬祭の時期、一二回の順番も予め決め、大体は結婚式がある順序にしたがう。米一キロあるいは二キロずつ集める。棒計り毎に差があるので、タノモシの責任者は計りを定めておき、毎回同じ計りで計量する。順序も原則として変更できない。どうしても必要な人は個別に交渉してその人に少し余計に払う。責任者の家に持って来た米の量が少し多ければ、匙何盃の僅かな量でも返す。

結婚式の日が決まらない家庭ではできるだけ遅く受け取ろうとする。急用ができたり、病人が出たり、急な来客があったりすれば、受け取った人から一部を分けてもらう。

タナモシをするという噂が広がると、親戚や知人が訪ねて来て、急用があるから米一～二キロ貸してくれと頼まれる。いくら約束しても返せないことが多い。そのためタノモシは秘密裏に行なうが、人数が多いと漏れてしまう。

咸鏡北道では配給の内、米は一〇～二〇%で、残りはトウモロコシ、大豆、雑穀であった。米の配給がない時もあって、その時はタナモシにも混乱が生じる。（カン・ミンジュ　二〇一四・一・二四）

他の報告でも強調されているとおり、平等互恵の原則を徹底させることがタナモシでは重要である。それは韓国でも同様で、たとえ一ウォンでもきちんと計算して処理するのが契である。そうした平等の原則と契約精神の一方で、個人的な関係を通して人情に訴える非契約的なやり取りが有ることも興味深い。

手記 95

タナモシ（2）

タナモシでは、何軒かで集まって各家から一～二キロの米を集めて困っている家に先に与える。配給があると祖母は、無条件で二キロの米を別の場所に保管しておきタナモシに充てていた。責任者がいて同じ計りを用いるのが決まりだった。結婚式（テーサ）には米が二〇～三〇キログラム必要でタナモシが欠かせなかった。

タナモシで兄さんが結婚し姉も嫁いだ。嫁側で全ての物を準備しなければならい。

嫁入りには、少し余裕のある家では、布団入れ（イブルジャン）、食器棚（シクジャン）、机、食卓（パプサン）、鏡、ソレ（皿状の器）、器、匙《さじ》、箸、茶盤（茶器を載せる小さな盆）などの家具類、食膳には高級酒、豚肉、海産物、鶏二羽、果物、飴、餅、パンチャン（副食）も五、六種類、ククス（トウモロコシ麺）、ノンテギ酒（トウモロコシ酒）を七〇～八〇リットル、餅一皿に松餅二個、コルミ餅（米粉で様々な形を作り蒸した餅）二個、白餅二個、アンコ餅二個、クァジュリ（米粉の餅を乾燥させ油で揚げて水飴を付けて食べる）二個を揃えて客を接待し、一方、お祝いに来る人は「扶助」として五ウォン程度、余裕のない家では二、三ウォンを持って行く。

初トル生日に招待されれば、金で扶助を出す家もあるが、たいていは生日の服を買って行って紐に吊るす。人民班の女性たちは豆腐の豆を持って来る人、トウモロコシを持って来る人、落花生を持って来る人など様々だ。婚礼（テーサ）があれば七歳以下の子供を連れて行って食べさせる。紙に包んで持ち帰って子供に与える。タナモシに入っていれば、突然の客があっても一食の接待をできる。

タナモシをすれば、半月の配給で二キロ程度の米を節約することになる。次の配給まで苦しい分だけ、山で山菜を摘んで草粥を食べたりして半月を過ごす。

一九八〇年代の中旬から突然配給がなくなり餓死する人が出た。二〇〇〇年からは自然にタナモシをしようという人は減った。二〇〇七年に故郷を離れた後、タナモシをする人がいるかどうか分からない。（チュ・グムシル　二〇一四・一・二四）

これらの生活記録を通して、北朝鮮でも韓国の「契」に相当する相互扶助が広く行なわれてきたことが明らかである。もともと広く行なわれて来たものとされるが、日本統治下のタノモシという用語が今も用いられている。

主に冠婚葬祭の費用を捻出するために行なわれており、客の接待や必要な物品の購入に充てられている。しかし韓国において広く行なわれていた貯蓄や融資を目的とする貯蓄契、親睦を主目的とする親睦契に相当するものは報告されていない。いずれの場合も、職場の作業班や組や社労青あるいは人民班といった公式の制度のもとで、集団主義の原則に沿う解決方法として公認されていることが分かる。

主に米が用いられているが、米以外にも様々な穀物が用いられ、またメンタイなども結びついており、また穀物を収買所に納めてまとまった現金に換えられる制度もタノモシ方式に好都合となっているようだ。

社会主義体制であっても、在来の冠婚葬祭の宴における儀礼的な消費が容認されていた点は、中国の場合とは異なるようだ。かつて中国で広く行われていた相互融資慣行の「合会」は、社会主義体制の下では行なわれなくなったが、ヴェトナムでは同様の「ホ」が続けられていたと聞く。

社会主義体制にあっても、配給や給料などが滞るような危機的な経済状況では、公式の制度による生活保障を補填するものとしてこうした在来の非公式な相互扶助が人々の生活にとって重要な役割を果たしてきたといえる。

一方、農村では、こうしたタノモシに頼らずに、年末の決算分配後に手元の穀物を収買事業所に納めることで物品の購買資格証を入手して、還暦や七旬（七〇歳の祝い）や子供のトル宴などに必要な物を購入することも可能である。しかしこうした物品を無計画に購入したため五～六月には食料が尽きて、協同農場から貸与米を借りたり、高利貸しを頼ったりしてその場をしのいでも、其の分は分配から引かれるため、負債が膨らむ悪循環に陥ることがありうる。こうしたことが、農村においても食料難のため家族離散や餓死者をだす契機となるともいう（チョ・インシル　二〇一三・一一・一八）。タノモシはこうした事態を避ける上で、協同で準備して計画性を身に付け、相互扶助で問題を解決する方法となっている。

因みに、朝鮮社会における契をはじめ、中国における合会、日本のタノモシ（頼母子）や沖縄のモアイ（模合）

などの相互融通の慣行は個人の任意による融資結社として"rotating credit association"の用語で広く報告されている。とりわけ近代国家による公的な融資制度や社会保障制度が普及する以前のいわゆる「農民社会(peasant society)」や零細な商工業者の間で生活自治的な慣行となっていた(伊藤亜人　一九七七、同　二〇一三)。かつてクリフォード・ギアツは、ジャワ農村の事例に基づき、こうした慣行は自給自足的な経済から貨幣経済への移行期に成立するもので、両者を結び付ける過度的な性格のものであるとした(Geertz 1962)。北朝鮮の例は韓国の場合と同様に、王朝時代の昔から行なわれて来たもので、平壌では行なわれず咸鏡道で盛んに行なわれていることから見て、貨幣経済へ移行する過度的なものというよりは、国家の公式体制の周辺部における生活防衛的な慣行と見るべきであろう。地方ではかつての韓国の場合と同様に、今なお食料の米が交換財としても重要な位置を占めていることもわかる。中国製品の購入手段となっていることや、商売の元金を用意する上でも有効となっているが、報告から判断するかぎりでは、近年規模と領分を広げてきた規模の大きな私的経済活動とは結びついていないようである。後者は公的な機関との連携のもとで行なわれてはいるが、いまだ政策による変動リスクも高い。こうした事業用の融資を担うトンジュと呼ばれる小金持ちは、一般人から少し突出した存在で、相互扶助よりもむしろ高利貸業に関わっているという。

ここに報告されたタノモシは、集団主義的な職場社会や居住地域において、同様に生活困難の情況にある住民の間で行なわれているもので、社会主義社会においても公式の制度が部分的に機能不全に陥った情況では、これに対処する上で生活防衛的な慣行が有効であることを示している。また、非公式なこうした慣行こそ、公式の社会主義体制を補完し維持する上で機能してきたといえよう。

手記

カン・ミンジュ　二〇一四・一・二四「다나모시에대하여（タナモシについて）」
ク・ヨンガプ　二〇一四・一・二四「다니모시에 대하여（タニモシについて）」
チュ・グムシル　二〇一四・一・二四「다나모시（タナモシ）」
チョ・インシル　二〇一三・一二・一八ａ「알곡식량과 바꾸는 생필픔（穀物食糧と換える生活必需品）」
チョ・インシル　二〇一四・一・二四「우리들의 집 장만〝계〟돈（私たちの家計の足し「契」の金）」
ハン・クムボク　二〇一四・一・二四「다니모시（모음돈）（タニモシ（モウムトン））」
ハン・ヨンニム　二〇一四・一・二四「다노모시（タノモシ）」
ファン・シニュン　二〇一三・一二・一八「북한의 모음（다니모찌、계）（北韓のモウム（タニモチ、契））」
ファン・シニュン　二〇一四・一・二四ａ「자력갱생 다니모찌（自力更生タニモチ）」
ファン・シニュン　二〇一四・一・二四ｂ「생활을 위한 다니모찌（生活のためのタニモチ）」

文献

伊藤亜人　一九七七「韓国村落社会における契」『東洋文化研究所紀要』第七一冊、東京大学東洋文化研究所、一六七—二三〇頁
伊藤亜人　二〇一三『珍島—韓国農村社会の民族誌—』弘文堂
Geertz, Clifford　1962　"The Rotating Credit Association: A 'Middle Rung in Development," *Economic Development and Cultural Change* 10: 241-263.

第11章 盗みの社会的含意

社会制度は、その社会が想定する生活を実現し保障するものであって、その制度が公式なものとして成立して充分機能している状況の下では、これに逸脱する行為は非公式で反社会的なものとして否定され社会的な制裁の対象となる。

公式の制度や原則を前提として、社会の公式な領域ばかりが強調されると、その規範化された行動と生活像ばかりが目を引き、公式の規範と制度によって規定された生活像が当然視されることにもなる。とりわけ社会主義社会においては、その理想として掲げる社会の実現を目指して、観念的な社会像の実体化を図るための公式な諸制度が人為的かつ政策的に導入され、強い規範性をともなう。一方、これと相いれない思考・行動は非公式なものと抑制される。

しかし公式の規範・制度が充分に機能せず、理想として掲げられた生活像どころか人々の最も基本的な食生活さえ保障されない状況では、公式な規範や制度ばかりに頼っていられない。非公式の生活行動とは、これまで取り上げてきたとおり、公式の社会規範と体制が排除することで公式領域の背後もしくは延長上に成立したものといえる。したがって、決して一部の特殊で極端なものではなく、生活者にとってはきわめて現実味をおびるものでもある。

非公式の生活領域としては、これまでも取り上げてきた企業による国家計画外の経済活動から、私用耕作地や個人の副業的な製造や市場における商いや行商などの私的商活動ばかりでなく、闇と表現される全ての活動から違法行為までも含んで、その内容は公式以外の全ての領域が該当する。その中には、公式の理念や原則と相容れないはずの活動が国家によって容認され奨励されたものまで含まれるが、その一方では、厳しい法的な処罰の対象となるものもある。観念に基づく公式の領域は強い規制力を有するようで、実際には常に非公式領域によって存立を脅かされる緊張関係の中にある。人々はこうした状況を見極めながら時には非公式の行動を躊躇《ためら》わない。

非公式な行動の中でも、最も日常的に幅広く見られるのがこれから取り上げる盗みである。いずれも公式には明らかに国家・党の指導理念に反するもので、法的には違法行為である。しかし、その形態と社会的脈絡はきわめて多様で、社会のあらゆる局面に関わっていることを見ても、この社会における人間生活の様態として重要な考察対象となるはずである。盗み、横領、密輸などの行動は、非公式の行動や関係の物的な側面として観察され論議されるが、それ以外の非公式的な思考や行動は強制移住、強制労働、生活管理、隔離生活などの身体と主体性に対する直接的、人道的な拘束をともなうものである。社会から離脱する生き方は非公式の極まりといえる。脱北者は最終的に自らこうした非公式の空間に生きる道を歩んだ人々であり、概して北朝鮮社会の公式な社会体制に対して否定的な立場から体制を厳しく批判するが、その一方で北朝鮮社会における公式領域と非公式領域が織りなす社会全体の特質に就いて客観性を心がけた考察もできる立場にあると言えよう。

自身の生活体験を記録する中でも、こうした違法な行為や社会過程について随所に触れているばかりでなく、

面談と生活記録を積み重ねて行く中で、自身の盗みの経験も含めてこうした違法とされる行為の重要性を明らかにしてくれる。脱北者自身が明言するように、「苦難の行軍」の時期ばかりでなく、エリートから一般人民まで何かしらの「盗み（トドゥクチル 도둑질、トジョクチル 도적질）」なしには生活できなかったのが現実のようだ。

公式の制度や法を踏まえながらも、一方では不当な手法によって公的な財を私有することは、どの社会においても程度の差はあれ広く行なわれている。通常それらすべてが盗みと呼ばれることはないが、生活苦に追い詰められた人々の目から見れば、基本的には盗みと変わらない。

公式の地位にある人々は、自ら公然と行なうことは立場上できない場合でも、その権力を背景に間接的に非公式な手法を駆使できる道が開かれており、周囲の人々も誰もがそうした非公式な可能性を期待している。高位の幹部職にある者には、家族（特に妻）や身内あるいは個人的な関係を通して様々な非公式の機会と回路が開かれているのである。人々は身の回りの中級・下級幹部の行状について非公式な情報を通して、ほとんど誰もがこうした公式と非公式が織りなす構造的な実態を熟知して行動していると言ってよい。

党の政治綱領が学校や職場や人民班などで機会あるごとに強調され、それが政治的儀礼を通して集団主義的な手法で演出されている一方で、人々の間では生存の活路として利己主義的な行動が活性化されている。

また、国家による公式の生活保障制度が機能しなければ、国家や制度の正統性自体が問われると言ってもよく、そのため実質的に非公式の行為を規制することが難しくなる。公式には機会あるごとに「闇行為」として否定され規制されてきた私的な商活動は、少しずつ見逃され容認されてきた。人々は様子を覗いながら徐々に非公式活動を広げて行き、遂には半ば公然と行なうようになった。そうした公式と非公式が表裏一体となった状況のもとで、非公式の私的な利益追求と「盗み」との区分はどのように成り立つのであろうか。「盗み」とされない非公式の行為にも目を向ける必要がある。

農場の場合を見てみよう。協同所有という理念のもとに成立した協同農場においても、採れる作物のどこまでが農場員たちの協同所有なのか国有財産なのか明確でない。実際には農業も国家の計画経済体制の中に公式に位置づけられ、農場員への年末の決算時の分配に優先して国家への納入が義務づけられている。しかし、日常的に農場員が圃場を通り過ぎる際にトウモロコシをもぎり取ったり、稲などを手で取って家に持ち返ることは咎められないという。食料不足が農村においても深刻になると、こうして握り取った穀物が家庭の食生活において無視できないものとなる。一人ひとりが朝となく昼となく握り取れば、農場全体ではかなりな量になろうが、その穀物は自分たちが育てたものであり、それを自分たちで食べることは不自然とはいえない。協同農作業の最小単位である分組の収穫量のうち、非公式な留保分も含めて約二〇%がこうして農場の中で消えると言う。したがって、その量は全国的に見ればかなりのものとなるにちがいない。秋の農作業のころ、昼食のため家に帰る際にトウモロコシをもぎって「これは良く実った。家に帰って焼いて食べる」と言いながら持ち帰ると誰も文句を言わないという。トウモロコシを一人が昼に二個、夜に二個、妻が同様に四個、息子が四個、娘も四個ずつ持ち返ると、一個からトウモロコシの粒が一二〇～一五〇グラム取れるという（ソン・ギスン 二〇一二・九・二四）。

辺境地域に開かれた国営農場の場合にはさらに顕著で、農場員の婦人たちは物々交換に訪れた人に対して「ジャガイモは国のものだし、男衆も酒に換えて飲むのだから」と言って気前よく非公式な交換に応じたと言う。農民ばかりでなく、農産物の盗みは都市住民の間でもほとんど罪意識が無いと言われる。食料の配給が滞っている状況では、本来自分たちが手にすべき食料を奪い返すと言うかのようである。日常的な圃場からの「摘み取り」程度でなく、脱穀前後の農作物は盗みにとって効率的な機会となる。

協同農場では作業班ごとに生産物の脱穀と管理のために特別に脱穀場が設けられる。北朝鮮の農村を車窓から眺めると、四角い広場のような空間を低い瓦屋根の壁で囲った建物が目を引く。協同農場管理委員会や党の建物や革命思想研究所などの建造物が行政の中心である里に位置して、左右対称の多層建造物であるのとは明らかに異なり、こうした脱穀場は里の中でも旧村落を単位とする作業班単位に設置されている。遠くからは平屋のように見えるが内側は農作業の空間となっていて、ここで作業班内の分組が単位となって脱穀などの作業を行う。

この収穫物を盗みから守るため脱穀場は圃場に近い所に設けられ、脱穀場の周囲には動物や人から守るために、一メートル半間隔に柱があってその間を山から採ってきた背丈ほどの木を束ねてきめ細かく組んだ垣根で囲まれている。正門が設けられ、その脇には警備室と消防器材が保管されていて、作業班の中でも最も責任感のある二人の男が二四時間警備に立って火災と盗難事故に備えている。脱穀場の一隅には屋根付きの総合脱穀機*が置かれ、これを用いて分組ごとに脱穀作業を行ない分組ごとに広場を区画して稲穂と稲籾を積んで保管している。しかしこうして守っていても、夜になると暗闇の中を人が隙間から入り込んで稲穂を盗むのである。守衛では守り切れないため、保安署の指揮で巡察隊が組織されるがこれも役に立つどころか、時には巡察隊が盗賊になってしまうという。

田畑での盗みがあまりに多いという問題が提起されて、郡では地方駐留軍部隊と協議して、軍隊が銃を持ってトウモロコシと稲圃田の巡察警備に当たり、また脱穀場の警備にまで当たることが有ったという。しかしそのように巡察を強化しても、稲穂を切っていく盗賊を捕まえることは容易でない。盗人は盗人なりにいつも圃場や脱穀場に纏わりついていて隙を見て盗むのである。

＊ 電気が供給される時の総合脱穀機であって、電気が供給されない今は総合脱穀機をほとんど使うことができない。電力の供給停滞に加えて、脱穀機の付属品であるベアリングをはじめとして色々な種類のベルトが無ければ総合脱穀機が動くことができない。それで古い方式の足踏脱穀機を使わざるを得なくなるという（ホン・ナムシク　二〇一三・九・二）。

軍部隊の手を借りると、収穫の中から一定の量が軍部隊に義務的に献納させられ、軍は年末決算の分配が行なわれる前に自分たちの収穫の取り分を確保しようと真っ先にやって来る。食料不足は軍も同様で、一九九〇年代後半には兵士の間でも慢性的な栄養失調が問題となった。そして食べ物を求めて脱営する兵士が農家を回って食べ物を乞う姿や、盗みに入る兵士もあった。このため兵士に警備を頼めば相応分の収穫物を持ち去るばかりでなく、軍部隊が農場を襲撃するように穀物を持ち去ったり、夜間に農家に忍び込んで豚をさらって行くことがどこでも起きたという（ホン・ナムシク　二〇一一・九・二二、二〇一三・九・二）。

労働力の不足している北朝鮮の農場では、多くの労働力を集中的に必要とする田植や草取、畑のトウモロコシ移植作業に学生をはじめ都市の労働者や婦人たちが多数動員される。農作業の動員は小学生の時分から始まり、協同農場の末端の作業単位である分組ごとに、担任の先生が引率して農家で寝起きしながら作業に当たる。ここでも食べ物は少なく、空腹のなか重労働に当たる子供たちは畑の農作物を食べたり、背嚢の中に忍ばせたりして持ち帰る。農場の側でも背嚢の検閲を行なうが、子供たちもしたたかに自力解決をはかって、あの手この手を尽くし食べ物を隠し持ち、持ち出しが難しければ、それを市場で何かと交換して持ち帰って来るという。親がそれをどこで手に入れたのか尋ねると、明るいうちに穀物を畑の中に隠しておき、夜にこっそり取りに行けば分からないのだと自慢げに話したと言う。協同農場の項で既に述べたとおり、農場の側でも労働力は必要なので、食事に出す分も含めて経費を自便するため、収穫後の年末決算の際に分組長が収穫量の中から相応の量を留保しておく。同様に作業班でも、脱穀機やトラクターの燃料、営農用のビニール防膜や肥料なども供給が途絶えているため自分たちで購入しなければならない。そうした必要経費に充てるため作業班長は収穫量の一部を留保しておく。また、里単位の協同農場管理委員会も農場内の各作業班から要望される機械の補修に必要な部品の入手や、そのため中央機関との交渉や出張の経費を賄うため留保分が必要である。分組は自分たちの事情を訴えて作業班長に見逃してもらい、作業班どうしもそれぞれ資材の入手や修理を優先的にやってもらおうと競い合って里協同農場の管理委員長に働きかける。こうした穀物の違法な留保分も、社会主義の公式な見解からすれば実質的に組織的な盗みと看做されるとしても、元々は自分たちの収穫物であるから留保したものともいえる。すると、個人が田畑から密かに摘み取るのも判断は微妙となろう（ホン・ナムシク　二〇一三・九・二）。

各レベルの組織間の指導・統制体系は同時に物資供給の権限体系をなしており、下位の幹部は互いに競争して上位の幹部に働きかけ、物心両面で全体が一種の非公式な協同態勢をなしているのである。こうした留保分の存在は協同農場に限ったことではない。様々な産業分野で広く行なわれており、あまり度が過ぎれば道や中央の監査対象となるが、妥当な範囲内であれば適切な手段を講じることで、つまり賄賂や献納品によって解決される。こうして各レベルの幹部が上下に連携しながら解決に当たっているため、これを外部から具体的に把握することは容易でない。計画経済における計画の策定過程と、生産額の把握と政府への上納は全てこうした関係の中で行なわれており、それは農業分野に留まらない。自力更生の方策として述べた「額上計画」と同様に、書類上の数字と実際の生産額とは乖離しているのである。穀物生産量として把握され公式に報告される数量とは、こうした留保分を差し引いた後に中央に報告された数字である。こうした生産物の留保分は、管理する国家側の公式の論理に依れば、国家人民の財産を私有したことに当たる。それが公式に提起されれば厳しい処罰の対象となり、責任者は地方へ追放されることになりかねない。自力更生とは現場の生活苦と国家・党の方針との間のそうした厳しい緊張と交渉の中で成り立つものである。中央から配分される前に、地方から収穫物が上納される過程で地方毎に予め必要経費が差し引かれる情況は、歴史を顧みれば、二〇世紀初頭に財政改革の一環として国家による国庫と予算制度が確立する以前の状態を思い起こさせるものである。

協同農場の側では、その協同経営の一環として必要に迫られれば組織的な盗みも敢行する。例えば家畜の中でも牛は耕作の役牛としてばかりでなく、燃料不足や部品やタイヤの入手難によってトラクターが稼動できない状況では、最も重要な輸送手段である牛車も牽く。このため牛は国有財産とされているが、作業班では班員にけしかけて組織を挙げて他の農場の牛を盗むこともある。そのために選ばれた者が密かに偵察し準備して、盗んできた牛をしばらく山の中に隠しておき、牛の最大の特徴である角の形を変える方法まであるのだと言う。首尾よく牛を盗んできた農場員には褒美としてカラーテレビや一年分の労力報酬まで与えると言う。また農場では営農物資の中で最も重要な防寒用のビニール膜が盗まれることがある。すると、その年の農作業に深刻なダメージとなるため、盗まれた農場では盗み返すため急いで人を選んで密かに送りだすのだと言う。あるいは工場や企業所から営農物資を盗み出す。こうした盗みでは、生活防衛を優先する情況の下で集団主義の理念も反映していると見ることができよう。*

手記96

子供の盗み

北朝鮮では学校に入学すれば盗むことからまず習う。学校内にも党の政治理念を身につけ実践するための組織として社労青の指導下に少年団組織があり、子供の時分から公式の課題として「子供計画（コマケーヘク 꼬마계획）」と言って、物を収集する義務が課せられる。主に古紙、古鉄、屑ゴム、屑ガラスなどの廃棄物を収集するもので、学生一人ごとに計画が示され、それを遂行できなければ前に立たせて批判する。初めのうちは家にある物を持っていく。私は子供三人を学校にやったが、食器棚（食蔵）にあるアルミニウム器が私も知らぬ間に皆なくなった。初めは親の承認を得ていたのだが、それでも足らなくなると無断で家の食器を持ち出し、収買所に出してその領収書を学校に持って行った。男の子たちは少年団組織が一団となって汽車の駅に出かけて線路班が仕事で使う資材を盗んで「古鉄計画」を遂行する。家で必要な服類なども持ち出して納めなければな

らない。初めのうちは親の承認を得ていた子供たちが、しだいに大胆になると「自力する」と言って工場にまで入って物を盗むようになる。

中学生になれば農村動員に出る期間も長くなり、その時には、何の罪悪感もなく農場の物を盗んで家に持ち帰るのが普通のこととなっている。両親も農場の物を持ち去るのは盗みと考えない有様だ。

一二〜一三歳の子供たちが広い農場畑でトウモロコシの苗を植える様子は、アフリカで棉花を摘む奴隷の子供たちの姿と変わりない。その子供たちは、トウモロコシご飯を与えても何時も空腹である。白菜の塩味噌汁にトウモロコシを煮た食事だけである。白米も少し混ぜるが、先生たちに白いご飯を与えて食べさせ、学生たちには黄色いトウモロコシ飯を与えるが、それも適量とはいえない。

農村動員に行けば、先生たち自身が自分の背嚢に米を詰め始める。先生の機嫌をよく取る学生に食事の仕事をさせる。その学生は先生の顔色（ヌンチ）を覗い、学生たちの給食米から抜き取って先生の背嚢を満たして先生の家に持って行ってあげる。それも防ぐことはできない。先生も家庭を離れて二カ月も動員されれば、家族たちの暮らしに困るので、持って行ってあげるのだという。（中略）

トウモロコシの移植と田植が終わると、草取の仕事も学生たちにさせる。五月から田植に動員されれば七月までかかる。夏休みが終わって九月一日に開校すれば勉強を少しして、一〇月からは「秋の戦闘」に総動員される。

トウモロコシの刈取に動員されると、トウモロコシを畝に隠しておいて夜になるとそれを取り出して市場に

＊　農村におけるこうした盗みについて、筆者が一九七二年に現地調査のため初めて全羅南道珍島の農村に住み込んだ当時、農村で村人たちが普段も盗みを警戒していたのを思い起こす。

持って行き、飴に換えて食べたり、家に持って行ったり、高学年の学生たちは酒に換えたりもする。動員が終わって家に帰ってくる時には背嚢を検閲するので、主に仕事期間の間に穀類を盗む。全国で見れば少ない量ではない。

私の末の息子（一四歳）が穏城郡に動員で行って来た時を見ると、見かけないビニールの器と服を持っている。私が問い詰めたところ盗んだトウモロコシと換えたという。背嚢は検閲するが調べるのは穀類だけなので、物に交換したのだと自慢げに言うのだった。盗みは皆がしていることで、なぜ自分だけがバカ正直にしなければならないのかという。自分の息子だが返す言葉がなかった。

蟻のような子供たちは米を少しずつ盗むのだが、大人たちは予め畑から脱穀場に入ってくる段階で抜き取るのだ。例えば、ある分組が生きようとすれば、翌年の畑起こしの時に使うトラクターの燃料、肥料、そのほか農場経費を自分たちで解決しなければならない。それを闇で入手しなければならず、すべて穀物で物々交換によって解決するのだ。その燃料も肥料も営農物資もすべて公的な機関や工場から流出したもので盗品にほかならない。

私も、盗品で出ていたロープを市内で買って江原道の農村を訪ねたことがある。農場では畑にある穀物を牛車に積んで帰って来るのにロープが切実に必要だから、私のロープと食糧とを交換した。ロープ一メートル当たりトウモロコシ五キロを受け取った。私も食糧が解決され、相手も農場で仕事できるのでお互いに都合が良いのだ。（ハン・ヨンニム　二〇一二・五・一六）

農作業の中でも違法な耕作地には盗みが付きものである。もともと国有地や林野を違法な手段によって私用に耕作するものであるが、農場の作業を手抜きする一方で私用地には農場の肥料や物資を流用したりする。また所有権や使用権という観念が定着していない農地は、その収穫物が盗みの標的とされやすい。農作物は飢えた人にとって最も身近なものであり、盗む人と警備する者をめぐって話題が多い。

飢えと盗み

国家では、穏城炭鉱の炭鉱員たちに後方供給地として使うように、一定の土地を与えた。炭鉱ではこれを副業牧場として利用することにし、炭鉱の後方と直属から二〇人余りが勤めた。牧場の一部に各種野菜とトウモロコシ、ジャガイモも植えた。ところが、ここで生産される農産物が後方部の指示ばかりでなく現場の班長の権限で処理されることが多い。

五〇歳ほどの女性がこの副業班の班長だった。その権力があまりに強くて誰も相手にならなかった。炭鉱幹部たちに対しては農産物を捧げてお世辞をつかい、自分が仕事をさせる労働者たちは冷酷に酷使すると、炭鉱の村中で噂になっていた。

秋野菜が育ったある日だった。飢えてやっと歩いていた一人の女性が、大根畑に入って大根を一本抜いてかじっているのを班長に見つけられた。止まれと大声を張り上げると、その女性は死に物狂いに走って、靴が脱げたのも知らずに走り続けて転んだ。後を追った班長が、その靴を握ってその女性をひどく殴って気を失わせた。班長は大根泥棒を捕えたと意気揚々としていたが、そこを通り過ぎた若い青年がその光景を見て耐えられずに、その靴を奪って班長を死ぬほど殴った。九死に一生を得て命拾いした女性は家に帰ったが、後で聞いた話では家族が皆飢えて死んだという。炭鉱ではその班長を非難して噂が立ったが、班長を殴った青年は高く評価された。その青年は隣りの炭鉱で働く人だったが、誰も彼を追及しなかった。

また、こういうこともあった。トウモロコシがもうすぐ熟する時期だった。よろめきながら歩いていた一人の女性が、トウモロコシ畑の中に歩いて入った。ちょうどその畑を見守っていた警備員が、大泥棒でも見つけたように大声を上げたが、畑から出てきた女性の手には何もなかった。変だと思った警備員がその女性を立たせて身体を捜索すると、パジの中にトウモロコシが二個挟んであった。その女性が居た場所に行ってみると、飢えたその女性は生のトウモロコシ一個を噛んで食べ、家で飢えて死にそうな二人の子供のためにトウモロコシ二本を持って行くところだった。

女性の話を聞いた警備員は彼女を抱きしめて嗚咽したという。その警備員は自身の立場も考えず、周りのトウモロコシをもぎ取って着ていた上衣に包むと、早く家に帰って子供たちに食べさせるように言ったという。その女性の家族は彼を恩人のように思い、この話には尾ひれがついて四方に噂となった。しかし誰もその警備員やその女性を恨まなかった。その後、その女性は命をかけて豆満江を渡り、現在は韓国で幸せに暮らしている。

本人が語る通り、悪魔のような悪い人もいる反面、不正を見てこらえることができない善良な人も、他人を我が身のように慈しむ人もいるのが今日の北朝鮮の現実だ。（チョ・インシル　二〇一三・一〇・二c）

盗みの中でも軍隊によるものは最も組織的かつ強引なものであり、被害者は泣き寝入りするよりほかない。兵士たちも、食料が優先的に供給されるとはいえ飢えているのは同様である。特に一九九〇年代の後半には兵士の慢性的な栄養失調が多くの問題をもたらした。軍部隊が駐屯する周辺では兵士による食料盗みが頻発する。それは兵士の空腹に由来するものであり、盗む体力も無くて農家を訪ねて食料を乞う兵士の姿があった。農村では、自分の息子ぐらいの若い兵士がひどく痩せこけて、満足に歩けないほど衰弱しているのも目撃されている。*兵営近くで起きる盗みの中で、協同農場のほか小土地の作物を盗むことや、民家の家畜を盗むことも経験談として数多く報告されている。家畜の中でも豚が最大の獲物であって、このため豚小屋を戸外に設けることは避けるようになった。豚のほか兎や犬なども標的とされ、昼間の間に偵察しておいて夜間に盗むという。豚はタバコの煙を吸わせて昏睡状態のようにおとなしくさせてから兵士が何人かで担いで行くと言う（イ・ヨンスク　二〇一二・三・四）。

一方、軍需物資は当然ながら国家から供給されるが、それも充分でなくなると部隊を挙げて自力更生の一環として物資の強奪が広がった。盗みの中でも軍隊による物資の奪取は任務の延長ともいうべき組織的かつ軍事的なものである。

手記 98

人民軍兵士による盗み

北朝鮮の住民が生き延びるための生計型盗賊であるとするなら、人民軍隊は習慣的な盗賊である。命令に絶対服従を強いられれば、将校たちが兵士たちに何かを無条件で持って来いといえば、盗みをするよりほかかない。砲陣地を一つ構築しようとしても、セメントが無ければ「自力更生革命精神」を発揮して住民の家や工場企業所から建設資材を盗んだり、商品を盗んで市場に出して必要な物と交換する方法を採る。

将校から命令されれば盗みをしてでも命令どおり執行するよりほかかない。人民軍隊の場合、国家的な大きな建設でないかぎり資材を供給する機関が無いためである。したがって、必要なすべての物は工場企業所と住民地帯を偵察して昼夜に関係なく盗みをする。甚だしきは、学校や病院にまで侵入して必要な物を略奪することもある。

＊　兵士たちの栄養失調による衰弱は大きな問題とされ、その対策として衰弱した兵士を一定期間故郷の家に送り返して両親の下で体調を整えさせたという（ユ・サングン　二〇一二・一・六）。

「これより戦闘命令を下す。……人民学校のボイラー工事場に行って水道管を襲撃する。万一発見されて成功できなければ、我中隊は戦闘準備すらできない人民軍隊と評価されうる。成功するかしないか、我が中隊の戦闘訓練状態の評価がかかっている。したがって、どんな方法であれ襲撃しなければならない」。これが人民軍の将校が兵士たちに命令する集団的な盗みの実態である。将校の命令のまま、兵士たちは敵陣に走って突入する勢いで、教育機関の学校にまで入り込み、良心も法も無視して強盗をしている。こうした事実を挙げて工場企業所や学校が党組織や社会安全部に訴えても、人民軍がしたと判断すれば何の対応もできない。結局、その負担は幼い学生たちに回ってゆくよりほかない。学校側では再び学生たちに、どこでも良いから水道管を購入するように指示する。学生たちに水道管を盗んで来いと指示するのはまずいので、購入しろという。結局、学生たちも工場企業所に行って集団的な盗みをして来るという連鎖反応を引き起こす。それで、一般住民が盗みをし、軍隊が盗みをし、学生が盗みをし、全社会が盗みをする世の中になってしまった。その中でも、盗みをもっとも上手くやる合法的盗賊は軍隊であり、このため、民間人が軍服を着て盗みをすることも多い。その場合には厳重な処罰が加えられるが、それも盗み自体が問題とされるのではなく、キム・ジョンイル将軍の軍隊の名誉を毀損したという大罪である。

一九八八年三月、咸鏡北道清津市羅南区域の羅北市場で、人民軍隊の名誉を毀損した市民盗賊を絞首刑に公開処刑したことがある。首謀者二名は絞首刑に、九名は銃殺に、二名は無期処刑に処した。罪名は「人民軍隊に仮装して協同農場の脱穀場の警備員を脅迫して農作物を盗んだ」として、軍隊を冒涜した罪で軍法に処したというものだった。(ユ・サングン　二〇一二・三・四)

北朝鮮軍隊に蔓延する盗みについては、韓国の兵役経験者の間から興味深いコメントが発せられる。それに依ると、韓国でもかつて軍人の盗みは一種の余興のようになっていて、面白がり競い合って物を盗んできてはそれを能力や手柄のように自慢したり称賛したりしたと言う。軍の規律が緩んだ結果と言うよりは、軍という特権的かつ実力社会に見られた習俗のようなものなのだろうか。しかし、北朝鮮の場合はそのように生易しいものではない。幹線道路にバリケードを築いて、通る車輌を停めてガソリンを抜き取ったり、荷物を盗んだりすることが行なわれ、それが度を超して中央の首領側近の耳に入ると大変な粛清に及ぶこともあったという（ユ・サングン二〇一二・一・六）。

そうした組織的な盗みと並行して軍需物資の流出とその闇商売も行なわれる。軍服、軍靴などが需要が多く、兵営近くの集落にはそうした物資を受け取って闇商売する者もいる。彼らは兵士から軍用物資を受け取る代わりに食事をはじめ様々な便宜を提供するという。兵士の中には除隊する時に妻と子供まで伴って故郷に帰ってきた者もいる。その経緯を尋ねると、こうした闇商売をする家と懇意になって子供までできたといい、栄養失調にもかかわらず元気に除隊できた命の恩人だと言ったという。一七歳から二七歳まで男だけが生活する兵営生活において、食生活とともに性的な欲求を解決することはきわめて重要な課題で、ここにおいても様々な非公式関係が成立することは、多くの人の語るところである。脱北者の女性の中には、ガソリンのような軍需物資ですらも軍用飛行場で調達できたと言う。軍用飛行場ならさぞかし警備も厳しいと思われるが、この世の中では需要さえ有ればどんなものでも何らかのルートが開けるのだと言う。

北朝鮮社会における盗み全般についてある脱北者は次のように整理してくれた。長文だがそのまま紹介しておく。

手記99　盗みの実態と含意

・二〇〇〇年末まで住民たちの生活は盗みなしには不可能だった

人民たちは生存方法を身につけていて極端な混乱は収まったが、食料苦は今も変わらない。一九九〇年代以前まで住民の間では、盗んだ人よりも盗まれた人を憎む感情が見られた。生計のための盗みが増えたことは、良い暮らしの人たちが食べ物を盗んで独占しているためであり、こうした人たちが盗賊を養成していると考えられる。国際支援による食料物資も幹部たちがタダで手に入れ、残りを市場で高く売る非法によって富者が生まれるからである。盗賊を働く者も、盗賊に遭う者も全て同じ奴である。盗む側は公開的な盗賊であり、盗まれる者は非公開的な盗賊といえる。

人民軍兵士による盗み、略奪および強盗行為もあちこちで見られる。一九八〇年代までの人民軍兵士による盗賊形態は、飢餓を遁れるための脱営軍人たちによる個別行動が大部分だったが、一九九〇年代に入ると、人民軍の服務生活自体が盗賊や強盗に変わった。一般住民たちが飢えを避けるための盗みであったとすれば、人民軍は生活自体が組織的で習慣的な生活型盗賊に変わった。住民の財産を盗み略奪して食べて使うという生活気風が習慣化しているのである。良心の呵責も無い。住民たちがこれに対決できないいわゆる「キム・イルソンの軍隊」、「将軍様の戦士」という名を盾に公然と合法的な盗賊を行なうのである。

・体制が崩壊すればキム父子の財産が真っ先に略奪対象となる

キム・イルソンの銅像だけでも全国で三万五〇〇〇余に達する。これに用いられる素材も高価な材料である。また、キム父子の「革命歴史研究室」は道、市、軍、職場、学校、公共機関、協同農場、企業所に数多く設置されている。そのカーテンは北朝鮮女性の下着数百着を作ることのできる高級生地である。その下着一つは買えば一五〇〜二〇〇〇ウォンもする。七月一日の改善措置以前の労働者の二、三カ月の給与に当たる。

・集団主義と個人主義

人々が盗みをする動機はこの両思想の衝突によって発生する。集団主義の中心にキム・ジョンイルがおり、無条件にこれに順従することが求められる。これに違反すれば個人主義として思想闘争の対象となる。

一九九〇年代の食料難では、集団主義の原則を守る人も、非原則と規定される個人主義者たちも、全て死に直面した。キム・ジョンイルの指示のままに行き過ぎた集団主義組織に忠実な人は、あまりに高知識なため餓死し、行き過ぎた個人主義者たちは安全部・保安部のような独裁機関によって法的処罰を受けて犯罪者として処刑された。個人主義の代表的なものは都市生活では商人、農村生活では違法耕作地（小土地、トェーキパッ 돼기밭）の農民だ。苦難の行軍と食料難がひどくなると、住民も自発的に生存方法を探るようになり、誰もが商人になり、違法地の農民になり、さらに甚だしくは盗人に変じてしまった。その際に、集団主義者の高知識者は盗賊になるのをどのようにして避けようとしたか見てみよう。

一七歳で適性に関係なく職場に配置され、あるいは軍に服務する。適性に合わない職場で不平や無断欠勤すれば、安全部のような独裁機関によって労働鍛錬隊や教化所のような監獄に送られ処罰を受ける。それ故、仕方なく指示された職場に出勤して気が向かない仕事をするよりほかない。しかし一九九〇年代に入ると、職場に出勤しても賃金と配給食料を貰えなくなった。しかし家で遊んではいられない。党と国家は、飢えても職場に出勤して殉職しろと強要するからだ。集団主義に忠実な高知識人は、家庭で貯蓄した資金がすべて尽きるまで食料を買って食べて出勤しながら、食料と賃金をくれるのを年を越して待ち望んでいたが、国家は食料も賃金もくれなかった。こうした人たちは、貯金も財産も尽きると最後の手段として貴重品を市場に持って行って食料と交換した。結局、もはや交換できる物が無くなると、草の根でも探して少しでも食料を補填しようと山や野をさまよう。しかし、草の根を掘って食べられるのも一～二年である。一～二年すると慢性的な飢餓状態のため骨ばかりとなり体力も衰える。職場出勤は固辞して臥せて餓死を待つようになる。一九九七年まで約二〇〇万人以上がこうして餓死した。党と国家の言うことが欺瞞だったことに気付いてもすでに遅かった。資金が無いため商いもできず、自分で農業できる土地も無く、方法はただ一つ、工場の機械や付属品を盗んでうまく売りさばくか協同農場の穀物を盗むか、どっちみち盗人になるより外に生きながらえることは出来ない。

集団主義は合法的な生存方式であり、個人利己主義は非合法的な生存方式である。高知識人というのは一般に、教員、教授、科学者、技術者などの知性人たちだ。党が望まない市場に出かけるにはあまりに不器用な知識人たちで、飢えて死んでも盗みなど到底できない知性人たちだ。しかし、そういう人たちまで盗みをするよりほかないのが北朝鮮の現実であることを証言する。

・個人利己主義者、自由主義者と盗み

キム・イルソンと労働党に全ての運命をかけると餓死してしまうことを誰よりも早く悟ったのが労働党のいうところの個人利己主義者たちだ。彼らは、取り締まりや処罰が有ろうが無かろうが、常に商売をして生き残ることを追求した。したがって、商いを対象とする闘争を呼びかけても順調に行くはずがない。

商いそれ自体は組織の闘争対象であり、法機関の弾圧対象である。今は少し変わったといえ原則的に商いは不法であり、キム・ジョンイルや国家の方針に背くものである。座して餓死するわけに行かない人民の止むを得ない状況がそうした流れを生んだのである。

商売の資金を持っていても、職場の党組織と行政組織は商売できる時間の余裕を与えない。職場の幹部たちとの関係処理を間違え、商売のため長期間無断欠勤すれば、安全部で逮捕して強制労働鍛錬隊のような所に拘禁して労働を課す。したがって商売する時間を得ようとすれば、職場の党組織と行政組織から許可と承認を受けなければならないが、それが難しい。一度二度ならあれこれ口実を設けて時間を得ることができるが繰り返すことはできない。次からは商売で儲けた利益の一部を職場の幹部たちに賄賂として出し、また市場では統制する安全員や規察隊に大目に見てもらうため賄賂を出さなければならない。

安全員とか規察隊は韓国のかつての市場のカンペー組織と似ているとみてよい。ただし、合法的な治安組織である。商売のような個人の利己主義を禁じることは、資本主義の温床を許さないキム・ジョンイルの方針であり指示である。それを執行するのが安全員と規察隊たちである。個人利己主義は常に取締り、統制、弾圧の対象である。このため、弾圧によって資金を一晩で失う危険が常にある。商売人が再び蘇生するにも、他人の物と工場企業所の協同財産を私有すること、すなわち盗むよりほかない。しかし、盗みと略奪は尾を曳けばいつかは捕まることになる。捕まれば監獄に連れ込まれ飢えて死ぬよりほかない。九死に一生を得たとしても得た財産の全てを失い、行く行くは再び盗みをするより生きる道はない。盗みは制度的に養成され、さらに大きな盗賊を産み出す。損害を被った人は再び盗みをして、盗みに成功しながら経験を積むことになる。

・権力に拠る合法的な盗賊

主にどんな階層の人が商売をしようとするのであろうか。一九九〇年代以前は主に労働者、農民階層の四〇代以上の住民が商売人の過半数を占めていた。年をとった人は世界観があるから、キム・ジョンイルと労働党に託しては生きて行けないことを認識していた。

一九九〇年代に食料難のいわゆる「苦難の行軍」を経て、今では階層に関係なくすべての人民が商売に専念している。現在、生存する住民は、適度の集団主義と個人利己主義の両面を選択した営利処世術の人たちである。三〇〇万が飢えで死んだ中で生き残った人たちである。必死の生存経験だけが彼らを今日まで支えてきた。商売で遠い地方に行こうとすれば、党組織と行政組織の承認を受けなければならない。承認も無しに出かけた者は批判の対象となり、再び承認を受けることができない。一度の行商で長期間生存できる小金が儲かれば冒険を試みることもありえるが、今日の北朝鮮はそうではない。一度の出稼ぎに出てうまく行けば一〇日程度食べられる食料が手に入る。その一〇日が過ぎる前に再び党と行政機関の承認を受けなければならない。このため、集団組織生活に忠実なふりをしながら、その間職場を欠勤するという条件で相応の金を納めなければならない。例えば、一カ月の賃金分を職場に納めて一カ月間商売することで食いつなぐのである。結局、国家は住民たちの組織生活を通して合法的に収益を得ることになる。

商売の中でも、米と揮発油やジーゼル油のようなエネルギー商売が最も儲かる。米商売も少ない資金で金儲けができる。国際支援米がただで入って来るからである。支援食料は、水の流れのように権力者の手によって分配される。当然ながら党、保衛部、安全部、軍部の幹部たちに集中する。一般住民も権力者たちから食料を売り捌くように委託されれば、それなりに利益が出てくる。港に国際食料支援が到着するやいなや、軍部と権力機関が横流しする特権を持つ。揮発油とジーゼル油も機関が独占している。交通手段が遅れている北朝鮮ではエネルギーは食料同様に貴重だ。これらが権力機関の手に入ってから一部商人たちの手に流れて高価で売られる。北の商売の要領は、こうした支援食料をはじめ公的な財物を横流しして売ることである。腐敗した社会ほど、権力に依拠した合法的な盗みが最もうまい商売となる。しかし、こうした商人も何時盗賊になり変わるかもしれない。商売をしていて資金が無くなる場合が多い。突然権力の罠にかかってしまいかねないからである。一時的に景気が良くても、仕事がうまく行かなくなると生存手段はやはり盗みだ。盗賊になるまいとすれば脱北する道しかない。（ユ・サングン　二〇一二・三・四）

私有財産権が否定されている北朝鮮における盗みとは、国家からの盗みを指す。しかし、そもそも人民が労働の対価として得られるはずの配給が滞っており、手元に保管している配給票に記された食料だけでも一世帯あたり総額二～三トンに達するという。つまり、国家が人民に負債を負っている情況において、住民は国家の資産を私的に入手することに罪意識が少ないようだ。工場などにおける集団主義の理念も、公式の労務を支える規制的

な面ばかりでなく、特に職場の末端組織である分組（交代班）では、いざとなれば集団ぐるみで生活防衛のために連帯するのだという。例えば、休暇、怠業や作業実績報告などの偽造や辻褄合わせ、物資の横領などである。盗みは子供（学生）から大人まで、浮浪者（コッチェビ）から飢えた軍人まで、従業員から幹部まで、また、やむを得ないとして見過ごされる盗みから公開処刑の対象になるものまで、ありとあらゆる形態が見られる。

盗みの場所と対象も、市場（食べ物）、駅前、列車内、路上、企業所・工場（資材、工具、半製品、製品、電線、電動機、石炭、燃料など）、農場（農作物、肥料、営農物資、牛など）、家庭（洗濯物、食料、服、石炭、豚、山羊、犬、兎などの家畜）、軍隊（軍服、軍靴、ガソリン、ジーゼル油などの軍需物資）、車輌（積荷、タイヤ、部品、ガソリンなど）、建設現場、鉄道の枕木まで、実に多様である。

職場として好まれるのは、市場などで売れる物や交換できる物を扱う職場であり、それは物を盗めるからである。特に食料を扱う食堂や旅館、軍隊の後方職員（食料、被服などを扱う経理職員）、貨物自動車の運転手、生活必需品工場、食料工場などが好まれる。それ以外にも例えば咸興のビナロン工場などでは、従業員がエチルアルコール（飲用、酒の原料用）を自転車のフレームに隠して盗んだりする。工場や機関の公的な物資を様々な理由をつけて実質的に横領することも広く行なわれ、こうして入手しないと家内班などの副業も順調にゆかない。

公然と「盗む」と言う表現は避けて、一九八〇年代初には「調節する」とか「調節事業」という陰語も流行し、富裕層を標的とする窃盗を「生活調節委員会」と称したという。つまり国家財産の公的な分配が不調な情況を自分たちが調整するという意味である。この言葉は実に意味深長である。すなわち盗みは否定的な評価どころか物資の流通や分配を補完することで、社会の秩序を維持するものともいえる。ここで言う社会の秩序とは既存の国家制度を指すのではなく、人々の生存を守るという基本的な次元のものである。

このように基本的に盗みは社会的に是認されていると言っても言い過ぎではない。すでに述べたとおり、実際に軍隊や工場では盗みは必要なものとして公然化しており、子供の時分から学校でも半ば公然と盗みが植え付けられている。市場で盗みを常習とする浮浪者に対しても、これを取り締まる安全員すら、捕まえてこらしめながら解放する時には「盗んでも生き抜け」と励ますのだという。また盗みの蔓延ぶりを説明する言葉に、「党イルクンは堂々と、保衛部は見えないように、安全部は安全に、労働者は露骨に盗む」というのがある。党（ダン）と堂々と（ダンダンハゲ）、保衛部（ポイブ）と「見えないように」（アンポイゲ）、労働者の労（ノ）と露骨（ノゴル）などが語呂合わせとなっている。

手記

イ・ヨンスク　二〇一二・三・四「네가 살던 북한주민들의 현생활（私が住んでいた北韓住民の現生活）」

ソン・ギスン　二〇一二・九・二四「협동농장（協同農場）」

チョ・インシル　二〇一三・一〇・二c「온성탄광의 양돈목장과 부업농장에 대하여（穏城炭鉱の養豚牧場と副業農場について）」

ハン・ヨンニム　二〇一二・五・一六「요업공장（窯業工場）」

ホン・ナムシク　二〇一一・九・一二「협동농장（協同農場）」

ホン・ナムシク　二〇一三・九・二「협동농장마울（協同農場マウル）」

ユ・サングン　二〇一二・一・六「식량고생과 조직생활에 새달리는 북한사람들（食糧苦と組織生活に疲れ果てた北韓の人々）」

ユ・サングン　二〇一二・三・四「도적놈이 판을 치는 북한사회（盗賊がなりふり構わない北韓社会）」

終章

北朝鮮社会の特異性と普遍性

一　社会主義と集団主義の理念と現実

北朝鮮社会が歩んできた社会主義化の過程は他の社会主義国と共通点も多いが、一方では東アジアにおける国際政治によっても大きく規定されてきた。南北の休戦体制の下で政治の求心性が至上課題とされ、党による強力な指導性の下で、職場や地域行政以外にも様々な団体が政治学習と社会統制の担い手となって住民の組織生活を網羅している。また、党と国家に対する忠誠と奉仕精神を実践するものとして日常生活における無償動員や献納などが、単なる規範に留まらず事実上の公式制度と化している。

社会主義と集団主義の理念の下で、個人の私的経済活動は非社会主義・反党的行動として規制され、組織ごとに行なわれる「総和」と呼ばれる定期的な総括集会が政治的な裁可（sanction）の装置として、この社会の公式な秩序を維持する上で有効に機能してきた。こうした公式の行動規範はすでに三世代七〇年に亘って学習され再生産されてきたにもかかわらず、脱北者たちが報告するように、今なおその順守が強調され、逸脱は批判に曝され、それに伴なう影響と不利益は社会生活全般に及んできた。

社会主義という国家制度自体が観念主導の人為的な導入によるもので、革命という社会の大改革を目指すものであるが、その体制内部においては、改革や発展の余地は著しく制約されてきた。党による革命遂行の基本政策は揺るぎなく受け継がれ、地域や職場における些細な変革や改善も、中央党の承認なくしては反党的・反革命的と見做されて厳しい批判に曝される可能性をはらむ。変革は中央党から指針なくしては考えられず、それを端的に示すのが首領による現地指導であり、首領の言葉である。協同農場の事例を通して具体的に見たとおり、農業の現場作業においても主体農法と社会主義農村問題に関するテーゼが規範とされ、生産計画が遂行される。協同農場の管理委員会の事務棟や作業班の宣伝室をはじめ、農場の建造物や施設にも統一された規格があり、それは住民の住居にも及んでいる。

しかしこうした公式の指導理念・原則や制度を額面通りに受けとると、社会の規範的な側面と体制の固定性ばかりが目を引くあまり、個人の判断と選択や主体的な行動を過小評価することになりかねない。公式の理念・原則が強調される半面、人々の最も基本的な生活を保障するはずの食料配給や日用消費財の供給の面では、公式の計画経済が機能不全を来していることが明らかである。手記を通して見てきたとおり、実際には社会主義の公式体系は、その再生産機構がこれほど整備されているにも拘わらず、最も基本的とされる生産と供給といった物的・経済的基盤の面から不調を来し、それがあらゆる生活部門に及んでいる。党が掲げてきた理想とはかけ離れ、工場においては原料・資材や動力源、農漁業においても営農資材や機材や動力源の不足が深刻となり、ソ連をはじめとする社会主義諸国からの経済支援的な物資の供給が途絶えたことが決定的な打撃となり、国家による計画経済は、資材や食糧の供給面から閉塞状態に陥った。とりわけ日常の生活用品を生産供給する地方軽工業の生産停滞は、住民の生活に重大な影響を及ぼした。

こうした状況のもとで、公的な機関や企業も従業員の食糧・生活物資確保が優先課題となり、また生産を維持するため原料や資材を自給する自力更生が求められた。副業地、原料基地、副業班などの開墾と農場・畜産などである。それは、公式の制度が及びにくい所で試みられて見逃され、容認され、やがて公認され奨励されるまでに至った。

住民の家庭生活においても同様で、食料をはじめとして衣類や暖房燃料など、全ての分野においてあらゆる物資が不足する事態となった。その中でも深刻なのは国家財政の破綻と農業の生産停滞による慢性的な食料難である。一九九〇年代の後半には、一部の高位級幹部を除けば国民の大半が程度の差こそあれ食糧難に直面し、一九九〇年代半ばには社会主義の最も基本ともいえる食糧配給制度が実質上破綻した。食料難はとりわけ地方小都市や労働者区の住民にとって深刻となり、軍隊の若い兵士までも慢性的な栄養失調に悩まされる事態となった。公認された家庭菜園（トッパッ）は都市住民にも広がり、山間部や遊休地での違法な小土地開墾は規制を掻い潜って全国に広がった。食糧および生活用品の配給・流通が滞るとともに、農民市場では穀物ばかりでなく食品や衣料などの工業製品にまで闇取引が拡大し、日常の生活用品の生産停滞を補填する上で奨励された家庭の副業（家内班・家内畜産）は、市場で食糧を入手するため欠かせないものとなった。農民市場は瞬く間に拡張して統制が利かない状態となった。手芸品から始まった婦人たちの副業は、食品の製造・販売から行商に広がり、あるいは公的機関や企業の傘下における商活動や製造業ばかりか、名義を借りた実質的な私的企業経営が、貿易による外貨事業を担うまでとなった。国営の企業・工場が稼動できない状況で、労働者や技術者は工場生産に代わって家内手工業で生計の道を拓く様子は、順川市の事例で見たとおりである。

脱北者たちの語りと手記は、その大半が公式の社会主義体制下におけるこうした自力更生の模索と非公式領域の生活に関するものである。公権力による規制を掻い潜りつつこれと連携を図りながら生計の道を探る努力と苦難の経験談でもある。それは、国家の公式体制の機能不全にともなう苦難そのものであるが、一方では、家族の生活を支えるため人々がこの社会で身につけた処世術であり、果敢に非公式な領域に身を投じることで、新たな現実を直視するに至った変身と生存の記録でもある。

公式な領域すなわち社会主義体制と非公式の領域すなわち非社会主義的な領域とは、前者は後者を規制し否定することで維持されるのに対して、後者は前者の規制が及ばない範囲や情況で開けるものである。前者が権力を背景とし規範を伴うのに対して、非公式な領域には規範も権力も無く、市場での商いについて報告されているように、誰もが見よう見まねで体験しながら身につけて行く実践先行の生活世界である。資本主義の手先でも萌芽でもなく、生きるためのものである。

その中で、在来のタナモシやモアモックムなどと呼ばれる相互扶助慣行が、伝統的な家庭生活の通過儀礼やそれを機に職場の同僚や近隣の人々との社交生活を維持したり、家庭での副業や市場での商いの資金を得る上で重要な役割を果たしてきたことも明らかとなった。それは社会体制こそ異なるが、一九八〇年代ごろまで韓国の農村で行なわれていた方式と基本的に変わらない伝統的な相互扶助の手法である。

二　党員・幹部と民衆の相互依存関係

政治的に疎外された階層の中には、公式制度による生活保障が失われた状況に直面するや、組織生活の公式の集会では厳しい批判を浴びながらも、政治的な正統性に拘ることなく、生活の糧を手に入れるためには商いに手を染めることも賄賂を使うのも躊躇しない。それればかりでなく、党員や幹部と連携することで、彼らに代わって非社会主義的な役割を担うのであり、両者の間には補完的で相互依存的な関係が成り立っているのである。政治的に地位の異なる両者の間にこうした非公式の関係が成立することで、国家・政府と人民は結びついているのである。成分の悪い民衆の非社会主義的な行動は、度を過ぎない範囲で黙認され、あるいは非公式な交渉を通して公然と容認される。こうした非公式のチャンネルは親族関係や出身などの個人的な背景が無くても、金や物資さえあれば果敢に持ちかけることで開かれる。公式の地位に伴なう情報や権限という政治的価値を具体的な物資や金に還元するためには、非公式の回路と役柄が欠かせないのである。

食糧不足が深刻になると、一部の高位幹部を除けば地方ではほとんどの人々が、生物としての空腹と虚弱を経験するようになり、むしろ公式の地位にある者の方が理念や規範に縛られて行動力に欠ける結果となったようだ。中でも「高知識」と言われた教育者や技術者は、政治理念に生涯を捧げてきた党員たちであった。食料難が深刻となった一九九〇年代後半になっても、名誉と地位だけを拠りどころとしてきた彼らは、生活能力に欠け、副業に精を出したり市場に立ったりすることはプライドが許さず、賄賂をつかうことも盗むこともできず、ひたすら配給が復活する日を待ちながら家の中に留まり、やがて飢えに耐えられずに命を失った人が少なくなかった。しかしそうした家庭でも婦人たちは座して死を待つことはなかった。まずともかく噂に聞く市場に出かけてみたところ、その雑踏と人々の生き残りをかけた姿に驚かされ、やがて自らも市場に立つようになる。初めは人に見られないように顔を布で被ったりしていたのが、現実を悟るとともにしだいに大胆になったという。それまで職場の生活総和の場で、欠勤して市場に出かける同僚を厳しく批判していた側の本人が、夜その人を訪ねて行って自分の非を詫び、商いのコツを教えてもらったりしたという。家の中で口ばかりで威張っている夫とは対照的に、婦人たちが生活を支えることになると、家庭内での地位が逆転してしまったという。一九九〇年代の後半になると、生活のため誰もが市場に出かけるようになり、あらゆる物が市場に溢れるようになった。

一九九〇年代後半の「苦難の行軍」と呼ばれた危機的な状況では、飢餓に直面した社会状況がリアルに報告されている。公式の生活保障が失われると、日常のルーティン化した行動や方針が成り立たなくなり、日々予測できない状況への対応に追われた。自ら行動を起こさなければ何も解決できない中で、家族こそが頼りとなった。一度一度の食の解決のため、予測も見通しも立たない中で、他人を頼ることもできず、その時々の的確な状況判断が求められ、不安やリスクを恐れてもいられなかった。どんな規制を掻い潜ってでも食べるためには大胆さと積極さが求められたのである。切羽詰まった状況では見栄も外聞もなく、見よう見まねで切り拓くしかない。試行錯誤・暗中模索の生活、様々な試みと遍歴、危険と勇気、悔しい思い（オグラム）、ささやかな成功とやり甲斐がすべてであった。その中で各自が厳しい社会の現実から多くを学び、自身の生きる道を見出し、日々の食糧確保に追われながらも、それなりに新たな生活のルーティンを身につけて行く。しかし、それも限界に達すると、家族からそっと離れて放浪と乞食の道を選ぶという。しかしまた、そうして離散した家族が再会できる望みもあるのが世の中なのだという。

三　政治的高位者と低位者間の交換メカニズム

一方で、党員エリートの中でも機関や企業の幹部たちは、公式の理念に拠って政治的地位を得ることで、権限に伴い住宅や外国製品など生活の利便を享受できる地位にあるが、その半面、公式の理念によって行動を縛られることにもなり、非を咎められれば一夜にして地位を失うばかりか厳しく弾劾される潜在的なリスクの中にある。したがって、非公式の人間関係と手段を介した利益追求を自身では直接公然とはできない立場にある。しかし、彼らも政治的に非公式セクターの地位にある人々と連携して、実質的に非公式の行動を代替してもらうことで問題解決の道を確保しているのである。非公式の関係と手段は、幹部本人に代わって最も身近な妻や親族が代替することも多いが、そうした親族以外にも様々な不明瞭な個人関係を背景として、まさに身を以って違法な活動の代行を自ら持ちかけることで成立する。こうした非公式の政治的仲介者については、具体的な事例によって充分に紹介することはできなかったが、テコクン（데고꾼　ブローカー、口利き役、仲介役）とかトンジュ（돈주　金貸し）と見なされる者が口利き役やブローカーとして振る舞うことも報告されている。彼らの中には、中央幹部ばかりでなく中国との人脈を背景として、非公式とはいっても高級な服や腕時計を身にまとい人目を避けずに堂々と力を誇示する者までいたという。

政治的に確固とした公的権限の地位を背景に、その地位と政治力を穀物という実質的な価値に転換する上で、政治的に劣位にある人との連携が有効なのである。それは高位と下位の幹部の間ばかりでなく、些細な権限の領分にまで及んでいる。一般住民にとって身近な例からあげれば、旅行許可証や旅券を得るため、列車の切符を手に入れるため、駅や鉄道で安全部の取り締まりを避けるため、道路で車に乗せてもらうにも、市場での非公式な闇商いをするにも、工場の資材や製品を闇で手に入れるにも、鉱山の廃坑を再開発する認可を得るにも、企業や機関の名義を借りるにも、物資を特別に輸送するため車輛を手配したり、税関を通すにも、外貨事業や密輸をする場合にも、新しい住宅の配定（割当地）を受けるにも、要するに何をするにも賄賂や贈物によって道が開かれるのである。住宅の実質的な私有化の場合に見られるとおり、高位幹部との連携によって安全を期すことが肝要で、首領やその側近幹部に対して特閣とよばれる豪邸を捧げる例まで、あらゆる幹部が連鎖的に連携して住宅の配定に与るのである。最高指導者の責任が問われずに継承される体制のもとで、忠誠と献納の求心的な構造はプレーヤーを入れ替えながら維持されており、派閥（faction）が形成される余地もない。

このように政治的地位の異なる者の間で成立する交換は、社会の末端から高位の幹部から最高幹部にまで見られるもので、この社会を維持する基本的なメカニズムとなっているといってもよい。党による指導・管理体制とは、上下の属人的な忠誠と献納の交換関係の連鎖を通して、特定個人に利権と責任が集中することを避ける求心的な体制を築き上げているといえる。しかも、こうした人脈が固定的に安定しているとはいえない。それは、特定の関係が持続することは利権関係が固定されることになり、機会と利権を求める周囲の人々がそれを嫌うからであり、既存の関係を保つだけでなく、絶えず新たな関係を模索しなければならないと言う。また、現場の判断で非公式な手法が黙認されたり容認されたりして通用してもそれは一時的なもので、現場の状況は長く続かないと言う。例えば、撞球場やノレバン（カラオケ）が許容されると、中国から撞球台を購入して営業する者が急増したが、間もなく再び規制が強化されれば営業が破綻してしまうといった具合である。したがって、この社会において何か企てるには、日常の組織生活ばかりでなく、たえず「上下左右」に対する細心の配慮が不可欠であるという。上とは、党、検察所、安全部、保衛部などの統制機関であり、下というのは自分の配下にある人々で、彼らが背かないように与えるべき分を与える配慮である。また、左右に対する配慮とは、羽振りが良くなると思わぬ罠に懸かる危険があるため、絶えず各方面から情報を収集するネットワークが必要だという（ユン・インジュ　二〇一五：二一三頁）。

一方、幹部たちは地位を上昇させることよりも地位を守ることに神経を使う。保身のためには標的となる人を陥れて足を引っ張り合うのを指して、「人を屠る（サラムル チャプタ 사람을 잡다）」というような表現が採られるという。中朝国境における物資の調達は、利権をめぐるしのぎ合いに加えて国際制裁も作用して、相手との関係も取引径路も不安定さを増しているが、失敗して「枠」から外されれば別の人が取って代わって続けられるのだという（パク・コニョンの教示による）。政治理念に拠る固定的な社会イメージが顕在化する半面、地位と利権をめぐる潜在的な競争関係を背景に、公式の手続きを介して権力を動員することによって、社会は潜在的な流動性を孕んでおり、野心的なプレーヤーの交代によって再生産されているといってよい。

この社会では、党員になって機関や組織の何らかの幹部になることこそ、食衣住の面で何とか人間らしい生活を送るための基本条件だと公言するのは、こうした公式な地位が非公式な私利と直結しており、その求心的な体制に身を置く以外には有効な道があり得ないこと示している。しかも、それが腐敗とか反社会的な行為として否定されているのでもなく、むしろこの社会における最も正統かつ唯一の解決過程となっているといえる。

四　社会主義の体制維持に欠かせない非公式領域

孤立・閉鎖的な体制といわれ、高級な消費財が限られている北朝鮮において、海外との非公式ともいえるチャンネルが重要な位置を占めてきた。とりわけ、日本からの同胞帰国者がもたらす日本製品や高級洋酒や高級腕時計やカラーテレビなど、あるいは定期航路の船でもたらされる高級洋酒や盗品など、闇で入手するものはいずれも交渉財や贈物として有効である。これらは、海外からの援助物資も含めて、然るべき需要と結び付く公式の制度が存在しないため、贈物や賄賂として流通するか、もしくは市場での闇ルートを辿るより外ない。あるいは、市場での闇取引の顧客を確保した上で海外からこうした物資がもたらされていたのである。在日帰国者をはじめとして帰国者がもたらす物資や親族からの送金にも闇交易は不可欠であった。密輸も含めて非公式な財の流れは社会主義の供給体系や計画経済にとって障害要因ではあったが、こうした非公式のチャンネルは特権層にとってばかりでなく、政権ないし国家財政にとっても重要な位置を占めていた。非公式領域は当初から社会主義の体制維持にとって欠かせないものであった。

かくして公式セクターと非公式セクターは、権威と物との交換によって不可分な一体をなしているといえる。こうした公式の地位をめぐる私的経済の領域は、社会主義体制が揺らいだために発展したと言うよりは、もともと中央集権の政治社会体制に具わっていたものが、社会主義化の過程を踏む中で再編成されてきたもので、世代を超え長期にわたって内旋*ともいえる精緻化を遂げてきたといえる（伊藤亜人/Ito Abito 2015）。北朝鮮における堅固な社会主義体制とは、非社会主義的な非公式領域を否定してこれを排除することによって成立したものではなく、実際にはむしろこれと一体化することで成立していると見るべきものである。

一方、こうした非公式な交換体系から排除された状況で採られる最も端的な解決法が「盗み」である。権力行使にともなう配分を得られない場合に、とりわけ眼前の食生活解決するには密かに盗み取るしかない。

盗みは誰もが実生活において随所で経験するものであり、程度の差はあれすべて命がけのものである。盗みと認識されないものや黙認される程度のものから、組織的に公然と行なわれるもの、権威や威信と渾然となるもの、また子供から飢えた兵士まできわめて多様な形をとる。時には見せしめのため公開処刑の対象にもなる。

私的所有や財産権が原則上厳しく制約されている社会で、しかも国家による食料配給が途絶えた状況において、盗みの社会的含意は我々の想像を超えるものである。盗みは、機能不全となった公式の制度的保障に代わって生存のためやむを得ないものである。そればかりか、物品を上納する課題を遂行できない場合に、盗んでそれに充てるという例は、公式の忠誠と献納の義務や強制によって非公式な盗みが創出されたものといえる。浮浪児（コッチェビ）を取り締まるべき公的な職にある安全員が「盗んででも生き延びろ」と励ました言葉のように、その日その日の食べ物に窮した極限状況では、生きるためなら何でも許容されるのである。

また、盗みに対して「調節」という肯定的な表現まで採られるということは、公式の制度が生活保障の機能を喪失した状況において、制度に代わる調整機能を見て取ることもできよう。そうした盗みの背景と実態、盗みと人情、盗みによって調整され解決される社会事情、盗みによって流通する物資の経済的側面など、いずれも社会現実として考察すべきものである。

そもそも社会組織や社会制度の基本とは、本来人々の生活と社会の存続を保障する筈のものであった。その点で、社会主義社会の建設とは元々大きなリスクを孕む実験であったといえる。食料難の危機的な状況に直面すれば、公式の制度による生活保障を失った人々の基本的な生活戦略は、何よりも食べることを最優先させるもので

＊ 内旋（インボリューション　involution）という概念は、かつてゴールデンワイザー（Alexander A. Goldenweiser：1880-1940）がニュージーランドのマオリ族の文様などの伝統社会における文化の変化過程に用いたもので、閉鎖系社会内部において細部的な複雑化が進行していく半面、外部から導入される変化は脅威と見なされ、内部の変革が抑制される状況を指して用いられた。後に、ギアーツ（Clifford Geertz：1926-2006）がインドネシアのジャワ島の生態系と農業の変化過程に採用して広く関心を集めた

ある。そのためにはあらゆる人間関係や情報・知識・経験が動員される。都市において、家族に次いで日常生活の場であるトンネーの人間関係がしばしば言及されており、その重要性が注目される。韓国社会では住民の流動性が高くて、都市におけるこうした地域単位が住民生活にとってさほど重要視されないのとは異なり、北朝鮮では、政策によって居住と職場が固定されているため、トンネーが非公式の共同性を担う社会空間となっていることが読み取れる。

住民はまた、制度的な保障が脆弱な状況のもとで、自身の洞察と冷静な判断に加えて、積極性と行動力そして勇気が求められる。生存の危機に直面すれば、極言すれば社会のあらゆるものが「食べる」と言う点に凝縮され展開されると言ってもよい。既存の公式の社会制度が機能しなくなり、世の中に飢えた人々が現れる状況では、食べ物はいかなる経路と手段を駆使してでも「飢えた口」に入るべくして入るのである。また、生存のためには制度も関係も行動もすべてが流動化し方便と化すことで人々は危機を回避し、その経験が社会に定着して新たな制度と秩序が成立するかのようである。それは、市場経済における「見えざる手」に代わる表現を用いれば、「見えざる口」ともいうべきであろう。

東アジアの現代社会にありながら、北朝鮮社会は最も徹底した理念と規範を制度化しながらも非公式な領域を包摂してきたといえる。為政者エリートが社会の閉塞状況に対応できないのに対して、社会の周縁部にある非公式セクターともいうべき人々によって、社会はいわばなし崩し的に改編されながら、「運命共同体」ともいうべき体制を創り出しているように見受けられる。政府の主導による改革開放政策が唯一の打開策のように言われるが、その道は決して容易ではない。内旋による運命共同体的な状況において、公式の社会理念とは対極的ともいえる制度の疲弊状況において、生存という人間の最も原初的な課題まで浮上したといえる。

五　公式と非公式の一体化

ここまで北朝鮮社会について公式と非公式という二つの社会領域を想定しながら記述を試みてきた。公式領域とは、高度な社会統合を実現する際に導入される介入的な政策に伴うものである。それは近代国家、植民地統治、冷戦・休戦体制、社会主義体制に顕著なばかりでなく、程度の差こそあれいずれの社会にも見られる普遍的なものであろうが、北朝鮮社会の実態に迫る上で特に有効であることは、人々の生活実態に少し踏み込んで見れば直ちに明らかとなる。もともと公式と非公式の区分は、この社会自体が国家秩序の基本原理として定義しているものであり、この区分こそがこの社会を理解する上で最も基本的なものである。公式の領域とは、革命という至上目標を実現するための理念的な枠組みであり、政治モラルの基盤であると同時に、生産計画と供給体系を通して経済面でも公式の体系として提示されてきた。その一方で、個人の利益追求や商いは資本主義に通ずる反革命的・反党的な行動として厳しく規制されてきた。

公式と非公式という用語は一見対立する用語のように見えて、後者は前者の実際面と運用面における避けられない領域と見るべきであろう。どの国家でも、国家制度が額面通り機能することを前提として、非公式な領域を抑制ないし否定するが、社会とは本来両者が未分化な状況から、両者が補完し合いながら一体となって展開してきたものと見ることができる。

社会主義社会という人為的社会に成立する独裁的な政権政府のもとで、公式モデルである計画経済政策において、非公式経済が重要な位置を占めてきたことが指摘されており、インフォーマル経済（informal economy）、第二経済（second economy）や地下経済（underground economy）、陰の経済（shadow economy）などの用語が当てられてきた。これらの用語は経済を二つの実体に分けてその二重性を提示しているといえようが、北朝鮮の場合に見られるように、公式の規制のもとで実際の社会過程（process）は非公式な関係と行動によって展開するのであり、公式領域の陰や地下に成立するものではなく、もともと両者は一体をなしていると見るべきであろう。

社会主義の計画経済体制下における非公式領域の含意については、旧ソ連、ポーランド、ハンガリーなどの例が報告されており、非公式経済の広がりと延長上に腐敗（corruption）、違法、犯罪、盗み、賄賂、横領（embezzlement）、密造、密売・密輸（bootlegging）、ゆすり（racketeer）などに該当する行為が視野に入ることも指摘されている（Danesh 1991）。これらはほぼ全て北朝鮮社会にも当てはまるが、いずれも社会困難が著しい状況では避けられない人間生活の姿として理解可能なものである。「公式—非公式」、「合法—違法」という区分も、「生きるため」という生活現実に照らして改めて吟味を迫られる。現代の東アジア社会にありながら、人間のこうした最も原初的な課題を考える上でも、人類学的な視点が活かされると思われる。

以上のとおり、北朝鮮社会における住民の生活実態は、多くの脱北者の体験と回顧に基づいて具体的に知りうる状況にある。と言っても現場での参与観察や調査が不可能なため、脱北者のもたらす情報の検証に限界があることは十分承知している。脱北者の属性・背景は多彩であるが、公式の制度による制約の中でも可能性に向けて意欲的かつ行動的な人々が多い。また脱北者の圧倒的多数を占める咸鏡道では中国に縁のある人も少なくなく、全国的に見れば外部の情報に触れられる立地条件にあるといえる。しかしその一方では、脱北のリスクを犯すよりは、体制の中に身を置いて生活する道を選ぶ人々が多数を占めていることも明らかである。それは、「上」と「下」に対する公式・非公式の配慮を怠らず、身の回りの情報に気を配って、運命共同体のような一体感を優先する生活といえる。しかし、受動的と見えるそうした人々にとっても、いざとなれば非公式な生活領域に大胆に踏み込むことが求められるのである。近年急速に広がった携帯電話は、こうした非公式領域において欠かせないものとなっている。

以上で取り上げてきた北朝鮮社会の実態は、たいへん特殊な事例のように思われがちであるが、どれ一つをとっても理解できないものは無い。東アジアの中でも我々と隣接するこの社会の現実は、社会主義社会の実態を示すばかりでなく、人間生活にとってたいへん基本的かつ普遍的な課題を提示していることを指摘したい。

文献

伊藤亜人（이토우 아비토）／Ito Abito　二〇一五「폐쇄계 사회의 인볼루션（involution）과 경계넘기（閉鎖系社会のインボリューションと国境越え）」／"Involution and Border-Crossing in the Closed System", 国際シンポジウム『분단과 경계를 넘어：초국경의 부상과 새로운 통일방향（分断と境界を越え—超国境の浮上と新たな統一方向）』／Crossing the Division and Borders: Transnational Networks and New Directions of Unification in Korea, 新韓大学校・京畿道共同主催国際シンポジウム、六七—七五、二九七—三〇五頁

ユン・インジュ（윤인주）　二〇一五『북한의 사유화 현상—시장화를 통한 사적부분의 확산（北韓の私有化現象—市場化を通した私的部分の拡散）』韓国学術情報

Danesh, Abol Hassan,　1991　*The Informal Economy: A Research Guide*, Garland Publishing.

Geertz, Clifford,　1963　*Agricultural Involution: The Process of Ecological Change in Indonesia*, Berkeley and Los Angeles, California: University of California Press.

Goldenweiser, Alexander A.,　1936　"Loose Ends of Theory in the Individual,Pattern, and Involution in Primitive Society", in Lowie ed., *Essays in Anthropology Presented to A.L. Kroeber in Celebration of His Sixtieth Birthday*, June 11, 1936,

Berkeley, University of California Press, pp99-104.
Goldenweiser, Alexander A., 1937 *Anthropology: An Introduction to Primitive Culture*, NY: Crofts.（『文化人類学』米林富男訳、一九四九年、東京：日光書院）

あとがき

本稿は、文部科学省の科学研究助成金による「北朝鮮民衆の生活実態に関する文化人類学的研究―脱北者情報の分析を通して―」（一般A　平成二三～二五年度、研究代表：伊藤亜人）に拠る成果の一部である。

筆者はこれまで北朝鮮社会の研究において、国家の制度的な問題ばかりでなく、住民生活の実態を把握することの重要性を説き、人類学的な接近が有効であり欠かせないことを度々提起してきた。* また日本の学会（日本文化人類学会、韓国朝鮮文化研究会）で若い世代の研究者にも研究への参加を呼び掛けてきたが、興味は示すが自ら積極的に参加を申し出る者はなかった。結局、脱北者の参加協力による民衆の生活情報を集約するという作業は一人で進めるより外なかった。

このプロジェクトが採用されるまで多少の時間を要したが、その間に韓国における北朝鮮研究「北韓研究」の現状を知るべく多くの研究者を尋ね、日本における研究の在り方、連携の在り方を考えた。北韓離脱住民支援セ

＊「北朝鮮問題とは何か―核・拉致問題を超えた周辺地域との生活格差―」『環』一三：二四一―二四七（二〇〇四年）、講演「文化人類学から見た北朝鮮問題」東京大学コリアン・コロキアム（二〇〇四年）、「北朝鮮問題を考えよう」『東京大学教養学部報』第四八四号（二〇〇五年六月）。

ンター（後に北韓離脱住民支援財団に改編）のキム・イルチュ（金日柱）会長（後に理事長）からは韓国社会における脱北者の置かれた状況について基礎的な助言をいただいた。自身も北朝鮮咸鏡南道洪原出身の金会長は、とりわけ咸鏡北道出身の年長世代の方々を紹介下さり、その縁で多くの脱北者の参加と協力を得られるきっかけとなった。比較的若い世代の脱北者の中ではイ・スンシルさんには水源近郊で何度も会って話を聞いた。それが本人にとっても具体的な生活記録の重要性を再認識する転機となったことを自身のブログでも語っている。これを踏まえて、後に某テレビ局のディレクターが注目するところとなって、人気番組「イジェ　マンナロ　カムニダ 이제 만나로 갑니다（さあ今から会いに行きます）」が立ちあがったと聞く。本人もまさに命がけで豆満江を越え、中国で潜伏中には言葉に尽くせない虐待を受け、脱北の際に家族と生き別れのまま今に至っている。彼女を通して紹介された女性たちも皆同様に中国に潜伏する間、人身売買によって中国農村で監禁同様の生活を送った経験があり、そこから逃れてきた証人でもある。この方々には早稲田大学におけるセミナーにも参加して貰ったが、彼女たちが経験した非人道的な状況や生活文化に関する情報は本書には盛り込むことができなかった。

ここに取り上げた情報の提供者は、主として咸鏡北道出身の脱北者であり、三年間に亘って最も積極的に協力をいただき、多くの情報と手記をもたらしてくれたのは、ク・ヨンガプ（三三篇）、ハン・クムボク（三〇篇）、ホン・ナムシク（二二篇）、チョ・インシル（四二篇）、ユ・サングン（二四篇）、イ・ヨンスク（二二篇）、ハン・ヨンニム（三七篇）、キム・ジョンファ（四三篇）、リュー・インドク（九篇）、カン・ミンジュ（二〇篇）、チュ・グムシル（一七篇）、イ・クムチュン（二八篇）、ファン・シニュン夫妻（九篇）らである。また、その紹介によって手記を寄せてくれたのは、ユ・インチョル（六篇）、イ・チョルホ（六篇）、イ・チョルス（五篇）、ユ・ミョンジュン（五篇）、ユン・ジョンチョル（五篇）、キム・グムチュ（五篇）、キム・オクヒ（五篇）、コ・ボクヒ（三篇）、ソン・グムヒ（三篇）、キム・グァンチョル（二篇）、キム・ギスン、キム・ヘスク、キム・チュヨン、イ・チニヤン、ヤン・ミョンオク、イ・オンニョ、イ・オクヒ、キム・オクスン、キム・クムスン、キム・チュオク、パク・シネなどである。このほかにも北朝鮮社会の紹介としては新鮮な内容を含んでいても、生活記録資料として採用しなかった手記が三〇篇に及んだ。

これら協力者の中でも脱北住民の老人会長を務めるク・ヨンガプ氏には面談場所の提供・設定なども含め特別な協力をいただいた。また、リュー・インドク氏が寄せた「脱北手記」は四〇〇字詰め八六〇枚に及ぶ大部のものも含まれているが、本書には生かすことができなかった。

彼ら脱北者はほとんどが本名を用いることを避け、手記の場合には特にそうである。書き記した内容が伝われば身元が知られてしまい、故郷に残した家族や親族に迷惑が及ぶのを避けるからである。ここに挙げた名も、敢えて確認することも避けたが、全て仮名であると心得ている。また北朝鮮では通常は氏名に漢字表記を用いないため、本人が名乗るハングル名をそのまま用いた。

韓国における脱北者に対する面談調査の多くは公的な助成金によるもので、情報提供者には時間に応じた代価を支払うのが慣例となっている。筆者もその慣礼に従わざるを得なかったが、調査の趣旨と期待する情報の質について私が考える基本を示したうえで、情報の質と量に応じて資料費あるいは研究協力作業費の名目でプロジェクトの経費から実質的な代価を支出することにした。また手記の日本語訳にあたっては、原文を尊重して改訂は重複を避けたり語順を入れ替える程度にとどめ、すべて筆者自身の責任において行なった。

こうして脱北者から寄せられた生活記録の手記は三八〇篇以上に達し、イ・スンシルさんから別個に寄せられた分を合わせると四五〇篇近くに達する。またアン・ジョンス、ソン・ヘミン、イ・スンシル（いずれもペンネーム）の三氏には、早稲田大学におけるセミナーとシンポジウムに報告者として参加いただき、東北大学東北アジア研究センター主催のシンポジウムでも発表をいただいたほか、個人的にも多くの教示を受けた。*また、パク・コニョンさんには、初歩的なことからあらゆる分野に亘ってきわめて適切な指導をいただき、中国延辺での教育ワークショップにも二度参加する機会をいただいた。いずれも、親身の協力をいただきながら本名を明かせないのは残念である。

韓国の研究機関に籍を置く研究者の中では、東国大学校の北韓日常生活研究センターのホン・ミン研究教授(現・統一研究院研究員)、統一研究院研究員のパク・ヒョンジュン氏にも早稲田大学でのシンポジウムで報告を受けるなど協力をいただいた**。このほか、在日帰国脱北者のキム・スヘン氏にもソウルおよび東京で何度も話を聞く機会に恵まれた。また在日の北朝鮮経済研究者として知られる朴斗鎮さんとは三〇年来の友人として、北朝鮮の現状について教示を仰いできた。そして、現在も韓国政府において政策顧問的な地位(国家安保諮問団諮問委員)にあるカン・インドク(康仁徳)北韓大学院大学碩座教授(前・統一院長官)は訪韓の度に時間を割いて様々な助言を下さり、筆者の研究の良き理解者である。康仁徳さんは平壌出身の一九五〇年代の脱北者で、朴正熙大統領の執務室で北朝鮮情報を担当し、金大中政権では南北交渉の当事者として先方の平壌中学時代の恩師に当たる代表との交渉に臨んだと言う。こうした全ての方に深くお礼を申し上げたい。

なお本書の出版に当たっては、拙著『珍島—韓国農村社会の民族誌—』(二〇一三年)に引き続き弘文堂編集部の三徳洋一さんに、細部に至るまで懇切な指摘と提案をいただいた。深く感謝申し上げたい。

伊藤亜人

＊　アン・ジョンス「人口動態から見る北朝鮮の社会過程と住民生活の変化」李仁子・瀬川昌久編『ヴェールの向こう側から―北朝鮮民衆の文化人類学的分析―』東北大学東北アジア研究センター報告（一六）、二〇一五年一月。

＊＊　パク・ヒョンジュン（朴洞重）「一九九〇年代以来の北朝鮮の変化および政権と住民の対応―その歴史と現状の概観―」、洪珉「北朝鮮の市場：日常生活と社会的関係」、アン・ジョンス「変わりつつある〝組織生活の国〟」早稲田大学アジア研究機構特別企画シンポジウム『北朝鮮民衆の日常―生活者の声を通して―』二〇一〇年一月二〇日。

ス

セ

ソ

タ

シ

ケ

コ

サ

キ

ク

索　引

著者

伊藤亜人（いとう あびと）

1943年東京生まれ。東京大学教養学部卒業（1968年）、大学院社会学研究科修士（1970年）、東京大学助手（1970—79）、助教授（1979—90）、教授（1990—2006）、琉球大学教授（2006—09）、早稲田大学アジア研究機構上級研究員・教授（2009—13.3）、その間ハーヴァード大学客員研究員（1977—79）、ロンドン大学SOAS上級研究員（1996.9—97.3）、韓国ソウル大学校招聘教授（2002.3—12）。東京大学名誉教授。

第11回渋沢賞（1977年度）、大韓民国文化勲章（玉冠　2003年）、第9回樫山純三賞（2014年）。

日本民俗学・民族学の関心から東アジア社会の人類学研究に広げ、中でも韓国社会の研究に取り組み、1971年から韓国の農村を中心に社会組織、契、宗教・信仰と儀礼、儒教と教育、歴史観、物質文化、移動と都市化、祝祭と地域振興などに関する現地調査をおこなう。並行して日本では都市の祝祭「よさこい祭り」の研究・活動にも関わっている。現在は主として北朝鮮社会における民衆の生活実態について調査研究に取り組んでいる。

著作には、『読本韓国』（1996年、河出書房新社）、『韓国珍島の民俗紀行』（1999年、青丘文化社）、『韓国夢幻』（2006年、新宿書房）、『文化人類学で読む　日本の民俗社会』（2007年、有斐閣）、『珍島—韓国農村社会の民族誌』（2013年、弘文堂）ほか、編著・共編著には『儀礼と象徴—文化人類学的考察』（1983年、九州大学出版会）、『もっと知りたい韓国』（1985年、弘文堂）『もっと知りたい韓国〈第2版〉（1）、（2）』（1997年、弘文堂）、『現代の社会人類学（1・2・3）』（1987年、東京大学出版会）、『民族文化の世界（上・下）』（1990年、小学館）、『韓日の社会組織研究』（2001年、慶応義塾大学出版会）などがある。

北朝鮮人民の生活—脱北者の手記から読み解く実相

2017（平成29）年5月15日　初版1刷発行

著　者　伊藤亜人
発行者　鯉渕友南
発行所　株式会社 弘文堂　101-0062 東京都千代田区神田駿河台1の7
TEL 03(3294)4801　振替 00120-6-53909
http://www.koubundou.co.jp

装　丁　松村大輔
組　版　堀江制作
印　刷　三報社印刷
製　本　牧製本印刷

ISBN 978-4-335-56136-8